« Divin et Sacré »

Collection dirigée par Baudouin Decharneux

Adressez les commandes à votre libraire
ou directement à

Éditions L'Harmattan

5,7 rue de l'École Polytechnique
F - 75005 Paris
Tél : 00[33]1.40 46 79 20
Fax : 00[33]1.43 25 82 03
commande@harmattan.fr
http://www.editions-harmattan.fr

ISBN : 978-2-8066-3628-7 D/2018/9202/16

Grand'Place, 29
B-1348 Louvain-la-Neuve

---

www.eme-editions.be

POÉTIQUE, MYTHES ET CROYANCES

Sous la direction de :
Baudouin DECHARNEUX
Alice TOMA

Éditeurs :
Odile GILON
Oana CHELARU-MURĂRUȘ

Lecture correctrice : Diana PAINCA*

* En raison du respect uniforme des normes de rédaction, dans les textes en roumains on utilise les ponctuants selon les mêmes règles que dans les textes en français (guillemets spécifiques et l'espace insécable) :
Point . = Punct.
Point-virgule ; vs Punct și virgulă;
Deux points : vs Două puncte:
Point d'exclamation ! vs Semnul exclamării!
Point d'interrogation ? vs Semnul întrebării?
« Guillemets » vs „Ghilimele”

Hommage

à

Mihai **NASTA,**

Marius **SALA,**

Eugen **SIMION**

POÉTIQUE, MYTHES ET CROYANCES

Volume I

SOMMAIRE

Cinquième partie

INTRODUCTION

Diverses disciplines réunissent leurs efforts pour éclairer des questions qui impliquent une réflexion parfois tendue entre la tradition et la modernité. Au sein de ces domaines d'étude, la philosophie occupe une place importante qu'elle défend depuis des millénaires.

Toute société humaine aspire à trouver des ancrages dans la tradition et souvent elle se prévaut de ses origines pour aborder la modernité. Cette quête des origines devient dès lors synonyme de redécouverte d'un lien à la nature. ***Mythes et Croyances*** évoluent entre deux dimensions de l'existence qui mettent en œuvre les ressorts d'une ***poétique,*** dont participe par exemple la métaphore de « *Tinereţe fără bătrâneţe şi viaţă fără de moarte* » [« Jeunesse sans vieillesse et vie sans mort »]. À cet égard, l'homme est confronté à soi même et à l'Univers dans un rapport discursif, qui l'amène à sonder les assises du langage — et notamment les sources du lyrisme, les diathèses narratives, la temporalité –. Ainsi, il nous semble opportun de revenir aujourd'hui sur la texture et la typologie des mythes et des croyances, dans l'esprit d'une recherche interdisciplinaire, en élargissant notre intérêt à des questionnements épistémologiques. En effet, malgré ses transformations et ses avatars temporels, la dynamique des cultures continue de nous interpeler par un entrelacs paradoxal de récits et de textualités, à la façon des savoirs multiples, dont la durée et les témoignages nous renseignent « sur ce qui se passe d'une génération à la suivante » en dehors des enseignements officiels.

*

* *

Le présent volume thématique constitue la deuxième partie des Actes du **COLLOQUE INTERNATIONAL *« Poétique, Mythes et Croyances »*** et de la Deuxième réunion annuelle des lecteurs de roumain qui a eu lieu à Bruxelles, du 13 au 15 juin 2013. Cet événement scientifique s'est constitué dans un Hommage aux Académiciens Eugen Simion et Marius Sala et au Professeur Mihai Nasta, des figures notoires de la culture roumaine, à l'occasion de leur anniversaire.

L'évènement a pu avoir lieu grâce au soutien de plusieurs institutions : Institutul Limbii Române [Institut de la Langue roumaine] (ILR – Directeur Corina CHERTES ; conseiller Marcela MATEESCU) (Le lectorat de roumain de l'Institut de la Langue roumaine (ILR) dans le cadre de la Faculté de Philosophie et Lettres, Université libre de Bruxelles (ULB)) ; Université libre de Bruxelles (ULB) (*Centre Interdisciplinaire d'Étude des Religions et de la Laïcité (CIERL),* Département de Philosophie, éthique et sciences des religions ; Le *Groupe de recherche en Rhétorique et en Argumentation Linguistique* (GRAL*)* ; Département de Langues & Littératures ; Filière de Langues et Littératures françaises et romanes (Président Robin LEFERE) ; *Le Centre de recherche en linguistique LaDisco (Langues et discours)* ; L'Ambassade de Roumanie au Royaume de Belgique ; L'Institut culturel roumain de Bruxelles ; L'Académie royale de Belgique. Les personnes qui ont veillé de près à l'organisation du colloque sont : M. d'ens. Dr. Alice TOMA (lectrice de roumain, membre du GRAL) sous le parrainage du Doyen, le prof. Manuel COUVREUR (Université libre de Bruxelles (ULB)), Acad. prof. Baudouin DECHARNEUX, (Université libre de Bruxelles (ULB), CIERL, membre de l'Académie) ; prof. Emmanuelle DANBLON (Université libre de Bruxelles (ULB), GRAL) ; prof. ém. Lambros COULOUBARITSIS (Université libre de Bruxelles (ULB), membre de l'Académie) ; prof. Dan Van Raemdonck (directeur du Département de Langues & Littératures, Université libre de Bruxelles (ULB)) ; prof. Marc DOMINICY (Université libre de Bruxelles (ULB)) ; prof. Mikhaïl KISSINE (Université libre de Bruxelles (ULB)) ; prof. Philippe de BRABANTER (Université libre de Bruxelles (ULB), président du CBL) ; Dorota WALCZAK (Université libre de Bruxelles (ULB) ; **S. Ex. Ştefan TINCA**, Ambassadeur de Roumanie à Bruxelles ; Olivia TODEREAN, Ambassade de Roumanie à Bruxelles ; Gianina VODĂ, Ambassade de Roumanie à Bruxelles ; prof. Pierre SWIGGERS (Katholieke Universiteit Leuven (KUL)) ; prof. Jean LECLERCQ (Université catholique de Louvain (UCL)) ; Drd. Aurélie LACHAPELLE (Université Libre de Bruxelles (ULB)).

La qualité scientifique de ce colloque a été assurée par un comité scientifique international : Acad. Baudouin DECHARNEUX (Université libre de Bruxelles (ULB), membre de l'Académie) ; prof. ém. h.c. Mihai NASTA (U.B.B. et Université libre de Bruxelles (ULB)) ; prof. Marc WILMET (Université libre de Bruxelles (ULB), membre de l'Académie) ; prof. ém. Lambros COULOUBARITSIS (Université libre de Bruxelles (ULB), membre de l'Académie) ; prof. Jean-Marie KLINKENBERG (Université de Liège, membre de l'Académie) ; prof. Pierre SWIGGERS (Katholieke Universiteit Leuven (KUL), membre de l'Académie) ; Myriam Watthee DELMOTTE (Université catholique de Louvain (UCL), membre de l'Académie) ; prof. ém. Marianne MESNIL (Université libre de Bruxelles (ULB)) ; prof. Laurence ROSIER (Université libre de Bruxelles (ULB)) ; prof. DELBART Anne-Rosine (Université libre de Bruxelles (ULB)) ; prof. Liliane TASMOVSKI prof. ém.,

Université d'Anvers (sous réserve) ; prof. ém. dr. h.c. Lorenzo RENZI (Université de Padou) ; prof. dr. h.c. Bruno MAZZONI (Université de Pise) ; prof. dr. h.c. Alexandru NICULESCU prof. (Université d'Udine) ; prof. Emilio MANZOTTI (Université de Genève) ; prof. Gisèle VANHESE (Université de Calabre) ; prof. Toma PAVEL (Université de Chicago) (sous réserve) ; prof. Angela TARANTINO (Università di Firenze) ; M. d'ens. Dr. Alice TOMA (Université de Bucarest, lectrice de roumain, ULB, membre du GRAL) ; prof. Petre Gheorghe BÂRLEA (Université de Constanţa) ; prof. Corin BRAGA (Université de Cluj) ; prof. dr. Emilia PARPALA (Université de Craiova, Faculté de Lettres) ; prof. Alina GHIOROCEANU (Université de Craiova) ; lect. dr. Carmen POPESCU (Université de Craiova) ; prof. Simona CONSTANTINOVICI (Université de l'Ouest de Timişoara) ; prof. Adina CHIRILĂ (Université de Timişoara) ; prof. Ileana OANCEA (Université de l'Ouest de Timişoara) ; prof. Sanda REINHEIMER-RÎPEANU (Université de Bucarest) ; prof. Doina SPITA (Universités « Al.I.Cuza » Iaşi et Paris-Sorbonne) ; conf. dr. Doina BUTIURCA (Université de Târgu-Mureş) ; lect. dr. Cristinel MUNTEANU (Université de Piteşti) ; lect. dr. Maria SAVU-CRISTESCU (Université « Valahia » de Târgovişte).

*

* *

Le cadre proposé pour ce colloque développe un nouveau concept des réunions scientifiques polyvalentes qui puissent, d'une part, combiner plusieurs axes de réflexion et, d'autre part, nuancer les données d'une problématique centrale.

- L'axe de la recherche a déjà envisagé plusieurs aspects d'un concept sous-jacent, la diversité d'une ***latinité européenne*** ; « ***Poétique, Mythes et Croyances*** »
- L'axe enseignement a pour concept sous-jacent ***l'acquisition des langues secondes*** : *Nouvelles*

perspectives et pratiques innovantes dans l'enseignement de la langue, la littérature et la civilisation roumaine dans les universités de l'étranger II

- L'axe ***des politiques linguistiques et des stratégies culturelles*** concerne les lecteurs et les professeurs de roumain comme langue seconde (L2 ou L3) et vise le développement de l'enseignement du roumain à l'étranger et de la visibilité scientifique et culturelle des lectorats de roumain dans la communauté internationale, ainsi que la consolidation de la collaboration scientifique et didactique à l'intérieur du réseau des lectorats ; avec la participation des représentants des institutions roumaines (ILR, MECTS, ICR, l'Ambassade de Roumanie)

Le colloque a réuni des professeurs et chercheurs de Roumanie, de Belgique et de l'étranger. De Roumanie, on note la présence de : acad. Solomon Marcus (Académie roumaine) ; acad. Marius Sala (Académie roumaine) ; prof. Rodica Zafiu (Université de Bucarest) ; prof. Oana Murăruş (Université de Bucarest) ; prof. Liviu Papadima (Université de Bucarest) ; prof. Petre Gheorghe Bârlea (Université de Constanţa) ; prof. Corin BRAGA (Université de Cluj — UBB) ; Emilia Parpala-Afana (Universitatea din Craiova) ; conf. univ. dr. Doina BUTIURCA (Universitatea « Petru Maior » Târgu-Mureş) ; conf. univ. dr. Claudia COSTIN (Universitatea « Ştefan cel Mare », Suceava, România) ; lect. dr. Maria Savu-Cristescu (Universitatea « Valahia » din Târgovişte), Robert Adam (Directeur de l'ICR — Bruxelles). Parmi les participants de Roumanie, une catégorie à part est constituée par les lecteurs de roumain présents à cette manifestation : Antonesei Gabriela, Apachiţei Petru, Bagiu Lucian, Cioban Florin, Constantinescu Romaniţa, Crăciun Alexandra, Dragomir Camelia, Flagner Heidi, Gavra Maria, Gencărău Ştefan, Ivancu Emilia, Jieanu Ioana, Momescu Mona, Neşu Nicoleta, Oprescu Florinel-Ionel, Sandu Elena, Simion

Florența, Spiță Doina, Stanciu Nicolae, Stancu Valeriu, Toma Alice, Topoliceanu Harieta, Ursache Oana, Zăvăleanu Laura. On rajoute les professeurs de roumain et leur contribution : Toma Sorina-Ileana : *Miturile fundamentale ale românilor* et Oana Topală : *Mitizare și demitizare în Mitologicalele eminesciene.*

La présence roumaine a été complétée par la présence belge : Prof. Baudouin DECHARNEUX, (Institut d'Étude des Religions et de la Laïcité, Université libre de Bruxelles (ULB), membre de l'Académie) ; Prof. ém. Lambros COULOUBARITSIS, Université libre de Bruxelles (ULB), membre de l'Académie) ; prof. ém. h.c. Mihai NASTA (U.B.B. et Université libre de Bruxelles (ULB)) ; prof. ém. Marianne MESNIL (Université libre de Bruxelles (ULB)) ; Pierre Swiggers (Katholieke Universiteit Leuven (KUL)) ; Dorota WALCZAK (Université libre de Bruxelles (ULB)), Odile GILON (Université libre de Bruxelles (ULB)).

Des professeurs de l'étranger ont été également présents à ce colloque : José Zamora (Universidad Autónoma de Madrid) ; Makoto Sekimura (University of Hiroshima) ; Gisèle Vanhese (Università della Calabria) ; prof. ém. dr. h.c. Lorenzo RENZI (Université de Padoue), Enrique NOGUERAS, Jiyang PANG Universitatea de Studii Străine, Beijing). On mentionne les contributions spéciales de l'écrivaine et psychanalyste dr. Corinne MAIER (Bruxelles) et de l'écrivaine et psychanalyste Tatiana BENCHEA (Bruxelles).

L'ouverture du colloque a été assurée par une soirée à la Résidence de l'Ambassadeur de Roumanie auprès du Royaume de Belgique avec deux intervenants principaux des deux ***Conférences en dialogue*** : acad. **Baudouin Decharneux** « *Ovide et les* Métamorphoses *: une littérature entre mythe et philosophie* » et prof. ém. **Mihai Nasta** « *Visage méconnu d'Ovide — auteur épique — du temps de son exil en terre roumaine* » et deux évocations : acad. **Marius Sala** « *Une évocation de l'activité du Professeur Mihai Nasta* » (suivie d'une « *Réponse du* *récipiendaire* ») et dr. drs. **Alice TOMA** « Une *évocation de l'activité de l'Académicien Eugen Simion* ». La soirée a été clôturée sous l'empire de la poésie, Ovide : lecture en latin, français, roumain par la comédienne Dr. Raluca ZAHARIA.

Les travaux du colloque ont continué sur deux journées, en suivant une thématique riche :

- ***Le mythe, ses avatars et leur déconstruction***
  - Mythes et croyances : défis de la modernité et métamorphose des thèmes mythologiques.
  - Le « naturisme » – une composante fondamentale de la pensée humaine
  - Relais de l'histoire et « objets » du domaine mythique
  - Le rapport avec l'autre et les fonctions sociales. L'ascèse et le déterminisme social
  - L'imaginaire, le rationnel et le raisonnable

- ***Les mythes et la « latinité européenne »***
  - Articulation entre l'archaïsme et les modernités. Le concept de « stylisation »
  - L'intertextualité des styles
  - Croyances et coutumes du domaine roman (aperçus diachroniques).

- **Poétique générale**

  \- La théorie des figures et ses rapports avec la gestualité et le domaine visuel

  \- Problématiques des genres folkloriques « mineurs » : prophéties, incantations, blasphèmes, devinettes. Le conte de fées

- Métrique des chansons.

- ***La poétique et l'acquisition des langues secondes***
  - La langue « poétisable »
  - La perception des registres temporels
  - De l'oral à l'écrit (un rapport réversible)
  - Types de discours / Narrativité et lyrisme

Un débat autour de ces thèmes a focalisé l'intérêt des chercheurs, des doctorants et des enseignants et aussi celui des lecteurs de langues romanes, qui ont fait une tradition de leurs réunions scientifiques annuelles. En outre, il s'agit d'une thématique interdisciplinaire qui intéresse plusieurs domaines : la philologie, la linguistique et les études littéraires, la philosophie, l'histoire de la religion, les sciences cognitives et l'anthropologie.

*

* *

Ce volume reprend des contributions des participants au colloque, organisées en cinq parties : *Considérations générales sur le mythe – de l'antiquité à nos jours ; Regards actuels sur les anciens mythes ; La valorisation des mythes dans la littérature universelle ; La valorisation des mythes dans la culture roumaine* et *La poétique et les mythes à travers les langages*.

La première partie regroupe : *Ancient Myths as a Common Source of Poetry, Narrativity and Mathematics* – Solomon MARCUS ; *Anna Perenna în mitologia latino-romanică* – Petre Gheorghe BÂRLEA ; *Mythes fondateurs, féminitude et construction du Moi* – Tatiana Benchea ; *Categoriile cugetării mitice în « Pentalogia mitului românesc »* de Valeriu Anania – BÂGIU Lucian Vasile. La deuxième partie réunit : *The Vantage Point of the Poet : Metaphors of Body and Self in Nichita Stănescu's Poetry* – Oana Chelaru-Murăruș ; *Rețeta meridională pentru brand-ul de țară : Pitorescul ca marcă mitică a regatului român* – Romanița Constantinescu ; *Mitul orfic în nuvelistica lui Mircea Eliade* – Maria Marieta GAVRA. La troisième partie comprend : *« L'attentat » dans la poésie polonaise récente : anti-farde, anti-forme, anti-frime ?!* – Dorota Walczak-Delanois ; *Adam and Eve – Prolegomena at the Myth of the Primordial Pair « New Realism » (Liviu Rebreanu)* – Doina BUTIURCA ; *Musa, mihi memora. Mit, pozie, memorie* – Elena-Tia Sandu ; *Beyond Lancelot. Poetics of the Mourning : Lucian Blaga and Horia Damian* – Alexandra CRĂCIUN. Dans la quatrième partie nous proposons : *The Mythical Temptations of a Reputed « Mophtologist » : I. L. Caragiale* – Liviu Papadima ; *Eroi și motive în basmele populare românești. Studiu de caz : « Tinerețe fără bătrânețe și viață fără de moarte »* – Alice TOMA ; *Regândirea educației din perspectiva postmodernității* – Maria Savu Cristescu ; *Avatarurile culturale și lingvistice ale unei creaturi monstruoase. Istoria liliacului* – Oana Uță Bărbulescu. Le volume présente pour conclure la cinquième partie : *La descrizione : un profilo linguistico e concettuale* – Emilio MANZOTTI ; *Cuvântul, intercesor între om și sacru : argumentele simbolurilor biblice și ale miturilor antice în predosloviile literaturii române vechi* – Laura LAZĂR ZĂVĂLEANU ; *Metafora și rolul său de intermediar în procesul de cunoaștere (aprofundată) și contextualizare (culturală) a limbilor străine (i) premise teoretice* – Nicoleta NEȘU ; *Autoreferențialitatea ca strategie estetic și politic subversivă în filmul românesc modernist* – Heidi FLAGNER.

Le mythe se place au cœur du débat contemporain qui confronte l'humanité primitive, les sociétés archaïques et les sociétés actuelles. Les contributions de ce volume y apportent des nouvelles réponses mais surtout elles constituent la source des nouvelles questions.

Ces récents résultats de recherche ont vu le jour et la publication grâce à la Maison d'éditions EME, en particulier à

Mme Sidonie MAISSIN, Mlle Marie TELLIER et au collectif de rédaction que nous remercions vivement.

Acad. Baudouin DECHARNEUX
Université libre de Bruxelles – ULB

Dr. Drs Alice TOMA
Université libre de Bruxelles – ULB
Université de Bucarest

Bruxelles, avril 2016

Première partie

Considérations générales sur le mythe – de l'antiquité à nos jours

ANCIENT MYTHS AS A COMMON SOURCE OF POETRY, NARRATIVITY AND MATHEMATICS

Solomon MARCUS
RomanianAcademy
solomarcus@gmail.com

Abstract

A phenomenon as that stated in the title hereinabove may escape the notice of a researcher confined to his own discipline ; one must use an approach that could enable him / her to glance all at once over all the fields put forward in the title. In order to accomplish such a spectacle, I first analysed the similarities and differences between mathematical language and poetic language, and between cult and popular narrativity. I then investigated the ancient myths in the works of Lévi-Strauss (Mythologiques) and Salomon Bochner (The Role of Mathematics in the rise of science). If Levi-Strauss helped me understand mythical temporality, Salomon Bochner clarified the derivation of the mathematics of Plato and Aristotle from ancient myths.

Keywords

Myths, poetry, mathematics, recursive function, metaphor

Chronologically speaking, Homeric poems predate the Greek mathematics of Thales and Pythagoras. However, in both cases symbolisation is paramount and it derives from ancient myths. There is yet another essential element belonging to the four fields considered – the need to place their action not in the tangible world of an empirical universe but rather in a fictitious one. It is the price one must pay for acquiring the rigour equally important in all the concerning fields, even though this might be of a different nature.

The connection between the local and the global, the individual and the cosmos, the fleeting moment and the eternity, the finite and the infinite is of great import; can the first term account for the second ? Should the answer be in the affirmative (as is usually the case in myths, poetry, narratives and mathematics), then one can note the holographic principle indispensable to the four fields. This principle can be clearly illustrated by the mirror, as each one of its parts performs the same function as the mirror in its whole; by the same token, fire can be reignited by a spark alone.

In poetry, one tree can speak for all the trees in the world; in mathematics, the behaviour of an analytic function on a small interval determines the behaviour on the entire line. Another characteristic of myths that can be found *pari modo* both in poetry and mathematics *is* the principle of semiotic optimisation : on the level of significance a tendency has been observed showing that what is always expressed in the briefest way possible is also the richest semantically, or in other words, one optimises the semantic density. With regard to this, a poet like Mallarmé is highly significant, whereas in mathematics algebraic expressions are far superior to paraphrase in a natural language. To illustrate the case, one can simply compare, in terms of terse conciseness, the formula of the square of a binomial with its paraphrase in words.

We could continue with the list of common features pertaining to all the fields considered ; one that stands out in particular is the recourse to *paradox*. What we have here is a significant image of the strong connection between knowledge and culture.

Let us now briefly discuss the *metaphor*. It originated in a remote past when it was difficult to distinguish between the time of myths and that of history. Let's take the example of Menenius Agrippa's parable narrated by Titi Livi in *Ab Urbe Condita* and described as an event that unfolded approximately five or six centuries before Christ. It refers to a biological metaphor of social life. Particularly the human body is perceived as a metaphor for the state : Rome in Republican times. Yet, the human body has remained, ever since that remote past where myths and history were indistinguishable, one of the major cultural metaphors. We know now that metaphorical processes play a fundamental role both in poetry and science, particularly in mathematics which has been privileged from this point of view.

As literature developed, a greater importance was assigned to psychological time (see the itinerary from Balzac to Proust), yet, myths seem to place themselves « beyond » any time limits. Among the 120 binary oppositions listed in the Index of the four volumes of Claude Lévi-Strauss's *Mythologiques* (1964-1971), only ten are related to temporality:

diachrony-synchrony, summer-winter, irreversible-reversible, young-old, day-night, equinox-solstice, slow-fast, morning-evening, death-life, spatial-temporal.

Only two of these oppositions are directly related to duration : young-old and slow-fast. When reference to duration is made this is rather approximate : « day after day the hunters returned empty-handed », « the heroes now hunted every day with great success ». (Lévi-Strauss : *Mythologiques* I, 1991 : 131). However, in reality, temporal references in mythical texts have a higher occurrence.

A systematic analysis of the various means of expressing temporality is necessary when, on the one hand, they occur directly in myths, and on the other hand when we undertake the investigation of myths as part of our attempt to produce a much more accurate typology of mythical temporality. We should notice the importance of infinite temporality which is rather disguised, because it mainly appears in the form of the potential infinite.

The easiest and yet the most striking example due to its essential role in myths is the recursive function *f* that associates to each individual one of his/her parents. Starting from individual I, we can write $f(I) = 2, f(2) = 3, \ldots f(n) = n+1$ for any n natural number, where $n+1$ is one of the parents of n. Even though the number of the generations that have passed is finite, its order of magnitude calls for a strategy approximating the finite by the infinite. Nevertheless, each person has two parents, four grand-parents, eight great-parents, etc., so we get to a successive power of two. Discussing the problem of kinship as considered by André Weil (1949), Jean Friant showed that the language of finite sequences of marriage types compatible with certain restrictions (sequences whose length increases according to a power of two) is context-free in Chomsky's hierarchy – see also Marcus (1974) –. Alternative recursive functions can also be considered, as they can associate, for example, to each daughter a step-mother or to each son a step-father. Within the recurrences previously mentioned we can sometimes find, on a higher level of analysis, additional arrows that create a cycle in a graph that was previously a tree structure. For example, when a father identifies in his daughter's behaviour some of her mother's traits and attitudes, the arrow leading from daughter to mother is doubled by one pointing the opposite way. Thus, the typology of incest determines the introduction of cycles in the tree structure of filial relations.

A fundamental form of infinite temporality is provided by periodic activities. « Myths establish order in the world, an order that is, above all, periodic » (Desveaux 1988 : 13). It should be pointed out that, among the ten temporal oppositions listed in the Index of *Mythologiques*, four are concerned with periodic repetitions:

summer/winter, day/night, equinox/solstice, morning/evening.

They all pertain to the cosmic level, but biologic periodicity, and supposedly that of a different nature as well, are equally important in myths frequently characterised by a strong correlation between the human body and the universe, between biological and cosmic time. One of the most 'expressive' examples with respect to this is illustrated by the case of the *inuit,* investigated by Saladin d'Anglure (1990). The association of the body to the cosmos can sometimes be of an analogical nature, or it can be dominated by contiguity, or characterised by an articulation of both of these operations. We can incorporate it – by slightly extrapolating – into the polarity infinitely small / infinitely big.

The dominance of cycles conveys in myths the importance of reversible time and undermines the relevance of the distinction between *past-present-future,* replacing it by a tendency for a *continuous present* and occasionally for *atemporality* (or eternity), an idea suggested by the dearth of oppositions concerning duration. In the same line of thought, mythical time is similar to quantum time where the irreversible gives way to the reversible, while the triad *past-present-future* is replaced by a continuous present. But – possibly – yet another symptomatic element is provided by the similarity between the mythical time and the small child's time.

Before the age of two, he / she cannot perceive the distinction that is activated in order to demarcate the series past-present-future or *yesterday-today-tomorrow.* It is worth reminding that the *continuous present* characterises artistic creation ; hence, there is on this level a temporal status that is common to myths, art and science (represented here by the quantum world).

Let us now shift our attention to *psychological time* which illustrates a particular case, occupying a special place in myths. There is first a close relation between human and non-human time, whether from an organic or anorganic perspective. When the woman becomes the wife of the moon and when the human being morphs into an animal, the human time of the subjective perception undergoes a disruption whose consequences remain a mystery. Does such a mixed existence still respect the way in which ordinary human beings slow down the rhythms of nature ? The question is indeed relevant when we attempt, for example, to gain a better understanding of the role of childhood and children in myths and determine the type of pressure exerted on the individual by the social group, for in myths the individual is usually assigned a generic meaning. It would not be ill-advised then to ask to what degree the social time complies with the same laws as those that govern the relations between psychological time and chronological time. Can we, for example, apply the hypothesis stipulating that if a social group *A* is older than a social group *B* then history 'flows' more rapidly for A than for B ?

In conclusion, many essential characteristics of myths are transferred – and are directly found – to the fields of arts, narrativity and mathematics. And each time the fundamental unity of culture displays its force.[1]

BIBLIOGRAPHY

BOCHNER S., 1966, *The role of Mathematics in the Rise of Science,* Princeton University Press.

DESVEAUX E., 1988, *Sous le signe de l'ours. Mythes et temporalité chez les ojiwha septentrionaux*, Paris, Maison des Sciences de l'Homme.

FRIANT J., 1967, « *Les langages « context-sensitives* », Annales de l'Institut Henri Poincaré section B, tome 3, n° 1, pp. 35-120, Paris, Gauthier-Villars.

LÉVI-STRAUSS C., 1964-1971, *Mythologiques I, II, III, IV*, Paris, Plon.

LIVE Tite, 1995 [1864], *Histoire Romaine* [*Ab urbe condita*], Livre II, Paris, Garnier-Flammarion, pp. 16-32.

---

[1] Article translated from French into English by Diana Painca.

MARCUS S., 1974, « Linguistics as a pilot science », *Current Trends in Linguistics* (ed. Thomas A. Sebeok), volume 12, pp. 2871-2887, The Hague, Mouton.
SALADIN D'ANGLURE B., 1990, *Frère-Lune (Taqqiq), sœur-Soleil (Siqiniq) et l'intelligence du Monde (Sila). Cosmologie inuit, cosmographie arctique et espace-temps chamanique,* x *Les structures élémentaires de la parenté,* Paris, Presses universitaires de France.
WEIL A., 1949, « Appendix », à Claude Levi-Strauss, *Les structures élémentaires de la parenté,* pp. 278-285, Paris, Presses universitaires de France.

ANNA PERENNA
ÎN MITOLOGIA LATINO-ROMANICĂ

Petre Gheorghe BÂRLEA, Ph. D.
« Ovidius » University of Constanța, Romania
gbarlea@yahoo.fr

Abstract :

ANNA PERENNA IN LATIN AND ROMANCE MYTHOLOGY

Latin writers who have succeeded and developed the ancient mythological heritage – belonging to Greek, Oriental, Italic, Etruscan, and other cultures – emphasize the polymorphism and the multiple facets of a deity, whose name (cf. i.-e. *an*-) evokes her as an « old mother », a « nurse », a « nurturer », among other similar descriptions. Ovid, Virgil, Martial, Macrobius, Festus, and other authors acknowledge the pre-Italic traditions that point to the fairy, as well as the Lavinian legends of Anna Soror and Anna Amnis (Ov. *Fast.*, 3, 658-660). They also note the widespread circulation of the ambrosian mythological cycle.
Deciphering all these symbols and meanings can help us retrace the evolution of a mythonym across time and space. This can be achieved by applying the principles of *linguistic mythology,* formulated by M. Muller, A. Kuhn, M. Bréal, but also by other, more recent researchers.

Keywords :
Mythonym, Anna Perenna, linguistic mythology, magna mater, minor divinity.

1. POLIVALENŢA UNUI MITONIM

Cunoscută mai degrabă ca o divinitate minoră, din rangul nimfelor, Anna Perenna este un personaj polimorf şi polivalent, prezent în toate mitologiile lumii[2]. Această ubicuitate se explică prin faptul că personalitatea sa proteică poate fi redusă, în ultimă instanţă, la două funcţii fundamentale - geniu protector al fertilităţii şi furnizor al hranei - ceea ce înseamnă, sincretic, asigurarea principiului vieţii - în ceruri şi pe pământ.

Mecanismele specifice evoluţiei miturilor sunt responsabile de schimbările radicale ale statutului acestei divinităţi, în timp şi spaţiu. Uneori, ea reprezintă *Marea Mamă,* începutul tuturor zeilor şi al oamenilor şi conducătoarea cu rang suprem în ierarhia mitică a unor popoare vechi[3]. Alteori, se identifică cu Pământul însuşi, *Terra Mater* (simbolizând fecunditatea, sursa primordială a tuturor energiilor) sau cu modeste naiade, nereide, oreade etc.)[4] care însufleţesc regnul animal, vegetal, mineral[5].

În paginile de faţă ne propunem să analizăm prezenţa Annei în complicata şi veşnic schimbătoarea manifestare a mitului indo-european al Ambroziei, aşa cum apare el concretizat în mitologia latină şi romanică, cu inevitabile referiri la divinităţi din alte culturi ale lumii.

---

[2] *Cf.* Bârlea (Petre Gheorghe), 2007, pp. 111-113 *et passim.*

[3] Este cazul mitologiei celtice, *cf.* Y. Brekilien, 1993 ; Y.-P. Persigout, 1990, s.v. *Anna/Dana...* ; M. Eliade, 1998, p. 174.

[4] *Cf.* şi Eugen Cizek, « Note şi comentarii » la Virgilius, *Eneida,* ed. 1967, p. 260, n° 1.

[5] Este cazul numeroaselor exemple de « cădere a zeilor » de la o generaţie la alta (de obicei, corespunzătoare unor schimbări istorice şi religioase în planul real al vieţii pe pământ), cu consecinţa diabolizării unor foşti zei ai Binelui şi cu transferul lor din Cer în Subpământ - exemple detectabile în toate mitologiile lumii.

2. RESURSELE ACTUALE ALE LINGVISTICII MITOLOGIGE

Metoda noastă de lucru valorifică principiile, tehnicile şi instrumentele de analiză ale mitologiei comparate, la care le vom adăuga pe acelea ale semanticii istorice, într-un demers cunoscut sub numele de *lingvistică mitologică* – ambele fiind sucedanee ale comparatismului istoric.

Din rândul clasiciştilor şi indo-europeniştilor care au trecut « cu arme şi bagaje » în domeniul cercetărilor mitologice s-au remarcat Fr. M. Müller[6] şi A. Kuhn, ale căror studii au fost completate şi aprofundate de M. Bréal, G. Dumézil ş.a.[7] Metoda a fost aplicată pe corpusul românesc de texte de către B. P. Hasdeu[8] şi L. Şăineanu[9]. După un secol şi jumătate, aceasta

---

[6] *Cf.* Fr. Max Müller, 2002. Mitologia comparată păstrează ipoteze de lucru ale celorlalte şcoli (analogică, etnopsihologică, antropologică, simbolică etc.), pe când mitologia lingvistică dezvoltă principiile şcolii etimologice (sau genealogice), ale teoriei metaforei etc., cu valorificarea achiziţiilor tuturor ştiinţelor limbii, în plină dezvoltare, pe atunci : tipologia limbilor, semantica istorică, gramatica comparată, fonetica istorică etc. Pentru o prezentare sistematică a tuturor acestor teorii, din perspectiva cercetărilor moderne, cf. Marcel Detienne, 1981, şi J.-P. Vernant, 1982.

[7] Jakob Grimm, Fr. Lauer, apoi Th. Benfey, August Pott, Wilhelm Mannhard, Georg Grassmann, Michel Bréal, James A. Darmestetter, Hermann Osthoff, Rosan Rocher, Christian Mehlis, Elard Hugo Meyer, Ernst Kuhn, Victor Henri, Simon Bart, Stephen Fay « şi atâţia alţii », *cf.* M. Muller, 2002, p. 255.

[8] B. P. Haşdeu, în *Etymologicum Magnum Romaniae*, s.v. *Ana*, precum şi în *Cuvente den bătrâni*, trimite la scrierile, relativ recente pe atunci, ale lui Angelo de Gubernatis, *Mitologia plantelor* (*Zoological Mythology*, 1872) şi G. W. Cox, probabil – *Mythology in the Form of Question and Answer*, London, 1867.

[9] Şăineanu (Lazăr), 1978.

se dovedeşte încă fertilă, mai ales că disciplinele conexe au evoluat şi ele, oferind noi chei de analiză[10].

Practic, teza fundamentală este că *în spatele oricărui mit stă un cuvânt*, după cum afirmase Platon, în al său *Phaidros*, 229a-230a. Prin cunoscutele mecanisme ale metaforei şi ale celorlalte forme de deviere lexico-semantică, proces considerat în epocă o « maladie a cuvintelor », îi face pe oameni să caute explicaţii pentru asemănarea dintre cuvintele care au un aer de rudenie, dar exprimă lucruri absolut diferite, cf. scr. *rik(s)ha* « stea » şi *ris(s)ha* « urs ». Astăzi, explicaţia este dată de semantica istorică. *Illo tempore*, însă, explicaţia era de natură exclusiv narativă : un urs a fost transformat în stea de o forţă supranaturală ş.a.m.d. Funcţiona acelaşi principiu care a generat explicaţiile date fenomenelor meteorologice. Nu întâmplător, promotorii metodei au fost şi fervenţi susţinători ai teoriilor meteorologice, în primul rând ai solarismului, în explicarea genezei miturilor. Termenii uzuali care denumesc fenomene, astre, obiecte, fiinţe etc. devin nume proprii, care generează genealogii, acţiuni, calităţi. În faza următoare, se compară termenii-cheie din mai multe limbi – eventual, dovedite deja ca înrudite între ele. De ex., se porneşte de la scr. *diva*, care înseamnă atât « strălucitor », cât şi « zeu ». Aplicând legile fonetice şi analizele semantico-morfologice etc., se constată că scr. *Dyauspitar* = gr. *Zeus pater* = lat. *Jupiter* = got. (scand.) *Tyr* ş.a.m.d. Aceste echivalenţe explică prezenţa unui zeu comun, existent înainte de despărţirea etnolingvistică în familii diferite. Pe de altă parte, ele antrenează alte echivalenţe, cărora le corespund alte personaje, dar şi acţiuni, locuri, obiecte etc.[11].

În ceea ce ne priveşte, adăugăm la aceste principii şi tehnici de lucru grila de analiză propusă de G. Dumézil pentru identificarea elementelor Mitului Ambroziei, deoarece din

---

[10] Vezi studiile lui G. Durand, A. Jolle, P. Brunel, J.-P. Vernant ş.a. În România există câteva şcoli de analiză lingvistico-mitologică la Bucureşti, Iaşi, Timişoara, doar indirect bazate pe vechile studii mülleriene.

[11] Müller (Max), 2002, p. 458 ; *cf.* şi p. 277 ; pp. 346-347 *et passim*.

mulţimea de ipostaze ale Annei Perenna ne vom limita la această serie. Este vorba despre cele patru mari teme : A. Prepararea ambroziei ; B. Demonul şi primul furt al ambroziei ; C. Falsa logodnă şi al doilea furt ; D. Exterminarea demonilor[12]. În acest caz, contează mai puţin similitudinile onomasice, cât funcţiile şi simbolistica personajelor într-un cadru fabulatoriu relativ stabil.

3. SUPORTUL LEXICO-SEMANTIC AL MITULUI

Rădăcina indo-europeană pe seama căreia se construieşte mitologia latino-romanică a Annei, respectiv, **(h)an-*, are două serii de atestări pe cât de vechi, pe atât de numeroase.

3.1. Există, mai întâi, atestări mai discutabile ale lui *an-*, puse în legătură cu *annus* « an ». Întrucât latina nu a moştenit decât puţine urme din vechea terminologie indo-europeană a timpului[13], s-ar părea că acest *an-* stă la baza unor forme ca **atni-o,* cf. got. *apnom, ata-apni* « ani revoluţi » ; osco-umbr. *akenei* (cu trecerea lui *-tn-* la *-kn-*) « in anno », *acnu* « anno », *peraknen* « de un an » (cf. lat. *aniculum*), dar şi « peren » (cf. lat. *per-ennis*). Formele târzii, *annare, perennare,* precum şi derivatele *quotanis, biennis/biennium, triennis/triennium* etc., atestate la Macrobius, justifică asocierea (pleonastică, dar obişnuită în registrul popular şi în mitologie), cu numele divinităţii : *Anna Perenna, Anna Peranna, Ana ac Peranna*[14].

3.2. În al doilea rând, există atestări mult mai certe ale lui *an,* ca rădăcină indo-europeană de tip secundar[15], cu sensul generic de « femeie bătrână ». În latină, îl găsim ca substantiv, *annus,* -

---

[12] Dumézil (Georges), 1924, pp. 126-157.

[13] De ex., i.-e. **wet-*, *cf.* gr. *υέτος*, lat. *vetus*, i.-e. **en-*, *cf.* gr. *δί-ενος* « de doi ani » sau **yer-*, *cf.* got. *jer*, engl. *year*.

[14] DELL, *s.v. annus, -i* şi *annus, -us. cf.* şi Ovidius, *Fast., 3, 146 ; 523-657 ;* Varro, *Men., 506 ;* Macrobius, *Sat.*, I, 12, 6.

[15] Poartă marca II în clasificarea lui Grandsaignes d'Hauterive, 1994, *s.v. an-*.

us, explicat de Ernout-Meillet ca formaţiune din limbajul familiar de tipul *atta* « tata », cf. şi gr. *ἄττα*, got. *atta*, hitt. *ataš*, din lexicul infantil. Atât dublarea consoanei interioare, cât şi apariţia lui *-a* final sunt mărci ale vorbirii uzuale, registrul stilistic care a favorizat şi formele derivate : *annula* « bătrână » (*apud* Fronto), *Anicula* (nume propriu), *anicella*, frecvent atestat cu sensurile « bătrână, bătrânică, bunică, străbună », cf. şi adj. *anilis*, vb. *aneo* (după *seneo*) şi *anesco* (după *senesco*).

În limba greacă, forma *ἀννίς* este glosată de Esychios ca *μητπός ἤ πατρός μήτηρ* « mama mamei sau a tatălui », şi apare foarte devreme în Grecia şi în diverse zone din Asia Mică[16].
Dintre celelalte limbi indo-europene, germanicele şi balticele oferă atestări bogate ale cuvântului[17].

Pentru aria extrem orientală a indo-europenei există formele din hittită, *anaš* « mamă » şi *hannaš* « mamă-mare », « bunică ». Există, de asemenea, numeroase variante ale cuvântului în textele indiene vechi, *cf. Annam* « hrană », *Annapūrnā* ş.a[18].

---

[16] Inscripţiile se referă la femei din Atena, Sparta, Smyrna, dar şi din zone etnolingvistice eurasiatice precum Phrigia, Lydia, Siria etc., *cf.* L. Robert et N. Firatli, 1964, pp. 138-142, cu trimiteri la studiile unor W. Peék, Theodor Mommsen ş.a.

[17] Astfel, în vgs. *ana* « bunică, străbună, strămoaşă », are şi un echivalent masculin, *ano* « bunic », dar şi numeroase compuse, tipice pentru derivarea lexico-semantică a respectivului grup de limbi : *hevi-anna* « sage femme », « moaşă », *cf.* şi germ. *Ahn-frau* « bunică », *Hebamme* « moaşă ». Despre un vechi prusian *ane* « bătrâna mamă » nu se ştie dacă aparţine fondului germanic sau unui substrat baltic, dat fiind faptul că în lituaniană găsim forme precum *anus* şi *anyta* « soacră », « mamă vitregă », în armeană *han* şi *Han* « străbună » ş.a.m.d.

[18] Acesta din urmă reprezintă, se pare, cea mai veche atestare a cuvântului, având în vedere că hittiţii au dispărut, practic, din istorie după sec. a XII-lea a.c. Pentru întreaga istorie indo-europeană a cuvântului, *cf.* P. Gh. Bârlea, 2007, pp. 58-75 *et passim*.

3.3. Variantele fonetice, de tipul *Han(n)a, (D)ana* etc., au explicaţiile îndeobşte cunoscute : un *h* histerogen, un *d* protetic, dublarea consoanei centrale, diverse sufixe diminutivale sunt mărci hipocoristice, familiare[19].

3.4. Principiul transferului de referenţi, enunţat la începutul acestor pagini, funcţionează şi în cazul numelui *anna*. Evoluţia firească trebuie să fi fost ***de la numele comun***, cu sensurile enunţate mai sus – *bătrână, bunică, mamă, doică, hrană* etc. – ***la cel propriu, ca antroponim***, iar de la acesta sau de la ambele concomitent, ***la teonimul corespunzător***. De fapt, vechimea miturilor şi dinamica foarte puternică a relaţiilor dintre personaje, fapte, obiecte, simboluri, etc. nu ne dau dreptul să stabilim o direcţie anume a evoluţiilor lexicale şi semantice. Atestările inegal răspândite în timp şi spaţiu – nume inscripţionate, altare, statuete, imagini, glosări, aluzii, consemnări ale unor ritualuri, fragmente epice, prelucrări târzii probează doar *relaţia posibilă* dintre fondul lingvistic şi cel mitologic.

4. FONDUL LATIN AL MITULUI

4.1. Inscripţiile etrusce

Cel puţin două inscripţii vechi par să ateste legătura dintre divinităţi infernale numite *Anna* şi *Perna,* şi numele gentilice etrusce, *Annius* şi *Perennius*. Ambele îşi găsesc o echivalenţă vizibilă în vechea denumire romană *Anna Perenna,* invocată frecvent în literatura latină[20], dar mai ales în varianta *Anna ac Perenna,* transmisă de Varro, într-un fragment din cele două satire menipee păstrate[21]. Prima a fost foarte bine conservată într-un templu din Feltre, în vechea regiune Raetia, zonă de

---

[19] Mai ales numele de rudenie sunt afectate de asemenea fenomene, în toate limbile indo-europene, cf. P. Chantraine, 1984, *s.v.* *ἄννις*.

[20] *Cf.* Ovidius, *Fast.*, III, p. 146, pp. 647-648, pp. 653-654, pp. 655-660 ş.a.

[21] Varro, *Sat. Men.*, fr. 506, ed. Bücheler.

efervescență a culturii etrusce[22]. Hermann Dessau şi mai ales Fr. Altheim consideră că *Anna* este un hipocoristic al termenului care desemna noțiunile de « mamă » sau « doică » şi că acesta trebuie pus în legătură cu divinitatea străveche şi larg răspândită *Terra Mater*[23].

Cealaltă inscripție, mai puțin clară, a fost descoperită la Agnone, Isernia – Molise, fiind una dintre cele mai vechi texte în limba oscă păstrate până astăzi. Ea conține numele *Anna* (*Amma*) şi *Perna*, la distanță unul față de celălalt şi amestecate printre altele. Cele două nume continuă să fie asociate în comentariile anticilor, prin « legea asocierii contrariilor », ca divinități care simbolizează pământul renăscând, maternitatea universală, dar şi cu atribute de numen infernal. În plus, templele ambelor divinități se află deseori pe malurile râului Numicius, care leagă ținuturile ardene de cele rutule. R. S. Conway susține că cele două divinități au fost transmise împreună de către etrusci atât romanilor, cât şi samniților[24]. Ele fac parte din seriile divinităților răspândite pe imensul teritoriu indo-european şi identificate sub un nume compuse: *Ana Perenna, Perana, Ker-Anna, Ana Purna* etc.

4.2. Sanctuarele din Sicilia

Rădăcina *ker-*, din epitetul care însoțeşte numele Annei în inscripțiile dialectale, poate semnifica « divinitatea », căci termenul este relativ frecvent în textele celtice, *cf. Ker-Ana*[25]. Celălalt cuvânt frecvent asociat cu numele Annei, în textele

---

[22] *Cf.* Campanile, *Notizie Scavi*, 1924, p. 150 *sqq*., precum şi nota aparținând editorilor lucrării *Catalogue of the Palazzo dei Conservatori*, p. 280, n° 1.

[23] Altheim (Franz), *Terra Mater…*, Giessen, Töpelmann, 1931, p. 91 *sqq*. ; *cf.* şi *idem*, *Epochen der Romische Geschichte. Untersuchungen zur altitalischen Religiongeschichte*, p. 63.

[24] Conway (Robert Seymour), *The Italic Dialects*, Cambridge, 1937, p. 175.

[25] Thibaud (Robert-Jacques), 1997, p. 83.

votive din întreaga arie italică, *Diumpais,* înseamnă « zâne / nimfe / copii », desemnând micile divinităţi htonice care o însoţeau pe Anna, în ipostaza ei de Mare Mamă.

Cele mai semnificative atestări ale asocierii Mamei Anna cu copiii apar în inscripţiile de la Buscemi, aflate în câteva grote săpate în coasta meridională a muntelui San Nicoló, din Sicilia. Atestând o activitate religioasă intensă desfăşurată între secolele al III-lea a.c. şi al VI-lea p.C., aceste inscripţii vorbesc despre credincioşii zonei şi despre sacerdoţii-femei, care închinau diverse obiecte şi tăbliţe votive παρά παίδεσσι καί Ἄννα[26] « către Paides şi Anna ». Ipostazele în care apar copiii pot fi desemnate separat, dar în acelaşi context, ca în toponimul Νυμφών τε καί παίδων, atestat de Nicandru[27] într-o legendă despre « Pietrele sfinte », adică despre metamorfozarea tinerilor care au îndrăznit să intre în hora nimfelor[28].

Toate aceste asocieri, derutante pentru cercetătorul modern, se datorează sincretismului mitologic. Este vorba, în primul rând, despre circulaţia unor teme, nume, personaje, simboluri pe spaţii foarte mari, cu suprapunerile şi confuziile terminologice aferente, cu schimbări neaşteptate de statut al divinităţilor respective. În cazul de faţă, *Anna din Buscemi* este o divinitate locală, dar cultul ei poartă amprenta civilizaţiei greceşti, căci locuitorii din satul respectiv aparţinuseră, pe rând, cetăţilor Siracuza, şi Akrai, enclave greceşti, de unde cultul duhurilor pământului, izvoarelor şi râurilor, al copacilor, munţilor etc. s-a răspândit în toată Sicilia. Pe aceeaşi cale se

---

[26] Am preluat textul aşa cum a fost transcris în studiul Margheritei Guarducci, 1936, p. 49, n° 7. Inscripţiile au fost cercetate, succesiv, de către descoperitorul lor, arheologul Paolo Orsi, apoi de către Francesco de Sanctis, M. Guarducci ş.a., şi au fost publicate în culegerea Callitz-Bechter, SGDI, 5256-5259.

[27] *Apud* M. Guarducci, *op cit.*, p. 25 *sqq.*

[28] Specialiştii în mitologie au descoperit de mult timp că metamorfozarea unei fiinţe umane în piatră, arbore, floare este o constantă a mitologiilor lumii, *cf.* M. Müller, 2002, p. 252 ; Pierre Brunel, 1974. *Cf.* şi T. Pamfile, 2000, pp. 8-12 ; pp. 354.

explică reminiscențele asiatice ale cultului fostei mari divinități – Θεός Μητέρ, *Magna Mater*, înlocuită aici, în altarele izolate de pe coastele Siciliei, printr-un cult modest, cu puternică amprentă locală, agrară, arhaică[29].

4.3. Ciclul legendar lavinian

Etapa legendară a stabilirii eneazilor în centrul Peninsulei Italice este marcată de o nouă întruchipare a Annei, aceea de soră, care generează două teme mitice, cu motivele de rigoare : a) tema hranei nemuririi, respectiv, motivul ambroziei, şi b) tema apei, respectiv legenda etiologică a naşterii râului Numicius. Atestările, chiar dacă se bazează pe un fond legendar vechi, sunt de dată istorică, de aceea implicarea numelui *Anna* în geneza mitologemelor respective se face după specificul latin al prelucrării nucleelor mitice – umanizarea şi istoricizarea datelor colectate din epoci anterioare şi din spații culturale diferite.

Este vorba despre două episoade din mitul etnogenezei poporului roman, transmise în forma literară şi oficială prelucrată de către scriitorii latini : Virgilius, în *Aeneis* ; Titus Livius, în *Ab Urbe condita* ; Ovidius, în *Fastorum libri*.

Anna este, mai întâi, sora Didonei, aşa cum ştim din cântul al IV-lea al *Eneidei*, dar şi din *Fastele* lui Ovidius sau din alte surse antice[30]. După tragicul sfârşit al reginei, Anna împărtăşeşte soarta Carthaginei, peste care rămăsese stăpână, de drept : ambele au devenit victime ale unor pretendenți necruțători, precum regii barbari Iarbas, Batus, dar şi ale

[29] Ultima ipostază simbolizează fertilitatea în stare pură, în întreaga istorie a omenirii. Se ştie că cele circa două mii de figurine de lut, răspândite pe un spațiu imens, de la Atlantic până în Urali, şi datând din paleoliticul superior, înfățişează femei opulente (sâni mari, pântece umflat, fese abundente), fie fără mâini, fie cu mâinile încărcate de copii, *cf.* J. Knibieler, 2000, p. 7.

[30] Informațiile antice au fost colecționate de către P.-C. Maréchaux, 1995, cap. *Legendele populare. Didona*.

prinţului Pygmalion, propriul ei frate. Complet lipsită de apărare, căci nici măcar rudele apropiate, din Insulele Melite, nu au acceptat să-şi rişte viaţa pentru ea, Ana ia calea pribegiei, străbătând apele şi uscatul din Bazinul Mediteranean. Episodul final al peregrinărilor este refugiul în Latium, pe ţărmurile Laurentului.

... Anna ajunge aici la puţin timp după ce Eneas, fugit din cetatea punică, debarcase el însuşi în Latium şi tocmai se căsătorise cu Lavinia, fiica regelui local. Desigur, troianul fusese cauza tuturor nenorocirilor Carthaginei şi ale celor două surori, dar Anna ştia că, de fapt, zeii au fost aceia care l-au folosit ca atare. De la Ovidius aflăm că ea fusese confidentă şi prietenă atât surorii ei, cât şi lui Eneas, în perioada sejurului acestuia la curtea Didonei. Conştient de obligaţiile pe care le avea faţă de sărmana fată, tânărul îi acordă toate drepturile cutumiare ale ospitalităţii în palatul său.

... Lavinia devine însă geloasă aproape imediat după sosirea străinei, aşa încât spectrul Didonei (considerată « falsa zeiţă » din schema indo-europeană a mitului ambroziei) i se arată Annei în somn şi o sfătuieşte să părăsească grabnic limanul pe care îl găsise atât de trudnic. Ajunsă la capătul puterilor, fără să mai întrezărească vreo altă cale de salvare, Anna rătăceşte prin poieni şi zăvoaie, iar în cele din urmă se aruncă în apele râului Numicius. Acesta este singurul care îi oferă adăpost, în felul lui, căci, după părerea lui Ovidius, undele au primit-o ocrotitoare în sânul lor :

... *rapuisse Numicius undis*

Creditur et stagnis occuluisse suis. (Ov., *Fast.*, 3, pp. 647-648).

George Dumézil face un tur de forţă pentru a încadra acest episod în « ciclul mitologic al ambroziei»[31]. Dincolo de

---

[31] Primele peregrinări pe ape ale Annei, după plecarea de la Battus, vărul ei şi regele Maltei, ar corespunde, în scenariul indo-european al

interpretările care plasează episodul în secvenţa « luptelor acvatice », din temele A şi D ale scenariului « Ospăţul nemuririi », cu date culese de la Ovidius, Martial, Festus, Macrobius ş.a.[32], firele mitologice includ tema fertilităţii.

Această temă implică principiul apei, prin identificarea Annei cu un râu, mai precis, cu o *nimfă* a apelor curgătoare. În cazul de faţă, legenda « explică » legătura dintre râul Numicius şi *naiada* sa[33]. În versiunea prelucrată de Ovidius, cetele urmăritorilor Annei (unii trimişi de Lavinia, cu ordin s-o ucidă, alţii trimişi de Eneas, însărcinaţi să o protejeze cumva), nu pot face altceva decât să observe urmele ei pierzându-se în albia râului. La strigătele lor, s-ar fi auzit o voce stranie, care confirma că Anna şi-a găsit, în sfârşit, menirea :

Ipsa loqui visa est : « Placidi sum ***nympha Numici,***
Amne perenne *latens* ***Anna Perenna*** *vocor ».*
Ea însă pare că a grăit : « Eu sunt *nimfa lui Numicius*, cel cu ape calme;
Ascunsă în acest *râu peren*, mă numesc *Anna Perenna* ».
(Ov., *Fast.*, 3, pp. 653-654).

---

ospăţului zeilor, motivului « luptelor acvatice », iar cearta dintre Battus şi Pygmalion ar reprezenta lupta pentru obţinerea instrumentelor necesare fabricării buturii miraculoase. Eneas ar fi demonul care o ia pentru un timp pe *Ana Ambrosiana* în palatul său ş.a.m.d. Unele episoade se pierd în versiunea romană a mitului, căci nu pot susţine procesul tipic latin al istoricizării, *cf.* G. Dumézil, 1924, p. 36.

[32] Dumézil (Georges), 1924, pp. 126-157 : Ana este, pe rând, un personaj secundar din naraţiune (tânăra logodnică), vasul în care se prepara băutura nemuririi sau ambrozia însăşi. Autorul constată, totuşi, « dematerializarea » ambroziei în legendele din zona laviniană, în riturile sabine, în festivalurile saliene etc.

[33] După cum am amintit deja, nimfele aveau roluri precise în mitologia greacă, preluată în întreg bazinul mediteranean : *naiadele* reprezentau apele dulci (izvoare, fântâni, lacuri, râuri), *nereidele* – marea, iar *oceanidele* – oceanele.

Jocul de cuvinte din versurile ovidiene are dublu rol : pe de o parte, explică identificarea *Annei* cu râul, căci *amnis* înseamnă « curs de apă, fluviu, râu »[34], pe de altă parte, întăreşte caracterul latin, roman chiar, al unui personaj care aparţinea mitologiilor italice – *Anna* devine aici *Anna Perenna*. În plus, în felul acesta, se reface legătura cu motivul timpului, din vechile nuclee mitologice[35].

Lăsând la o parte etimologia străvezie, de tip popular, consemnată de Ovidius, cele două cuvinte apar în denumiri gentilice ale zonei, conservate în inscripţii, etc. – *Annavos, Annaenus, Annaius* şi multe altele, cf. *TLL*, s.v., respectiv, în hidronime păstrate până în limbile moderne: lat. *Inter amnes* devine fr. *Antran, Antrain(s), Entraunes, Entrammes,* etc.[36] Acelaşi fenomen se întâmplă cu hidronimele care pornesc de la o rădăcină i.-e. **ma-* « mamă »[37], precum *Moder, Marne* ş.a.[38], în care se recunoaşte procesul de personificare şi metamorfozare, specifice mitologizării datelor de *realia*[39].

---

34 De fapt, sensul fundamental al termenului *amne,-is* este de « curs năvalnic de ape, fluviu puternic », dar există şi sensul generic de « apă (dulce, curgătoare) ». De asemenea, termenul are şi un sens metaforic, simbolic, strâns legat şi acesta de una dintre ipostazele Annei – aceea de « lumină », căci poate însemna şi « constelaţie (a lui Eridan) », *cf.* DELL, *s. v.*

35 În mitologia grecească, *Annei,* care a străbătut suprafaţa mării dintre Carthagina şi Latium, îi corespunde nereida *Io,* care a dat numele Mării *Io-niene,* iar golful în care a poposit tânăra, la un moment dat, s-a numit *Bos-phor,* aluzie la juninca în care a fost metamorfozată.

36 *Cf.* Rostaing (Charles), 1992, p. 55.

37 Pentru evoluţia acestei rădăcini în limbile indo-europene, *cf.* Wald-Sluşanschi-Băltăceanu, 1987, p. 297.

38 Cf. Rostaing (Charles), *op.cit.,* p. 112. Denumirile de acest fel aveau semnificaţia originară de « izvorul apelor ».

39 Anticul *Numic(i)us* este identificat astăzi fie cu Rio Torto, din Lazio, fie, mai degrabă, cu *Rio di Pratica.* Acesta din urmă, molcom şi sinuos, înconjurat de vegetaţie bogată, străbate ţinutul dintre Lavinium, Pratica de astăzi, şi Ardea, regiune a rutulilor de altădată. Identificarea s-a făcut după descrierile din Ovidius, Plinius şi Silius Italicus, care ne

4.4. Ciclul roman al Annei Perenna

În paginile de mai sus, am arătat că aplicarea principiilor fonetice şi semantice conduc spre originea infantilă, populară, arhaică a teonimului *Anna Perenna*. Acesta se înscrie în seria dubletelor cu efect eufonic de tipul *Dea Dia, Acca Larentia, Mutumus Tutumus* ş.a. Asemenea sintagme semnificau diverşi membri ai familiei, dar mai ales divinităţi minore din fondul mitic străvechi.

Inscripţiile latine pe care se bazează explicaţia din TLL, trimite la sensul de « doică » : « anna nutrium videtur significare, ut Mommsen bene annotat »[40]. Diversele derivate ale termenului prim susţin în egală măsură cele două sensuri fundamentale şi, în plus, procesul mitologizării unui concept din viaţa reală, căci în latina arhaică sunt atestate formele *annona* « recolta unui an », dar şi *Annona* « divinitatea care personifică recolta »[41], termen construit pe aceeaşi structură fono-morfologică şi lexicală ca *Bellōna, Pomōna* ş.a. Aşadar *Anna Perenna* înseamnă « doica veşniciei », venind din fondul mitologic indo-european care a dat-o şi pe *Ana Pūrna* a

---

transmit şi tradiţiile romane potrivit cărora pe malurile aceluiaşi râu a dispărut şi Eneas, reintegrat apoi în mitologie sub numele de Juppiter Indigens, *cf.* Pierre Desjardins, *Essai sur la topographie de Latium*, p. 76 *sqq.*, apud M. Guarducci, *op. cit.*, p. 38.

[40] *Thesaurus Linguae Latinae, s.v. Anna Perenna,* cu trimiteri la CIL, III, 2021, 2160, 2450, 2515. *Cf. anna nutrix*, 2012.

[41] Alţi derivaţi care întăresc sensurile fundamentale sunt *Annonacum* « locul în care se depozita recolta », devenit toponim păstrat până în epoca modernă, *cf.* occ. *Anonai*, fr. *Annonay*, apoi antroponimul *Anno, -onis*, semnificând, la origine, bărbatul care se ocupă de strângerea recoltelor [pentru rezervele comunităţii]. Sunt atestate, într-adevăr, în epoca istorică, funcţia de *curator annonae*, care desemna întâi funcţia administrativă respectivă, apoi şi pe cea de oficiant al serviciului divin organizat la obişnuitele « sărbători ale recoltei », cf. Ernout-Meillet, DELL, *s.v. annus*. Cea din urmă semnificaţie poate fi o punte între planul real şi planul mitologic al evoluţiei termenului în discuţie.

indienilor, *Amesha Ameretat* a iranienilor, *alter ego*-ul oceanidei Ἀμβροσία, doica lui Zeus şi a lui Dyonissos ş.a.m.d.

Din nou, G. Dumézil susţine că ea reprezintă un element-cheie în varianta latină a străvechiului mit indo-european al hranei nemuririi : « La început, Anna era mai mult decât o doică : era hrana însăşi, şi nu cea de viaţă lungă, ci aceea a nemuririi »[42].

Afirmaţia poate fi susţinută prin atestările referitoare la obiceiurile şi ritualurile din timpul sărbătorilor populare, de tip *Liberalia*, atestate de Varro (*De lingua Latina*, VI, 14), Ovidius (*Fastorum libri*, 3, 725 *sqq*.) ş.a. Din toate aceste atestări rezultă, cum spuneam, caracteristici care indică specificul roman al genezei miturilor : gustul pentru gestul solemn, ritualic, amestecul de rituri locale şi influenţe străine, orientale, mai ales, apoi tendinţa inversă, de laicizare, istoricizare şi naraţiune cu scop politic şi ideologic.

Episodul *Annei Bovilla* ilustrează foarte bine aceste trăsături specifice. În *Faste*, 3, 655 *sqq*., Ovidius vorbeşte despre o *Annă* reală, care prepara turte ţărăneşti, pe care, aburinde încă, obişnuia să le împartă în popor. Bătrâna plăcintăreasă din cartierul mărginaş Bovillae (loc al oborului săptămânal în vechea Romă) ar fi dat astfel un ajutor, după puterile ei, plebeilor care se refugiaseră pe Muntele Sacru, în timpul foametei care a însoţit prima mişcare de secesiune, parte a războiului civil din anul 493 a.C. Desigur, reconstituite astăzi, faptele trădează obişnuitele anacronisme, imprecizii, inconsecvenţe din tradiţia narativă cu conţinut istoric[43]. În memoria colectivă a rămas însă gestul generos al « măicuţei Anna », astfel încât, după restabilirea păcii – când plebea a

---

[42] Dumézil (Georges)., *op. cit.*, p. 133. Conform metodei de lucru a lingvisticii mitologice, autorul pune în paralel lat. *Perenna* « veşnică, eternă » cu scr. *Amrta* « nemuritoare ».

[43] De exemplu, cartierul Bovillae se afla la 11 mile de Roma, pe Via Appia, pe când Muntele Sacru este situat în nord-estul Romei, la 3 mile de acesta.

obţinut crearea instituţiei « tribunilor plebei »[44] – numele ei a fost frecvent invocat, iar mai târziu i s-a ridicat chiar o statuie în cartierul respectiv.

Procesul deificării unei persoane reale este în plină desfăşurare aici. În mod evident, imaginea bătrânei Anna s-a suprapus celei din legendele vechi, unde apărea fie ca o zână bună, ca o doică, fie ca o divinitate majoră a maternităţii, cu mari puteri ocrotitoare (*ἡ Θηός Ἀγαθή*, *Bona Dea*, *Zâna cea Bună* etc.). Oricum, obiceiul de a se împărţi pe străzi *liba* (plăcintă îmbibată cu ulei şi miere) sau *foccacia* (*cf.* rom. « pogace ») sunt legate de numele Annei, la fel de mult ca şi obiceiul golirii paharelor, la sărbătorile de primăvară ale Annei Perenna, atestate în textele păstrate din literatura latină[45].

5. CĂI ALE CONTINUITĂŢII ÎN MITOLOGIA POPOARELOR NEOLATINE

5.1. Sincretismul păgân-creştin

Ipostazele divinităţii cu numele Anna din spaţiul latino-romanic au şi meritul de a ilustra fenomenul sincretismului păgân-creştin în evoluţia mitologiei. Orice mit include în substanţa sa teme, motive, simboluri eterogene, adaptându-se la experienţele diferite ale comunităţilor umane, dar creştinismul a excelat prin preluarea surselor păgâne anterioare şi transformarea lor în conformitate cu cadrul său dogmatic. În cazul nostru, transferul a fost mult facilitat şi de omonimia dintre cele două nume : pe de o parte, indo-europeanul *an-*, cu sensurile deja menţionate mai sus – « străbună, mamă hrănitoare » etc., simbol al apelor veşnic curgătoare, al timpului etern ş.a.m.d., pe de altă parte, hamito-semiticul *(h)an-*, cu sensurile cunoscute – « graţie, blândeţe, spirit protector ».

---

44 *Cf.* Titus Livius, *Ab Urbe condita*, 2, 32, 2 ; 2, 33, 1-2.

45 *Cf.* Ovidius, *Fastorum libri*, 3, 583; 3, 683 *sqq.* ; Martial, 4, 64, 17 ş.a.

În planul vieţii concrete, preluarea s-a realizat întâi prin semnele exterioare, materiale, ale cultivării divinităţilor purtătoare ale acestor nume. Altarele, sanctuarele şi templele închinate divinităţii din fondul mitologic păgân au fost transformate în altare creştine, respectiv, în biserici şi catedrale, proces consemnat în documente între sec. al IV-lea - XII-lea. Ritualurile şi actul devoţiunii au fost preluate corespunzător. Secolul al XII-lea este important şi prin declanşarea unei adevărate mode a pelerinajelor şi sărbătorilor consacrate Sfintei Ana[46]. Dintre numeroasele exemple posibile, alegem numai două, care se plasează în spaţiul latino-romanic. Studiile moderne citează un document din anul 1330, care atestă un lăcaş sacru *Anna Petronnella*, pe valea lui Rio Torto[47]. Or, acesta pare să fie tocmai anticul Numic(i)us, pe malul căruia Ovidius plasa metamorfoza Annei în nimfă. Câteva secole mai târziu, un scriitor-peregrin descoperă în regiunea Lavinia un asemenea lăcaş :

> Nu departe de Lavinia, observarăm în zona muntelui Levei, în mijlocul unei poieniţe, o capelă albă, dedicată **Annei Petronilla**. Legenda păgână desemnase locul unde nefericita soră a reginei Carthaginei, **Anna**, preschimbată în nimfă, voia să fie adorată ; numele ei a fost imortalizat prin sărbătoarea cea mai veselă şi mai seducătoare[48]. Creştinii

---

[46] O întreagă campanie de descoperire şi revalorificare a locurilor şi traseelor marcate de prezenţa Annei s-a prelungit până în secolul al XVII-lea, cu căutări şi descrieri istorico-topografice, cu consemnarea scrisă a unor legende, ritualuri etc. *Cf.* M. Villechange, 1985.

[47] *Cf.* Nibby (Antonio), *Analisi storico-topogafiche della carta dei dintorni di Roma*, II, p. 416 *sqq.*, citat de M. Guarducci, *op. cit.*, p. 39; *cf.* şi *ibidem*, n° 4, unde, în acelaşi context, autoarea trimite şi la un alt studiu al lui Desjardins (= P. Saintyves).

[48] Într-adevăr, sărbătoarea populară antică din luna mai (1 mai, 15 mai, 17 mai, după epoci şi zone geografice) era total lipsită de oprelişti etico-religioase, după cum o confirmă descrierile sau numai aluziile contemporanilor. În afară de ritualul împărţirii turtelor populare, cu ocazia sărbătorii *Liberalia* (17 mai), *cf. supra*, serbările câmpeneşti organizate în cinstea Annei Perenna presupuneau dezlănţuiri bachice,

> ...au considerat că aceasta nu putea fi decât **Anna**, mama Fecioarei, şi [astfel] **Anna Perenna**, sora Didonei, a continuat să aibă parte de adoraţia credincioşilor[49].

Cel de-al doilea exemplu notabil este al bazilicii « Sainte Anne » din Armoricum, în nordul Franţei de astăzi, ridicată pe ruinele unui străvechi sanctuar druid, despre care se ştie că se numea *Ker-Ana*[50].

În planul semnificaţiilor mitice, apropierea s-a realizat la fel de natural şi de uşor. Deşi informaţiile despre Sfânta Ana apar mai puţin în Evangheliile canonice, principiul matern este deja simbolizat de celelalte purtătoare ale respectivului nume – preotese, diaconiţe, profetese. În *Evangheliile apocrife*, însă, este descrisă pe larg istoria trăită de mama mamei lui Iisus, după cum Anna din credinţele politeiste era descrisă ca străbună a tuturor zeilor şi a oamenilor.

Legendele creştine dau seama, la rândul lor, de sincretismul în discuţie. Numai în culegerea lui Jakob de Voragine, *Legenda de aur*, există cel puţin două variante de povestiri în care atributele Annei Perenna sunt preluate de Anna Petronnella – în calitate de slujitoare / fiică / preoteasă a Sfântului Petru. În poveştile hagiografice se reiau frecvent numele simple ale acesteia, fie sub forma *Anna*, fie sub cea de *Perronella, Pernella, Perina*[51]. Evident, trama narativă nu-şi schimbă prea mult

---

întreceri de *fesceninni versus*, orgii etc., *cf.* Ovidius, *Fast.*, 3,535; 675-676; Decimus Laberius, mimul *Anna Peranna* (*apud* Ribbeck, *Com. Rom. fragm.*, II, 279; Lydus, *Mens.*, 3, 29; 4, 36; 4, 49; Silius Italicus, *loc.cit*).

[49] Cf. Pierre Saintyves, *Les saints succeseurs des dieux* ; Victor Th. Bonstetten, *Voyage dans le Latium,* apud G. Dumézil, *loc. cit.* După cronografii bisericeşti mai vechi, *Anna Petronilla* era sărbătorită la 31 mai, iar calendarele creştine de astăzi marchează mai multe date de sărbătoare pentru *Sfânta Ana,* de-a lungul unui an. Oricum, autorităţile ecleziastice din vechime au avut mult de luptat pentru încadrarea ritualurilor în canoanele morale creştine, după cum o dovedeşte textul *Conciliului de la Auxerre,* din anul 590 p.C.

[50] *Cf. supra,* n° 24.

[51] *Apud* Dumézil (Georges), *op. cit.*, p. 136.

structura. Rămân valabile peregrinările şi pătimirile Annei[52], activitatea desfăşurată pe lângă un personaj din sfera superioară a ierarhiei divine, confruntarea cu un reprezentant al forţelor răului etc. Această stabilitate în evoluţia mitului îi oferă lui Émile Noury încă o dată argumente pentru demonstrarea supravieţuirii ciclului mitologic ambrozian, de origine indo-europeană, până în vremurile moderne. În legendele hagiografice, Anna serveşte la masa creştinilor, continuând astfel rolul pe care l-a avut vechea divinitate a hranei şi a vieţii ; Flaccus, nobilul păgân care o răpeşte – în unele variante ale legendei, este demonul din ciclul indo-european al mitului ş.a.m.d.

Pe scurt, sub noile veşminte, personajele şi tema însăşi din vechile mituri au traversat douăzeci de secole de creştinism[53].

5.2. Dezvoltări narative

Textele narative de la începuturile literaturilor romanice ilustrează, de fapt, trei tipuri de tranziţie : 1. de la latinitate la neolatinitate ; 2. de la păgânism la creştinism ; 3. de la folclor la literatura cultă.

Astfel, în romanitatea nordică, episoade ale peregrinărilor vasului transformat în fiinţă sacră, atestate în folclorul vechi, sunt reunite în romanul popular *Sfântul Iosif din Arimanteea*, precum şi în *Romanul Sfântului Graal*, scris în sec. al XII-lea, de Robert de Boronca, ambele revalorificate, din secolul următor, în *Romanele Mesei Rotunde*. Anna apare mai ales în variantele târzii[54] şi deseori cu nume schimbat – Flagetiana etc., făcând

---

[52] Loc comun, după cum se ştie, în literatura hagiografică creştină, cf. *Peregrinatio Aetheriae* şi o întreagă specie literară, cunoscută sub numele de *peregrinationes* sau *passiones*, *cf.* P. Gh. Bârlea, *Introducere în studiul latinei creştine*, Bucureşti, 1999, pp. 47-49.

[53] *Cf.* Saintyves (Pierre), *Les saints succeseurs des dieux, passim* ; Dumézil (Georges) *loc. cit.*

[54] *Cf.* textul păstrat în Biblioteca Regală din Londra.

parte din nucleul narativ al *Castelanului din Iconium*, respectiv, din tema cererii în căsătorie de către demon[55].

O întreagă exegeză au provocat textele galice care redau *Legenda lui Sucellus şi a Nantosveltei*, sec. al XI-lea. În sec. al XVII-lea, povestea se regăseşte în variantele basmului francez cules de către Ch. Perrault, *Le Petit Chaperone Rouge* (1698)[56], cu corespondentele sale italiene, *La Finta Nona* (« La Fausse Grande-Mère »), spaniole, *Caperucita Roja,* dar şi în cele germane, culese şi prelucrate de Fraţii Grimm ş.a.m.d. Desigur, cercetătorii moderni văd în acest basm o parabolă a iniţierii erotice, căci totul se interpretează în cheie freudiană[57]. G. Dumézil a văzut aici, însă, cum era de aşteptat, schema narativă clasică a mitului ambroziei : Lupul este Sucellus, respectiv, demonul care vrea să fure ambrozia ; Scufiţa Roşie este Anna Ambroziana ; *la galette,* « plăcinta » din coşul ei, este *liba / focaccia / pogacele* din mitologia latino-romanică (dar şi pâinea egipteană etc.) ; prima încercare a lupului corespunde primului rapt al ambroziei, deghizarea acestuia – falsei logodnice, episod combinat cu al doilea rapt, cel reuşit. De asemenea, pedepsirea lupului-demon şi învierea bunicii completează seria de corespondenţe care reprezintă reminiscenţe detectabile într-o fabulaţie foarte evoluată, dar suficient de bine conservată încât să poată fi considerată un ecou al ciclului ambrozian în spaţiul gallo-roman. Teoria a fost reluată şi de alţi cercetători. P. Saintyves, de exemplu, o susţine printr-o savantă analiză a tipologiei hranei nemuririi, cu dezvoltarea similitudinilor dintre tipurile de plăcintă sau băutură preparate din plante, distribuite prin ritualurile

---

55 Dumézil (Georges), *op. cit.*, pp. 178-179.

56 *Cf.* Perrault (Charles), *Contes*. Introduction, notices et notes de Catherine Magnien, Paris, Livre de Poche Classique.

57 Delarue (Paul), Tenèze (Marie-Louise), 1997, p. 373 ; Br. de la Salle, 2007, dar mai ales Br. Bettelheim, 1976. Interpretările de acest tip iau în considerare sfaturile date de mama grijulie, înainte de plecarea fetei, starea nelămurită şi curiozitatea acesteia din urmă, indiciile pe care tânăra le dă, aparent involuntar, lupului etc.

printenare din toată Europa[58]. Pălăriuţa roşie este interpretată drept cununa de flori a *Reginei de Mai,* nimfă din folclorul francez, în timp ce exegeţii mai noi îi conferă rol social-istoric.

Privind spre alte culturi, ne putem întreba dacă există vreo legătură între personajul *Ana Buziana / Ana crâşmăriţa* etc., din baladele populare româneşti[59], reminiscenţe sigure ale unor nuclee mitologice, şi legendele care redau străvechiul mit al hranei nemuririi – mitul *Ambrosíei,* la greci ; mitul *Anapurna,* la indieni ; legenda *Annei Bovillae,* la romani ; *Ana Dana,* devenită *Brigit,* la celţi ; *Maržana,* la slavi; *Dangawa,* la baltici ; *Anushak* (*kerakur*), la armeni.

Răspunsul este categoric : da, există o asemenea relaţie.

5.3. Atestări lingvistice târzii

Studiul unor termeni-cheie din structura narativă a miturilor poate explica evoluţia acestora din urmă în timp şi spaţiu, cu toate contorsiunile structurale şi cu toate contradicţiile manifestate la nivelul acţiunilor, personajelor, reprezentărilor şi simbolurilor, fenomene specifice mitului. Invers, o bună cunoaştere a miturilor poate da seama despre înţelesurile obscure, ciudate, ale unor cuvinte sau chiar despre formele lor, altfel inexplicabile, după legile fono-morfologice şi semantice cunoscute.

În ceea ce ne priveşte, am analizat asemenea « coincidenţe » prin raportare la numele propriu *Ana*. Pare greu de crezut, dar se poate dovedi că acest nume simplu ascunde o uriaşă dezvoltare mitologică şi un păienjeniş de evoluţii etimologice, atestate, practic, pe întreg spaţiul geografic indo-european şi pe un interval temporal fără limite.

Din această perspectivă, ne putem întreba de ce a fost aleasă ca formulă românească de blestem expresia *Bată-te mama Ana !* De ce nu « mama Florica, Maria, etc. » ? Există vreo legătură între această formulă şi invocarea zânelor, din culegerea lui S.

---

[58] Saintyves (Pierre), 1978, *passim.*

[59] *Cf.* Amzulescu (Alexandru I.), 1964, II, pp. 8-12 ; p. 354.

Mingiucă : *Ană Buziană, Stancă Ogreşteană...*, sau cu versurile din culegerea Jarnik-Bârseanu :
« Pe pârâul cu spini verzi
Trece Ana **cu scoverzi**... » ?

Este vorba aici despre o simplă rimă, în lipsa alteia, mai bună, găsită de poetul popular ? Dacă este mai mult decât o întâmplare, atunci ar putea exista o legătură cu expresia din italiană, *Don'Ana spassizza,* care redă figurat, în dialectul venezian, sintagma « Îmi este foame », « Foamea se face simţită » ?

Apoi, mai există alte întrebuinţări ciudate ale numelui Ana. Astfel, B. P. Haşdeu atrăgea atenţia că în culegerile de poveşti populare, ca şi în cele de ghicitori, cimilituri etc., apar versuri ca acestea :

« **Ana** Grasa
Împle casa ».
(Răspunsul este : Ziua) ;
« **Ana** subţirica
Îmi umple ulcica »,
cu variantele :
« **Dobra**[60] subţirica
Îmi umple ulcica ».
(Răspuns: Lumânarea)

Şi

« **Dobra** grasa
Umple casa »
(Răspuns: Luna)[61].

---

[60] Sl. *Dobra* « buna » corespunde atât epitetelor din vechile nume indo-europene ale divinităţii, *cf.* gr. Ἀγατη, lat. *Bona,* rom. (*Zâna*) *Bună,* cât şi ebr. *Hannah.*

[61] Teodorescu (Gheorghe Dem), 2005.

De ce tocmai *Ana* şi nu alt nume simbolizează aici « lumina » – a zilei, dar şi a nopţii ?[62] Tot din considerente metrice şi prozodice ?

Am lăsat la o parte toponime de tipul *Ana Baba* sau *Baba Ana,* care au stimulat demersurile de acest tip ale lui B. P. Haşdeu ş.a.

Urmând ipotezele de la care am pornit, suntem de părere că alegerea nu este întâmplătoare. Trebuie să existe o legătură între :

1. forma cuvântului respectiv,
2. înţelesul / înţelesurile lui şi
3. fondul mitologic din care s-au născut creaţiile populare citate.

Şi, încă, dicţionarele moderne oferă, uneori, soluţii neaşteptate pentru recunoaşterea vechilor valori mitice, prin explicaţiile adăugate spre sfârşitul « intrărilor » de la unele cuvinte. De exemplu, la cuvântul « urs », dicţionarele mari[63] încep cu datele morfo-lexicale şi semantice aşteptate : « *s.m., 1., Mamifer omnivor cu trupul masiv...* », continuând cu variante, cu contextele metaforice etc. La sfârşitul intrării, apare uneori şi o notaţie fugară, de tipul « În popor i se mai spune şi Moş Martin ». Din nou, cititorul se poate întreba : « De ce nu Moş Vasile ? ». Căutând răspunsul, dăm peste un întreg nucleu mitologic dezvoltat în jurul zeului latin Marte, reprezentat prin ritualurile de trecere ale începutului de an – fixat la 1 ianuarie acum, dar la 1 *martie* sau la 15 *martie,* în calendarele vechi (subliniem cuvântul « martie »). Dintr-o detaliată prelucrare a lui Ovidius[64] aflăm că nimfa Anna avusese un rol important în procesul decăderii lui Marte, episodul reflectându-se astăzi în ritualul flagelării personajului Moş Martin din alaiul sărbătorilor de Anul Nou. Dacă vrem neapărat să revenim la

---

[62] B. P. Haşdeu arată că înţelesul de « lumină » (zi, lună, lumânare) al cuvântului *anna* provine din indo-europeană, căci este atestat şi în albaneză etc., *cf.* EMR, *s.v. Ana / Anna.*

[63] De fapt, pentru română nu am găsit echivalenţa decât în dicţionarele de sinonime.

[64] Ov., *Fast.*, 3, pp. 675-697.

grila lui G. Dumézil, ar fi vorba aici despre tema alungării demonului...

Un nume de pe o inscripţie helvetică, *Naria*, glosat « virila, curajoasa » l-a condus pe J. Vendryes spre scr. *Nârâyana*, o formă feminină a numelui divinităţii Vishnu, iar de aici, la marea familie a femeilor « bărbate » din ciclul ambrozian, recunoscută apoi atât în echivalenţele fono-lexicale şi semantice a teonimiei indo-europene, cât şi în fabulaţia mitică a travestiului din episodul falsei logodnice[65].

Şi exemplele ar putea continua...

CONCLUZII

1. Anna Perenna este un personaj care confirmă capacitatea de regenerare ciclică a miturilor, pe de o parte, şi de permanentă alternare a sintezei şi dezvoltării unor miteme, pe de altă parte. Chiar dacă vrem să degajăm din întrega desfăşurare o singură temă, aceea a maternităţii – din miturile întemeietoare, de exemplu –, suntem obligaţi să constatăm că aceasta apare într-o ţesătură complicată de motive, simboluri etc., precum cele ale hranei, luminii, timpului ş.a.m.d.

2. Mecanismul pare explicat, din perspectiva metodologică abordată mai sus, prin frecventele schimbări de ierarhie, înfăţişare, manieră de acţiune şi, deseori, chiar de nume ale personajelor-cheie. De aceea, lingvistica mitologică trebuie combinată cu alte metode de cercetare a miturilor.

3. « Cariera » Annei Perenna pare să confirme observaţia lui M. Bréal cu privire la specificul cultural al funcţiilor mitului: indienii creează prin el filosofie, iranienii – metafizică şi teologie, grecii – poezie şi artă, romanii – tradiţie istorică şi ritual religios. Popoarele romanice par să continue tiparul latin.

4. Relativa stabilitate şi unitate în timp şi spaţiu a mitului Annei Perenna provine, desigur, din caracterul ei profund uman, în ultimă instanţă, Müller avea dreptate să transforme în principiu

---

[65] Vendryes (Joseph), *Mémoires de la Société de Linguistique*, XX, 1918, p. 265 *sqq*.

de analiză aserţiunea lui Heraclit : « *Zeii sunt nişte oameni nemuritori, iar oamenii – nişte zei muritori* ».

BIBLIOGRAFIE

AMZULESCU A. I., 1964, *Balade populare româneşti,* 3 vol., Bucureşti, Editura pentru Literatură.

BÂRLEA P. G., 2007, *Ana cea Bună. Lingvistică şi mitologie,* Bucureşti, Grai şi Suflet – Cultura Naţională.

BÂRLEA P. G., 2011, « Lingvistică şi mitologie. O abordare multidisciplinară a vocabularului », in Liliana Ionescu-Ruxăndoiu (coord.), *Studies in Linguistics and Communication. Doctoral School of The Faculty of Letters, University of Bucharest,* pp. 7-40, Bucureşti / Piteşti, Paralela 45.

BÂRLEA P. G., 2012, « Ipostazele italice ale nimfei Anna. Izoglose şi izomituri în spaţiul etnolingvistic italic », in Halichias, Ana-Cristina ; Dumitru-Oancea, Maria-Luiza (coord.), *Ingenium et Ars. Talent şi Meşteşug. Studia in honorem Mariannae Băluţă-Skultéty,* pp. 33-50, Bucureşti, Editura Universităţii din Bucureşti.

BETTELHEIM B., 1976, *Psychanalise des Contes de Fées,* Paris, Hachette Littérature. (Orig. : *The Uses of Enchantment: The Meaning and Importance of Fairy Tales,* New York : Knopf, 1976).

BRÉAL M., 1877, *Mélange de mythologie et de linguistique,* Paris, Hachette.

BREKILIEN Y., 1993, *La mythologie celtique,* Monaco, Rocher.

BRUNEL P., 1974, *Le mythe de la mètamorphose,* Paris, Armand Colin.

CASSIRER E., 1971, *Langage et mythe: à propos de noms de dieux,* traduit de l'allemande par Ole Hansen-Love, Paris, Minuit.

DELARUE P. ET TENÈZE M.-L., 1997, *Le Conte populaire Français,* Paris, Maisonneuve et Larose.

DETIENNE M., 1981, *L'invention de la mythologie,* Paris, Gallimard.

DUMÉZIL G., 1924, *Le festin d'immortalité. Étude de mythologie comparée indo-européenne,* Paris, Paul Geuthner.

DUMÉZIL G., 1956, « *Déesses latines et mythes védiques* », Extrait, Latomus, XXV p. 123, Buxelles, Berchem.

DURAND G., 1993, *Les structures anthropologiques de l'imaginaire*, Paris, Dunod.

DURAND G., 1987, « Permanence du mythe et changements d'histoire », *Colloque de Cérisy. Le mythe et le Mythique. Cahiers de l'Hermétisme*, Paris, Albin Michel.

ELIADE M., 1988, *Aspects du mythe*, Paris, Gallimard.

ELIADE M., 1989, *Le Mythe de l'éternel retour*, Paris, Gallimard.

EVSEEV I., 1933, *Cuvânt – simbol - mit*, Timişoara, Facla.

FIRATLI N. ET ROBERT L., 1964, *Les stèles funéraires de Byzance gréco-romaine*, Paris, A. Maisonneuve.

FRAZER J. G., 2000, *The Golden Bough. A Study in Magic and religion*, New York, Bartleby.com.

GHEYN J. Van den, 1885, *Essays de mythologie et philologie comparée*, Bruxelles / Paris, S. B. de Libraire / Victor Palme.

GIMBUTAS M., 1997, *Civilization of the Goddess – The World of Old Europe*, San Francisco, Harper.

GRIMAL P., 1963[3], *Dictionnaire de la mythologie grecque et romaine*, Paris, PUF.

GUARDUCCI M., 1936, « *Il culto di Anna e delle Paides nelle iscrizioni sicule di Buscenmi e il culto latino di Anna Perenna* », in Studi e Materiali di Storia della Religioni, XII, 1936, Roma, pp. 25-50.

GUIRAND F. (sous la direction de), 1992, *Mythologie générale*, Paris, Larousse.

HAŞDEU B. P., 1974-1976, *Etymologicum Magnum Romaniae. Dicţionarul limbii istorice şi populare a românilor*, vol. I-III. Ediţie de Gr. Brâncuşi, Bucureşti, Minerva.

HAUDREY J., 1987, *La religion cosmique des Indo-Européens*, Milano / Paris, Archè / Belles Letres.

HUSAIN S., 1998, *La grande déesse-mère*, Paris, Albin Michel.

IONS V., 1980, *Le grand livre des mythologies*, Paris / Bruxelles, Elsevier Sequoia.

JUNG C. G. ET KERÉNYI K., 1994, *Copilul divin. Fecioara divină. Introducere în esenţa mitologiei,* traducere de Daniela Liţoiu şi Constantin Jinga, Timişoara, Amarcord.

KNIBIELER I., 2000, *Histoire des mères et de la maternité en Occident*, Paris, PUF.

KUHN A., 2005[2], *Mythologische Studien...*, Gütierscloch, Bertelsmann.

LEVI-STRAUSS C., 1949, *Structures élémentaires de la parenté*, Paris, PUF.

MACROBIUS, ed. 1961, *Saturnalia,* studiu introductiv, traducere, note şi indice de G. I. Tohăneanu, Bucureşti, Editura Academiei.

MARTIN R., 1987, *Langage et croyance. Les « univers de croyance » dans la théorie sémantique,* Bruxelles, Pierre Mardaga.

MÜLLER M., 2002, *Mythologie comparée,* édition établie, présentée et annotée par Pierre Brunel, Paris, Laffont.

MARÉCHAUX P.-C., 1995, *Mythologie grecque et romaine,* Paris, Dunod.

OVIDIUS, ed. 1972, *Metamorfoze,* studiu introductiv, traducere şi note de David Popescu, Bucureşti, Editura Ştiinţifică.

OVIDIUS, ed. 1965, *Fastele,* traducere de Ion Florescu şi Traian Costa. Studiu şi note de Traian Costa, Bucureşti, Editura Academiei.

PAMFILE T., 2000, *Mitologie românească,* ediţie îngrijită de Iordan Datcu, Bucureşti, Grai şi Suflet – Cultura Naţională.

ROUX J.-P., 2004, *La femme dans l'histoire et dans les mythes,* Paris, Fayard.

SAINTYVES P., 1907, *Les saints successeurs des dieux.* I. *L'origine du culte des saints.* II. *La source des légendes hagiographiques.* III. *La mythologie des noms propres,* Paris, Noury.

SAINTYVES P., 1923, *Les Contes de Perrault et les récits parallèles,* Paris, Noury.

SALLE B. de la, 2007, *Le conteur amoureux,* Paris, Éditions du Rocher.

ŞĂINEANU L., 1978, *Basmele românilor în comparaţiune cu legendele antice clasice şi în legătură cu basmele popoarelor învecinate şi ale tuturor popoarelor romanice*, ediţie îngrijită de Ruxandra Niculescu. Prefaţă de Ovidiu Bîrlea, Bucureşti, Minerva.

TEODORESCU G. D., 2005, *Basme române*, Bucureşti, Corint.

THIBAUD R.-J., 1997, *Dictionnaire de mythologie et de symbolique Nordique et Germanique*, Paris, Dervy.

VERNANT J.-P., 1997[3], *Mythe et société en Grèce ancienne*, Paris, Fr. Maspéro.

VERTEMONT J., 2000, *Dictionnaire des mythologies indo-européennes*, Paris, Faits et Documents.

VILLECHANGE M., 1985, *Anne*, Paris, Christine Bonneton.

WALD L., SLUŞANSCHI D. ET BĂLTĂCEANU F., 1987, *Introducere în studiul limbii şi culturii indo-europene*, Bucureşti, E.Ş.E.

MYTHES FONDATEURS, FÉMINITUDE ET CONSTRUCTION DU MOI

Tatiana BENCHEA
Psychothérapeute, Bruxelles

Résumé

Pourquoi la femme du XXIe siècle continue à vivre suivant des modèles culturels déjà contestés ? Comment soutenir, par le travail thérapeutique, la construction d'une féminité nouvelle, plus éveillée, plus solaire et plus en accord avec l'ouverture actuelle, présente à différents niveaux dans la société ?
Mon travail se situe sur les deux versants de la réalité : d'une part les difficultés issues du vécu, sous l'influence de l'inconscient et d'autre part le besoin de changement à travers une transformation de la conscience. Les mythes fondateurs sont des piliers sur lesquels cette construction est souvent possible.

Mots-clés
Psychanalyse, féminitude, construction de moi, l'Animus négatif, l'Animus positif

1. MOTIVATION POUR UN CHANGEMENT DE PERSPECTIVE

Le sujet de mon travail s'est imposé comme une plateforme de réflexions et de questionnements par rapport à mes patientes, femmes et / ou jeunes filles. Celles-ci m'interrogent sur des problématiques dont les racines me semblent se situer tant au niveau personnel qu'au niveau plus vaste, social, culturel, systémique et spirituel.

Pourquoi la femme du XXIe siècle continue à vivre suivant des modèles culturels déjà contestés ? Comment soutenir, par le travail thérapeutique, la construction d'une féminité nouvelle, plus éveillée, plus solaire et plus en accord avec l'ouverture actuelle, présente à différents niveaux dans la société ? Il y a entre ces deux questions une foultitude d'autres à développer et à nuancer plus loin.

Ainsi mon travail se situe sur les deux versants de la réalité : d'une part les difficultés issues du vécu, sous l'influence de l'inconscient et d'autre part le besoin de changement à travers une transformation de la conscience. Les mythes fondateurs sont des piliers sur lesquels cette construction est souvent possible.

Autant que mes clientes, je suis en train de chercher des métaphores et des images, de rationaliser sans oublier mon imaginaire, ma créativité. Je leur prête non seulement mon appareil psychique, mais aussi mon appareil culturel ; je dois concevoir dans la pratique du contact, une boîte à outils correspondant aux manques et aux besoins spécifiques suivant le cas de chacune. Attirées, souvent à leur insu, par les aspects immédiats et matériels de la vie, elles présentent des carences, à des degrés différents, à tous les niveaux de leurs dimensions psychiques : image corporelle, affects et sensibilité, pouvoir d'abstraction et connaissance des soi et de l'Autre, relations sociales et familiales, intérêts intellectuels et spirituels.

En tant que Gestalt-thérapeute, je propose un cheminement vers l'intégration de toutes ces dimensions. Les mythes fondateurs sont autant de briques de construction que des clés de voûte.

2. PSYCHANALYSE ET FORMATION DU MOI

La Gestalt thérapie a été conçue par Fritz Perls en partant de la théorie freudienne, notamment de la seconde topique. D'après

Sigmund Freud, trois instances assurent une fonction précise dans l'appareil psychique : le Moi, le Ça et le Surmoi. Le langage de Freud est essentiellement masculin, car la femme est définie par rapport à la masculinité, son image réduite à un être imparfait, ayant une identité marquée par le manque des attributs masculins.

Selon Melanie Klein, le Moi se développe dans les premiers mois de la vie. Durant la période dépressive, située vers le quatrième mois, le nourrisson découvre sa mère comme objet total ; le Moi est l'instance qui l'aide à distinguer entre réalité interne et réalité externe. C'est Mélanie Klein qui décrit pour la première fois la construction du Moi comme un processus continu d'introjection et de projection, durant la vie entière.

Dans le langage masculinisé (de Freud) ou asexué (de M. Klein) Gustav Jung marquera une brèche par l'introduction des concepts d'ANIMUS et d'ANIMA.

3. GUSTAV JUNG ET LA COMPLÉMENTARITÉ ANIMUS – ANIMA

Dès 1921, G. Jung les définit dans son ouvrage *Types psychologiques*. Confronté aux expériences délirantes des psychotiques et à son propre inconscient après la rupture avec Freud, il crée les grandes lignes de la théorie des archétypes sexués au sein de la psyché de chaque genre.

Durant le processus « d'individuation », l'Anima, catégorie féminine se révèle et incite le masculin réel de l'homme à se développer. Jung a attribué à ce processus plusieurs niveaux. Au premier, l'homme rencontre **la femme primitive** (par exemple Ève, Vénus, les Sirènes, les femmes fatales, etc.) ; au deuxième niveau, il situe **la femme d'action** (exemples : Jeanne d'Arc, Diane la chasseresse, les Amazones, etc.) ; au troisième, se trouve la **femme de la sublimation** (la Vierge Marie, Kâlî, Isis, Déméter, etc.) ; au quatrième niveau, l'homme se retrouve face à **la femme sage** (une déesse mère, une guide).

L'Anima est uniquement une formation de la psyché masculine qui complète le conscient masculin. Ayant comme base le niveau corporel, primitif, en passant par l'action, ensuite par la sublimation, cette partie inconsciente mène l'homme vers la sagesse.

Les figures masculines de la catégorie de l'Animus jouent le même rôle chez la femme que celle de l'Anima chez l'homme. C'est la part masculine de la femme. D'après G. Jung, l'acceptation de cette partie du Moi conduit à la réalisation par le même processus d'individuation. D'une manière symétrique, il comporte quatre niveaux : au premier, se situe l'homme primitif (l'Athlète, Dionysos) ; au deuxième c'est le séducteur (Don Juan) ; au troisième, il s'agit de l'homme d'action (un militaire ou un guerrier) et au quatrième c'est la rencontre avec homme sage (un dieu père, un guide). Le parallélisme entre ces quatre niveaux met en lumière une distorsion intéressante au deuxième niveau : alors que l'Anima de l'homme est représentée par « la femme d'action », l'Animus de la femme présente la figure du « séducteur ». La peur du théoricien masculin vis-à-vis de la Femme générique pourrait se lire justement à ce niveau-ci : l'action de la femme peut détourner l'homme de sa quête de soi-même par la séduction (en latin « seducere » signifie aussi mener l'autre dans une direction voulue).

Le parallèle en faveur de la masculinité augmente par une autre remarque. Ce n'est que dans la mesure où la femme intègre les qualités du logos, qu'elle révèle sa matrice créative : « ... l'animus est aussi un être créateur, une matrice, non pas dans le sens de la créativité masculine, mais dans le sens qu'il crée quelque chose que l'on pourrait appeler un logos spermatikos – un verbe fécondant. » Quelle serait, d'après Jung, la différence entre l'Animus et l'Anima ? Alors que l'Anima est la source d'humeurs et de caprices, l'Animus est la source d'opinions.

Jung est tombé, lui aussi, dans le piège du sexisme.

4. SIMONE DE BEAUVOIR ET LES PRÉMICES DU FÉMINISME

Les femmes ont mis longtemps à réagir à ces « figures » se détachant du champ philosophique masculin. Ce n'est qu'on 1949 que Simone de Beauvoir publie son livre incendiaire « Le deuxième sexe », devenu depuis la Bible des féministes. Pourtant il a précédé de vingt ans la naissance du Mouvement de Libération des Femmes (MLF) en France et de plus de dix ans la parution aux États-Unis de la deuxième œuvre féministe importante du XXe siècle, « La Femme mystifiée » de Betty Friedan. Le livre de Simone de Beauvoir va faire scandale. C'était la première fois qu'une femme – également philosophe – osait revendiquer, non pas quelques droits pour quelques femmes, mais l'égalité absolue homme / femme et aborder les problèmes de la liberté sexuelle, de la maternité et de l'avortement, sans oublier l'exploitation ménagère.

Elle affirme haut et fort : « On ne naît pas femme, on le devient ».

Son analyse des faits est impitoyable. Face à la femme, l'homme s'est posé en maître : c'est lui qui doit régner sur l'instant et forger l'avenir. L'activité mâle a asservi la Nature et la Femme. La domination de l'homme sur la femme représente le triomphe de la technique sur la magie, de la raison sur la superstition. En tant qu'intellectuelle, Simone de Beauvoir se range du côté de la clarté logique et ne remet pas en cause l'assimilation exclusive de la nature et de la vie à la Féminité. Même si elle est consciente que la femme ne peut choisir sa place en tant qu'être humain autonome, elle conclut : « La dévaluation de la femme représente une étape nécessaire dans l'histoire de l'humanité ». C'est une analyse très tranchante, empreinte de lucidité, mais aussi pleine de cruauté et de mépris vis-à-vis de la femme. Elle lance la formule célèbre de « féminitude », similaire à celle de « négritude », pour souligner l'esclavage social et surtout domestique de toute femme.

Dans son livre *La femme solaire*, paru en 1991, Paule Salomon prend position par rapport à ces affirmations :

> Simone de Beauvoir projette une vision masculine sur l'interprétation de l'histoire et fournit une justification dangereuse. Elle méconnaît aussi totalement la dimension du sacré et l'ouverture cosmique qui président aux cultes dont les femmes ont été longtemps les prêtresses. Sa grille de décodage privilégie l'émergence de l'esprit rationaliste, d'inspiration plus proprement masculine. (Paule Salomon, *La femme solaire*, p. 166)

5. PAULE SALOMON ET L'HYPOTHÈSE DE LA FIN DE LA GUERRE DES SEXES

Paule Salomon propose dans son ouvrage une vision plus nuancée :

> Les femmes n'étaient pas condamnées à la sujétion face à l'homme. Historiquement, elles ont connu des périodes de suprématie bien plus longue que les deux mille ans du patriarcat. Il n'y a pas de victimes. Il y a seulement des êtres qui acceptent collectivement et individuellement de se laisser dominer parce qu'ils y trouvent leur avantage. Il n'y a pas à chercher de culpabilité masculine collective parce qu'il y a une complicité féminine collective. Créatrice de son aliénation et de sa dépendance, la femme peut aussi créer son changement et son autonomie intérieures. (P. Salomon, *op. cit.*, p.168)

C'est sur cette volonté de changement que vient se greffer la dialectique de la Gestalt théorie.

Pour remplacer le Moi statique de la psychanalyse, la Gestalt propose un Self dynamique. Dans le champ organisme-environnement et à travers l'expérience, l'individu peut choisir librement le processus d'ajustement créateur entre lui et le monde tout en respectant son rythme personnel, subjectif. La femme peut et doit assumer sa responsabilité en choisissant son autonomie.

Le développement proposé par Paule Salomon est passionnant, ses hypothèses étonnantes.

En s'appuyant sur les traces dévoilées par les fouilles archéologiques concernant les vingt mille ans de la préhistoire, l'auteur commence fort en affirmant : « Dieu, le principe créateur, a eu dans les premiers âges de l'humanité le visage d'une femme » (Paule Salomon, *op. cit.*, p. 21)

Même si la figure de la Grande Déesse Mère des Origines, source de toute vie humaine, animale et végétale a été éradiquée de la conscience collective, les figurines aux hanches larges, aux seins multiples, souvent enceintes, nous font réfléchir sur leur rôle dans la culture ancestrale. On les considérait des objets rituels pour les cérémonies de fertilité, mais les découvertes de l'archéologue britannique James Melaart à Çatal Höyük et à Hacilar en Anatolie, ont consolidé l'hypothèse qu'elles sont des représentations de cette divinité féminine avec un grand « D ».

Paule Salomon fait l'éloge de cette :

> femme inspirée des origines, acteur à part entière dans le jeu du monde. En Mésopotamie, la déesse Ishtar était guide du peuple et prophétesse et dans la ville de Nimroud, les magistrats à la cour et les juges étaient souvent des femmes. Isis en Égypte, Gaïa en Grèce, Cerridwen la Celte en Irlande régnaient sur toutes les activités humaines, animales, végétales. En Inde, la déesse Sarasvati aurait inventé le premier alphabet, à Sumer la déesse Nidaba les tablettes d'argile et l'écriture. En Égypte, Maat représentait l'ordre de l'univers, en Mésopotamie la déesse Ninlil aurait transmis le processus des semailles et de la récolte. L'ancêtre divine avait de nombreux noms [...] selon les langues et les dialectes. Son culte remonte au paléolithique, soit 25 000 ans avant J.-C. [...] Au moment où on situe l'apparition de l'écriture, soit 3000 ans avant J.-C., la Déesse est vénérée dans tout le Proche et Moyen-Orient. Son culte disparaîtra en l'an 500 quand les empereurs romains fermeront les derniers temples. (Paule Salomon, *op. cit.*, p. 25)

Le schéma théologique de base est similaire dans toute cette région, car le corps de la femme incarne le mystère de la naissance et l'étonnement émerveillé devant le phénomène de la vie.

Prophétesse et Déesse Serpent, immunisée au venin pour l'utiliser comme hallucinogène, Déesse vierge, représentation de la femme phallique toute-puissante, Déesse de la fécondité, elle est à la fois guerrière et arbitre de la victoire. « Innana chez les Sumériens, appelée Ishtar chez les Babyloniens porte la barbe du Taureau, image de force masculine. Dans la religion aztèque et maya, le dieu serpent à plumes est androgyne » (Paule Salomon, *op. cit.,* p. 34)

La déesse est double : « Elle incarne à la fois la lumière et les ténèbres. Elle est noire et blanche en même temps, tout comme la mère humaine est à la fois une fée et une sorcière pour son enfant » (Paule Salomon, *op. cit.,* p. 34)

D'où la similitude avec la lune. Les traces de cette présence divine ancestrale se retrouvent même dans les métaphores utilisées par les Pères de l'Église pour la Vierge Marie : « Notre Lune », « La lune spirituelle », « La parfaite et éternelle Lune ». Le croissant de lune fait partie de la représentation de L'Immaculée Conception ».

C'est le christianisme qui a introduit la coupure entre la spiritualité et la sexualité. Pendant les vingt-cinq mille ans du règne de la Grande Déesse, les pratiques sexuelles sacrées faisaient partie intégrante de la vie des temples. L'amour, la fécondité et la procréation étant des attributs sacrés.

Cette figure ancestrale joue aujourd'hui le rôle d'une image qui restitue aux femmes contemporaines leur puissance archaïque à remettre dans la lumière de la conscience.

6. PATRIARCAT ET SOUMISSION DE LA FEMME

Le passage du matriarcat au patriarcat correspondrait, d'après Paule Salomon, « à une nécessaire émergence masculine pour le passage à l'état adulte ». C'est une révolte contre ce qui fait peur, même si la femme garde son emprise sur les mâles par l'embrasement sensuel, par la rencontre mystique des corps et des âmes et surtout par le fait qu'elle seule puisse donner la vie. La Déesse Mère, disparue à l'époque du christianisme, survit partiellement à travers la figure de la Vierge Marie. Jésus-Christ est le premier à honorer et mettre en valeur les figures féminines : Marie Madeleine, les sœurs de Lazar, Marthe et Marie, la Samaritaine, la femme adultère, etc.

Chez les Grecs, la Grande Déesse est associée aux pouvoirs de la Nature. La femme est source de vie et de mort. Les Parques détiennent des pouvoirs occultes et magiques, associés à la Lune. Clotho, tient la quenouille, Lachésis déroule le fil de la vie et Atropos est chargée de le couper.

La peur de la Femme maléfique illustre la peur de l'Autre.

La femme castratrice ou dévoreuse comme Scylla et Charybde, les Harpies, les Gorgones, les Erinyes chez les Grecs, Sekmet en Égypte, les Walkyries chez les Nordiques, Lilith chez les Hébreux représente cette figure que l'homme doit traverser pour s'affirmer.

L'homme se construit entre ces deux pôles irréconciliables : peur de l'Autre tout puissant par sa nature d'une part et fascination face à ce corps qui est à la fois temple, château du soleil, urne de vie, chemin vers l'intérieur et vers l'extérieur d'autre part. D'où son besoin de nier et de soumettre la femme. C'est le modèle de la femme dangereuse, une phase qui a duré historiquement trois mille ans et qui fonctionne encore dans certains couples.

7. LA FEMME RÉVOLTÉE, TROIS MYTHES FONDATEURS

La révolte de la femme, pour sortir de cette position, s'exprime à travers trois mythes fondateurs : Lilith, Ève et la Vierge Marie.

Lilith, la première femme d'Adam, mentionnée dans le Zohar, se révolte contre son compagnon sur deux sujets clé et conjoints : le sexe et la puissance. Elle refuse la réconciliation proposée par Dieu et détruit sa progéniture. Elle prend des connotations répulsives. Victor Hugo la décrivait ainsi : « La fille de Satan, la grande femme d'ombre, cette Lilith qu'on nomme Isis à l'autre bout du Nil ».

Lilith est remplacée auprès d'Adam par Ève. Celle-ci transgresse aussi la loi divine et devient un être satanique. En se soumettant à son Homme, en se conformant au miroir qu'il lui tend, en restant la mère de ses enfants, elle lavera, éventuellement, sa faute originelle.

La Vierge Marie est, d'après Paule Salomon :

> l'image la plus accomplie de la défaite féminine et paradoxalement sa réhabilitation au panthéon des dieux. La femme parfaitement neutralisée dans la tradition judéo-chrétienne est celle qui n'a plus rien à voir avec le sexe, qui enfante par intercession divine et se cantonne dans le rôle de mère généreuse, culminant dans la compassion. (Paule Salomon, *op. cit.*, p. 116.)

Elle opère dans les mentalités d'aujourd'hui comme un modèle idéal inconscient.

Le mouvement féministe a œuvré pour réhabiliter l'image de la femme au niveau social, par la conquête des responsabilités citoyennes, mais il devrait intégrer un autre passage tout aussi important : retrouver le sens d'une féminité sacrée, initiatique, spirituelle.

8. LA FEMME ÉCLAIRÉE OU LA CONQUÊTE DES DROITS CIVIQUES

La femme éclairée serait celle qui entreprend des actions concrètes pour sortir du cercle vicieux de la soumission et de la révolte entremêlées. Sur le plan de la légalité, plusieurs étapes ont été franchies : en 1869, Léon Richier créa les « Droits de la femme » et organisa en 1878 le « Congrès international du droit des femmes », qui réclamait des droits civiques. Le premier congrès féministe a lieu en 1892, mais ce n'est qu'en 1945 que les Françaises obtiennent le droit de vote, alors que la Nouvelle-Zélande le leur accordait déjà en 1893 et l'Australie en 1908.

Par la conquête du droit de vote, s'ouvre l'accès à tous les droits civiques, à toutes les études et à tous les métiers. Le volet suivant sera celui du droit à une maternité libre, grâce à la contraception.

La compétition dans le monde du travail est ouverte.

Les femmes prennent leur place au niveau social, caution de leur autonomie et de leur épanouissement personnel. Pour devenir des « battantes », elles ont souvent la tendance à emprunter aux hommes la dureté, le sens de la rivalité et de la guerre qui n'a rien de féminin.

L'homme n'est plus au centre de leurs préoccupations. La femme actuelle, de plus en plus consciente de ses besoins, se construit grâce à une éducation permanente. Une esthétisation de la vie quotidienne lui donne un certain pouvoir et la hausse au-dessus du biologique. Elle n'ose pas encore se lancer des défis à la hauteur de ses capacités. La difficulté se situe au niveau pratique : comment vivre extérieurement comme un homme et intérieurement comme une femme ? Un travail personnel d'évolution est nécessaire pour mettre de l'ordre dans son confit intérieur entre les parties du moi et établir un rapport authentique avec l'Autre.

Le terme de « célibattantes » est apparu dans le Nouvel Observateur du 9 mars 1989. C'est à lui seul tout un programme. Les femmes qui souhaitent réussir sur le plan professionnel adoptent délibérément le statut de « solitaires ». En règle générale, elles « investissent un maximum d'énergie dans leur réussite professionnelle, se passionnent pour leur métier et évitent autant que possible les complications affectives » (Paule Salomon, *op. cit.*, p. 192)

Élisabeth Badinter pointe la différence irréductible entre les hommes et les femmes. Dans son livre « L'un est l'autre », paru en 1986, elle affirme « La seule différence qui subsiste, comme un roc intangible, est le fait que ce sont les femmes qui portent les enfants et non l'inverse ». Le saut de civilisation à envisager n'est pas l'égalité des sexes, mais l'affirmation, le respect et l'acceptation paisible de leurs différences.

Un nouveau modèle de couple a toutes les chances de naître au moment où les deux partenaires respectent et intègrent leurs complémentarités. La femme est biologiquement lunaire et spirituellement solaire, alors que l'homme est biologiquement solaire et spirituellement lunaire. Ces deux êtres permettent un nouvel équilibre du couple, nommé par Paule Salomon « le couple éclairé ». L'étape suivante serait la civilisation éclairée.

« La civilisation éclairée et le couple androgyne constituent l'horizon de notre évolution, notre responsabilité et notre chance » (Paule Salomon, *op. cit.*, p. 338)

9. MYTHES FONDATEURS ET AFFIRMATION DU MOI FÉMININ

Pour revenir encore un instant sur les deux parties constitutives du moi, proposées par G. Jung, l'Animus et l'Anima, nous trouvons une analyse très pertinente dans l'ouvrage de Silvia Di Lorenzo « La femme et son ombre », publié en version française en 1997.

L'OMBRE, notion qui complète celles d'Animus et d'Anima, contient les côtés faibles et inférieurs qui tombent dans l'inconscient et contaminent l'Animus de la femme, le rendant puissant et destructeur. Le père est pour la petite fille le premier porteur concret de l'image de l'Animus, c'est lui qui incarne le Logos, les valeurs et les droits de l'esprit. Si le père est distant, absent ou violent, la future femme intègre l'image de l'homme comme être terrifiant. Elle construit un Animus rebelle et contestataire, infantile et stérile. En parallèle, le patriarcat de notre société occidentale, pousse la femme à attribuer aux valeurs masculines plus d'importance qu'aux valeurs féminines, donc de conférer plus de pouvoirs à son Animus. Ainsi la réflexion critique, la rationalité, la recherche des valeurs « objectives » ou spirituelles, la capacité de décision et de choix, les opinions, les jugements, seront surévalués.

Alors que par l'intégration de son Anima l'homme a la chance de contacter ses émotions, ses états d'âme, ses humeurs, son introspection subjective et ses intuitions, donc de nuancer ses relations affectives et amoureuses, la femme se voit coupée d'une partie de son moi, car son Animus la pousse vers un versant masculin castrateur, mutilant.

10. TRAVERSER L'ANIMUS NÉGATIF POUR CONSOLIDER SON ANIMUS POSITIF

L'Animus négatif de la femme, au lieu de soutenir le principe féminin, le domine, le détruit et empoisonne la femme dans sa féminité. Jusqu'au siècle dernier, la femme a été dressée à se construire non pas une personnalité réelle, mais un masque, une Persona rigide et conventionnelle.

Pour retrouver sa vitalité et son authenticité, la femme contemporaine devrait se réapproprier des archétypes comme l'Amazone ou la déesse Artémis.

D'après le mythe, les Amazones sont les descendantes d'Aphrodite, la déesse de l'amour et d'Ares, le dieu de la guerre, sous une forme rénovée. Ares n'est plus un dieu destructeur, mais un dispensateur de jeunesse et de courage. Si Aphrodite incarne le principe de l'amour universel, l'Amazone est le prototype de la femme qui se construit sans relation psychologique à l'homme. Elle vise des relations objectives. Pour elle, c'est l'homme qui sert d'instrument pour la conservation de l'espèce. L'Amazone se suffit à elle-même, elle est essentiellement androgyne. Pour pouvoir être ainsi, il faut renoncer à plaire, se détacher du besoin de s'adapter à l'Animus esthétisant de l'homme et à correspondre à la projection masculine de la féminité. « C'est là un sacrifice grave, une sorte de mutilation sanglante, une blessure volontaire au narcissisme féminin : le mythologème du sein brûlé des

Amazones l'exprime clairement » (Silvia Di Lorenzo, *La femme et son ombre*, p. 85)

Dans le Panthéon grec, tous les dieux sont assujettis aux pouvoirs d'Aphrodite, sauf Artémis, Athéna et Hestia.

Hestia est le centre de la maison, l'âtre ; siège de la chaleur et dispensatrice de la nourriture. Représentée immobile sur son trône, elle est l'archétype du féminin immuable, symbole de sécurité affective et de solidité des liens, principe non conflictuel du féminin.

Artémis et Athéna représentent l'intégration de la composante masculine, donc le renoncement à une partie du féminin.

Athéna, née de la tête de Zeus, appartient à son père. Elle représente l'intégration de l'Animus en tant que volonté et action.

Artémis est la reine de la Nature vierge, libre et sauvage. C'est une déesse qui préside les phénomènes naturels de la vie végétale, animale et humaine influencés par la Lune. Elle est la gardienne de tous les devenirs, elle protège les jeunes filles, éduque les enfants tout en veillant sur leur croissance.

Ces trois archétypes, non soumis au pouvoir unificateur de l'Eros, représentent la résistance au danger de tomber dans un état de couple mystique avec l'être aimée. La vie consciente de la femme étant centrée sur l'Eros qui unit et lie, elle est beaucoup plus encline que l'homme à mettre le sens de sa vie et les fondements de son destin dans l'amour et dans les liens affectifs.

Tomber sous l'influence d'Aphrodite c'est devenir victime d'un Eros dévastateur. Ainsi les personnages de Médée et Phèdre (Euripide) ou d'Hélène (l'Iliade d'Homère) en sont des exemples édifiants.

Le Moi non-contaminé serait celui dont la résistance à l'Eros est puissante. C'est le cas des Déesses Vierges.

> Vierge, au sens psychologique, est la femme autosuffisante, qu'elle soit mariée, mère ou pas : elle est *une*. Elle n'est pas la contrepartie féminine d'un être masculin, de même que la

> déesse Artémis n'est la compagne d'aucune divinité masculine. Sa divinité n'appartient qu'à elle seule. (Silvia Di Lorenzo, *La femme et son ombre*, p. 25)

L'Animus positif serait cette partie du Moi qui permet à la Femme de savoir ce qu'elle veut réaliser et de prendre toutes les responsabilités pour réussir. Sous l'influence de l'Eros unificateur, elle trouvera son unité interne. L'auteur tente de démontrer que la psyché féminine présente une plus grande complexité que la psyché masculine en mettant en perspective deux aspects : la « complétude féminine » et « la perfection masculine ». Cette prise de conscience pourrait être la matrice qui continent les germes de l'acceptation de l'autre, du différent, de l'obscur, du nié en vue d'un développement différent. Pour investir sa féminité d'une manière positive, la femme est invitée à quitter son agressivité « **contre** » et à opter pour une initiative « **vers** », en cultivant sa confiance en elle-même en tant qu'être humain unifié.

D'où la conclusion de l'auteur :

> Je crois que le devoir culturel de la femme d'aujourd'hui consiste à revendiquer la liberté et la dignité de sa personne entière, qui pose à l'homme le problème de la reconnaissance et de la réévaluation de l'inconscient, facteur déterminant et dont on ne peut se débarrasser dans aucun aspect de la vie humaine, psychologique, culturel et social : dans ce sens le féminin et l'inconscient sont porteurs d'une culture nouvelle. (Silvia Di Lorenzo, La femme et son ombre, p. 131)

11. ANNICK DE SOUZENELLE OU LA NOUVELLE THÉOLOGIE DE L'ÂME

Annick de Souzenelle est une personnalité de notre époque qui marque une nouvelle perspective spirituelle et intellectuelle de la conscience féminine. Elle a étudié les mathématiques, a travaillé longtemps comme anesthésiste, puis comme psychothérapeute de formation jungienne. Anciennement catholique, elle devient orthodoxe en 1958, apprend la théologie, ainsi que l'hébreu. Elle réalise une relecture des textes bibliques et propose dans ses nombreux livres, séminaires, interventions à la radio et à la télévision un chemin spirituel d'essence judéo-chrétienne, ouvert aux autres traditions.

Son idée centrale est la suivante : nous avons tous aujourd'hui, hommes et femmes, la chance de vivre une mutation de conscience, quitter le monde de l'exil par rapport à nous-mêmes et travailler pour nous transformer, faire grandir notre « fils intérieur » porteur de nouvelles valeurs, développer en nous l'arbre de la connaissance.

La lecture en langue hébraïque du livre de la Genèse lui permet d'affirmer que ce texte biblique propose une évolution spirituelle de l'inaccompli féminin (les cieux) vers l'accompli masculin (la terre). Les mythes ne sont pas des récits, dit-elle, mais des principes qui agissent dans le présent. Ils nous parlent de notre construction intérieure, de notre travail avec la divinité pour réaliser les épousailles du masculin et du féminin.

L'homme (ISH en hébreu) doit devenir ISHA (femme, épouse) par rapport à Dieu. Le corps animal est invité à évoluer vers un corps spirituel. Nous sommes appelés à créer à partir de l'inaccompli une terre nouvelle. C'est notre désir qui va nous guider dans cette voie de rencontre à la fois de nous-mêmes et de la divinité intérieure.

Nous sommes responsables du choix entre la vie et la mort en permanence.

> L'arbre de la connaissance que nous sommes, n'est pas celui du bien et du mal. Il est celui de ce qui s'accomplit de nous, de ce qui émerge à la lumière, au conscient, de ce qui est encore dans le potentiel. C'est qu'il y a en nous toute une information, comme le gland qui contient toute la promesse du chêne, mais comme nous ne le savons pas, nous contrevenons continuellement à cette information. D'où les maladies, d'où les drames, d'où toute la souffrance. (Annick de Souzenelle, *Le féminin de l'être*)

Annick de Souzenelle parle de l'être humain sans distinguer entre homme et femme, comme si au niveau spirituel cette distinction n'était plus importante. Tout être est un mutant, qui se rapproche de sa ressemblance à la divinité par des naissances et des résurrections successives. Il doit chercher le juste rapport entre son inscription dans le monde et sa croissance intérieure. À notre époque il fait tout pour répondre aux exigences sociales, se donner bonne conscience. Mais au fond, il doit accepter de renoncer aux vieilles valeurs.

La vraie fécondité et la vocation réelle des hommes et des femmes est celle de faire naître ce qu'elle appelle « l'Homme déifié » après une longue gestation dans la matrice de la connaissance de soi.

Nous dépassons, grâce à l'analyse d'Annick de Souzenelle, l'opposition Homme / Femme, car l'adversaire est un autre personnage biblique : Satan. Il n'est pas l'ennemi, mais l'Adversaire, celui qui se tient de l'autre côté du Moi. C'est lui qui a la charge de nous présenter les énergies inaccomplies pour nous provoquer à les réaliser. Toute situation d'adversité devient dans cette perspective un défi, une possibilité de grandir spirituellement.

Les étapes seraient les suivantes : rencontrer une énergie adverse, la nommer, la transformer par l'amour. L'amour serait ainsi la condition de dépasser la haine et la peur pour accéder à une autre dimension de soi.

13. EN GUISE DE CONCLUSION

Les questions du début ont trouvé des réponses plus ou moins édifiantes, selon les hypothèses présentées. La notion de « féminitude » lancée par Simone de Beauvoir a marqué le moment où les femmes contemporaines ont pris conscience de leur « servitude », soumissions et humiliations à des degrés divers par rapport aux hommes. Le mouvement féministe a œuvré dans le sens de la libération et de la conquête de l'autonomie au moins sur le plan social.

Il reste tout le chemin à faire sur le plan psychologique et individuel pour libérer les femmes des modèles anciens périmés, mais qui sont toujours opératifs dans beaucoup de situations concrètes.

Paule Salomon et ses arguments en faveur de la femme solaire ont mis en lumière le parcours d'une longue et difficile construction du Moi féminin : débutant par l'héritière de la Déesse Mère du matriarcat, des déesses vierges et des révoltées de toutes les mythologies, en passant par les « célibattantes » contemporaines, pour arriver à la réconciliation avec l'homme en tant que femmes éclairées.

La vision de Silvia Di Lorenzo apporte des arguments convaincants concernant la lutte du Moi féminin pour s'émanciper du versant castrateur de l'Animus négatif. Sous le signe de l'Eros unificateur, la femme rend conscientes ses pulsions agressives et opte pour des initiatives positives, en faveur d'un couple équilibré, où les rôles sont équivalents.

Annick de Souzenelle nous propose de dépasser même le clivage entre homme et femme pour regarder l'être humain en tant que mutant responsable de son évolution spirituelle.

Nombreux sont les ouvrages qui abordent ce thème très actuel, mais j'ai fait le choix de présenter des idées qui me sont chères et qui ont déjà porté leurs fruits dans le parcours thérapeutique de mes patientes. À partir de toutes ces options, nous pouvons envisager d'autres images et d'autres processus tout aussi bénéfiques et opérationnels.

Les responsabilités et surtout les réussites seront à la hauteur de notre courage, de notre confiance et de notre liberté.

BIBLIOGRAPHIE

DE BEAUVOIR S., 1949, *Le deuxième sexe,* Paris, Gallimard.

BADINTER E., 1986, *L'un est l'autre,* Paris, Odile Jacob.

SALOMON P., 1991, *La femme solaire,* Paris, Albin Michel.

SALOMON P., 1994, *La sainte folie du couple,* Paris, Albin Michel.

DI LORENZO S., 1997, *La femme et son ombre*, Paris, Albin Michel.
DE SOUZENELLE A., 2000, *Le féminin de l'être*, Paris, Albin Michel.

CATEGORIILE CUGETĂRII MITICE ÎN « PENTALOGIA MITULUI ROMÂNESC » DE VALERIU ANANIA[66]

asist. univ. dr. Lucian Vasile BÂGIU[67]
Universitatea Carolină din Praga, Republica Cehă /
Universitatea « 1 Decembrie 1918 » Alba Iulia

Rezumat

Pentalogia mitului românesc a lui Valeriu Anania este, în primul rând, expresie a mitologiei literaturizate, dar, în secundar, şi a mitologiei literare, pentru a adopta terminologia lui Romulus Vulcănescu[68]. Pentalogia mitului românesc a lui Valeriu Anania se recomandă ca mitologie literaturizată, dramaturgul conferind o nouă interpretare miturilor fundamentale (în sensul tentaţiei permanente de a explica modalitatea de configurare a mitului). Etnogeneza « fenomenului românesc » se regăseşte în cele două drame cvasi-istorice, *Steaua zimbrului* (1971) şi *Greul pământului* (1982), atelierul său literar reţinând chiar o piesă de tinereţe, nepublicată, dar reprezentată, poemul

[66] Fragment din volumul Lucian Vasile Bâgiu, *Valeriu Anania. Scriitorul*, Cluj-Napoca, Editura Limes, 2006, pp. 315-323.

[67] *Mini CV : Lucian Bâgiu s-a născut la 23 noiembrie 1979, la Cluj-Napoca. Este doctor în Filologie, titlu obţinut la Universitatea « Babeş-Bolyai » din Cluj-Napoca în anul 2006 şi, din acelaşi an, este membru al Uniunii Scriitorilor din România. A mai îndeplinit un mandat de lector de limba română la Universitatea Norvegiană de Ştiinţe şi Tehnologie din Trondheim între anii 2008-2011. Până la desemnarea ca lector de limba română în capitala cehă, a activat în calitate de asistent universitar la Catedra de Limba şi Literatura Română a Universităţii « 1 Decembrie 1918 » din Alba Iulia.*

[68] Vulcănescu (Romulus), 1987, *Mitologie română*, Bucureşti, Editura Academiei, p. 76.

dramatic *Dochia* (1940) în care se va fi referit expres la mitul lui Traian şi al Dochiei. Situaţia cosmică a omului se regăseşte în *Mioriţa* (1966), mitul creaţiei în *Meşterul Manole* (1968), sexualitatea, prezenţă constantă a tuturor pieselor pentalogiei, reproduce, într-o manieră originală a expresiei estetice, mitul Zburătorului în *Steaua zimbrului* (1971). Acestora li se adaugă, tot ca aparţinând mitologiei literaturizate, poemul dramatic *Du-te vreme, vino vreme !* (1969), cel mai original dintre piesele amintite, care interpretează extrem de personal o categorie fundamentală a cugetării mitice, timpul, sursa de inspiraţie fiind basmul *Tinereţe fără bătrâneţe şi viaţă fără de moarte.* Singura piesă care aparţine formal mitologiei literare, relevând o creaţie mitică personală a autorului, este *Greul pământului* (1982), care, plecând de la unele fragmente disipate ale mitologiei autohtone a htonicului, doreşte a propune un nou mit.

Cuvinte-cheie

Creaţie mitică, mitul Zburătorului, etnogeneza « fenomenului românesc », Valeriu Anania, basm

În « pentalogia mitului românesc » Valeriu Anania exprimă mai degrabă concepţia spaţiului consacrat, ca dimensiune prin intermediul căreia eroul – sau chiar întreaga comunitate pe care o reprezintă protagonistul – poate dobândi acces la absolutul ilimitat. Însă, dacă luăm în considerare că toate cele cinci evenimente prezentate de dramaturg sunt mitice, spaţiul astfel configurat şi instaurat de către pentalogie este descoperit ca sacru de către receptor. Întreg pământul românesc e sacru pentru români, o sacralizare generală. Sacralizarea şi consacrarea pământului românesc nu constituie însă trăsătura univocă specifică pentalogiei, ci este surprins şi fenomenul revers, desacralizarea, « secularizarea pământului românesc », prin tentativa, reiterată, de a exprima desprinderea « fenomenului românesc » din datele mitului şi intrarea în cele ale istoriei. Mai adecvat ar fi să observăm că autorul se plasează la inteferenţa dintre sacralizarea şi desacralizarea pământului românesc, sacralizându-l prin prezentarea modalităţii în care s-a configurat mitul, desacralizându-l prin relevarea demitizării. În general Valeriu Anania porneşte de la viziunea spaţiului închis, în care imaginaţia e stingherită în elanurile ei, având totuşi iluzia călătoriei pline de obstacole. Dar viziunea converge către expresia spaţiului deschis, în care imaginaţia omului se avântă într-o căutare indefinită, ce poate sfârşi în neant, în cazul eludării vremii (Făt-Frumos), în moarte (Moldan), în creaţie artistică (Manole) sau instaurator-politică (Dragoş, Bogdan), sau chiar în mit (Ioniţă).

În pentalogia lui Valeriu Anania scopul intrinsec al textului dramatic pare a fi acela de a instaura expresia unui viitor continuu, perpetuu. Dar timpul mitic este un timp al repetabilităţii, orientat ritual spre izvoarele creaţiei spirituale, care creează omului posibilitatea, cadrul propice de a retrăi aievea cuceririle trecutului în puritatea lui genuină[69]. Viitorul perpetuu posibil se revendică, în pentalogia lui Valeriu Anania, de la modelul instaurator al primordialităţii, al lui *illo tempore*, tocmai de aceea, formal, dramele autorului se întorc, obsedant, la originile mitului, până la a fi posibilă relevarea mitului eternei reîntoarceri (şi, în subsidiar, al nostalgiei originarului) ca matcă integratoare a întregii pentalogii (şi chiar a întregii sale opere). Dramaturgul ambiţionează însă de a exprima, simultan şi complementar cu timpul mitic, timpul istoric. Valeriu Anania accentuează considerabil latura timpului istoric, până la eludarea formală a celui mitic, istoria internă a dramelor sale fiind atent corelată, în genere, atestărilor documentare ale istoriei factuale (spre exemplu, timpul *Meşterului Manole* nu este mitic, precum la Lucian Blaga, ci strict delimitat la domnia lui Neagoe Basarab ; al descălecatelor moldovene, situat în proximitatea datelor reale ; al constituirii statului vlah-bulgar, « timp posibil », etc.). Intenţionalitatea dramaturgului este transparentă, el dorind să surprindă articulaţiile subtile, inefabile, ale transformării timpului istoric în timp mitic şi viceversa. Speculaţia este riscantă şi îndepărtează considerabil estetica textelor de reuşită în oricare dintre cele două

---

[69] Eliade (Mircea), 1970, *Traite d'histoire de religions*, Paris, pp. 326-343, *apud* Romulus Vulcănescu, *op. cit.*, p. 19.

dimensiuni temporale. Nu întâmplător poemul dramatic ce se concentrează aproape exclusiv asupra statutului timpului mitic este şi cel mai împlinit. *Du-te vreme, vino vreme !*, ca expresie estetică a atemporalităţii (sau, mai corect, a nontemporalităţii) este o pledoarie intrinsecă, prin sugestii de subtext, pentru delimitarea strictă a timpului istoric de cel mitic. Toate celelalte patru drame probează o inconsecvenţă a autorului în a opta pentru una dintre cele două dimensiuni temporale, din ambiţia de a exprima posibilitatea co-existenţei amândurora.

Romulus Vulcănescu profesează, în exhaustiva sa lucrare *Mitologie română*, o delimitare terminologică ce oferă exegezei literare instrumente fundamentale pentru interpretarea sensului dramaturgiei lui Valeriu Anania. În opinia lui Romulus Vulcănescu este necesar a se face distincţia între *mitologie literaturizată*, explicată ca « ... efortul unor cărturari români de a înviora literatura cultă preluând fragmente din mituri, legându-le între ele într-o lucrare mai mult sau mai puţin unitară şi accesibilă marelui public » şi *mitologie literară*, înţeleasă ca « ... mitologie creată, inventată de un literat, în spiritul perenităţii mitice.... »[70]. Pentalogia mitului românesc a lui Valeriu Anania este, în primul rând, expresie a mitologiei literaturizate, dar, în secundar, şi a mitologiei literare. Romulus Vulcănescu consideră că aparţin mitologiei literare timpurii, eforturilor de a se crea o mitologie literară autohtonă, scrierile paşoptiste care se inspiră din – şi, concomitent, impun – patru mituri fundamentale : mitul lui Traian şi al Dochiei, mitul Mioriţei, mitul Meşterului Manole şi mitul Zburătorului. Acestea, în opinia lui George Călinescu, « ... înfăţişează patru probleme fundamentale : naşterea poporului român, situaţia cosmică a omului, problema creaţiei (şi am putea zice în termeni moderni, a culturii) şi sexualitatea »[71]. Tentativa

[70] Vulcănescu (Romulus), 1987, *Mitologie română*, Bucureşti, Editura Academiei, p. 76.

[71] Călinescu (George), 1988, *Istoria literaturii române de la origini până în prezent*, Ediţia a II-a, revăzută şi adăugită. Ediţie şi prefaţă de Al. Piru, Bucureşti, Minerva, p. 60.

conferirii unei expresii artistice mitologiei literare autohtone a fost împlinită (nu întotdeauna estetic, ci ca fundamentare a unui ecou statornic în conştiinţa receptoare) de către promotorii Gheorghe Asachi, Dimitrie Bolintineanu, Vasile Alecsandri şi Mihai Eminescu. Istoria ulterioară a literaturii române urma a reţine crearea unei mitologii literaturizate, pe calapodul deja stabilit, sau noi tentative (fără sorţi de izbândă similari) de implementare a unor noi faţete ale mitologiei literare, create, inventate, de alţi literaţi.

Pentalogia mitului românesc a lui Valeriu Anania se recomandă ca mitologie literaturizată, dramaturgul conferind o nouă interpretare miturilor fundamentale (în sensul tentaţiei permanente de a explica modalitatea de configurare a mitului). Relevantă este, în sens, opinia lui Tudor Arghezi, prefaţator, în 1958, al *Mioriţei,* care considera că, « … teatrul românesc a câştigat, cu *Mioriţa,* la întâlnirea ciobanilor cu universitarii, opera de valoare literară care-i lipsea »[72]. Etnogeneza « fenomenului românesc » se regăseşte în cele două drame cvasi-istorice, *Steaua zimbrului* (1971) şi *Greul pământului* (1982), atelierul său literar reţinând chiar o piesă de tinereţe, nepublicată, dar reprezentată, poemul dramatic *Dochia* (1940) în care se va fi referit expres la mitul lui Traian şi al Dochiei. Situaţia cosmică a omului se regăseşte în *Mioriţa* (1966), mitul creaţiei în *Meşterul Manole* (1968), sexualitatea, prezenţă constantă a tuturor pieselor pentalogiei, reproduce, într-o manieră originală a expresiei estetice, mitul Zburătorului în *Steaua zimbrului* (1971). Acestora li se adaugă, tot ca aparţinând mitologiei literaturizate, poemul dramatic *Du-te vreme, vino vreme !* (1969), cel mai original dintre piesele amintite, care interpretează extrem de personal o categorie fundamentală a cugetării mitice, timpul, sursa de inspiraţie fiind basmul *Tinereţe fără bătrâneţe şi viaţă fără de moarte.* Singura piesă care aparţine formal mitologiei literare, relevând o creaţie mitică

[72] Arghezi (Tudor), 1982, *Predoslovie,* apud *Greul pământului,* o pentalogie a mitului românesc, I, Bucureşti, Editura Eminescu, p. 18.

personală a autorului, este *Greul pământului* (1982), care, plecând de la unele fragmente disipate ale mitologiei autohtone a htonicului, doreşte a propune un nou mit.

Două dintre categoriile ontologice fundamentale ale mitologiei române – şi ale oricărei alte mitologii – sunt *Spaţiul* şi *Timpul*. Spaţiul mitic este *oecumena arhetipală* (nucleu existenţial cosmic aflat în permanentă extindere), cosmicizată pe Terra, concepută şi configurată de folclorul mitic al oricărei mitologii într-o formă restrânsă la cosmicizarea pământului autohton[73]. Spaţiul este fie *descoperit ca sacru*, după anumite semne caracteristice ale lui, ca loc marcat de evenimente considerate mitice, fie *consacrat*, fiind conceput ca loc de purificare în vederea unui contact cu divinitatea. În « pentalogia mitului românesc » Valeriu Anania exprimă mai degrabă concepţia spaţiului consacrat, ca dimensiune prin intermediul cărei eroul – sau chiar întreaga comunitate pe care o reprezintă protagonistul – poate dobândi acces la absolutul ilimitat. Însă, dacă luăm în considerare că toate cele cinci evenimente prezentate de dramaturg sunt mitice, spaţiul astfel configurat şi instaurat de către pentalogie este descoperit ca sacru de către receptor. În imaginaţia mitopeică a românului centrul spaţiului cosmic este Pământul, iar pentru români centrul interesului mitic de pe acest pământ îl reprezintă *pământul românesc*. Ideea este punct esenţial al dramaturgiei lui Anania, piesa *Greul pământului*, elogiu al pământului românesc, conferind dealtfel şi titlul întregii pentalogii. Întreg pământul românesc e sacru pentru români, o sacralizare generală. Sacralizarea şi consacrarea pământului românesc nu constituie însă trăsătura univocă specifică pentalogiei, ci este surprins şi fenomenul revers, desacralizarea, « secularizarea pământului românesc », prin tentativa, reiterată, de a exprima desprinderea « fenomenului românesc » din datele mitului şi intrarea în cele ale istoriei. Mai adecvat ar fi să observăm că autorul se plasează

---

[73] *Cf.* Eliade (Mircea), *Traite d'histoire de religions*, Paris, 1970, pp. 310-325, *apud* Romulus Vulcănescu, *op. cit*, p. 16.

la inteferenţa dintre sacralizarea şi desacralizarea pământului românesc, sacralizându-l prin prezentarea modalităţii în care s-a configurat mitul, desacralizându-l prin relevarea demitizării.

Spaţii sacre *particulare* sunt de asemenea de regăsit în dramaturgia lui Anania, cum ar fi arborele cosmic, sub înfăţişarea cireşului (o vreme desacralizat, neantizat) din *Du-te vreme, vino vreme !*, căruia i se conferă un subtil rol apotropaic, transformat, temporar, din loc curat în loc necurat, spurcat, prin degradare după o faptă impură (eludarea timpului). Sunt recurente sugestii ale unor locuri necurate, bântuite de spirite sau semidivinităţi malefice (stâna lui Moldan, mormântul străbun al lui Bogdan, din Maramureş, incinta zidirii mânăstirii, etc.), dar toate se dovedesc, finalmente, consacrate pozitiv. Este conferit un rol actanţial semnificativ moşiei satului (vatra satului, moşia străbună şi satul privit ca matcă de moşie). Aceasta deopotrivă în *Steaua zimbrului*, prin desele referiri la moşia străbună din Maramureş a celor doi voevozi ce descalecă peste munţi, sau a vetrei satului pe care o fundează în *Valea Caselor* Muşata şi Costea, instaurând astfel dinastia muşatinilor ; în *Mioriţa*, unde moşia satului dobândeşte o semnificaţie aparte, integrator-cosmică, prin expresia scenică a stânii lui Moldan ; dar îndeosebi în *Greul pământului*, prin inconsistenţa înfăptuirilor protagonistului, din moment ce acesta are o relaţie neîmplinită cu vatra satului său, abandonată şi transformată în cimitir. Suprapunerea cimitirului cu centrul satului, unde ar fi trebuit să se afle arborele vieţii, sugerează că protagonistul este consacrat în moarte şi nu în viaţă. *Hotarul* satului prilejuieşte rituri specifice, magico-mitologice, în dramele autorului : al mătrăgunei, al strigoilor, de invocare a lunii, a intemperiilor (Caloianul). *Răscrucea* determină expresia unui fascinant rit de trecere profesat de Muma în *Greul pământului* asupra tuturor drumeţilor ce se îndreaptă către... propriile morminte. Însă vatra casei este spaţiu sacru particular în care are loc evenimentul ce afirmă ciclicitatea sempiternă a vieţii : naşterea, prezentă în *Mioriţa* şi în *Du-te vreme, vino vreme !* ca sugestie a unor împliniri viitoare, sau înfăptuită, ca şi garant al asigurării gesturilor esenţiale, în *Steaua zimbrului*, sau, în fine, suprimată, întru o altă împlinire, în *Meşterul Manole*, prin uciderea pruncului. Vatra satului ca altar este aşadar şi spaţiu al fenomenului revers, dar complementar, moartea (ciobanului Moldan, a lui Făt-Frumos, a lui Ioniţă). Nu este absentă nici autentica nuntă ţărănească, în *Mioriţa*.

În general Valeriu Anania porneşte de la viziunea spaţiului închis, în care imaginaţia e stingherită în elanurile ei, având totuşi iluzia călătoriei pline de obstacole. Dar viziunea converge către expresia spaţiului deschis, în care imaginaţia omului se avântă într-o căutare indefinită, ce poate sfârşi în neant, în cazul eludării vremii (Făt-Frumos), în moarte (Moldan), în creaţie artistică (Manole) sau instaurator-politică (Dragoş, Bogdan), sau chiar în mit (Ioniţă).

Timpul mitic este corelat spaţiului mitic, oecumenei arhetipale cosmice sau terestre. Timpul mitic nu este limitat la fenomenul facerii lumii, nu ia sfârşit odată cu experienţa primordială a spiritului universal, ci se prelungeşte asupra prezentului şi anticipează prefacerea viitorului[74]. În pentalogia lui Valeriu Anania scopul intrinsec al textului dramatic pare a fi acela de a instaura expresia unui viitor continuu, perpetuu. Pe de altă parte, timpul mitic este un timp al repetabilităţii, orientat ritual spre izvoare creaţiei spirituale, care creează omului posibilitatea, cadrul propice de a retrăi aievea cuceririle trecutului în puritatea lui genuină[75]. Viitorul perpetuu posibil se revendică, în pentalogia lui Valeriu Anania, de la modelul instaurator al primordialităţii, al lui *illo tempore*, tocmai de aceea, formal, dramele autorului se întorc, obsedant, la originile mitului, până la a fi posibilă relevarea mitului eternei reîntoarceri (şi, în subsidiar, al nostalgiei originarului) ca matcă integratoare a întregii pentalogii (şi chiar a întregii sale opere).

---

[74] *Cf.* Rădulescu-Motru (Constantin), 1940, *Timp şi destin*, Bucureşti, Fundaţia pentru Literatură şi Artă « Regele Carol II » ; Bernea (Ernest), 1941, *Timpul la poporul român*, Bucureşti.

[75] Eliade (Mircea), *op. cit.*, pp. 326-343, *apud* Romulus Vulcănescu, *op. cit.*, p. 19.

Dramaturgul ambiţionează însă de a exprima, simultan şi complementar cu timpul mitic, timpul istoric. Acesta prezintă calităţi modelatoare ale formelor de afirmare strict umană, factori determinanţi ai evenimentelor şi formaţiunilor sociale şi ai destinului uman, dinamism şi spontaneitate creatoare de instituţii şi forme de cultură[76]. Formele de afirmare strict umană sunt augmentate excesiv în pentalogie, fie că e vorba de instituirea unor structuri socio-politice, a unor creaţii culturale sau de configurarea destinului individual. Chiar dacă acestea sunt raportate de la canonul exemplar mitic, Valeriu Anania accentuează considerabil latura timpului istoric, până la eludarea formală a celui mitic, istoria internă a dramelor sale fiind atent corelată, în genere, atestărilor documentare ale istoriei factuale (spre exemplu, timpul *Meşterului Manole* nu este mitic, precum la Lucian Blaga, ci strict delimitat la domnia lui Neagoe Basarab ; al descălecatelor moldovene situat în proximitatea datelor reale ; al constituirii statului vlah-bulgar, « timp posibil », etc.). Intenţionalitatea dramaturgului este transparentă, el dorind să surprindă articulaţiile subtile, inefabile, ale transformării timpului istoric în timp mitic şi viceversa. Speculaţia este riscantă şi îndepărtează considerabil estetica textelor de reuşită în oricare dintre cele două dimensiuni temporale. Nu întâmplător poemul dramatic ce se concentrează aproape exclusiv asupra statutului timpului mitic este şi cel mai împlinit. *Du-te vreme, vino vreme !*, ca expresie estetică a atemporalităţii (sau, mai corect, a nontemporalităţii) este o pledoarie intrinsecă, prin sugestii de subtext, pentru delimitarea strictă a timpului istoric de cel mitic. Toate celelalte patru drame probează o inconsecvenţă a autorului în a opta pentru una dintre cele două dimensiuni temporale, din ambiţia de a exprima posibilitatea co-existenţei amândurora.

Însă, pe de altă parte, delimitările stricte între cele două tipuri de temporalităţi pot să nu constituie un demers axiologic

[76] Tănase (Alexandru), Isac (Victor), 1980, *Realitate şi cunoaştere în istorie*, Bucureşti, p. 127, *apud* Romulus Vulcănescu, *op. cit.*, p. 19.

infailibil sau necesar. Romulus Vulcănescu pledează tocmai pentru îngemănarea fecundă a celor două ontologii temporale: « ... pentru mitologie, timpul mitic poate fi istoriat sau istorizat, precum timpul istoric, la rândul lui, poate fi mitizat. Aceasta pentru că între cele două forme ale timpului există o complementaritate de fond. În substanţa lui, el nu e *anistoric*, în sensul că se sustrage oricărei determinări spaţiale. Nu e nici *antiistoric*, în sensul că scapă oricărei măsurări umane. Este infinit în spaţiu şi indefinit în raport cu el însuşi. E ireversibil şi reversibil, ciclic şi aciclic, cronic şi *palincronic totodată*. Poate fi adus înapoi, la originile lui, şi retrăit ritual, ca în geneza lui : *ab illo tempore*. Fără el nu poate fi concepută nici o geneză mitică, nici un *proces de performare, formare* sau *transformare* în cosmos şi pe pământ, indiferent dacă este vorba de făpturile divine gemelare, de divinităţile subordonate lor, de fiinţele umane, de animale sau plante, de aştri, de stihiile lumii şi intemperii, cunoscute sau necunoscute de lumea divinităţilor, lumea de dincolo, de pe Celălalt tărâm etc. »[77]. Consideraţiile lui Romulus Vulcănescu asupra timpului mitic se văd anticipate de pentalogia lui Valeriu Anania, dramaturgul exprimând formal întocmai substanţa acestora. În pentalogia sa, programatic, dramaturgul istorizează timpul mitic sau mitizează timpul istoric (uneori concomitent), demonstrând estetic tocmai complementaritatea de fond acestora. Timpul mitic la Valeriu Anania nu este antiistoric, autorul încercând constant să îi asigure determinări sau aproximări, e ireversibil (*Du-te vreme, vino vreme !*) sau reversibil (*Greul pământului*), ciclic (*Greul pământului*) sau aciclic (*Du-te vreme, vino vreme !*, aici ciclic fiind, complementar, timpul istoric). Ideea de fond este, repetăm, aceea de a retrăi ritualic timpul mitic manifestat în timpul istoric, prin descinderea la originea lui exemplară. Cert este că doar cu ajutorul timpului mitic pot fi concepute genezele mitice, fie că ele sunt procese de formare (etnogeneză sau

---

[77] Vulcănescu (Romulus), *op. cit.*, p. 19.

etiologie), performare (creaţie) sau transformare (a morţii într-un eveniment firesc al paradigmei fiinţării).

Timpul pentalogiei lui Valeriu Anania se relevă obiectiv, unidimensional, orientat spre trecut sau viitor, în *Du-te vreme, vino vreme !*, unde eroul încearcă în zadar o transfigurare a caracterului evanescent al temporalităţii. Făptura mitică, Făt-Frumos, poate fi omniprezentă în mai multe ipostaze ale timpului, cu rezerva e a nu imprima timpului istoric structura internă a timpului mitic, astfel distorsionând şi eludând timpul obiectiv. Spre diferenţă de timpul istoric, timpul mitic poate fi comprimat sau dilatat, într-o secundă scurgându-se o eternitate a timpului istoric. Caducitatea este de a reactualiza impropriu timpul mitic în timpul istoric prin extravagante forme ale eternităţii ideative. Servindu-se de exemplaritatea timpului mitic, poemul dramatic este, în fond, o pledoarie pentru însuşirea, asumarea de către om a timpului istoric. Timpul mitic poate fi indefinit repetabil, infinit nerepetabil, recuperabil, reversibil, ceea ce nu sunt determinante calitative ale timpului obiectiv cronologic. Poemul dramatic, la fel ca orice mitologie, demonstrează *intemporalitatea* timpului mitic (netimpul). Există şi sugestii ale pseudotemporalităţii (involuţia), paratemporalităţii (celălalt tărâm, al basmului), metatemporalitatea (transferarea, iluzorie, a netimpului în cadrele timpului istoric). Absolutul trans-istoric, reprezentat de *cronocraţi*, ce trăiesc într-un perpetuu *extra tempus*, numiţi şi Fărtaţi de către români, nu se regăseşte, însă, în personajul Fârtat (ce aspiră vag la acest statut, situându-se în proximitatea Celuilalt tărâm), ci, mai degrabă, este recognoscibil în personajul Juma' de Om, cu precizarea că acesta, indubitabilă ipostaziere a timpului, nu trăieşte exclusiv *extra-tempus* (deşi sugestii există şi în acest sens, stăpânind, prezumat, temporalitatea), ci *în timp*, sub toate aspectele sale. În alte piese un rol relativ similar îl îndeplinesc umbra şi Femeia (*Meşterul Manole*), Zimbrul (*Steaua zimbrului*), Muma şi Grelele Pământului (*Greul pământului*).

Timpul este aparent defavorabil destinelor individuale sau colective ale pentalogiei, dar, finalmente, autorul realizează o pledoarie pentru încrederea în caracterul favorabil al timpului, chiar dacă auspiciile pozitive sunt incomprehensibile momentan dimensiunii profane. Timpul în stare de sământă va rodi, cu preţul unui sacrificiu necesar. Timpul revolut, al vârstei de aur, se instituie astfel ca monadă a devenirii. Timpul mitic al pentalogiei lui Valeriu Anania este deopotrivă timp sacru, care marchează începuturile unor mitogonii sau etnogonii, sau, mai puţin, consacrat de practica magico-mitică. În mentalitatea populară a românului riturile de trecere de la un anotimp la altul sunt fie legate de solstiţii, rituri de trecere la stări de dezechilibru mitic (iarna şi vara), fie de echinoxurile, stări de celebrare a echilibrului mitic (primăvara şi toamna). Demn de reţinut că Valeriu Anania îşi plasează istoria internă a dramelor sale tocmai în acele anotimpuri care exprimă celebrarea echilibrului mitic : primăvara, amintită obsesiv în *Mioriţa*, dar şi în *Du-te vreme, vino vreme !*, sugerată în *Steaua zimbrului*, şi, complementar, toamna, ca introducere în diegesis, în *Du-te vreme, vino vreme !*, sau în *Steaua zimbrului*, iarna fiind aproape integral eludată. Când, pasager, intervine intruziunea verii sau a iernii, pentalogia exprimă tocmai starea de dezechilibru mitic. O analiză atentă a situării istoriei interne a dramelor prin raportare la anul sacru (dar şi la timpul diurn sau nocturn) ar releva permanentul consens dintre eresul popular şi expresia artistică.

Programatic sau involuntar întreaga operă literară a lui Valeriu Anania probează o afinitate de viziune cu aceea ştiinţifică a lui Mircea Eliade. În acest sens pentalogia mitului românesc nu întâmplător se revendică, intrinsec, de la consideraţiile eliadeşti asupra naturii mitului. În accepţiunea sa, mitul este « povestea unei faceri », a unei « geneze », a unui « început », exprimând un « model exemplar tuturor activităţilor omeneşti »[78], dezvăluie « tot ceea ce s-a petrecut ab origine », e un act de « cunoaştere de ordin ezoteric [...] însoţită de o putere magico-religioasă »[79], experienţa mitică ducând la reiterarea evenimentelor mitice ale trecutului. În dramele pentalogiei sale, Valeriu Anania este fascinant de exprimarea estetică a arhetipului, a acelei primordialităţi exemplare, începutul datorită căruia şi prin care se explică prezentul şi se poate anticipa viitorul. « Metafora germinală » a mitului este o ambiţie suplimentară, dramaturgul urmărind să transceandă stricta expunere a explicaţiei mitice a diferitelor geneze. Dramaturgul îşi fixează ca mobil al pentalogiei mitice însăşi expunerea şi explicarea modalităţii de configurare a mitului.

Este, în bună măsură, ecoul unei caracteristici a culturii moderne care urmăreşte *tranzienţa* mitului, trecerea mitului dintr-o stare de conştiinţă în alta, dintr-o formă de logicitate în alta, astfel explicându-se reelaborarea şi reîncărcarea cu valenţe, semnificaţii şi rezonanţe logice noi, readaptarea la spiritul vremii[80]. Polivalenţa, polisemia şi poliglosia mitului impun relaţii inedite între mit şi poetică, între mit şi estetică. În acest sens poetul dramaturg Valeriu Anania, deşi adept formal al rigorii clasicist-tradiţionaliste, se relevă ca aparţinând spiritului artistic modern. Acesta explorează străfundurile mitopeice ale spiritului său, inventează o mitologie proprie, pe care o potenţează în arta sa. Substituie mimesisului şi catharsisului poeticii antice alte finalităţi creatoare. Înlocuieşte mimesisul prin poesis, înţeles ca şi creaţie permanentă a unei noi realităţi poetice, care nu mai este transfigurarea realităţii cunoscute prin poezie, ci inventarea unei alte realităţi poetice, de tipul şi de forma realităţii mitice personale, subiective şi obsedante[81] (reţinem cum, în anul 1984, autorul susţinea că în cazul poemului dramatic « ... nu istoria e punctul său de plecare, ci

---

[78] Eliade (Mircea), 1977, *Aspecte ale mitului*, Bucureşti, Editura Univers, p. 15.

[79] *Ibidem*.

[80] Vulcănescu (Romulus), *op. cit.*, p. 33.

[81] *Ibidem*, p. 35.

ideea poetică, în care istoria se integrează organic şi pe care e chemată să o slujească »[82]). Prin aceasta poetul modern propune o nouă finalitate artistică impusă de mitologia personală, de eliberare a unor obsesii creatoare, de transmitere a unui mesaj propriu, de instigare la empatie abisală. În ultimă instanţă asistăm la mitizarea universului subiectiv al poetului, cultivarea delirului poetic, a axiologiei mitologiei personale. Utilizarea alegoriei, metaforei şi a simbolului (atât ca modalităţi generice de relevare a conţinutului cugetării mitice, cât şi ca stileme, figuri de stil ale mitului) impune, în ultimă instanţă, expresia *pseudo-mitului*. Dialectica mitului o presupune pe cea a categoriilor estetice, categoriile estetice fixează cadrele receptării artistice prin mit. Mitul transfigurează realitatea prin modul în care fabulează asupra acesteia. În acest sens pentalogia lui Valeriu Anania utilizează, într-un joc savant al echilibrului antitetic, dramaticul, tragicul, sublimul, graţiosul, dizgraţiosul, frumosul, urâtul, grotescul.

Valeriu Anania, în pentalogia mitului românesc, prin *Mioriţa, Meşterul Manole, Du-te vreme, vino vreme !, Steaua zimbrului* şi *Greul pământului,* a surprins într-o viziune integratoare, apropiată sensibilităţii şi receptivităţii lectorului etern, acea dimensiune culturală a « fenomenului românesc » ce nu se poate încadra strict nici în istorie, nici în folclor, nici în mit, nici în legendă, nici în literatură, pentru că se revendică din toate, având ca finalitate discursivă relevarea substructurii spirituale a neamului, apriorismul românesc, arhetipul palingenetic.

BIBLIOGRAFIE

ANANIA V., 1984, « *Dramă istorică şi poezie dramatică* », Contemporanul, 3 februarie 1984, reprodus în Valeriu Anania,

[82] Anania (Valeriu), 1995, « Dramă istorică şi poezie dramatică », în *Din spumele mării. Pagini despre religie şi cultură.* Ediţia îngrijită şi postfaţă de Sandu Frunză Cluj-Napoca, Dacia, p. 130.

Din spumele mării. Pagini despre religie şi cultură, Ediţia îngrijită şi postfaţă de Sandu Frunză Cluj-Napoca, Dacia, 1995, 246p.

ANANIA V., 1982, *Greul pământului, o pentalogie a mitului românesc*, 2 vol., Bucureşti, Editura Eminescu, 559p şi 293p.

ARDELEAN S., 1991, *Aspecte ale mitului în creaţia lui Valeriu Anania*, lucrare de diplomă, manuscris, Facultatea de Limbi şi Literaturi Străine, Universitatea Bucureşti, coordonator ştiinţific : Lect. Univ. Dr. Valentina Curticeanu.

BÂGIU L., 2011, « *Ţaratul vlaho-bulgar al Asăneştilor în „Greul pământului", „mit valah în devenire" de Valeriu Anania* », **Transilvania**, serie nouă, revistă editată de Centrul Cultural Interetnic Transilvania, n° 6-7, pp. 25-33.

BÂGIU L. V., 2004, « *De imitatio Christi în „Mioriţa" de Valeriu Anania* », Annales Universitatis Apulensis. Series Philologica, n° 5, t. 1, Alba Iulia, pp. 207-214.

BÂGIU L. V., 2004, « *Despre gândire magică în „Mioriţa" de Valeriu Anania* » Annales Universitatis Apulensis. Series Philologica, n° 5, t. 1, Alba Iulia, pp. 215-222.

BÂGIU L. V., 2009, « *Etnogeneza moldo-vlahilor şi întemeierea voievodatului Moldovei în poemul dramatic* „Steaua zimbrului" *de Valeriu Anania* », Philologica Jassyensia, n° 2, pp. 7-20.

BÂGIU L. V., 2006, « *Meşterul Manole: creatorul vs. omul creator. Valeriu Anania vs. Lucian Blaga* », Meridian Blaga 6, t. 1 – Literatură, Societatea Culturală « Lucian Blaga », Cluj-Napoca, Editura Casa Cărţii de Ştiinţă, Cluj-Napoca, pp. 13-21.

BÂGIU L. V., 2008, « *Tinereţe fără bătrâneţe şi viaţă fără de moarte" în „Du-te vreme, vino vreme !", poem dramatic de Valeriu Anania* », **Transilvania**, anul XXXVII (CXIII), n° 11, pp. 8-17.

BERNEA E., 1941, *Timpul la poporul român*, Bucureşti.

CĂLINESCU G., 1988, *Istoria literaturii române de la origini până în prezent*, ediţia a II-a, revăzută şi adăugită. Ediţie şi prefaţă de Al. Piru, Bucureşti, Minerva.

***, 1992, *Dreptul la memorie în lectura lui Iordan Chimet*, I, *Cuvintele fundamentale şi Miturile*, Cluj, Dacia.

ELIADE M., 1977, *Aspecte ale mitului*, Bucureşti, Editura Univers.

ELIADE M., 1992, « Comentarii la Legenda Meşterului Manole », în Mircea Eliade, *Meşterul Manole. Studii de etnologie şi mitologie.* Ediţie şi note de Magda Ursache şi Petru Ursache. Studiu introductiv de Petru Ursache, Iaşi, Editura Junimea.

ELIADE M., 1980, *De la Zalmoxis la Genghis-Han. Studii comparative despre religie şi folclorul Daciei şi Europei Orientale,* traducere de Maria Ivănescu şi Cezar Ivănescu, Bucureşti, Editura ştiinţifică şi enciclopedică.

ELIADE M., 1999, *Mitul eternei reîntoarceri. Arhetipuri şi repetare,* traducere de Maria Ivănescu şi Cezar Ivănescu, Bucureşti, Univers Enciclopedic, colecţia « Historia Religionum ».

ELIADE M., 1998, *Mituri, vise şi mistere,* traducere de Maria Ivănescu şi Cezar Ivănescu, Bucureşti, Univers enciclopedic.

ELIADE M., 1994, *Nostalgia originilor. Istorie şi semnificaţie în religie,* traducere de Cezar Baltag, Bucureşti, Humanitas.

ELIADE M., 1992, *Sacrul şi profanul,* traducere din limba franceză de Rodica Chira, Bucureşti, Humanitas.

NOICA C., 1978, *Sentimentul românesc al fiinţei,* Bucureşti, Editura Eminescu.

NOICA C., 1989, *Istoricitate şi eternitate. Repere pentru o istorie a culturii româneşti,* ediţie îngrijită, cuvânt înainte şi bibliografie de Mircea Handoca, Capricorn.

RĂDULESCU-MOTRU C., 1940, *Timp şi destin,* Bucureşti.

VULCĂNESCU M., 1991, *Dimensiunea românească a existenţei,* Bucureşti, Editura Fundaţiei Culturale Române.

VULCĂNESCU R., 1987, *Mitologie română,* Bucureşti, Editura Academiei Republicii Socialiste România.

Deuxième partie

Regards actuels sur les anciens mythes

THE VANTAGE POINT OF THE POET: METAPHORS OF BODY AND SELF IN NICHITA STANESCU'S POETRY

Oana CHELARU-MURĂRUŞ
University of Bucharest
oana.murarus@gmail.com

Abstract

My paper investigates the work of Nichita Stănescu (1933-1983), the most important modernist Romanian poet in the postwar era, the creator of an original work in terms of both poetic vision and expression[83].

[83] Nichita Stănescu is the author of the following poetry volumes and essays: 1960 - *Sensul iubirii* ("The Meaning of Love"); 1964 – *O viziune a sentimentelor* ("A Vision of Feelings") ; 1965 – *Dreptul la timp* ("The Right to Time"); 1966 – *11 elegii* ("11 Elegies"); 1967 – *Roşu vertical* ("Vertical Red"), *Alfa, Oul şi sfera* ("The Egg and the Sphere"); 1968 – *Laus Ptolemaei* ; 1969 - *Necuvintele* ("The Unwords"), *Un pământ numit România* ("A Land Called Romania") ; 1970 – *În dulcele stil clasic* ("In Sweet Classical Style") ; 1972 - *Cartea de recitire* ("The Re-reading Book" – essays); *Belgradul în cinci prieteni* ("Five Friends in Belgrade"); *Măreţia frigului* ("The Greatness of Cold"); 1978 – *Epica Magna*; 1979 – *Opere imperfecte* ("Imperfect Works"); 1980 – *Carte de citire, carte de iubire* ("Book for Reading, Book for Loving » – essays); 1982 – *Oase plângând* ("Crying Bones"); 1982 – *Noduri şi semne* ("Knots and Signs"); 1982 – *Respirări* ("Breaths" – essays). He was awarded the *Johann Gottfried von Herder International Prize* for poetry in 1975, and was nominated for the Nobel Prize for literature in 1979. In 1982 he won the *Golden Wreath* of

The aim of my research is to record and interpret the metaphorical images of body and self in Nichita Stănescu' poetry from a multiple methodological perspective that associates the approach of rhetoric, image studies (imagology), traditional and cognitive poetics and stylistics.

Keywords
Metaphorical images of body, Nichita Stănescu, poetic vision, rhetoric, imagology

1. THE AIM OF THE PAPER AND THE METHODOLOGY OF RESEARCH

Nichita Stănescu repeatedly mentioned his desire to adopt an outside, distant vantage point for self-contemplation in poetry. I try to offer a case study illustrating the routing processes used by poetic imagination so as to govern and symultaneously organize the self-representation imagery and the poetic expression.

In this respect, I will have in view both the classical *approach of rhetoric to metaphorical expressions* (formal patterns, inventory of self-images) applied by old or modern scholars to the analysis of poetic language[84], and the *cognitive approach to metaphor* proposed by Lakoff and Johnson in the 1980s and intensively developed ever since by a great number of researchers[85]. Whereas the former focus on language surface

---

the *Struga Evenings* in Macedonia, one of the most important poetry festivals in Europe.

84 Fontanier (Pierre), 1997 [1821 ; 1827], *Figurile limbajului*, Bucureşti, Editura Univers; Morier (Henri), 1961, *Dictionnaire de poétique et de rhétorique*, Paris, PUF; Grupul μ, Dubois (Jacques) *e.a.*, 1974, *Retorică generală*, Bucureşti, Univers.

85 Lakoff (George), Johnson (Mark), 1980, *Metaphors We Live by*, Chicago and London, Chicago University Press; Lakoff (George), Turner (Mark), 1989, *More Than Cool Reason – A Field Guide To Poetic Metaphor*, Chicago University Press; Lakoff (George), 1993, "The Contemporary Theory of Metaphor", in Ortony A. (ed.), *Metaphor and*

and furnish a necessary linguistic material for any kind of stylistic and poetic analysis / interpretation, the latter attempts to illuminate the deep structure mappings of metaphorical thought that nourish the everyday language and, by extension, the language of poetry. In my opinion, the two perspectives are complementary and no *conceptual metaphorical mapping* could have been discovered without a thorough investigation of the empiric language material containing such intrinsic patterns. In short, this paper will identify and classify *the formal syntactic patterns of metaphorical expressions* in Nichita Stănescu's poetry (rhetorical perspective), will record the *images of the self* (the physical self, the emotional self, the cognitive self - imagological perspective), and will attempt to disclose some of *the metaphorical mappings* that organize the imaginary mental space of the author (cognitive perspective).

Two are the arguments which sustain the reason of such an investigation. In the first place, my research reveals *the presence and the function of metaphor throughout the volumes* of Nichita Stănescu, despite the widespread opinion of the literary critics. For instance, Ștefania Mincu (1991) considers that, gradually, while moving towards a metalinguistic type of poetry, Nichita Stănescu replaces the metaphors by metonymies. Similarly, Cristian Moraru (1985, 1988) considers that a metaphorical type of poetics is to be found only in Stănescu's first three volumes, whereas Corin Braga (1993) subdivides the creation of the author into tree stages: a metaphorical one (the first three volumes), a symbolic and visionary one (starting with *11*

Thought (2nd edition), Cambridge, Cambridge University Press (1st edition 1979), pp. 202-251 ; Lakoff (George), Johnson (Mark), 1999, *Philosophy in the Flesh: the Embodied Mind and its Challenge to Western Thought*, New York, Basic Books; Kövecses (Zoltán), 2000, *Metaphor and Emotion: Language, Culture and Body in Human Feeling*, Cambridge, Cambridge University Press; Stockwell (Peter), 2002, *Cognitive Poetics. An Introduction*, London, Routledge, chapter 8 "Conceptual metaphor", pp. 105-119; Semino (Elena), 2008, *Metaphor in discourse*, Cambridge, Cambridge University Press.

Elegies) and a metalinguistic one (in *Knots and Signs* and posthumous poems)[86].

Secondly, the present research tries to reveal one of the main characteristics of the poet's manner of self-depiction. The obsession *of self-contemplation from an outer vantage point* pervades Stănescu's entire creation and generates complex forms of autoscopic vision (which made the object of a different approach in a book of mine)[87]. As a result of this type of Ego positioning, the poet employs a modern technique of fragmented self-presentation. The body loses its wholeness and undergoes a process of disintegration into conflicting parts and pieces, similarily the inner self illustrates a permanent cleavage between its cognitive and affective structures, as well as internal endless conflicts between opposite feelings and states of mind: contemplation vs. time crisis; appetite for reality vs. appetite for abstractions; metaphysical vs. anti-metaphysical orientation, etc. The Romanian literary critics noticed the poet's predilection for the anatomic imagery (Nicolae Manolescu, 1984), the strange presentation of the corporeal structures (Cristian Moraru, 1985), the identity crisis (Eugen Simion, 1978), the metamorphic self (Valeriu Cristea, 1970; Fănuș Băileșteanu, 1978; Ion Pop, 1980), the physical, metaphysical and anti-metaphysical dimensions of his poetry (Corin Braga, 1993) etc.[88]Nonetheless, there is still no detailed analysis of a

---

[86] Mincu (Ştefania), 1991, *Nichita Stănescu între poesis şi poiein,* Bucureşti, Editura Eminescu; Moraru (Cristian), 1985, *Ceremonia textului. Poeţi români din secolul XX,* Bucureşti, Editura Eminescu, pp. 200-228; Moraru (Cristian), 1988, "Nichita Stănescu – Sistemul poetic", postfață la vol. Poezii, București, Minerva, pp. 331-376; Braga (Corin), 1993, *Nichita Stănescu. Orizontul imaginar,* Sibiu, Imago.

[87] Chelaru-Murăruş (Oana), 2000, *Nichita Stănescu – Subiectivitatea lirică. Poetica enunţării,* Bucureşti, Univers, Colecţia Excellens.

[88] Manolescu (Nicolae), 1984, "Daimonul meu vine de departe", in *Album memorial,* București, Viața românescă, pp. 330-331; Moraru (Cristian), 1985, *Ceremonia textului. Poeţi români din secolul XX,* Bucureşti, Editura Eminescu, pp. 200-228 ; Simion (Eugen), 1978, ch. "Poezia poeziei. Criza de identitate. Un poet al transparenţei, Nichita

comprehensive inventory of the metaphorical images of the physical, emotional and cognitive selves in Nichita Stănescu's poetry. Hundreds of metaphorical self-images, fragments bearing the "fingerprints" of the poet, form a sort of mosaic or, even, puzzle, out of which the researcher can hope to recompose his ultimate identity.

2. THE SELF – A COGNITIVE LINGUISTIC PERSPECTIVE

The literature devoted to the notion of *Self* exceeds the limits and the scope of my paper, given the complexity of the topic and the points of view of various disciplines (philosophy, psychology, psychiatry, religion).

For the purpose of this study, I find it appropriate to make reference to the work of cognitive linguists who demonstrated that metaphor is essential to the understanding of human abstract thinking. With regard to the topic of my research, I have in view especially a lecture of Lakoff on "Multiple Selves: the Metaphorical Models of the Self Inherent in our Conceptual System", delivered a few years before the impression of Lakoff and Johnson's book, *Philosophy in the Flesh: the Embodied Mind and its Challenge to Western Thought*[89] in which they further developed their theory on conceptual metaphor.

Stănescu", in vol. *Scriitori români de azi,* vol. I, ediţia a II-a, revăzută şi completată, Bucureşti, Cartea Românească, pp. 164-188 ; Cristea (Valeriu), 1970, "Sinele fugar", in vol. *Interpretări critice,* București, Cartea românescă, pp. 82-87; Băileşteanu (Fănuş), 1978, "Jocul sinelui", in *Convorbiri literare,* n° 10; Pop (Ion), 1980, *Nichita Stănescu – spaţiul şi măştile poeziei,* Bucureşti, Albatros; Braga (Corin), 1993, *Nichita Stănescu. Orizontul imaginar,* Sibiu, Imago.

[89] Lakoff (George), 1992, *"Multiple Selves: the Metaphorical Models of the Self Inherent in our Conceptual System"*. A Conference of the Mellon Colloquium on the Self on the Emory Cognition Project, Emory University Atlanta, Georgia May 1-2, 1992; Lakoff (George), Johnson

In his 1992 lecture, Lakoff presents the Folk Theory of the Dualistic Person, and launches the idea that the ordinary language incorporates several unconscious metaphorical schemes for conceptualizing the personal identity, which prove to be very different from the widespread conception of the self as essential, unitary, coherent, and unchanging. They all point to the existence of a nonphysical locus of consciousness, separate from the body[90]. In our mental metaphorical representations, the Person appears as split between a *Subject* (the centre of consciousness, will and judgment) and several *Selves* (body, beliefs, passions, memories, plans, social roles etc.). This theory will be revisited and augmented by Lakoff and Johnson in their book, *Philosophy in the Flesh*:

> It is not a trivial fact that every metaphor we have for our inner life is a special case of a single general schema. This schema reveals not only something deep about our conceptual systems, but also something deep about our inner experience, mainly that we experience ourselves as split[91].

There are many variants of the general metaphor illustrating the imaginary relationship between Subject and Selves in terms of (1) manipulating objects, (2) location, (3) social relations, or (4) empathic projection. In 1992, Lakkof proposed several such models which he briefly exposed in his lecture: I. **Location models**: 1. The Projectible Subject (Location); 2. The Separable Subject Model: (a) The Container Models; (b) The Vertical Model; 3. The Scattered Self; II. **Possession models**: 1. Projectible subject (Possession); 2. Loss of Self. Lakoff concisely explains them as follows:

> In all of the above models, a person is portrayed as having normal consciousness and being in normal control when the

(Mark), 1999, *Philosophy in the Flesh: the Embodied Mind and its Challenge to Western Thought*, New York, Basic Books.

[90] Lakoff (George), 1992, pp. 3-4.

[91] Lakoff (George), Johnson (Mark), 1999, p. 269.

> Subject is located with the Self and as having nonnormal consciousness and control when the Subject moves away from the Self. There is another set of models where the same happens with a slight modification. In these models, the normal state of consciousness and control again occurs when Subject and Self are located in the same place, but the difference is that the Self is seen as an object in the possession of the Subject. Again nonnormal consciousness and control occurs when Subject and Self are separated, but in the possession cases separation is conceptualized as a "loss" of Self by the Subject[92].

The language material also reveals a conceptual distinction between the essence of a person (belonging to the "I") and the multitude of selves. Only the *true or real Self* is believed to be compatible with one's essence, provides us with the feeling that we are unique, and is always conceptualized as a person, whereas the *fake Self* is metaphorically viewed as a person or as a container behind which the first Self can temporarily hide[93].

By the end of his analysis, Lakoff underlines the intimate relationship between the intuitive metaphorical representation of Self in language and the corresponding concepts in philosophy and religion:

> We think using the conceptual system we have. That conceptual system has within it a set of incompatible models of a Dualistic Person, split between Subject and Self. It is almost inevitable that we will think about what a person is using the models we have. And it is equally inevitable that consciously constructed philosophical and religious models reflect our unconscious models. […] But as long as our conceptual system and our language have such models in them, we are going to think using those models. And since conceptual systems don't change all that quickly, these metaphorical models will be with us for a very long time[94].

---

92 Lakoff (George), 1992, p. 15.

93 Lakoff (George), Johnson (Mark), 1999, p. 282.

94 Lakoff (George), 1992, pp. 24-25.

In my opinion, the above presented overview on the cognitive metaphors of Subject and Self turns out to be of real help for the understanding of Nichita Stănescu's poetry. As I have already mentioned, the key characteristic of his poetics arises from the poet's desire to contemplate his Self from an external vantage point, in other words, from the split of the person into a subject of contemplation (as the centre of consciousness) and several selves as objects of contemplation (the bodily self, the emotional self, the cognitive self). The poet's eagerness to contemplate his body and his inner structures from an outside perspective expresses the irrepressible impulse to transcend the limits of his being. At the same time, Stănescu's preference for seeing / watching, the cardinal sense in his poetry, is governed by the general conceptual metaphor signaled out by Lakoff and Johnson in 1980: KNOWING IS SEEING[95].

3. THE SYNTACTIC PATTERNS OF METAPHORICAL EXPRESSIONS

This section of my paper is devoted to the rhetorical analysis of the metaphorical expressions referring to body and self, used by Nichita Stănescu in his entire creation. This inventory is intended to offer a general overview on the importance of this figure of speech in Stănescu's poetic language, to certify its constant presence despite the widespread opinion that metaphor was progressively given up by the poet, and to underline his original contribution to the development of the formal metaphorical patterns as compared to his predecessors[96].

---

[95] Lakoff (George), Johnson (Mark), 1980, *Metaphors We Live by*, Chicago and London, Chicago University Press.

[96] For the analysis of the Romanian poetic language of interwar period, see Mancaş Mihalea, 1991, *Limbajul artistic românesc în secolul XX*, Bucureşti, Editura Ştiinţifică.

The important Romanian interwar poets, such as Tudor Arghezi, Lucian Blaga, Ion Barbu, George Bacovia, created innovative nominal patterns for *in presentia* metaphorical expressions (***A is B; BA** genitive **; A preposition (de) B; A, (namely) B***), as well as for *in absentia* ones, and, most substantially, developed *la* **métaphore filée *(M. Riffaterre) with a textual extension.***

As a general remark, I should observe that all the syntactic patterns of the metaphorical expressions employed by the previous generation of poets appear in Stănescu's poetry, even in his first volume published in 1960, which is surprising after the cultural hiatus of the proletcultist period imposed by the communist regime[97].

1. As regards ***in presentia nominal metaphorical expressions***, Nichita Stănescu shows preference for the syntactic pattern ***A is B***, where *B is a simple term*, as in the following examples:

> Ascult ceea ce se-aude sus, ce se-aude jos, / *sunt*, tot, *un timpan armonios*. (*De-a sufletul*, DLT, OC I 116); Desigur, eu *sunt* un *cuvânt* / adormit la tine pe limbă. (*Andru plângând,* Alfa, OC I 220); Ce *tobă* mi-*e* toată respirarea ! (*Autoportret cu Coriolan*, FUI, 437).

or *a complex term,* sometimes a metaphorical expression in itself, disclosing a conceptual metaphor in the underground:

> Orbita ochiului meu e *un laţ / c-un spânzurat în el* (*Cântec*, UPNR, 728) [EYE ORBIT IS A STRING ; SEEING IS KILLING] ; Eu *sunt [...] pământul / vorbirii* cuiva (*Steaua scrisă*, IDSC, OPH II 43) [SELF IS A WORD ; SPEECH IS A SOLID] ; Eu *sunt* [...] un fel de *targă de carne* (*Destăinuiri către Apollo*, O impf, OC II 217).

[97] In the 1950s, until 1960, the important interwar Romanian poets had been forbidden by censorship.

Often, the *B term is synonymically multiplied,* as in the next example speaking of the poet's body *vitrification* that takes place in the process of verbal creation (when he borrows the transparency of words)[98]:

> Eu sunt *o fereastră*, / *un geam*, *un loc liber* / prin care cineva îl vede pe altineva. (*Gratia*, O impf, OPH II 591).

On the contrary, the poet resorts to *long enumerations of B terms* in order to describe the endless process of metamorphosis in which the self is engaged:

> *Sunt*[99] *pasăre cu patru aripi*, / *cămila fără cocoaşă*, / *cer cu doi sori*, / şi *nor* care plouă pe mare / *Corabie scufundată în aer*, / *fluture* înţepat de o privire / şi frumos ca şi cum aş fi mort. (*Metamorfozele* XVIII, EM, OC II 144).

A characteristic of Stănescu's manner of constructig this type of metaphorical sequence consists in using *the verb TO BE in a variety of moods and tenses* (past or future). Whereas ***A is B pattern*** creates a perfect semantic equivalence between the two terms due to the performative value of the verb *to be* in the present tense, the use of imperfect tense (expressing past actions in the process, but also imaginary projections), of future tense, of conditional mood – present or past, gives birth to unexpected games of the poetic imagination, as well as to a relativization of the newly created fictional world (a world that is not presented as a certitude, but as a mere possibility or vituality):

> IMPERFECT INDICATIVE: [...] *Eram un sfânt de cal nepământean* (*Cântec*, OS, OPH I 391) ; Durerea mea *era*

[98] See Braga (Corin), 1993, *Nichita Stănescu. Orizontul imaginar*, Sibiu, Imago for the extended comments on vitrification, p. 118 *sqq*.

[99] In Romanian, functions the PRO-drop rule, namely the drop of the personal pronoun in subject position (the A term implied in the metaphorical relationship in this case).

un principat, / o *ţară putredă, nevorbitoare* (*N6*, NS, OC II 244) ;
FUTURE INDICATIVE: Deci *voi sta* [...] *pilotul / vidului şi al făpturii*. (*Deci voi sta*, NE, OC I 380) ;
PRESENT CONDITIONAL: [...] timpanul *mi-ar sta femeie / gravid* numai de idee (*Cântec de scos apa din urechi*, III, LP, OC I 333) ;
PERFECT CONDITIONAL: *Ar fi trebuit să fiu un romb* subţire, / dar n-am fost, n-am fost aşa. (*Despărţirea de o vârstă / Cântec*, DLT, OC I 151).

The frequent use of the *verbs of becoming* (*a deveni / to become, a se face / to turn into, a se preface / to turn into, a se transforma / to be transformed into, a trece / to pass*) as kernel of this type of sequence underlines the dynamic side of the metaphorical process. The bodily and the emotional selfs are contemplated while changing, during the very process of metamorphosis:

> Trupul meu tot *deveni o cheie de fier*, / Doamne, pentru o uşă uriaşă / la al cărei lacăt nu am cum să ajung, / decât numai dacă mă ridici în braţe. (*Cheile*, O impf, OC II 218-219) ; Simt cum *se face fuior / de abur* mâna mea scriitoare (*Vietate*, O ips, OC II 319) ; Aşteptarea mea *se transformase în bitum* (*Toamna primăverii*, FUI, 104) ; Chiar trupul meu de atunci [...] / *trecea neliniştit în gând*. (*Invocare*, DLT, OC I 150).

Other constructions employ the verb *a se simţi* (to feel like being) as a synonym for *to be*, or the verb *a rămâne* (to remain) in order to link the poles of the metaphoric expression:

> *Mă simt un cântec* confundabil / cu orice cuvânt (*Autoportret cu pene*, AM, OC II 286) ; *Rămân* ce-am fost, *un tron de rege* / din care ai plecat de mult. (*Estompare*, IDSC, OC II 36-37).

Mention should be made of Stănescu's lexical creations, the compound words with a metaphorical connotation: *ochi-timpan* (*E10*, 11E,OC I 197); *papilă-mirositoare* (*E10*, 11E, OC I 197);

coasta-colivie (*Un pământ numit România*, UPNR, OC I 419); *frunză-privire* (RV, OC I 242) ş.a.[100] which can be considered a poetic equivalent of the above discussed pattern (***A is B***). They serve to metaphorize the parts of the body so as to suggest the integration of human senses into a superior form of cognition.

2. The second syntactic pattern of ***in presentia nominal metaphorical expressions*** related to self is ***BA****genitive*. Well illustrated by the Romanian interwar poets, this pattern is constantly used by Nichita Stănescu in his poetry, irrespective of the period of creation. Here is a selection of a few examples in chronological order:

> *bulgării* lucitori ai *umerilor* (*Deodată am auzit plaoia venind*, SI, OC I 96) ; *cortul şuierător al trupului* meu (xxx, DLT, OC I 160) ; *dans* rotund al *stărilor de spirit* (*Cântec*, OVAS, OC I 125) ; *gravitaţia inimii* (E_{11}, 11 E, OC I 200) ; *câmpia singurătății* (*Odă bucuriei*, NE, OC I 367) ; *bolovanul* pătrat al *genunchiului* meu (*O armură*, Alfa, OC I 228) ; *cleştii circumvoluţiunilor* (*Poetul ca şi soldatul*, B_5, OC II 65) ; *zăpada auzului* (*Voci de mulţi oameni*, IDSC, OC II 32) ; *ciocul de barză al inimii* (*Pânza de păianjen de Goya*, MF, OC II 86-87) ; *coroana irisului* albastru (*Semn 18*, NS, OC II 259) ; *aşternuturile fiinţei mele (Scrisori : Întoarce-te la mine, daimon iubit*, O ips, OC II 289), etc.

3. The third type of ***in presentia nominal metaphorical expressions*** (***A preposition (de) B / B preposition (de) A***), a real innovation of the interwar poetry, seems to unexpectedly diminish in Nichita Stănescu's lyrical creation. Whereas the second type captures features mainly related to the physical aspect of a person, the third deals with the composition of several parts of the body:

---

[100] See discussion in Chelaru-Murăruş (Oana), 2000, *Nichita Stănescu – Subiectivitatea lirică. Poetica enunţării*, Bucureşti, Univers, Colecţia Excellens, pp. 184-185.

țărmul strict *de nervi* și *oase* (*Poem*, DLT, OC I 159) ; *urechea* mea *de fier* (*Cântec*, UPNR, OPH I 692) ; *sufletul* meu *de câmp arabil* (*Numărătoarea*, IDSC, OC II 52) ; *ochi de piatră* în *trup de apă* (*Blestemat, ah, ochi de piatră !*, EM, OC II 148-149) ; piscurile *pieptului de bronz* (*Pean*, O impf, OPH II 586) ; Ți-am pregătit un *pat de auricule și ventricule* (*Vietăți*, I, O. ips. OC II 284), etc.

4. The forth type of ***in presentia nominal metaphorical expressions*** (***A, namely B***) is intimately related to the first category (***A is B***), and, therefore, it is abundantly illustrated in the texts under analysis. This pattern is to be found again throughout the poet's work:

> *Sulițe albastre, fără întoarcere* / privirile mi le azvârl, pe amândouă. (*O călărire în zori*, SI, OC I 101) ; *Leoaica tânără*, iubirea (*Leoaică tânără, iubirea*, OVAS, OC I 110) ; Stam la marginea unui *lac negru / cu un singur țărm* - / (osul frunții mele) (*Îndoirea luminii* II, DLT, OC I 169) ; [...] trupul, *ramură fără frunze* (E10, 11 E, OC I 196) ; [...] vertebre, *cranii ratate*, parcurse de singurătatea măduvii (*Axios! Axios!* IV, LP, OC I 325) ; [...] inimă, tu, *zeitate a magneților* ! (*Arta scrisului*, OS, OC I 271-272) ; Dar și eu, *sacră mâncare* / Doamne-n burta dumitale. (*Hrana*, IDSC, OC II 24) ; [...] *dulci pietre în înmuiere* / ochii mei pentru muiere. [...] (*Cântec*, EM, OC II 156-157), etc.

This pattern is sometimes extended by *enumeration of* B_1, B_2, B_3 ...B_n, generating a cascade of metaphorical images, as in the example bellow:

> [...] memoria subțire, elastică, / *praștie* pentru pietre, *gondolă* / înecată în Veneții copilărești, / *dinte* smuls cu sfoara din alveolă [...] (*Depărtarea*, OPH I 599).

5. A novel manner of introducing the metaphoric expression, almost absent in the work of the modernist interwar Romanian poets, is ***the direct address to an interlocutor***. Nichita Stănescu possessed a dialogical type of imagination and many of his poems appealed to characters (fictional mediators of the self), verbal interaction and dramatic scenarios meant to put on stage the contradictions and conflicts of the self[101]:

> Du-te, îmi strigă ciocanul, / du-te *idiotule de cui de fier*, / du-te ; / nu vezi că te bat în palma / unui crucificat? (*Ce fel de tren*, B5, OC II 71) ; – *Eşti de pământ, mă roibule*, m-a întrebat. / – Sunt de pământ, mă arbore, i-am zis. (*Acasă*, în *România literară*, n° 51-52, 24 dec. 1997-13 ian 1998, p. 18).

6. ***In absentia nominal metaphorical expressions*** **(*B replaces A*)** imply complex inferential mechanisms leading beyond the surface of the text to conceptual metaphors like MIND-IN-THE BODY or EMOTION-IN-THE BODY, discussed by Kövecses[102]:

> [...] oare oi mai fi fiind, / de este în fiinţa mea *jar şi fum* ? (*N4*, NS, OC II 243) ; [EMOTION IS FIRE, i.e. Intensity of emotions is high temperature, control of emotions is reducing temperature] ;
> *Război de îngeri albaştri, cu lănci curentate*, / mi *se petrece-n irişi*. (*E3*, 11 E, OC I 181) [EMOTIONS ARE OPPONENTS].

7. As regards the ***adjectival metaphorical expressions*** (or metaphorical epithets), I would restrict myself only to quoting a few examples which are mapped by general conceptual metaphors such as:

> [...] apăsarea *centrifugă* a sentimentelor (*Focul şi gheaţa*, RV, OC I 252) [EMOTIONS ARE FORCES IN A CONTAINER] ; [...] inimă *explodată* (*Moartea fertilă*, OS, OC I 270) [LOSS OF EMOTIONAL CONTROL IS EXPLOSION OF THE CONTAINER] ; [...] arsese ca de napalm geometria intimă, ştiută / numai şi numai şi numai

---

[101] *Idem*, pp. 100-112.

[102] Kövecses (Zoltán), 2000, *Metaphor and Emotion : Language, Culture and Body in Human Feeling*, Cambridge, Cambridge University Press.

> de mine [...] Fără sferă şi fără romb, în mine – *fumegător îmi e chipul*. (*Autoportret în a patra dimensiune*, Alfa, OC I 212) [INTENSE EMOTION IS HIGH TEMPERATURE].

8. The ***verbal metaphorical expressions*** can be, in their turn, governed by such general conceptual metaphors which Nichita Stănescu more or less consciously exploits and adapts for the purposes of his poetic comunication. The use of verbal metaphorical expressions is pretty extended in Stănescu's poetry and infuse a great dynamism into the process of image construction:

> [...] *împing* pe boltă norul / cu bătaia inimii (*Dansul*, OVAS, OC I 129) [EMOTION IS A KINETIC FORCE] ; Gândul *creşte-n cercuri* / *sonorizând* copacii (*Cântec de iarnă*, SI, OC I 98) [THOUGHT IS A KINETIC FORCE] ; Vine *norul* şi *mă şterge* / cu un burete foarte rece (*Estompare*, IDSC, OC II 36-37) [BODILY SELF IS AN OBJECT SEPARATED FROM THE SUBJECT]; Inima mea *vomită iepuri* în goană / mai alergători decât glonţul din spate. (*Zicere*, O impf, OPH II, 558) [INTENSE NEGATIVE EMOTION IS BODILY SICKNESS] ; Eu *am să mă înec zburând* / în înţelesul unui cuvânt (*Temă cu variaţiuni, Partitura VIII*, O ips., OC II 280) [LANGUAGE IS A DANGEROUS FLUID] etc.

Into the same category of metaphorical expressions fall the *deviant verbal constructions,* typical of Nichita Stănescu's style, most of which extend their semantics from bodily sensations and perceptions to external objects. Behind the syntactic / semantic anomaly, we find again conceptual metaphorical mappings such as:

> *Frig* nu mi-e decât *la cuvinte*. (*Existenţă, tu*, UPNR, OC I 407-408) [SPEECH IS A BODY PART] ; *Mi se face toamnă* [...] / *Mi se face iarbă* / *Mi se face capră* / Şi *mi se mai face* / *Noe-n şapte arce* [..]. (*Doină*, MF, OPH II 283) [WORLD IS A BODY PART] ; *Mă dor* [...] *străzile* în timpul nopţii spre ziuă. (*Simt cum*, OS, OPH I 409) [WORLD IS A BODY PART] ; Simt cum *îmi amorţesc*

copacii / şi *păsările* pe cer. (*Simt cum*, OS, OPH I 409) [WORLD IS A BODY PART] ; *Sunt bolnav* nu de cântece, / ci *de ferestre sparte* / *de numărul unu sunt bolnav* [...]. (E_{10}, 11E, OC I 198) [EMOTION IS A PHYSICAL ILLNESS], etc.

For the last three categories present in my taxonomy, I intentionaly abandoned the strictly rhetorical (formal) criteria of analysis, since the metaphorical mechanisms are not explicitly marked and the understanding process requires a deeper investigation of the conceptul level hidden beneath the language surface.

9. La métaphore filée, ***as M. Riffaterre calls it, or*** the text-metaphor, ***was one of the most valuable innovations of the Romanian interwar poetry, especially of Tudor Arghezi. Nichita Stănescu did not particularly excel in creating such isotopic***[103] ***chains of metaphorical expressions, but, nevertheless, he produced a few masterpieces of the genre. One of them is, for example, the small poem*** **Măiastră**[104] ***(*****Wonderbird*****, IDSC, OC II 23) focused on the central image of a wonderbird (a symbol of art) born to the poet's « pregnant » sight. The composition is centered on the contrast between the image of the bird flying into the infinity of space and time and that of the blood-stained eyes of the solitary artist:***

> Am născut o *pasăre* azi-noapte / *pe când întindeam privirea* / *de la unu pân' la sapte* / *contemplând nemărginirea.* // *Din privirea mea gravidă* / ea şi-a scos *clonţul lividă* / şi-*a zburat* fâlf-fâlf departe / pâna dincolo de moarte. // Mi-am lungit *privirea lungă* / *foarte ruptă, sângerândă,* / *foarte*

---

[103] We use the term *isotopy* as being « a convergent repetition of semantic units »; *cf.* the extended definition of the term in Kerbrat-Orecchioni (Catherine), 1976, « Problématique de l'isotopie », in *Linguistique et sémiologie,* Travaux du Centre de Recherches Linguistiques et Sémiologiques de Lyon, 1976, 1, pp. 11-34.

[104] The title is a possible allusion to Constantin ***Brâncuşi's*** famous sculpture ***bearing the same name.***

neagră, pururi blândă, / ocolindă şi plângândă. // Dreaptă, totuşi tremurândă... (IDSC, OC II 23).

The surface of the poem is crossed through by two mingling isotopies (that of the contemplative sight and that of the wonderbird *in statu nascendi*) which concentrate the significance of this tiny *ars poetica*: the thought / emotion of the poet turn into a phantasmic and timeless object, whereas his body remains wounded and hollow. At a deeper conceptual level, the text triggers the general metaphorical mappings: KNOWING (CREATING) IS SEEING and EMOTIONS ARE FORCES IN A CONTAINER, when they are intense, they burst out from the place of origin (the so-called IN / OUT SCHEMA from the BOUNDED REGION MODEL used in creating metaphors of emotions)[105].

4. THE SELF IN THE MIRROR: AN IMAGE-REPERTOIRE AND COGNITIVE METAPHORICAL NETWORKS

In this section of my paper I will try to outline the complex profile of Nichita Stănescu, starting from the analysis of a vast corpus of metaphorical self-images. In the process of fictionalizing the Self, this neomodernist poet, endowed with a tremendous imagination, resorts to a wide range of referents selected from various and strikingly different areas of reality.

The first literary critic who devoted a monograph to Stănescu's poetic work, Ion Pop, already observed his impressive capacity of imaginary self-projection, his restless appetite for metamorphosis[106]. Corin Braga, in his turn,

---

[105] See a full presentation of the metaphorical models for conceptualizing emotions in Pérez Rull (Carmelo), 2001-2002, « The emotional control metaphors », in *Journal of English Studies*, vol. 3, pp. 179-192.

[106] Pop (Ion), 1980, *Nichita Stănescu – spaţiul şi măştile poeziei*, Bucureşti, Albatros.

analyzed the "imaginary horizon" of Stănescu's poetry from the viewpoint of symbolic anthropology and mytology, and identified a number of symbols and imaginary schemes highly relevant to his manner of constructing the fictional world[107]. Unlike the above mentioned literary critics, I propose a linguistic approach to the image-repertoire related to Body and Self based on a detailed registration of such occurences in the poet's work – the only solid textul basis that could allow me to discover possible metaphorical mappings at a cognitive level, and, ultimately, to recompose the imaginary identity of the artist.

4.1 Images of the body

I would start with the general remark that the body plays a dominant role within the self-contemplating process in Nichita Stănescu's poetry. Several cristics noticed his obvious preference for *anatomic images*, as well as the *fragmentariness of corporeal depiction*[108]. For Nichita Stănescu, self-contemplation is fundamentaly an *embodied experience*, therefore the poet records in minute detail the parts and substructures of his body: *flesh, blood, heart* (highly frequent), *bones* (highly frequent), *brain, meninges, nerves, chest, ears, eardrums, skin, eyes* (highly frequent), *face, forehead, nose, temple, chin, throat, tongue, foot, knee, hip, shoulders, ribs, hands, arms, nails, hair* etc., as well as his senses: *sight* and *hearing* (more frequent), *smell, taste* and *touch* (less frequent). Despite its primary role in engaging the existential experience, the human body is often perceived as *fragmented,*

---

[107] Braga (Corin), 1993, *Nichita Stănescu. Orizontul imaginar,* Sibiu, Imago.

[108] Manolescu (Nicolae), 1984, « Daimonul meu vine de departe », in *Album memorial,* București, Viața românească, pp. 330-331; Chelaru-Murăruş (Oana), 2007, *Stereotipie şi expresivitate – de la limba vorbită la textul poetic,* Editura Universităţii din Bucureşti, ch. « Poeta ludens : Nichita Stănescu – registre stilistice şi grefe textuale », pp. 120-157.

decentered or *strange*[109] according to the modernist view of the author. Given the great number of recorded examples, it would be impossible to offer a comprehensive illustration of each and every corporeal element in the list. Therefore, I only choose to identify the most important metaphorical operations that sustain the poet's view on his bodily self.

4.1.1. As regards the ***global perception of the body*** (BODY AS OBJECT superordinate conceptual metaphor), one can easily notice a clear-cut semantic polarization of the metaphorical images. On one hand, the body - an undeniable and ultimate certitude of the human being - is viewed as a solid and time resistent object, made of *stone, earth, metal, osseous* and *mineral matter*[110] (BODY IS A NATURAL ELEMENT subordinate conceptual metaphor). Here are a few examples:

> **a. Stone, earth:** [...] *de piatră* trupul meu şi *de pământ* (*Confirmare*, UPNR, OC I 390) ;
> **b. Iron (key, lock):** Trupul meu tot *deveni o cheie de fier*, / Doamne, pentru o uşă uriaşă [...] (*Cheile*, O impf, OC II 218-219) ; Pe mine când m-ai făcut / *lacăt* la ce poartă m-ai pus, / ce-ai încuiat cu mine / şi de cine?... (*Strigătul şi zăpada*, http://agonia.ro/index.php/poetry/152552) ;
> **c. Coral, pearl, ivory:** [...] *trupul de mărgean* (*Cântec*, OS, OC I 284) ; *Chip de perlă, piept de perlă, / unghii bombate de perlă.* // I-au crescut şi aripi. / Nişte *aripi rigide de perlă.* (*Transformarea în perlă*, O impf, OC II 212-214) ; Mă legăn ca un / elefant / spre cimitirul elefanţilor ! / Nu gând, / ci *fildeş*! (*Autobiografie la Belgrad*, V, O ips, OC II 295).

The same image type appears in the ***depiction of body parts and senses*** (eyes, forehead, chest, knee, bones, hand, ear, eardrum) which are composed of hard materials (*stone, earth, metal*) in the poet's imagination:

---

109 Moraru (Cristian), 1985, *Ceremonia textului. Poeţi români din secolul XX*, Bucureşti, Editura Eminescu, p. 209.

110 See the first comment on the poetics of mineral matter in Mihăilescu (Dan C.), 1978, « O poetică a mineralului », in *Luceafărul*, n° 18.

d. Stone (bolder), earth (shore): mână *de piatră* (*Axis! Axios!* II, LP, OC I 321) ; Dar auzul meu şi ea [inima – n.ns.] sînt doar o bucată, / *un singur bloc de piatră nedespicată.* (*Inima*, DLT, OPH I 178) ; *Pietrificat, auzul* în romburi şi ovale / *ferigă e* în stratul de grafit (*Amintindu-mi*, DLT, OC I 145) ; [...] *dulci pietre în înmuiere* / ochii mei pentru muiere. [...] (*Cântec*, EM, OC II 156-157) ; *bolovanii albaştri / ai ochilor* (xxx, DLT, OC I 160) ; *bolovanul pătrat al genunchiului meu* (*O armură*, Alfa, OC I 228) ; *ţărmul* strict *de nervi* şi *oase* (*Poem*, DLT, OC I 159) ; Stam la marginea unui lac negru / *cu un singur ţărm* - / (*osul frunţii mele*) (*Îndoirea luminii* II, DLT, OC I 169) ; Urechea mea *este un ţărm de mare* (*Cântec de scos apa din urechi*, III, LP, OC I 333) ;
e. Iron, bronze, metal: urechea mea *de fier* (*Cântec*, UPNR, OPH I 692) ; [...] încep *să respir fier* (*Noaptea metalelor*, EM, OPH II 478) ; piscurile *pieptului de bronz* (*Pean*, O impf, OPH II 586) ; [...] pieptul meu *metalic* (*La plecarea daimonului,* O ips, OC II 313).

Even the immaterial *sight* is sometimes metaphorized as a solid object *bumping* into a tree or *cracking* after such an impact:

> [...] şi fiecare privire aruncată / o aud cum *sună* întâlnind / un copac (*Pădure arsă*, SI, OC I 90-91) ; Numai privirea mi-o *sparg* / de lacrima lucrului care plânge (*Confirmare*, UPNR, OC I 390).

4.1.2. On the other hand, the body and its components are perceived as fluid (*water, snow*), transparent (*air, glass*), evanescent (*rainbow, steem*), frail, in other words, unenduring (BODY AS A NATURAL ELEMENT). I would insist on *vitrification,* one of the distinctive imaginary metamorphoses in Nichita Stănescu's poetry, as I have alredy mentioned above (**III. 1.**). In the process of verbal creation, the artist is absorbed by the unsubstantial and transparent nature of words (*a pride of invisible lions,* as he calls them elsewhere), loses the impure, material features of his body, turning into a vitreous medium. As a facilitator of visibility, he makes the world knowable, in accordance with the general conceptual metaphorical framework SEEING IS KNOWING which pervades his poetry, as I remarked before. Here are the recorded images of the fluid, transparent bodily self:

> **a. Water, snow:** Blestemat, ah, ochi de piatră în *trup de apă* / trebuie să-ngheţ ca sa te ţin sub sprânceană (*Blestemat, ah, ochi de piatră !*, EM, OC II 148-149) ; *Eram un fluviu* ce se desface în deltă / *Eram o deltă* cu două braţe (*Focul şi gheaţa*, RV, OC I 254-255) ; *zăpada auzului* (*Voci de mulţi oameni,* IDSC, OC II 32) ;
> **b. Air:** *De aer* eşti, *de aer* sunt (*Spirală albastră, sfâşietoare*, DLT, OC I 158) ;
> **c. Glass:** *sticla* unui *timpan* înclinat (*Cântec*, OPH I 398) ; Eu însumi *eram sticla geamului.* / Şi prin mine privea cineva spre altcineva / şi mă durea toată *fiinţa mea de sticlă transparentă* / de privirea care mă străpungea, / şi nu ştiam cine privea pe cine privea, / prin *durerea transparentă / de sticlă, de geam, a mea.* (*Papirus cu lacune*, O impf, OC II 199 ; cf. *Vitrificare*, B5, OC II 61-62.) ; Clopotele fulgilor cei de zăpadă / mi se lipesc de *trupul meu cel geam / nespart* (*Părere*, ALB, 253) ;
> **d. Rainbow, steam:** Şi privirea-n sus ţâşni, / *curcubeu tăiat în două* (*Leoaică tânără, iubirea*, OVAS, OC I 110); Simt cum *se face fuior / de abur* mâna mea scriitoare (*Vietate*, O ips, OC II 319)[111].

4.1.3. Another series of images referring to body and some of its components, suggestive of the idea of protection / covering / separating from the external world / transportation of the inner self (*tent, wagon cover, castle, temple, wall, cage, shell / peel* or even *bell, stretcher, sailing vessel, helicopter*), can be linked to a hierarchical set of conceptual metaphors: BODY IS A CONTAINER / A COVER / A BUILDING / A MACHINE[112]:

---

[111] The epithets *frail, delicate,* associated with the *meninges* of the brain, belong to the same category of images, as in the following examples: *fragedă* meninge (*Credo,* SI, 104); *suavă* meninge (*Sete,* IDSC, OC II 43).

[112] See a classification of the conceptual metaphors of the body in Santarpia (Alfonso), Blanchet (Alain), Venturini (Riccardo), Cavallo

a. Tent, wagon cover: Şi-adormi tu, adormi / sub *cortul şuierător al trupului* meu ... (xxx, DLT, OC I 160) ; Dau *coastele să fie coviltire* / zlătarilor, câinilor, felinarelor. (Cântec, UPNR, OPH I 720) ;

b. Castle, temple, wall: *Înălţător castel şi turlă* / trupul acesta a fost făcut / să fie înţelesul legii şi pe pofta / foametei ei de geometrie. (*Smulgerea măştii*, EM, OC II 173) ; [...] ce acută vizibilitate / în lăuntrul inimii mele - / *palat cu patru săli* în care aleargă / cu ţipăt strident, un lanţ de copii (*Cântec*, UPNR, OPH I 739) ; [...] Os mirositor a carne verde / şi *coloană la un templu* (Os, UPNR, OPH I 719) ; *zidul coastelor, - / clar.* (*Armonizare*, NE, OPH I 642) ; Întoarce-te la mine, daimon iubit / ţi-am pregătit toate *aşternuturile fiinţei mele*, / toate *zidurile clădirii mele*, / am deschis toate *ferestrele mele.* (*Scrisori*, O. ips., OC II 289-290);

c. Cage: *coasta-colivie* (*Un pământ numit România*, UPNR, OC I 419) ;

d. Shell / peel: *coaja de piele* de oase / a fiinţei mele (*Confesiune*, ALB 84, 261) ;

e. Bell: *clopotul trupului* de muşchi şi sânge (*Confirmare*, UPNR, OC I 390);

f. Stretcher: Eu sunt un *mijloc de transport* / un fel de *targă de carne* (*Destăinuiri către Apollo*, O impf, OC II 217) ;

g. Sailing vessel, mast: *corabia de carne* (*Despre starea de zbatere*, MF, OC II 90) ; [...] *mândru catarg al mirosurilor*, nasul (*Copil buimac*, IDSC, 19) ;

h. Helicopter: Omoplatul se face / *pală subţire de helicopter* (*Continuitate*, OVAS, OC I 108).

4.1.4. A metaphoric schema (shaped on **A is B** syntactic pattern), characteristic of Stănescu's artistic view on his physical entity, equates **(a)** the Subject (as centre of consciousness) with a component of his body (*I am an eye, I am a*

(Michele), Raynaud (S.), 2006, « La catégorisation des métaphores conceptuelles du corps / Categorization of conceptual metaphors of the body », in *Annales Médico Psychologiques* n° 164, 2006, pp. 476–485.

melodious eardrum); **(b)** a sense or a part of the body with another sense or part (*nails are ears, the eye is a mouth, the eardrum is the blindman's eye, nostrils are eyes; vertebras are imperfect skulls*). Sometimes the poet integrates two different senses by creating **(c)** novel metaphorical compound words (*eye - eardrum, papilla - smell*) in order to express his discontent with the fragmentation and limitation of the human perceptive abilities:

> **a.** Ascult ceea ce se-aude sus, ce se-aude jos, / *sunt*, tot, *un timpan armonios*. (*De-a sufletul*, DLT, OC I 116) ; Desigur *sunt un ochi*. Dar în orbita cui ? (*Suprafaţă*, Alfa, OC I 218) ; Mă uit în dreapta şi-n stânga, / *cu mine însumi mă uit*, / folosindu-mă ca o privire. (*De-a sufletul*, DLT, OC I 116) ; El era *un singur ochi* peste tot, / *o singură gură* de jur împrejur / *un singur piept* peste tot, / *o singură frunte* de jur împrejur. (*N5*, NS, OC II 244) ;
> **b.** Unghiile mele *sunt urechi*, ele aud pipăitul (*Cântec de scos apa din urechi*, II, LP, OC I 333-334) ; Ochiul meu are dinţi, el *este o gură* (*Înfiinţare*, IDSC, OPH II 88) ; [...] timpanul, *ochiul orbului* (*Lupta ochiului cu privirea*, NE, OC I 350) ; Nările tot *un ochi îmi sînt*, un ochi / pentru o lume mai apropiată (*Lupta ochiului cu privirea*, NE, OC I 350) ; vertebre, *cranii ratate* (*Axios! Axios!* IV, LP, OC I 324-325) ;
> **c.** *ochi - timpan, papilă - mirositoare* (*E10*, 11E, OC I 197).

This *unusual anatomic display* expresses a striking modernist sense of *body fragmentariness*: its parts are not only described / metaphorized one by one, as happens in many other situations, but are viewed as *interchangable,* ***in the cubistic manner of*** Picasso or Braque. Within the general arrangement of elements, the *eye is cast in the leading role* due to its superior cognitive power[113], triggering once more the general conceptual metaphor KNOWING IS SEEING.

---

[113] The importance of visual perception of the world in Nichita Stănescu's poetry was first commented by Simion (Eugen), 1978, ch. « Poezia poeziei. Criza de identitate. Un poet al transparenţei, Nichita

The image contrast of the strange "scattered" body is sometimes increased by the use of fanciful colours (chromatic epithets) in a free and arbitrary way that bears the impress of Expressionism. The bones are *phosphorescent*, the forehead bone and the heart are *black*, the flesh is *green*, the brain takes the *blue* colour, the adolescent body seems *pale purple* "like a reed", the hair turns into *black grass*, in accordance with the poet's state of mind:

> O, voi, *fosforescentelor* oase! (*Visul unei nopţi de iarnă*, OVAS, OC I 112) ; osul *negru* al frunţii (*Îndoirea luminii*, DLT, OC I 169) ; [...] Os mirositor a carne *verde* (Os, UPNR, OPH I 719) ; creierul *albastru*, hitit (*Armonizare*, NE, OPH I 642) ; [...] trupul meu de odinioară de adolescent / *mov* ca trestia, acum gras şi puţind de cuvinte (*Falstaff sau evitarea unui mit*, EM, OC II 183) ; inima mea, [era] *un negru soare* (*N6*, NS, OC II 244) ; părul lui *iarbă neagră era*. (*Tocirea*, O impf, OC II 204).

4.1.5. Besides the imaginary hypertrophy of certain body parts / senses (especially eyes) discussed above (**IV, 1.4. a**), Stănescu's poetry dispays another specific metaphorical schema, namely the *proliferation of body parts* which could call to mind the representations of deity in several cultures. However, in Stănescu's poetry, there are even explicit metaphors expressing the *deification of the self*, such as the following:

> Zeul nu te crede niciodată când *eşti zeu* (*Cântec*, OS, OC I 279) ; Precis că *sunt zeu*. (*N4*, NS, OC II 243) ; *Mă înzeiam, mă înzeiam* / nu mai muream, nu mai muream [...] (*N11*, NS, OC II 249).

The Subject imagines himself as having *proliferating hands and eyes* so that to transgress the cognitive borders imposed by

---

Stănescu », in vol. *Scriitori români de azi*, vol. I, ediţia a II-a, revăzută şi completată, Bucureşti, Editura Cartea Românească, pp. 164-188.

the current human design. Nevertheless, here we can distinguish between the mere quantitative multiplication of *hands* expressing the desperate human attempt to grasp the essence of reality (by physical contact) and the proliferation of *eyes*, the true gateway to knowledge and abstract thinking, which tends to substitute, in fact, all the other senses (*the eyes of the hands, of the tongue, of the forehead, of the nostrils, of the hips* etc.):

> **a. Hands:** Întind o mînă, care-n loc de degete / *are cinci mîini, / care-n loc de degete / au cinci mîini, care în loc de degete / au cinci mîini.* (*E7*, 11 E, OC I 188) ;
> **b. Eyes:** [...] unul cîte unul / *ochii din frunte, din tâmplă, din degete / mi se deschid.* (*E3*, 11 E, OC I 181) ; [...] *ochii mâinii* văd numai îmbrăţişând. (*Lupta ochiului cu privirea*, NE, OC I 350) ; [...] tăcuta limbă – *ochi gustând* (*Lupta ochiului cu privirea*, NE, OC I 350) ; [...] *ochii din nări* şi din *degete, / ochii groşi din călcâie* / precum şi *ochii* / pe care-i eliminăm tot timpul din noi / sub ciudata înfăţişare a cuvintelor / şi a strigătelor. (*Contemplarea lumii din afara ei*, I, EM, OC II 160-161).

The *fragmentation*, the *multiplication* of body parts and senses, the *replacing* of one corporeal element by another, all these are imaginary operations that may be related to the unconscious metaphorical models we use for conceptualizing our split identity, as Lakoff (1992) and Lakoff and Johnson (1999) proved. While the conceptual metaphors hidden behind the surface of everyday language reveal a dualistic model of the person (Subject vs. Selves), Nichita Stănescu goes much farther in imagining a split, non-unitary and even arbitrarily recomposed body. Moreover, some *parts of the body*, like the eyes, *are metaphorically treated as autonomous elements*, separated from the main container (BODY AS CONTAINER), having a dynamics of their own (*upwards / downwards, forward / backward*):

Ochiul meu *sticleşte-n turnul primăriei* (*Orologiu cu statui*, OS, OC I 284) ; Alergam atât de repede încât / *mi-a rămas un ochi în urmă* / care singur m-a văzut / cum mă subţiam [...] (*Finish*, EM, OC II 128) ; Stăteam pe tron, coroana îmi căzuse, / iar *ochii îmi căzuseră pe jos* (*Înainte de intrarea pe teren*, AM, 390) ; Chipul meu gânditor îmi *cădea*, / în dreapta sub şold sub curea / *sabie grea mi-atârna* (*Autoportret în mişcare*, AM 59).

4.1.6 A large array of poetic images describe the endless physical torments and the process of body destruction: *body bluntness, burning, corporeal explosion, torture by wheel, torture by chisel, splitting, beheading, hanging, devoration.* They can be subdivided into two categories, having in view the cause of the injury:

(a) The first three express the degradation of the human body due to natural causes and are goverened by the conceptual metaphors TIME IS A CHANGER and BODY IS AN OBJECT. The degradation may be continuos but slow, therefore takes the metaphorical expression of *bluntness* which applies usually to physical objects made of frail or hard materials. *Burning* and *explosion* are violent forms of destruction of the body-container and they can be associated with the conceptual metaphors of emotions, according to Z. Kővecses[114]: EMOTIONS ARE FORCES, EMOTIONS ARE ENTITIES UNDER PRESSURE IN A CONTAINER and INTENSE EMOTIONS ARE HIGH TEMPERATURE, in consequence a growth in emotion intensity will lead to the explosion of the container:

a_1. **Bluntness:** *S-au tocit* sandaua, *talpa, osul* (*Peisaj cu bătrâni*, Alfa, OC I 201-213) ; Soldatul mărşăluia, mărşăluia, / mărşăluia / până când / până la genunchi / piciorul / *i se tocea, i se tocea* / *i se tocea* (*Tocirea*, O impf, OC II 204) ;

[114] Kövecses (Zoltán), 2000, *Metaphor and Emotion: Language, Culture and Body in Human Feeling*, Cambridge, Cambridge University Press.

a$_2$. Burning: [...] *arsese* ca de napalm *geometria intimă*, ştiută / numai şi numai şi numai de mine [...] Fără sferă şi fără romb, în mine – *fumegător îmi e chipul*. (*Autoportrt în a patra dimensiune*, Alfa, OC I 212) ; [...] oare oi mai fi fiind, / de este în fiinţa mea *jar şi fum* (*N4*, NS, OC II 243) ;
a$_3$. Explosion: inimă *explodată* (*Moartea fertilă*, OS, OC I 270) ; [...] bătăile inimii [...] *se umflă şi explodează*, rând pe rând. (*Peisaj cu bătrâni*, Alfa, OC I 212-213) ; [...] tâmpla [începu – n.ns.] / să sculpteze în *placa* ei / *basorelieful unei explozii* (*Antimaterii învinse*, UPNR, OC I 389).

(b) Many of the texts belonging to the late period of Stănescu's creation are impregnated with his obsession with death and describe the unexplainable physical torments caused by an anonymous agent. This shocking image-repertoire of violent acts inflicted on the bodily self (*torture by wheel, torture by chisel, splitting, beheading, hanging, devoration*), as well as the conflictive relationship with Alterity (non-self), express a tragic sense of life, reflected in the conceptual metaphors LIFE IS A TORTURE (quite usual in everyday speech) and SELF IS A VICTIM:

b$_1$. Torture by wheel: *Roata îi rupe carnea* / şi carnea nu i se mai sfârşeşte ! / *Roata îi rupe osul* / şi osul nu i se mai sfârşeşete ! / *Roata îi rupe sângele* / şi sângele nu i se mai sfârşeşete, / împărate ! (*N2*, NS, OC II 240-242) ;
b$_2$. Torture by chisel: Când m-am trezit din somn, / *cu dalta îmi cioplea genunchiul* / o durere rotunjită, sferică şi foarte mare. / *O altă daltă îmi cioplea / tot începutul* / ca pe o umbră mult mai mare. / Ce faceţi voi cu mine cioplitori? / eu am răcnit *în sângerare*. (*N25*, NS, OC II 257-258) ;
b$_3$. Splitting: [...] Am început să merg pe muchia cuţitului lucios [al lunii – n.ns.], / cu tălpile goale, când, / *talpă de talpă la două picioare / într-însul se tăiau sângeros,* / mergeam pe cuţitul prelung şi întins, / piciorul meu drept mi *se despica* lent, / piciorul meu stâng mi *se despica* lent, / înaintam, şi pântecul şi sternul şi beregata / mi *se despicau* în două lent pe tăiş [...] (*N30*, NS, 262-263) ;
b$_4$. Beheading: [...] se zbate trupul meu uriaş, *decapitat*, / *lăsându-şi pe cer capul fugitiv* (*Despre starea de zbatere*,

MF, OC II 90) ; [...] *capul cel retezat* / Îmi cădea nencoronat (*Orația de nuntă*, FUI, 391) ;

b_5. **Hanging:** Eram *un spânzurat de al luminii ram* (*Oglinda*, AM, 440) ;

b_6. **Devoration (swallowing, digestion):** Nu mă lăsați singur și pradă [...] *gurii imense pe a cărei limbă de piatră / mă aflu.* (*Căderea oamenilor pe pământ*, Alfa, OC I 211) ; Îl vedeam pe nenăscutul de mine / întins pe dulceața de bronz a glonțului / *încoronat cu zarzavat / gătit și fiert / și de mâncare.* (*Vedere*, O impf, OC II 226) ; Când *zeul mănghite* [...] parte chiar din carne-i am să-i fiu / damf și chiar idee, o fărâmă. (*Deci voi sta*, NE, OC I 379-380) ; Ah, dar amplă limba ta, / ce pat dulce, ce saltea ! / Dar și eu, *sacră mâncare / Doamne-n burta dumitale.* (*Hrana*, IDSC, OC II 24) ; Mă destrămam în țesătura unui *păianjen / uriaș și strălucitor.* (*Cu ochii roșii căutând o lege*, O impf, OC II 205).

I would like to underline the recurrence of the *devoration scheme* throughout Nichita Stănescu's work: the verbal agent of the poetry is often metaphorized as a passive entity swallowed and digested by an unknown superior who is in charge of the speech mechanisms (« Mai marele peste vorbire »). All these poetic images referring to the Subject's verbal transmutation correspond to the conceptual metaphor SELF IS (BECOMES) A WORD (on smbd's else tongue), explicitly formulated in the following example: Desigur, *eu sunt* un *cuvânt / adormit la tine pe limbă.* (*Andru plângând,* Alfa, OC I 220);

4.1.7. *Animal metaphors* of the human body are very frequent in many languages (BODY AS ANIMAL), and, since they are part of our conceptual system, it is only natural to appear also in poetry. Such is the case of Nichita Stănescu who identifies the body with a wide range of animals (see in this respect *Metamorfozele* XVIII, EM, OC II 144) among which I should mention, in an appropriate order of frequence and importance, the energetic *horse* (partner and *alter ego*), various *birds* (among which the *eagle* plays a leading part, as well as the *egg* metaphor), the *dog* (the God's dog), *wolf, rabbit, stag* (stag's horns), *snake, shark, feline.* I am not interested here in speculating on the peculiar significance of each and every element of the source domain (most literary critics have already done that), but rather in analyzing the structuring mechanisms of the metaphorical expressions. Besides the basic pattern BODY is X ANIMAL, the poet uses inventive means of triggering the metaphorical significance, such as state and action verbs, verbs of perception, verbs of saying, various moods and tenses whose role consists in infusing dynamism into the traditional imagery and, sometimes, a relative perspective on things: *I move into a... ; I live in a... ; I turn myself into a ... ; I am inhabited by ... ; I was doomed to be a ... ; I was perceived to be a... ; People said I was a...* etc. Moreover, the referents from the source domain are sometimes entirely fictional: *a heavenly horse*, an *earth-horse*, a *horselike man* etc. Here is a limited selection of examples from an extensive corpus:

> **a. Horse:** [...] *Eram un sfânt de cal nepământean* (*Cântec*, OS, OPH I 391) ; *Calul inimii* (*Panta rhei*, UPNR, OC I 412) ; Inima, plosniţă, *iapă,* hetairă (*Lupta inimii cu sângele* IV, NE, OC I 352) ; Cum să m-arăt în trup [...] *armăsar* păscând câmpii asire ? (*Cum să mă-nşurubez în aer ?*, IDSC, OPH II, 80) ; Eu *sunt un om de cal* (*Un om de cal*, EM, OC II 188) ; Unii ziceau că trebuie *să fi fost cal* / pentru că ei l-au zărit *a fi fiind cal.* (*Autoportret*, Oips, OC II 280-281) ; – *Eşti de pământ, mă roibule*, m-a întrebat. / – Sunt de pământ, mă arbore, i-am zis. (*Acasă*, în *România literară*, n° 51-52, 24 dec. 1997-13 ian 1998, p. 18) ;
>
> **b. Birds:**
>
> **b$_1$. Eagle:** Pe şoseaua mare / sta un om / în *vulturare.* (*S_{13}*, NS, OPH II 688) ; Văd un vultur marin, /dar *poate / că eu sunt / Văzut de el, - / poate că el vede un vulture marin.* (*N_{13}*, NS, OC II 250-251) ; [...] eu *sunt singurul vultur* / căruia i s-a cusut la loc / capul, după / retezare (*Autoportret*, ALB, 43) ; Oho, am mai zis, în timp ce *vultur eram* şi pluteam, / adio, pădure. (*Dialog*, FUI, 103) ;
>
> **b$_2$. Egg:** Auzeam ploaia plound, / *ou*, mi-am zis, *voi fi în curând,* / Speriind vulturoaica de pe mine / şi zburând-o. (*Ou spart*, EM, OPH II 380) ;

> **b_3. Aigrette:** Ce îndrăgostit de împărat *am putut să fiu* şi ce *egretă* ! (*Răzgândire*, O impf, OPH II 590) ;
> **b_4. Nightingale:** Eu *locuiesc* într-un *tril de privighetoare* (Ce fel de tren, B5, OC II 71) ;
> **b_5. Storc:** *ciocul de barză al inimii* (*Pânza de păianjen de Goya*, MF, OC II 86-87) ;
> **c. Dog:** El a fost *câinele lui Dumneazeu*. / Nu avea nimic de animal în sine / decât numele său / şi *în burta numelui său pe mine*. (*Câinele lui Dumnezeu*, FUI, 88) ;
> **d. Wolf:** *Mă mut în lup* (*Mutarea în lup*, UPNR, OC I 414) ; Stam trântit şi *prefăcut în lup* [...] *mă dam dus, dormind şi lup* (*S2*, NS, OC II 240) ;
> **e. Rabbit:** Ce greu e să fii tu însuţi / *neverosimil iepure*, împuşcat înainte de a te naşte (*Cântec*, OS, OPH I 433) ; [...] eram în blândeţea unui *iepure oranj*, / calin. (*Tunelul oranj*, NS, OPH II 703) ;
> **f. Snake:** Ca să nu mă sfărm asuprit de mirare, – / de mirarea de a fi / mai întâi *am fost lăsat să fiu şarpe* / cu pielea solzoasă şi gri. (*Metamorfozele*, EM, OC II 138) ;
> **g. Stag:** [...] trupul *cerbos* (E10, 11 E, OC I 196) ; *Setea cerbului* îmi locuieşte beregata (*Neobişnuitul firesc*, O impf, OC II 209) ;
> **h. Shark:** inimă *rechină* (MF, 38) ;
> **i. Feline:** Inimă, tu, *felină pramatie* / pândind peste tot colibri (*Zicere*, LP, OC I 357).

This inventory would not be complete without mentioning the emblematic *pride of transparent lions* which accompany the poet – an implicit metaphorical expression, suggestive of the immaterial and wild nature of the poetic language:

> Am adus cu mine *turma de lei străvezii*. [...] / unul dintre ei şi-a pus *labele străvezii* pe partea stângă / şi pe partea dreaptă a pieptului meu, / cu *limba străvezie* mi-a lins faţa năduşită, / cu *limba străvezie* mi-a lins sternul. (*Pierderea cunoştinţei prin cunoaştere*, IDSC, OC II 15).

Besides the above-analyzed conceptual metaphor (BODY AS ANIMAL), I identified other two operations characteristic of Nichita Stănescu's imaginary world, pointing to the BODY AS CONTAINER and the IN / OUT schemas: **(h)** *the animal attack on / invasion into the body* and **(i)** *the escape of the animals from the* *body*. The animals from the source domain, like *birds* (particularly the *eagle*), *horses, lions, panthers, dolphins* etc., are aggressive or energetic ones. In the second case **(i)**, we deal with a widespread conceptual submapping of emotions (EMOTIONS ARE CAPTIVE ANIMALS, subordinated to the general mapping EMOTIONS ARE FORCES), as Kővecses demonstrated[115]. Whereas in everyday speech intense emotions are perceived as wild animals that burst out of the container, the Romanian poet developed the metaphorical schema by reversing the direction of motion: the emotions-animals go freely in and out of the container depending on their intensity fluctuation and the control exercised by the Subject:

> **h. The animal attack on / invasion into the body:** Deodată aerul urlă… / Îşi scutură *păsările* în spinarea mea / şi *ele mi se înfig în umeri, în şiră, / ocupă totul şi nu mai au unde sta*. (E3, 11 E, OC I 181) ; *Îşi încurcase între coastele mele aripa / un vultur* care credea că el cântă. (*N20*, NS, OC II 254) ; **M-a izbit vulturul prăbuşindu-mi-se pe umăr. *I Clonţul lui mi-a luat aerul din plămâni, / treaz fiind încă, m-am trezit / cu lăuntru meu plin de zburătoarele cerului. [...] Mă sufoc ; penele lui îmi umplu respirarea. / Strein de moartea mea / e vulturul mort.* (Prăbuşirea unui vultur într-un om, *EM, OC II 127)*** ; Venea, se apropia / negru şi luminos / vultur umbros. / *Pe mine se prăbuşea / cu pene mă împăna/* şi mă încălzea / murindu-mă frumos. (*Veche întîmplare*, O impf, OC II 217-18) ; [...] i-ha peste meninge / mereu mi-*aleargă* un *cal*, mereu (*Potcoavă*, IDSC, OPH II 85) ; [...] inima *păscându-*mi, *un cal* se arată (*Frumos eşti calule !*, IDSC, OPH II 91), etc.
>
> **i. The escape of the animals from the body:** Din umerii mei si din întreaga mea putere / ţâşnesc *două pantere*, nemaivăzute pantere, / [...] Din pieptul meu arămiu, / [...] vor ţâşni, mai târziu, / *leii* cu coame flocoase, în friguri [...] / Din coasta, zbătându-se ca o sabie, îşi va arcui în salt

[115] Kövecses (Zoltán), 2000, *Metaphor and Emotion* : *Language, Culture and Body in Human Feeling*, Cambridge, Cambridge University Press.

trupul lucios *delfinul* [...]. / Oh, pe rând, din genunchi, *condorii* vor izbucni în manunchi [...] / şi din gleznă, pâna-ai să te-arăti, femeie, / vor pleca şi animalele celelalte, / lăsându-mi nerăbdarea împodobită cu plante. (*Amfion, constructorul*, OVAS, OC I 113) ; Din văgăuna gâtului tâşneşte / un *stol de păsări ciripitoare şi verzi* (*Despre starea de zbatere*, MF, OC II 90).

4.1.8. While the animal metaphors of the body are numerous and offer a varied selection of referents from the source domain, the vegetal ones (BODY IS A PLANT) are limited in number, since the Romanian poet takes distance from the **clichés** ***of the poetry of nature (be it Romantic, Symbolist or otherwise) and prefers to restrict himself to a few emblematic elements, such as*** **trees** ***(sometimes in an upside-down position),*** **leafs** ***(sometimes blue in colour),*** **grass, fruit, seeds.** ***The manner the poet uses for triggering the metaphorical significance is quite inventive. Besides the well-known syntactic patterns*** (A is B, A remains B, $BA_{genitive}$)***, I noticed the following innovations:*** A has parts or organs of B; Parts of A generate parts of B.

A is B: Stau şi e toamnă şi *sunt frunză* – şi cad pe pământ. (*Evangheliile toamnei*, O impf, OC II 227); *frunză-privire* (RV, OC I 242) ;
A remains B: Eu am rămas un pom singur. (*Necuvintele*, NE, OC I 381-382) ; *Arbor invers am rămas*, rupt din sferă / cu sfera aceasta aidoma, geamănă... (*Arbor invers*, Alfa, OC I 224) ; *Mă dezbrac de scoarţă şi de cercuri / rămân osmotică sevă suind.* (*Fructe înainte de a fi mâncate*, NE, OC I 375) ;
$BA_{genitive}$ *: sălciile arămite de toamnă / ale coastelor ...* (xxx, DLT, OC I 160) ;
A has parts or organs of B: Trăiesc în numele frunzelor, am nervuri, / schimb verdele pe galben şi / mă las pierit de toamnă. / [...] (E7, 11 E, OC I 187) ; *Trăiesc în numele merelor şi am şase sâmburi [...]* (E7, 11 E, OC I 187) ; O, privirea are *sâmburi* (*Panta rhei*, UPNR, OC I 412) ; *Organul numit iarbă mi-a fost păscut de cai* (E10, 11 E, OC I 197) ;

Parts of A generate parts of B: Eu te priveam ore-n şir, până când *privirile mele / dădeau frunze albastre,* / până când vântul mi le smulgea, / ori cădeau ele singure, îngălbenite, / la pământ. (*Portret de adolescentă*, OVAS, OPH I 137).

4.1.9. In contrast with the scarce inventory of vegetal metaphorical expressions, the *reification of the bodily self* (BODY AS INANIMATE OBJECT), illustrated by many examples, is typical of the modernist spirit engaged in experiencing negative feelings and states of mind (*alienation* being only one of them). This is, undoubtly, the ultimate stage of the distancing manner of self contemplation adopted by the poet. The inanimate referents from the source domain are more or less homogenous. Some of them can be grouped into a class of metalic objects and instruments, such as *keys, padlocks, saws, coins, weight measurement stones, nails, swords, spears, arrows* or *railways* (BODY AS INSTRUMENT), which reveal the same preference of the author for hard materials, as I have already discussed under **4.1.1.**:

a. Key, padlock: Trupul meu tot *deveni o cheie de fier* (*Cheile*, O impf, OC II 218-219) ; Pe mine când m-ai făcut / *lacăt* la ce poartă m-ai pus, / ce-ai încuiat cu mine / şi de cine ?... (*Strigătul şi zăpada*, http://agonia.ro/index.php/poetry/152552) ;
b. Saw: [...] devenisem greoi şi mai mult decât atât / chiar greu. / *Fierăstrău de pietre* (*Chemare*, O impf, OC II 219) ;
c. Coin: [...] această inimă străină din mine, / *o las drept plată* între monezi şi trec (*Într-o după-amiază de toamnă*, UPNR, OC I 408) ;
d. A weight measurement stone: Iată-mă, trăiesc şi nu mor, / *unitate de măsură într-o balanţă* / Şi nimeni nu aruncă în celălalt talger nimic (*Invidie*, OS, OC I 279) ;
e. Nail: Du-te, îmi strigă ciocanul, / du-te *idiotule de cui de fier*, / du-te ; / nu vezi că te bat în palma / unui crucificat ? (*Ce fel de tren*, B5, OC II 71) ;
f. Sword: Chipul meu gânditor îmi *cădea*, / în dreapta sub şold sub curea / *sabie grea mi-atârna* (*Autoportret în mişcare*, AM 59) ;

g. Spear: *Sulițe albastre, fără întoarcere / privirile mi le azvârl*, pe amândouă. (*O călărire în zori*, SI, OC I 101) ;
h. Arrow: [...] *săgeata trupului, în sus, /* fiece vârstă-şi încorda, tăind la jumătate / arcul culorilor, supus. (*Mişcare în sus*, OVAS, OPH I 98 ; cf. *Confirmare*, UPNR, OC I 390) ;
i. Railways: Ce fel de tren marfar eşti tu / dacă ți-e trupul meu *şină de carne* ? (*Ce fel de tren*, B5, OC II 71).

The *spear* and *arrow* images (*the spears of the eyes, the arrow of the body*) activate the universal metaphorical schema UPWARDS IS A POSITIVE STATE OF MIND, while the *sword* (*the face is a fallen sword*) is associated with the opposite one, DOWNWARDS IS A NEGATIVE STATE OF MIND, that will be more explicit when I will illustrate the metaphorical expressions that stand for the emotional self.

Other three metaphorical images use source domain referents from the field of furnishing objects, like *bed, throne* or *statue*. The first two are empty containers for the use of somebody else (BODY AS EMPTY CONTAINER), while the third equates the body with the stone statue of a king (BODY AS INANIMATE OBJECT):

j. Bed: Eu sunt locul în care există « sunt » / şi *patul* lui în care doarme. (*Cine sunt eu? Care-i locul meu în cosmos?*, NE, OC I 371) ; Ți-am pregătit un *pat de auricule şi ventricule* (*Vietăți*, I, O. ips. OC II 284) ;
k. Throne: Rămân ce-am fost, un *tron de rege* / din care ai plecat de mult (*Estompare*, IDSC, OC II 36-37) ;
l. Statue: Stam *rege fix, de piatră şi de stea* / ținând cuvântu-n gura mea, / necântător. (*Nod 11*, NS, OC II 249).

Other unpredictable objects metaphorically associated with the human bodily structures are **(m)** *the spindle* (of hearing), **(n)** *the flags* (of the nails), **(o)** *the saxophone* (as footwear), **(p)** *the drum* (of the breath), **(r)** *the crutches* (as bones):

[...] *fusul* de taină-al *auzului* meu (*Depărtarea*, NE, OPH I 599) ; [...] *cinci steaguri strălucitoare*, unghiile (*Poem*, UPNR, OC I 398) ; Îmi *încalț* piciorul într-un *saxofon* (*Ce fel de tren*, B5, OV II 71) ; Ce *tobă* mi-*e* toată respirarea ! (*Autoportret cu Coriolan*, FUI, 437) ; [...] oasele sunt *cârji interioare* (*Câteva generalități asupra vitezei*, LP, OC I 306).

4.1.10. The reification schema is characteristic of the author's modernist view on human condition, since the bodily self is described as an insignificant and unenduring object among other objects. This appears in sharp contrast to another metaphorical topos rooted in the Romantic imaginary, namely the *cosmic representation of the individual body* (BODY AS COSMOS) which belongs to the metaphysical dimension of Nichita Stănescu's poetry[116]. The human gestures *release comets* in the air, the lips *kiss the air*, the heart (the most metaphorized bodily part) *pushes the clouds* or is viewed as a *misterious planet* / as *a black sun*, the *moon replaces the heart* inside the chest etc. Although this type of imagery was considered to be part of the metaphoric poetics of the first three volumes of the author, still impregnated with Neoromantic elements, my selected examples prove that such metaphorical expressions are constantly present in his entire work and that the concept of *cosmos as extended body of the individual* has never been abandoned:

> [...] și fiecare gest pe care-l fac / *cozi de cometă-n aer lasă* (*Pădure arsă*, SI, OC I 90-91) ; [...] *împing* pe boltă norul / cu bătaia inimii (*Dansul*, OVAS, OC I 129) ; Inimă, inimă, *planetă misterioasă*, / pe care mi-ar fi plăcut să trăiesc și să mor. (*Frunzișuri*, DLT, OC I 155) ; *gravitația inimii* (E_{11}, 11 E, OC I 200) ; Suntem doi și singuri / *și-n loc de inimă ne bate luna*. (*Cântec*, UPNR, OC I 404) ; Ah, de *șoldul* meu cel drept și atârnat – *coada de cometă !* (*Răzgândirea*, O impf, OPH II 590) ; Inima mea, [era] *un negru soare* (*N6*, NS, OC II 244).

116 See the approach to the physical, metaphysical and anti-metaphysical dimensions of Nichita Stănescu's poetry in Braga (Corin), *op. cit.*, 1993.

4.1.11. Besides the equivalence of target domanin entities with very concrete source domain referents, Nichita Stănescu shows a visible inclination towards *abstract images*. The ABSTRACT BODY METAPHOR « is a field of meaning in which the body or bodily parts are associated with abstract concepts, characterized by the absence of figurative properties related to natural or biological elements », as Alfonso Santarpia et alii put it[117]. Thus, in Nichita Stănescu's poetry, the human body takes or aspires to take the perfect shape of geometrical figures and bodies - *the circle, the rhombus, the sphere, the cube, the pyramid*, or, on the contrary, the Subject rejects the *point*, a fundamental but zero-dimensional object:

> **j. Circle, rhombus:** Ar fi trebuit să fii *un cerc subțire* / dar n-ai fost, n-ai fost așa. / Ar fi trebuit să fiu *un romb subțire*, / dar n-am fost, n-am fost așa. (*Despărțirea de o vârstă / Cântec*, DLT, OC I 151) ;
> **k. Sphere:** să nu fiu și să fiu o *sferă* (*Stare*, UPNR, OC I 398) ; Aleg o *sferă*. Centrul ei, / îl mut din inimă-n afară [...] (*Alegerea sferei*, UPNR, OPH I 717) ; Acum vom sta *înlăuntrul unui ochi* / văzuţi din toate părţile. / *Sfera* ne va înconjura glorios / deodată, cu hărţile. (*Cântec*, UPNR, OPH I 718) ;
> **l. Cube, pyramide:** *Intrare în cuburi, în piramide* / directă şi simplă şi deodată [...] Turtire până la subţirimea de var, / *pe dinlăuntru de cuburi*, când pier / neclarele inimi, / în *zidul coastelor, – / clar*. (*Armonizare*, NE, OPH I 642) ;
> **m. Point:** Deşi urăsc punctul, Doamne, / locuiesc într-un *punct*. (*Fel de sfârşit*, IDSC, OC II 20).

---

117 Santarpia (Alfonso), Venturini (Riccardo), Blanchet (Alain), Cavallo (Michele), 2010, "Metaphorical conceptualizations of the body in psychopathology and poetry" (Conceitualizações do corpo em psicopatologia e em poesia), in *DELTA* [online]: *Documentação de Estudos em Lingüística Teórica e Aplicada,* vol. 26, n° spe [cited 2014-09-15], pp. 435-451. ISSN 0102-4450. http://dx.doi.org/10.1590/S0102-44502010000300003.

Another set of abstract images engaged in the metaphoric process consists of *the language material itself*. The poetic word is not only an instrument of communication, but becomes an imaginary part of the speaker's body. The definition of the *poetic words as bodily experience* is, most of the times, implicit, since it usually resorts to verbal metaphorical expressions or deviant verbal phrases. For example, the word is viewed as a physical object which is *pushed inside the body*, it *feels cold* as any other body part, it emits an *unpleasant odor*, *can die* etc.

> [...] mi-am împins *cuvântul cu dinţi înapoia ochilor, / înapoia frunţii / înapoia cefei, / mai prejos de creştet, / mai presus de omuşor*, / rupt de foame în diagonală / dovedind astfel că ocup un spaţiu. (*Axis! Axios!* II, LP, OC I 321) ; *Frig* nu mi-e decât *la cuvinte*. (*Existenţă, tu*, UPNR, OC I 407-408) ; Mie mi-e greu, *îmi mor* numai *cuvintele*. (*Cântec*, OS, OPH I 411) ; [...] trupul meu de odinioară de adolescent / [...] acum gras şi *puţind de cuvinte* (*Falstaff sau evitarea unui mit*, EM, OC II 183).

A recurrent metaphorical expression equates the verbal agent of the poetry (the Subject) with the language material itself – a word, a sentence, a song (poem):

> Eu am *să mă înec* zburând / *în înţelesul unui cuvânt* (*Temă cu variaţiuni, Partitura VIII*, O ips., OC II 280) ; *Sunt o frază gravată / pe porţile unei cetăţi moarte* / citită mereu de alţi trecători, / tradusă mereu într-o altă limbă / încă neinventată. (*Pean II*, RV, OC I 234-235) ; *Mă simt un cântec* confundabil / cu orice cuvânt. (*Autoportret cu pene*, AM, OC II 286) ; [...] *eu sunt un cântec* / pe care singur îl cânt. (*Dis-de-dimineaţă*, O ips, OC II 312).

4.2. The images of the emotional and cognitive selves

It is to a certain extent surprising that the metaphorical images of the bodily self dominate by far those of the other components of the poet's subjectivity (the emotinal and cognitive selves), knowing that the poetry is considered the realm of emotion, feeling, sensitivity, par excellence. For Nichita Stănescu, the existential experience is fundamentally an *embodied one,* as my detailed analysis tried to prove in the previous section of this paper. It is worth observing that the Romanian poet deliberately avoided the metaphorical *clichés* in expressing his feelings or a direct and passionate rhetoric. His second volume of poetry, entitled *A Vision of Feelings* (1964), explicitly took distance from such writing practices and made a spectacular change in describing feeelings from an external vantage point. Most of the literary critics observed that the poet's fragmented view on the bodily self equally applies to the depiction of the emotional and cognitive selves: the Subject and his inner structures are separated, consequently the emotions and feelings become objects in their own right, as if they did not stem from a common source.

Although there are a multitude of feelings and states of mind that define Nichita Stănescu's profile as a poet (contemplation vs. empirical orientation, a strong sense of finitude and fragmentariness, vacuum sickness, metaphysical longing for wholeness, solitude, death anxiety, desperate need for verbal communication vs. disappointment in communicational possibilities etc.), only a limited number of them are metaphorized. The Romanian poet usually resorts to other complex discourse strategies in order to convey his emotions, feelings, states of mind or to speak about his inner life[118], compared to the great amount of metaphors which stand for the bodily self. Nevertheless, the metaphors for the emotional and cognitive selves are not absent in his poetry, as

---

[118] For the specific traits of the monologic and dialogic compositions, narration, description, use of symbols, etc. see Chelaru-Murăruş (Oana), 2000, *Nichita Stănescu – Subiectivitatea lirică. Poetica enunţării,* Bucureşti, Editura Univers, Colecţia Excellens; for the analysis of the metalinguistic dimension of the poetry, see Mincu (Marin), 1986, *Eseu despre textul poetic, II,* Bucureşti, Editura Cartea Românească, pp. 211-241 ; Mincu (Ştefania), 1991, *Nichita Stănescu între poesis şi poiein,* Bucureşti, Editura Eminescu ; Dimitriu (Daniel), 1997, *Geneza poemului,* Iaşi, Editura Universităţii din Iaşi.

shown by the following list of terms related to emotions, feelings, states of mind, mental operations, psychological processes: *emotion* (as generic term), *feeling* (as generic term), *love, happiness, longing, dream, purity, sadness, silence, loneliness, impatience, fear, soul, spirit, thought, idea, memory, phantasy, quietness, waiting, wakefulness, pain* etc. I will group the above-mentioned elements under a number of conceptual metaphorical schemas, having in view the theory on emotions developed by Zoltan Kövecses[119].

4.2.1. The universal conceptual schema EMOTIONS ARE FORCES governs many of the metaphorical expressions which attempt to suggest the dynamism of the individual's inner life. In Nichita Stănescu's poetry, emotions and feelings (as generic terms), the soul itself, the thoughts are described as forces which can interact with the natural environment, sometimes changing the face of nature[120]: the heartbeat *pushes a cloud,* the thought *makes the trees vibrate,* love *turns into a moon,* the feelings are a *centrifugal force* (trying to escape from a container), thoughts *run on an airy field,* all these perform a *rotating movement* resembling that of the cosmic objects (the poet even speaks of the *heart's gravitational force*):

> **a. Kinetic force:** [sentimentul] împinge lungi *carene* în necunoscut (*Cântec*, OVAS, OC I 126) ; [...] *împing pe boltă norul* / cu bătaia inimii (*Dansul*, OVAS, OC I 128) ; *Şuier luna şi o răsar şi o prefac / într-o dragoste mare.* (*Emoţie de toamnă*, OVAS, OC I 131) ; [...] apăsarea *centrifugă* a sentimentelor (*Focul şi gheaţa,* RV, OC I

---

[119] Kövecses (Zoltán), 2000, *Metaphor and Emotion : Language, Culture and Body in Human Feeling,* Cambridge, Cambridge University Press; *cf.* also Pérez Rull (Carmelo), 2001-2002, "The emotional control metaphors", in *Journal of English Studies,* vol. 3, pp. 179-192.

[119] See a comprehensive presentation of this dimension of Nichita Stănescu's creation in Moraru (Cristian), 1988, "Nichita Stănescu – Sistemul poetic", postfaţă la vol. Poezii, Bucureşti, Minerva, pp. 331-376.

252) ; Gândurile ni *se fugăreau* / pe o *aeriană câmpie* (*Geneza*, OVAS, OC I 109) ; *Gravitaţie a inimii mele,* / toate -nţelesurile rechemându-le / mereu înapoi. Chiar şi pe tine, / *rob al magneţilor, gândule.* (E3, 11E, OC I 183) ;
b. Rotating movement: Gândul *creşte-n cercuri* / *sonorizând* copacii (*Cântec de iarnă*, SI, OC I 98) ; *dans rotund* al *stărilor de spirit* (*Cântec*, OVAS, OC I 125) ; *Sufletul se rotea* toată ziua, toată noaptea. [...] *Globurile sufletului* se învineţeau, se-nnegreau, se topeau, / alunecau mai departe, departe-n departe. (*Sufletul de primăvară*, OVAS, OPH I 140) ; Cade-o frunză, şi-*un sentiment se-nfăşoară* în jurul ei, / mult mai rapid căzând spre lume. / Bate-o aripă, şi *se-nfăşoară-n jurul ei un sentiment*, / mult mai rapid bătând spre lume. (*Schimbătorul de viteze*, DLT, OC I 150).

4.2.2. Another conceptual schema subordinated to the previous one is that of ***upward / downward movements*** asociated with positive or negative emotions or states of mind (UP IS GOOD vs. DOWN IS BAD). From this point of view, many aspects related to the emotional and cognitive selves are associated in Stănescu's poetry with a rising movement. Such is the case of happiness which *takes* the lover *up in the sky until he strikes against the stars* and then *turns him into a column,* the thought *surpasses the horizon* and *reaches the sun,* the soul releases *arrows* and ideas shoot *bows*. Unexpected is the association of negative feelings like sadness with this conceptual schema: sadness is *tall,* the sad soul is called *vertical*. It is worth mentioning that the upward vector (especially the image of the *arrow*) is implied in the metaphorical definition of both body and soul (see the above section of this paper **IV, 1.9.**):

a. Arrow, bow: *săgeţile sufletelor* (*Târziu de vară*, OVAS, OPH I 85) ; *arcul ideilor* (*Confirmare*, UPNR, OC I 390) ;
b. Upwards movement: *Du-mă, fericire, în sus, şi izbeşte-mi / tâmpla de stele*, până când / lumea mea prelungă şi în nesfârşire / *se face coloană* sau *altceva / mult mai înalt* şi mult mai curând. (*Cântec*, OVAS, OC I 119-120) ; Mă gândeam *până la orizont* / şi chiar / izbutisem să mă gândesc *până la soare*. (*Melodie povestită*, OVAS, OPH I

110) ; Aerul e înalt, tu eşti înaltă, / tristetea mea *e înaltă.* (*Trist cântec de dragoste*, DLT, OC I 166) ; *suflet vertical* şi trist (*Cântec*, NE, OPH I 573).

Nevertheless, the downward vector is very much present especially in the last period of Stănescu's poetry pervaded by a tragic sense of finitude. For example, poems like *Tocirea* (*Bluntness*, O. impf., OC II 204) or *Trepte* (*Stairs*, O. ips., OC II 269) illustrate the gradual change of an apparent horizontal movement into a descending one: the Sysiphic march of a soldier turns out to be a sinking into the groud, whereas the race of a runner finishes like a fall into abyss. The images of falling or falling off the horse[121], recurrent in the last anthumous volume of the poet, *Knots and signs*, are associated with negative emotions (or sensations) like weakness, pain, despair, self-victimization, death premonition etc.

4.2.3. An intimately related mapping conceptualizes violent emotions in terms of forces opposing the Subject (EMOTIONS ARE OPPONENTS). They act like enemies who attack the individual and must be repressed. Usually, love / the heart (as centre of feelings) are metaphorized like a *wild animal (a lioness)* trying to excape from a container (the IN vs. OUT SCHEMA) or even attacking the individual. Similarily, some conflicting feelings are presented as a *state of war* taking place inside the Subject (inside his sight). Here are a few illustrations:

a. Wild animals: *Leoaica tânără, iubirea / mi-ai sărit în faţă.* / Mă pândise-n încordare / mai demult. / *Colţii albi mi i-a înfipt în faţă, / m-a muşcat leoaica, azi, de faţă.* (*Leoaică tânără, iubirea*, OVAS, OC I 110) ; Inimă, tu, *felină pramatie* / pândind peste tot colibri (*Zicere*, LP, OC I 357) ;

---

121 Mincu Ştefania devoted an article to this topic in 1985, see "Coborârea de pe cal", in *Nichita Stănescu. Frumos ca umbra unei idei,* volum omagial îngrijit de Constantin Crişan, Bucureşti, Editura Albatros, pp. 206-208.

b. State of war: *Război de îngeri albaştri*, cu *lănci curentate*, / mi *se petrece-n irişi*. (*E3*, 11 E, OC I 181).

4.2.4. In everyday speech, the intensity of certain emotions is associated with a rise in temperature (love, anger, anxiety), while other emotions (boredom, depression) correspond to a reduced level of temperature. I have already discussed the conceptual mapping INTENSE EMOTIONS ARE HIGH TEMPERATURE under **IV. 1.6.**, and illustrated it by a range of images referring to the *burning* of the bodily and inner structures of the individual or to the *explosion of the* (body) *container* due to the devastating action of the emotions. Especially in the first period of his poetry, Nichita Stănescu described feelings (as generic terms) using this conceptual schema: he speaks of *electric-like* entities, about feelings that drag *incandescent planets in the grass,* about inner *Bengali fires* or about the *tropic of sentiments*:

> Şi se loveau în mine două sentimente [...] / *Era o izbitură de lumini stârnite / ca-ntre opuşii poli electrici.* (*Mişcare în sus*, OVAS, OC I 115) ; [...] *Vin sentimentele prin iarbă, târând / un soare prelung şi o lună prelungă, arzând.* (*Înserare marină*, DLT, OPH I 190) ; [...] adormeam şi mă trezeam între două vocale, / partea nevăzută a insului meu / *iluminându-se de focuri bengale.* (*Pasăre trecând printr-un nor*, DLT, OC I 163) ; Ce frumosă procesiune de elefanţi / cu baldachine clătinătoare / trecea prin *tropicul sentimentelor* mele (*După ce-am ascultat-o pe cântăreaţă*, RV, OC I 245).

On the other hand, the solitude and fear of death are metaphorically expressed by means of the opposite thermic values, as it happens in Stănescu's last anthumous volume, *Knots and signs,* where we find descriptions of deserted Polar landscapes, as well as moving laments about a biting cold:

> Când ninge peste Marea Neagră spre Bosfor, / când ninge pe albastra de Mediterană / şi *nici de frig nu pot să mor, /*

> *nu pot să mor*! / [...] *şi-mi este foarte frig când foarte ninge / şi nu pot să mor!*

4.2.5. The conceptual schema EMOTIONS ARE FLUIDS (part of the super-ordinate CONTAINER MODEL) is illustrated by examples extracted from Stănescu's first three volumes, where he described items like *fantasy, spirit, innocence, solitude* and *soul* in relation to an aquatic pattern of imagination. He invokes the *oval ocean of phantasy* (resembling the shape of an ellipse*), a sea of purity and solitude, a marine soul* or the *nervous waves of spirit*:

> *oceanul oval* al *fanteziei* (*Sînt un om viu*, OVAS, OC I 118) ; Şi înotam, înotam / în mijlocul unei *mări a candorii, / a singurătăţii, a lucirilor* de demult. / Înotam, într-un *plutitor / şi transparent ocean*, înotam. (*Îndoirea luminii*, DLT, III, OC I 173) ; corăbiile *sufletului meu marin* (*Viaţa mea se iluminează*, OVAS, OC I 122) ; *valurile* nervoase / ale *spiritului* (*Cain şi Abel*, UPNR, OC I 399).

A few psychological processes felt as unpleasant are coloured in black and described either in terms of *viscous fluids* (the *black oil of dreams*), or *plastic solids* (*the waiting is turning into bitum*):

> *Uleiul negru şi greu al viselor de noapte* / în loc de sânge-mi ţâşnea / din fruntea crestată [...] / (*Îndoirea luminii* II-III DLT, OC I 169) ; Aşteptarea mea *se transformase în bitum* (*Toamna primăverii*, FUI, 104).

4.2.6. In Nichita Stănescu's poetry, the general conceptual schema EMOTIONS ARE OBJECTS dispays two different variants depending on the nature of the elements from the target domain. Accordingly, the poet depicts certain emotions and states of mind as (**2.6.1.**) FRAIL OBJECTS, and others as (**2.6.2.**) HARD OBJECTS, using images which strikingly resemble the picture of the human body.

4.2.6.1. In general, the positive emotions and states of mind are evanescent in nature, the feelings (generic term), love, longing, thought, soul being associated with *music, light, colours, snow* or *smoke*:

> […] şi când orele se-nverzeau ca smaraldele, / ne bronzam la *lumina dragostei* noastre. (*La începutul serilor*, OVAS, OC I 127) ; [...] sentimentul, *dulce flaut* (*Cântec*, OVAS, OC I 125) ; *zăpezi eterne*, dorurile mele (*Confirmare*, UPNR, OC I 390) ; Muzica alegea din mine, ca un magnet, / *sentimentul arămiu, sentimentul violet*. / Le ridica în sus ca pe nişte fire / de iarbă-n încolţire. (*Muzica*, DLT, OC I 164) ;
> […] o *gândire învălmăşită, de fum*, / *în care-amintirile şi dorinţele şi iubirile / se frângeau* (*Mi-amintesc cu uimire*, OVAS, OPH I 111).

4.2.6.2. The negative emotions and states of mind (solitude, sadness) are viewed as hard objects, like *metal* and *wood*, that suggest a certain psychological burden the individual has to cope with:

> [...] *se înnegreşte* singurătatea care *mă arginta* (*Vechi cântec soldăţesc*, DLT, OC I 165) ; [...] *lemnul tristeţii* desprinzând, / ţi se părea că-l prinzi, că-l pierzi (*Marină*, OVAS, OPH I 109).

4.2.7. Some emotions and states of mind are metaphorically defined in a spatial framework (EMOTIONS ARE SPACES), especially the negative ones are correlated with *flat, deserted surfaces*, i.e. with a horizontal line, in contrast to upwards oriented feelings. Such is the *camp of solitude, the arable camp of the soul, the putrid, mute land of pain*:

> *câmpia singurătăţii* (*Odă bucuriei*, NE, OC I 367) ; *sufletul* meu *de câmp* arabil (*Numărătoarea*, IDSC, OC II 52) ; Durerea mea *era un principat, / o ţară putredă, nevorbitoare* (Nod 6, NS, OC I 244).

4.2.8. Last, but not least, mention should be made about the transposition of the bodily and cognitive selves. Both are surprisingly viewed as reversible entities (an original metaphor of the CONTAINED CONTAINER) so that the body becomes an object of contemplation and the thought is perceived as embodied:

> Chiar *trupul meu* de atunci [...] / *trecea neliniștit în gând.* (*Invocare*, DLT, OC I 150) ; M-a uitat Dumnezeu gândindu-mă / până când *gândul* mi-*a devenit trup*. (*Cântec*, NE, OPH I 637).

Similarily, the *things of the world are pregnant by the poet's silence*, and the other way round, *the poet's wake is pregnant by the things of the world*. The Subject and the Object seem to become one:

> *Stau gravide de tăcerea mea* / lucrurile care mă înconjoară (*Montană*, UPNR, OPH I 714) ; O, *veghe gravidă* de lucrurile lumii / să nu te întuneci, să nu te stingi. (*Cosmogonia sau cântec de leagăn*, LP, OC I 319).

5. CONCLUSIONS

The purpose of my research was to record and interpret the metaphorical images of body and emotional / cognitive selves in Nichita Stănescu' poetry from a multiple methodological perspective that associates the approach of rhetoric, image studies (imagology), traditional and cognitive poetics and stylistics.

After a concise presentation of the cognitive linguistics research on metaphor (and particularily on the metaphors of the self), I approched the syntactic patterns of the metaphorical expressions in Nichita Stănescu's poetry in order to highlight the linguistic basis which sustains the whole scaffolding of the poetic imagery.

The analysis of the vast corpus of metaphorical self-images selected from Nichita Stănescu's poetry enabled me to get a deep insight into the manifold layers of his imagination. It revealed the poet's sustained *exercise of self-contemplation from an external, distant vantage point*, which is a distinctive feature of his manner of creation.

I would underline the idea that *seeing*, the most important of all senses and the main source of cognition in the poet's view, lies in the very heart of *perspectivization*: *seeing* is not only a recurrent metaphoric object (metaphoric expressions that stand for the *sight* itself) or a way of looking at the world (widely occuring visual images), but also a strategic position for contemplating the Selves as if they were separated from the Subject (the source of conciousness and the verbal agent of the discourse), for composing and de-composing an iconic identity.

The multitude and variety of metaphoric images registered in our study is just one part of a more complex autoscopic process of fictionalizing the self. My analysis showed that, for Nichita Stănescu, the *existential experience is primarily an embodied one*, that the body / the body parts and senses entirely arrest the poet's attention. The *bodily self* is described *as split, fragmentary* and *metamorphic* through a wide range of concrete and abstract images, static and dynamic, sometimes even contradictory ones (hard vs. soft materials). Behind the stock of metaphorical expressions I could identify a relevant number of conceptual metaphors encoded in our way of thinking and speaking (i.e. BODY AS OBJECT, BODY AS NATURAL ELEMENT, BODY AS CONTAINER, BODY AS ANIMAL, BODY AS PLANT, BODY AS COSMIC OBJECT, BODY AS INANIMATE OBJECT, BODY AS ABSTRACTION, KNOWING IS SEEING, etc.) which are used as basis for further poetic developments.

Nichita Stănescu adopts *the same external and fragmented perspective in describing emotions, feelings, states of mind, mental operations or psychological processes*, which seems even more unnatural compared to contemplating one's own body. In this case, the metaphoric images are limited in number since the poet avoids the conventional *clichés* of poetry usually associated with the language of sensitiveness. Again, under the metaphorical expressions I could disclose a few conceptual schemas deeply rooted in our imaginary: EMOTIONS ARE FORCES, EMOTIONS ARE OPPONENTS, EMOTIONS ARE FLUIDS (IN A CONTAINER), EMOTIONS ARE OBJECTS, EMOTIONS ARE SPACES, UPWARDS / DOWNWARDS SCHEMAS, IN / OUT SCHEMAS, etc.), creatively extended by Nichita Stănescu.

Nichita Stănescu's volumes of poetry and essays (with abbreviations)

STĂNESCU N., 1967, *Alfa* (1957-1967), Bucureşti, Editura Tineretului, (**Alfa**).
STĂNESCU N., 1985, *Antimetafizica,* Bucureşti, interviuri şi versuri îngrijite de Aurelian Titu Dumitrescu, Bucureşti, Cartea Românească (**AM**).
STĂNESCU N., 1972, *Belgradul în cinci prieteni.* Cu o prefaţă de Mircea Tomuş, Cluj-Napoca, Dacia (**B5**).
STĂNESCU N., 1995, *Cărţile sibiline,* poezii inedite, o ediţie tardivă, prefaţă, note şi addenda de Constantin Crişan, Bucureşti, Editura Grai şi suflet – Cultura naţională (**CS**).
STĂNESCU N., 1965, *Dreptul la timp,* Bucureşti, Editura Tineretului, (**DLT**).
STĂNESCU N., 1978, *Epica Magna* [cu ilustraţii de Sorin Dumitrescu], Iaşi, Junimea, (**EM**).
STĂNESCU N., 1990, *Fiziologia poeziei.* Proză şi versuri, 1957-1983. Ediţie îngrijită de Alexandru Condeescu cu acordul autorului, Bucureşti, Eminescu (**FP**).
STĂNESCU N., 1970, *În dulcele stil clasic,* Bucureşti, Editura Eminescu (**IDSC**).
STĂNESCU N., 1999, *Îngerul cu o carte în mâini,* antologie, studiu introductiv şi bibliografie de Alex Ştefănescu, Maşina de scris (**ICM**).

STĂNESCU N., 1968, *Laus Ptolemaei,* Bucureşti, Editura Tineretului (**LP**).
STĂNESCU N., 1972, *Măreţia frigului,* Romanul unui sentiment, Iaşi, Junimea (**MF**).
STĂNESCU N., 1969, *Necuvintele,* 12 ilustraţii de Mihai Sânzianu, Bucureşti, Editura Tineretului (**NE**).
STĂNESCU N., 1982, *Noduri şi semne* [cu ilustraţii de Sorin Dumitrescu], Bucureşti, Cartea Românească (**NS**).
STĂNESCU N., 1979, *Operele imperfecte.* Desene : 6 ipoteze de bolţi antropomorfe şi 6 studii asupra cubului de Sorin Dumitrescu, Bucureşti, Albatros (**O impf.**).
STĂNESCU N., 1982, *Oase plângând,* Iugoslavia, Panciova, Lumina (**OP**).
STĂNESCU N., 1999, *Opera poetică,* I-II, Bucureşti, Humanitas, ediţie şi prefaţă de Alexandru Condeescu (**OPH**).
STĂNESCU N., 1985, *Operele impersonale,* ciclu de poezii incluse în vol. *Ordinea cuvintelor* (**O imp.**)
STĂNESCU N., 1985, *Ordinea cuvintelor*. Versuri (1957-1983), vol. 1-2. Cuvânt înainte de Nichita Stănescu. Prefaţă, cronologie şi ediţie îngrijită de Alexandru Condeescu cu acordul autorului, Bucureşti, Cartea Românească (**OC**).
STĂNESCU N., 1967, *Oul şi sfera,* Bucureşti, Editura pentru Literatură (**OS**).
STĂNESCU N., 1964, *O viziune a sentimentelor,* Bucureşti, Editura pentru Literatură (**OVAS**).
STĂNESCU N., 1982, *Respirări,* Bucureşti, Sport-Turism (**R**).
STĂNESCU N., 1967, *Roşu vertical,* Bucureşti, Editura Militară (**RV**).
STĂNESCU N., 1960, *Sensul iubirii,* prefaţă de Silvian Iosifescu, Bucureşti, E.S.P.L.A. (**SI**).
STĂNESCU N., 1969, *Un pământ numit România,* Bucureşti, Editura Militară (**UPNR**).
STĂNESCU N., 1966, *11 elegii,* Bucureşti, Editura Tineretului (**11 E**).

BIBLIOGRAPHY

AHRENS K., 2008, "Conceptual Metaphors of the Self", *Papers in Applied Language Studies*, vol. 12, pp. 47-67.

BRAGA C., 1993, *Nichita Stănescu. Orizontul imaginar*, Sibiu, Imago.

BĂILEȘTEANU F., 1978, « *Jocul sinelui* », Convorbiri literare, n° 10.

CHELARU-MURĂRUŞ O., 2000, *Nichita Stănescu – Subiectivitatea lirică. Poetica enunţării*, Bucureşti, Univers, Colecţia Excellens.

CHELARU-MURĂRUŞ O., 2007, *Stereotipie şi expresivitate – de la limba vorbită la textul poetic*, Editura Universităţii din Bucureşti, ch. « Poeta ludens : Nichita Stănescu – registre stilistice şi grefe textuale », pp. 120-157.

CHELARU-MURĂRUŞ O., 2011, « Pentru o poetică neomodernistă a "figurativităţii" - comparaţiile lui Nichita Stănescu », in Oana Chelaru-Murăruş, Maria Cvasnîi-Cătănescu, Claudia Ene, Camelia Uşurelu, Rodica Zafiu (eds.), *Text şi Discurs. Omagiu Mihaelei Mancaş*, Editura Universităţii din Bucureşti, pp. 103-123.

CRISTEA V., 1970, « Sinele fugar », in vol. *Interpretări critice*, pp. 82-87, București, Cartea românescă.

CRISTEA-ENACHE D., 2010, *Lyrica magna. Eseu despre poezia lui Nichita Stănscu*, Bucureşti, Curtea veche.

DIMITRIU D., 1997, *Geneza poemului*, Iaşi, Editura Universităţii din Iaşi.

FONTANIER P., 1997 [1821; 1827], *Figurile limbajului*, Bucureşti, Univers.

GRUPUL M, DUBOIS J. *et al.*, 1974, *Retorică generală*, Bucureşti, Univers.

IBARRETXE-ANTUÑANO I., 2002, "Mind-as-Body as a Cross-Linguistic Conceptual Metaphor", *A Journal of English and American Studies*, n° 25, pp. 93-119.

JOHNSON M., 1987, *The Body in the Mind: The Bodily Basis of Meaning, Reason and Imagination,* Chicago, The University of Chicago Press.

KERBRAT-ORECCHIONI C., 1976, « *Problématique de l'isotopie* », Linguistique et sémiologie, Travaux du Centre de Recherches Linguistiques et Sémiologiques de Lyon, 1976, n° 1, pp. 11-34.

KÖVECSES Z., 2000, *Metaphor and Emotion: Language, Culture and Body in Human Feeling,* Cambridge, Cambridge University Press.

LAKOFF G., 1992, "Multiple Selves: the Metaphorical Models of the Self Inherent in our Conceptual System". A Conference of the Mellon Colloquium on the Self on the Emory Cognition Project, Emory University Atlanta, Georgia May 1-2, 1992.

LAKOFF G., 1993, *The Contemporary Theory of Metaphor,* in Ortony (ed.), pp. 202-251.

LAKOFF G. ET JOHNSON M., 1980, *Metaphors We Live by,* Chicago and London, Chicago University Press.

LAKOFF GEORGE ET JOHNSON M., 1999, *Philosophy in the Flesh: the Embodied Mind and its Challenge to Western Thought,* New York, Basic Books.

LAKOFF G. ET TURNER M., 1989, *More Than Cool Reason – A Field Guide To Poetic Metaphor,* Chicago University Press.

MANCAŞ M., 1973, « *Sur la métonymie et la métaphore* », Revue roumaine de linguistique, XVIII, n° 5, pp. 439-443.

MANCAŞ M., 1988, « *Metaforă, metonimie, comparaţie: analogii şi delimitări ale figurilor*», Limbă şi literatură, n° 4, pp. 489-501.

MANCAŞ M., 1991, *Limbajul artistic românesc în secolul XX,* Bucureşti, Editura Ştiinţifică.

MANOLESCU N., 1984, « *Daimonul meu vine de departe* », Album memorial, pp. 330-331, București, Viața românescă.

MANOLESCU N., 2001, cap. « Nichita Stănescu », vol. *Literatura română postbelică. Lista lui Manolescu, 1. Poezia,* pp. 110-140, Braşov, Aula.

MIHĂILĂ E., 1992, (I) « Limbajul ca obiect al poeziei la Nichita Stănescu », *Studii şi cercetări lingvistice, XLIII,* n° 6, pp. 545-557 ;

(II) 1993, *Studii şi cercetări lingvistice, XLIV,* n° 1, pp. 3-13 ; (III) 1993, în *Studii şi cercetări lingvistice, XLIV,* n° 2, pp. 89-100.
MIHĂILĂ E., 2001, *Limbajul poeziei româneşti neomoderne,* Bucureşti, Editura Eminescu.
MIHĂILĂ E., 2003, *Semiotica poeziei româneşti neomoderne,* Bucureşti, Cartea Românească.
MIHĂILESCU D. C., 1978, « O poetică a mineralului », *Luceafărul,* n° 18.
MINCU M., 1986, *Eseu despre textul poetic, II,* pp. 211-241, Bucureşti, Cartea Românească.
MINCU Ş., 1991, *Nichita Stănescu între poesis şi poiein,* Bucureşti, Editura Eminescu.
MINCU Ş., 1985, « Coborârea de pe cal », *Nichita Stănescu. Frumos ca umbra unei idei,* volum omagial îngrijit de Constantin Crişan, pp. 206-208, Bucureşti, Albatros.
MORARU C., 1985, *Ceremonia textului. Poeţi români din secolul XX,* pp. 200-228, Bucureşti, Editura Eminescu.
MORARU C., 1988, « Nichita Stănescu – Sistemul poetic », postfaţă la vol. *Poezii,* pp. 331-376, Bucureşti, Minerva.
MORIER H., 1961, *Dictionnaire de poétique et de rhétorique,* Paris, PUF.
NEGRICI E., 1978, *Figura spiritului creator,* pp. 55-89, Bucureşti, Cartea Românească.
ORTONY A. (ed.), 1993, *Metaphor and Thought* (2nd edition), Cambridge, Cambridge University Press (1st edition 1979).
PARPALĂ E. (coord.), 2011, *Postmodernismul poetic românesc. O perspectivă semio-pragmatică şi cognitivă,* Craiova, Editura universitaria.
PÉREZ RULL C., 2001-2002, "The emotional control metaphors", *Journal of English Studies,* vol. 3, pp. 179-192.
POP I., 1980, *Nichita Stănescu – spaţiul şi măştile poeziei,* Bucureşti, Albatros.
SANTARPIA A., VENTURINI R., BLANCHET A., CAVALLO M., 2010, "Metaphorical conceptualizations of the body in psychopathology and poetry" (Conceitualizações do corpo em psicopatologia e em poesia), *DELTA [online]: Documentação de*

Estudos em Lingüística Teórica e Aplicada, vol. 26, n° spe [cited 2014-09-15], p. 435-451. ISSN 0102-4450. http://dx.doi.org/10.1590/S0102-44502010000300003. Available from: <http://www.scielo.br/scielo.php?script=sci_arttext&pid=S0102-44502010000300003&lng=en&nrm=iso>.

SANTARPIA A., BLANCHET A., VENTURINI R., CAVALLO M., RAYNAUD S., 2006, « La catégorisation des métaphores conceptuelles du corps / Categorization of conceptual metaphors of the body », *Annales Médico Psychologiques*, n° 164, pp. 476-485.

SEMINO E., JONATHAN C. (eds.), 2003, *Cognitive Stylistics: Language and Cognition in Text Analysis*, Amsterdam, John Benjamins.

SEMINO E., 2008, *Metaphor in discourse*, Cambridge, Cambridge University Press.

SIMION E., 1978, ch. « Poezia poeziei. Criza de identitate. Un poet al transparenţei, Nichita Stănescu », in vol. *Scriitori români de azi*, vol. I, ediţia a II-a, revăzută şi completată, pp. 164 -188, Bucureşti, Cartea Românească.

STOCKWELL P., 2002, *Cognitive Poetics. An Introduction*, London, Routledge.

ŞTEFĂNESCU A., 1986, *Introducere în opera lui Nichita Stănescu*, Bucureşti, Minerva.

TARANGUL M., 1996, *Prin ochiul lui Nichita*, Bucureşti, Cartea Românească.

URICARIU D., 1999, *Nichita Stănescu. Lirismul paradoxal*, Bucureşti, Du Style.

REȚETA MERIDIONALĂ PENTRU *BRAND*-UL DE ȚARĂ : PITORESCUL CA MARCĂ MITICĂ A REGATULUI ROMÂN

Romanița CONSTANTINESCU[122]
Université de Bucarest et Université de Heidelberg
romanita.constantinescu@rose.uni-heidelberg.de

Abstract

At the end of the 18th century, picturesque was a strategic concept developed in order to correct the exotic aura defining the perspective on the states in Southern Europe. Starting with the 19th century, the

[122] Lecteur universitaire docteur (chef de travaux), Université de Bucarest, Faculté de Lettres ; à partir du 1er octobre 2008, enseignante invitée en langue, littérature et civilisation roumaine, Institut de Romanistique, Université de Heidelberg. Membre dans l'Association de Littérature Générale et Comparée de Roumanie, affiliée AILC (Association Internationale de Littérature Comparée). Thèse de doctorat : *Stratégies auto justificatives du narrateur dans le roman moderne (*Université Freiburg i. Br., Allemagne, thèse publiée en 1998, Éditions Peter Lang. Europäischer Verlag der Wissenschaften, Frankfurt am Main). Coordinateur pour le volume *Identité de frontière dans l'Europe élargie. Perspectives comparées* (*Identitate de frontieră în Europa lărgită. Perspective comparate,* Jassy : Polirom 2008). Dernières publications : *Pas sur la frontière. Études sur l'imaginaire roumain des frontières* (*Paşi pe graniță. Studii despre imaginarul românesc al frontierei,* Jassy : Polirom 2009), coordination de l'anthologie *Im kalten Schatten der Erinnerung. Zeitgenössische Prosa aus Rumänien,* Ludwigsburg : Éditions Pop 2009.

Oriental Mediterranean, Eastern and South-Eastern Europe also started to profit from the rhetoric and imaginative strategy of the picturesque, which led to a decrease of the differences between the East and the West. The differences still existed, yet they became more accessible and meaningful; they did not disappear, they did not turn fragile, but they did not fatally isolate the terms of comparison either. "Picturesque" was a term that designated the recognized differences that have become intelligible and comfortable. The little differences, as opposed to the reified, exotic differences. The picturesque character of the Romanian culture is an answer to the attempts of pushing the Romanian space towards the periphery and / or the way of exploiting this marginal position. The present study analyses the occurrence conditions and the consequences of projecting the picturesque onto Romania. The myth of the picturesque managed to attenuate the self representation conflicts at local level and to handle the promotion of this region on a central level, following a model that had already successfully handled the European promotion of Italy and Spain.

Keywords

picturesque, exotic, imaginary, country branding, periphery, Romania, South and South-Eastern Europe

« Tu te lasseras un jour
De vivre à la pittoresque »[123]

Pitorescul este un cuvânt-valiză, încărcat de sensuri şi în acelaşi timp gol, disponibil pentru contextele cele mai diverse. Pare că, fără să fie nevoie de mari explicaţii, vorbitorii se înţeleg asupra lui, utilizându-l ca pe o adevărată monedă de schimb cu valoare abstractă, de circulaţie, chiar dacă adesea fără acoperire. Istoricii de artă îl ataşează unei estetici populare, a fotografiei, cărţii poştale, magazinului geografic ilustrat, ghidului de călătorie. Artele secolului al XX-lea, fotografia, documentarul îi reproşează însă estetica de autor, subiectivismul, lipsa obiectivării, momentul iluzionist în detrimentul calităţii

[123] Scarron (Paul), 1961, « A Monsieur Mignart » (1658), *Poésies diverses*, ed. M. Cauchie, t. 2 / 2, Paris, p. 330.

percepţiei : pitorescul e pictură (înţelege « contrafacere ») a realităţii, iar nu document al ei. Pitorescul nu poate fi despărţit de noile habitudini ale vieţii precum turismul şi de funcţionalizarea pe scară tot mai largă a artei ca design al existenţei. Este motorul noii industrii a publicităţii. Arta de a face ceva vizibil la modul agreabil, în registrul pitorescului « vinde » totul : clase sociale (ţăranul pitoresc, meşteşugarul sau muncitorul-artizan pitoresc), minorităţi (turcul pitoresc, evreul pitoresc, ţiganul pitoresc), chiar şi noile state apărute pe harta Europei în secolul al XIX-lea. Mă întreb pentru ce motive şi cu ce rezultate a fost adoptat termenul « pitoresc » de către strategii promovării teritoriilor româneşti înăuntrul, dar mai ales în afara ţării.

Către sfârşitul primei jumătăţi a secolului al XIX-lea, reprezentările alegorice ale României sunt deja marcate de estetica folclorizantă a pitorescului. Cel mai cunoscut dintre ele este tabloul lui Constantin Daniel Rosenthal (1820-1851), *România revoluţionară* (1850, M.N.A.R.), care o înfăţişează pe Maria Rosetti, prima femeie jurnalist din România şi soţia revoluţionarului C.A. Rosetti în ie tradiţională românească. Pictorul mai folosise acelaşi model, pe Maria Rosetti, pentru care şi Jules Michelet avea o mare admiraţie (i-a dedicat un eseu în 1851 şi i-a prefaţat un volum), şi pentru o altă reprezentare alegorică : *România rupându-şi lanţurile pe Câmpia Libertăţii* (1849, M.N.A.R.), care însă respectă estetica clasică. Într-un studiu despre conştiinţa europeană şi tradiţia ortodoxiei în Ţările Române[124], Alexandru Duţu crede că reprezentarea culturii române prin trimitere la folclor, la elementul etnic face parte din atacul modern al generaţiei cosmopolite de la 1848 – Constantin Daniel Rosenthal este născut la Budapesta într-o familie de negustori evrei, iar Maria Rosetti, născută Mary

---

[124] Duţu (Alexandru), 1998, « European Consciousness and Orthodox Tradition », în *Political Models and National Identities in „Orthodox Europe"*, Col. „Studia politica", Bucharest : Babel Publishing House, p. 158 : « This image was produced by the generation who rejected the byzantine and post-byzantine past as an *ancien régime* ».

Grant, e originară din Scoţia – împotriva reprezentărilor mai vechi, care promovau Ţările Române în lumea apropiată, învecinată, creştină şi ortodoxă, post-bizantină. Ţările Române fuseseră înfăţişate ca reprezentând « Bizanţul după Bizanţ » (formula e consacrată de istoricul Nicolae Iorga). Or moştenirea bizantină era revendicată de către mai multe culturi concurente, cea rusă fiind deja în avantaj vizibil. În plus, în prima jumătate a secolului al XIX-lea se produce reorientarea către Apus a Ţărilor Române, iar nevoile de reprezentare se schimbă. Generaţia 1848 face apel la o strategie de promovare a Ţărilor Române care servise deja intereselor Sudului european, promovării Spaniei, Italiei şi chiar Greciei moderne. O foarte frumoasă şi interesantă placă de porţelan KPM semnată de la sfârşitul secolului al XIX-lea ne prezintă o tânără frumuseţe sudică drept o « Wallachische Schönheit »[125], portul tradiţional evocă însă mai degrabă Grecia. Se vede că artistul nu era familiarizat cu detaliile costumului popular românesc, dar ceea ce contează este intenţia lui de sublimare a coloritului local. Această reprezentare face parte dintr-o serie care înfăţişează şi alte frumuseţi sudice.

Autorul necontestat al noului *brand* de ţară este Alexandru Vlahuţă cu memorialul lui de călătorie *România pitorească* (1901). În afară de titlu, termenul « pitoresc » nu apare în niciun alt context diagnostic în text. El este încă gol, abia urmează să fie pus la treabă ca să genereze semnificaţii şi, ceea ce e şi mai important, acord. E un termen de import (un neologism) care trebuie încă « tradus » în româneşte. Nu întâmplător Vlahuţă pune un călător străin să-i admire patria, pe care autohtonii nu reuşesc să o admire singuri şi asta pentru că o lucrare anonimă,

---

[125] ***Placă dreptunghiulară de porţelan pictat,*** 39.5 x 34.4 cm. Marcată pe verso KPM pentru Königliche Porzellan Manufaktur, sceptru şi monogramă, datată H 15-13, ***semnată Pfeifer, Catalogul*** Christie's din 20 aprilie 2005, New York, Rockefeller Plaza. http://www.christies.com/lotFinder/lot_details.aspx?intObjectID=4484236 (accesat la 20.02.2014)

binecunoscută şi ea, e vorba de *Cântarea României* (1850, 1855), prea elegiacă şi « negativă » nu-şi atinsese ţelul:

> — Doamne, frumoasă ţară mai aveţi... Pământul d-voastră e într-adevăr o mamă care vă răsfaţă : el vă dă, aproape de-a gata — şi asta nu este totdeauna un bine — vă dă cu mâna largă fructele cele mai gustoase, grânele cele mai căutate în Europa şi vinuri despre cari noi, la Paris, vorbim ca de lucruri din poveşti. [...] Mărturiseşte că sunteţi un popor fericit[126].

Călătorul străin mai admiră pădurile, exploatările de sare, de gaz şi de păcură. Reţeta e mai veche, o folosise şi alt scriitor al generaţiei 1848, Vasile Alecsandri, în povestirea *Balta Albă* (1848). Francezul pe care Alecsandri îl pusese să zugrăvească Valahia era însă mai puţin capabil de entuziasm, ţara de Halima pe care o vizitase îl lăsase într-o stare de uimire, de perplexitate.

« Pitoresc » este un termen strategic pentru o situare mai convenabilă a românilor în peisajul politic al Europei. El corectează perspectiva exotizantă asupra ţării şi îşi propune să reducă semnificativ diferenţa între est şi vest. Diferenţa e încă vizibilă, dar ea devine în retorica pitorescului şi accesibilă, de o elocvenţă plăcută, binevoitoare, evitând atât pericolul de a deveni neconvingător de fragilă, evanescentă, cât şi pe acela de a se izola în chip fatal, printr-o exagerare de semn contrar, care nu vede niciodată asemănările, contiguitatea. « Pitoresc » este un alt termen pentru a desemna diferenţa reunoscută, inteligibilă, dar comodă. Mica diferenţă, în opoziţie cu diferenţa ipostaziată, cu diferenţa exotică. Pitorescul în cultura română e înţeles şi de Mircea Muthu ca răspuns la tendinţele periferizare şi ca valorizare în ultimă instanţă a periferiei ca atare[127].

---

[126] Vlahuţă (Alexandru), 1993, *România pitorească* (1901), cap. « Meledic », Bucureşti, Leon Alcalay, p. 141.

[127] Muthu (Mircea), 2002, *Balcanismul literar românesc. III. Balcanitate şi balcanism*, Cluj-Napoca, Dacia, p.66, p. 93.

« România pitorească » a lui Vlahuţă corectează perspectiva exotizantă asupra ţării, care o împinge la mare depărtare în spaţiu (în « Turcia Europei » cum spune francezul lui Alecsandri) şi o face de neînţeles pentru un european. Vlahuţă nu respinge numaidecât acest exotism al spaţiului, în fond şi lumea pictată de el prin intermediar e una a opulenţei paradisiace, dar îi adaugă un exotism în timp, prefigurând un viitor mai bun, al prosperităţii şi civilizaţiei, în care resursele umane şi naturale sunt bine exploatate. Translarea proiecţiei exotice de pe axa spaţiului pe axa timpului e esenţială proiectului pitoresc. Această operaţiune corectează diferenţa între est şi vest, fără îndoială observabilă pentru călătorii cei mai empatici cu estul. O diferenţă există, dar ea nu este insurmontabilă, ba dimpotrivă, e pe cale să dispară. Pitorescul este *brand*-ul unei ţări cu *potenţial*, în plină dezvoltare, cu speranţe, cu un viitor. Străinii şi autohtonii sunt flataţi că asistă la zorii unei lumi noi. O altă trăsătură importantă a pitorescului poate fi deja bănuită : în această întreprindere de redesenare a hărţii prin care distanţele se scurtează trecutul e neutralizat. Pitorescul nu are memorie. Noua geografie dispută istoriei privilegiul de întâietate. Trecutul nu garantează viitorul : aceasta e marea descoperire a lui Vlahuţă în raport cu mai vechea încercare pe care o reprezintă *Cântarea României* (autorul poate fi Alecu Russo sau Nicolae Bălcescu, paternitatea textului publicat anonim fiind până astăzi disputată). Nu ne putem mândri la infinit cu un trecut glorios, în absenţa unei construcţii prezente respectabile. Trecutul mai mult înşeală şi mai mult încurcă[128].

« România pitorească » are nu numai promotori entuziaşti, ci şi adversari. Termenul e folosit inflaţionar. Ion Luca Caragiale îl întrebuinţează în scrisoarea bombastică de amor a tânărului jurnalist Rică Venturiano în comedia *O noapte furtunoasă* (1878) : « Angel radios ! de când te-am văzut întâiaşi

[128] Ulterior va deveni şi el pitoresc, va fi aranjat într-o coreografie comodă, epurată de conflicte. Va fi privilegiat trecutul schimburilor, al împăcărilor, aranjărilor înţelepte cu istoria şi vecinii.

dată pentru prima oară mi-am pierdut uzul raţiunii... Te iubesc la nemurire. *Je vous aime et je vous adore : que prétendez-vous encore?* Inima-mi palpită de amoare. Sunt într-o posiţiune pitorească şi mizericordioasă şi sufăr peste poate »[129]. Rică Venturiano înţelege prin « poziţiune pitorească » poate o situaţie nouă, candidă...

Şi istoricul Nicolae Iorga se numără printre adversarii pitorescului. Ceea ce nu îi convine lui Iorga este tocmai scurtarea perspectivei istorice, aplatizarea decorativă a trecutului. Reacţia istoricului e declanşată de « comercializarea » Spaniei sub reţeta pitorescului, dovadă că ea se aplică cu succes periferiei europene. Iorga îşi îndeamnă cititorii să nu confunde Spania cu decorul din *Carmen,* « cum nu trebuie să confunde cineva România adevărată cu România legendei întemeiării mănăstirii Argeş, strămutată cu lux de amănunte şi accesorii pe scena de teatru. Fiindcă şi noi sîntem pitoreşti, dar nici o naţie n-ar consimţi să fie considerată numai supt raportul pitorescului »[130]. Suntem într-un moment de orgoliu în care nu mai avem nevoie de promovare globală. Reţeta se va aplica de acum înainte preponderent marginilor, provinciilor periferice, insuficient cunoscute ale Regatului, dar privite programatic cu simpatie. După 1918 pitorescul României e de căutat « în lungul graniţei »[131], în noile provincii româneşti, în Cadrilater sau in Basarabia.

Câteva din trăsăturile sale recomandă pitorescul pentru această misiune foarte importantă de pozitivare a periferiei. Pitorescul canonizează trăsăturile anti-clasice, reconfirmate de romantism. Prima dintre ele : diversitatea în dezordine. Peisajul pitoresc nu e tras cu echerul, e răvăşit cu graţie, iar peisajul

---

[129] Caragiale (Ion Luca), 1939, « O noapte furtunoasă », comedie în două acte în *Opere VI,* ediţie îngrijită de Şerban Cioculescu, Bucureşti, Fundaţia pentru Literatură şi Artă Carol II, p. 18.

[130] Iorga (Nicolae), 1927, *Câteva zile prin Spania,* Bucureşti, Editura Casei Şcoalelor, p. 95.

[131] A se vedea Simionescu (Ion), 1939, *Pitorescul României,* vol. al II-lea, « În lungul graniţei », Bucureşti, Cartea Românească.

uman nu e nici el pur, ci amestecat : vârstele, stările şi etniile compun un politicos tablou vivant. Frumosul pitoresc e hibrid, paradoxal, sugestiv, ciudat, capricios, rar. Mozaicul, caleidoscopul, panorama, variaţia în evantai sunt formele sale predilecte. E detaşat şi, cu măsură, critic, tolerant şi relaxat. Când Constantin Stere vorbeşte despre un « incident mai pitoresc » în Parlamentul României, atunci se referă la o întâmplare ieşită din comun, la un eveniment neaşteptat, care se produce cu încălcarea cutumelor într-un moment de recreaţie a protocolului, de relaxare a regulei. Pitorescul pune în scenă căderea din rol a idealului, dă curs unei tentaţii contestatoare, dar numai în limitele recreaţiei. De aceea el convine atât de mult periferiei, pentru că îi permite să difere, printr-o critică « umanizatoare » a centrului (criticând cu blândeţe, umanizând centrul). Pentru Stere, pitorească este Viena, în a cărei suburbie răsăriteană cade « hotarul Asiei »[132]. Îi place aici amestecul organic de civilizaţii, privit ca « spontan » şi « natural », dar şi peisajele recreative înadins create pentru ca vienezul să-şi ia vacanţă de la oraş în mijlocul / preajma oraşului. De aceea Viena e veselă, reconfortabilă, plină de surprize[133], în vreme ce Berlinul e milităros şi bosumflat. Cârdurile de raţe sălbatice de pe Spree nu-l fac mai familiar. Nici Parisul nu e pitoresc, ci pictural. Iar capitalei României îi place să fie luată drept « micul Paris », dar dorinţa cea mai ascunsă şi de neîmplinit a bucureştenilor – « Şi te du la Bucureşti / Unde-i bine să trăieşti » spune un descântec de melc din folclorul copiilor – e de a trăi confortabil ... ca la Viena. Din perspectivă românească aşadar, Europa centrală până la Viena e pitorească (familiară), în vreme ce Europa occidentală nu e. După Stere, pitorescul, care e plin de farmec la Viena, e în Regat excesiv, prea plin de culoare şi de contraste. România ar trebui să nu se complacă în pitoresc. Constantin Stere este în Est un modernist fără compromisuri. Dacă la Viena admirase pitorescul oriental, la

---

132 Constantin Stere, *În preajma revoluţiei, op.cit.*, vol. al VII-lea , « În Ajun », p. 86.

133 *Ibidem*, pp. 94-95.

Iaşi nu îi pare rău că dezvoltarea urbană îl condamnă fără drept de apel. E drept că palatele moderne sunt « arogante şi insipide », dar cocioabele dintre care răsar, chiar dacă par « câte odată pitoreşti », sunt « întotdeauna ofensatoare ca locuinţe omeneşti »[134].

Asemenea lecţiuni ale peisajului sunt cu atât mai interesante cu cât ele supravieţuiesc până astăzi. Privită de la centru, periferia europeană care este România capătă potrivit istoricului Lucian Boia o culoare inedită, « altfel », care merge de la exotic la pitoresc :

> Spaţiul românesc reprezintă – pentru Occident – primul cerc al alterităţii : suficient de apropiat pentru a pune, prin contrast, într-o lumină şi mai puternică configuraţiile curioase şi comportamentele neliniştitoare[135].

Cu ceva vreme în urmă Italia fusese la fel de neliniştitoare, reprezentase ea primul cerc al alterităţii. De altminteri, călătorii străini îşi amintesc în România de acea Italie diferită, de acea Italie *altfel*. Hugo Fromholz notează cu oroare faţă de tipul mediteranean şi, prin extensie, sud-est european :

> Poporul [român] este o stirpe frumoasă, puternică, este înalt de statură, harnic şi priceput, dar slab dotat intelectual ; totuşi, de multă vreme există preocupări în favoarea şcolii, mai ales românii din părţile ungureşti (transilvănene) caută să ridice nivelul cultural alor lor... Cu toate acestea, marea masă este încă la un nivel foarte scăzut, în timp ce cercurile mai înalte sunt zdruncinate de pe urma maimuţărelii, a imitării imoralităţii franţuzeşti. În special doamnele din familiile boiereşti sunt considerate, cu toate, ca fiind de o destrăbălare fără margini ! Femeile pe care le-am văzut în timpul unei plimbări pe drumul denumit « şosea », care este principala zonă de promenadă din apropierea oraşului, nu mi-au oferit ocazia să descopăr sensul înalt al frumuseţii ; ca în Italia, erau aproape numai femei, mai ales

---

134 Stere (Constantin), 1935, *În preajma revoluţiei*, Bucureşti, Adevărul, vol. al VI-lea, « Ciubăreştii », p. 43.

135 Boia (Lucian), *România, ţară a frontierei*, *op. cit.*, p. 9.

> dintre cele foarte brunete, fete tinere nu am văzut aproape nici una. Bărbaţii păreau vlăguiţi şi erau evident mici şi uscăţivi, iar femeile erau foarte corpolente ; exact ca în Italia ![136].

Personajul principal al trilogiei balcanice a Oliviei Manning, englezoaica Harriet Pringle e de asemeni obsedat de măsurile corpului feminin din rasa sudică. În zadar soţul îi atrage atenţia că pe Calea Victoriei, aceeaşi şosea evocată şi de Hugo Fromholz, sunt şi evrei, unguri, germani şi slavi, refugiaţi şi refugiate :

> Plimbarea era pentru ea o încercare a forţelor fizice. În general liniştiţi, românii deveneau totuşi destul de brutali cînd erau hotărîţi să rămînă pe trotuare [...]. Uneori bărbaţii se simţeau obligaţi să cedeze cîţiva centimetri, dar femeile erau la fel de neclintite ca nişte locomotive cu abur. Scunde şi solide, mereu amabile, ştiau, în acelaşi timp, să-şi folosească fundurile şi sînii opulenţi ca nişte băşici de grăsime, pentru a-şi face loc[137].

---

136 Fromholz (Hugo), 1896, *Unter dem Halbmond – Reiseschilderungen aus dem moslimischen Mittelmeer-Ländern*, în rom. *Sub lumina Semilunei – Însemnări de călătorie din ţările mediteraneene musulmane*, Berlin, M. Hoffmann, p.112 : « Das Volk ist ein kräftiges schönes Geschlecht, groß von Figur, arbeitsam und geschickt, aber schwach geistig begabt; doch wird seit langem für die Schule viel getan und namentlich die ungarischen Rumänen suchen die Ihren in der Bildung zu heben. Trotzdem steht die Volksmasse noch sehr tief, während die höheren Kreise zerrüttelt sind durch Nachäffung französischer Sittenlosigkeit. Besonders die Damen der Bojarenfamilien gelten als bodenlos liederlich alle zusammen! Was ich auf einer Spazierfahrt auf der «Chausee» genannten Straße von Weiblichkeit sah, konnte mir keinen hohen Begriff von Schönheit geben; es waren wie in Italien fast nur Frauen, meist mit scharfem dunklem Typus, junge Mädchen sah ich fast keines. Die Männer sahen verlebt aus und waren auffällig klein und hager, die Frauen sehr üppig: ganz wie in Italien ! ».

137 Manning (Olivia), 1996, « Marea şansă » în *Trilogia balcanică*, Bucureşti, Univers, p. 37.

Este surprinzător cum utopia italiană care cunoaşte un nou reviriment la sfârşitul secolului al XVIII-lea şi la care contribuiseră major notele de călătorie ale lui Goethe (*Italienische Reise,* 1816-1817) sau ale baronului Vivant Denon (*Voyage en Sicile,* 1788) funcţionează poate în privinţa peisajului, dar multă vreme nu reuşeşte să convingă şi în privinţa decorului uman. Or aceasta este miza acestui mit care este pitorescul, în viziunea lui Roland Barthes : şi anume să ataşeze unui naturi accidentate, spectaculoase, care invită la aventură, un decor uman agreabil, primitor, un corp de balet admirabil, inofensiv. Bineînţeles în a doua jumătatea a secolului al XX-lea comparaţia defavorabilă dintre meridionali şi balcanici iese din uz şi, graţie avansării înspre centru a sudului meridional ni s-ar părea astăzi nu descalificantă, ci măgulitoare. Să semeni cu italienii, cu spaniolii, cu grecii este ceva pozitiv astăzi, sau nu?

BIBLIOGRAPHY

ALECSANDRI V., 1848, 1967, «*Balta Albă*», Proză, Bucarest, Editura pentru Literatură.

BARTHES R., 1957, *Mythologies,* Paris, Seuil.

BOIA L., angl. 2001, fr. 2003, *Romania, Borderland of Europe,* London, Reaktion Books, *Un pays à la frontière de l'Europe,* trad. par Laurent Rossion, Paris, Les Belles Lettres.

CARAGIALE I.L., fr. 1994, *Une nuit orageuse,* comédie en deux actes, adaptation d'Eugène Ionesco et Monica Lovinesco, Paris, L'Arche, Paris, titre original en roumain : *O noapte furtunoasă* (1879).

CONSTANTINESCU R., 2009, *Paşi pe graniţă. Studii despre imaginarul românesc al frontierei,* Iaşi, Polirom.

DUŢU A., 1998, «European Consciousness and Orthodox Tradition», *Political Models and National Identities in „Orthodox Europe",* Col. Studia politica, pp. 151-162, Bucarest, Babel Publishing House.

FROMHOLZ H., 1896, *Unter dem Halbmond – Reiseschilderungen aus dem moslimischen Mittelmeer-Ländern,* Berlin, M. Hoffmann.

IORGA N., 1927, *Câteva zile prin Spania* [**Quelques jours en Espagne**], Bucarest, Editura Casei Şcoalelor.
MANNING O., 2001, *The Balkan Trilogy,* 1956-1964, London, Arrow Books.
MUTHU M., 2002, *Balcanismul literar românesc. III. Balcanitate şi balcanism* [Le balkanisme littéraire roumain. III. Balkanité et balkanisme], Cluj Napoca, Dacia.
RUSSO A. (?), 1944, *Cântarea României,* 1850, Bucarest, Cartea Românească.
SIMIONESCU, I., 1939, *Pitorescul României,* [Le pittoresque de la Roumanie], t. 2, « În lungul graniţei » [Le long de la frontière], Bucarest, Cartea Românească.
STERE C., 1931-1936, *În preajma revoluţiei* [A la veille de la **révolution**], Bucarest, Adevărul.
VLAHUŢĂ A., 1901, fr. 1903, *România pitorească,* Bucarest, Leon Alcalay, 1993, version française : Vlahoutza, A, *La Roumanie pittoresque,* trad. par M. Miller-Verghy, Bucarest, Imprimerie de l'Indépendance roumaine.

s.a., Catalogul *Christie's* din 20 aprilie 2005, ***placă dreptunghiulară de porţelan pictat,*** 39.5 x 34.4 cm. Marcată pe verso KPM pentru Königliche Porzellan Manufaktur, sceptru şi monogramă, datată H 15-13, ***semnată Pfeifer, portret ¾ al unei frumuseţi valahe cu cosiţe împletite, licitaţia 1504, lotul 226,*** New York, Rockefeller Plaza. http://www.christies.com/lotFinder/lot_details.aspx?intObjectID=4484236 (accesat la 20.02.2014)

MITUL ORFIC ÎN NUVELISTICA LUI MIRCEA ELIADE

Lect. Maria Marieta GAVRA
Universitatea Szeged - Ungaria
mariettagavra@yahoo.com

Abstract

We are approaching a profound insight, fatally partial in a way, in the creations of Mircea Eliade, into those referencing Orpheus myth, starting from his vision on the history of religions, drastically limited by the rigor of scientific development, up to the explosions of imagination that belletristic writings allow. The literary creation of mythical inspiration is more subtle and more refined in the post-war prose, a period that is also characterized by remarkable creations in the scientific body of work of the author. The orphic phenomenon is hidden, but present, and identifiable in the manifestations of creation, of the Eros, of the experience of going down into hell.

Keywords
Sacred / profane, myth, spectacle, symbols, archaic.

Mulţi ani, Mircea Eliade a ţinut jurnal, notând aproape zilnic faptele, gândurile şi reflecţiile sale asupra evenimentelor cotidiene. În 24 martie 1953 scrie « dintr-o suflare » circa 20 de pagini intitulate *Fragment autobiographic*, în care îşi propune să explice felul cum împacă literatura cu ştiinţa şi filosofia. În cele din urmă îşi schiţează propria biografie spirituală, dezvăluind tehnica muncii sale intelectuale şi spaima pe care o simte în faţa diletantismului. Aceste notaţii succinte nu puteau cuprinde viaţa sa atat de plină, frământată şi bogată în experienţe multiple, astfel încât, în vara anului 1960, se decide să-şi scrie propriile memorii. Ele au fost redactate în ultimele două decenii de viaţă, paralel cu nuvelele literare şi cu volumul *Istoria credinţelor şi ideilor religioase*. Interesant este că un întreg capitol din *Memorii*, al XXI-lea, are un titlu, cel mai lung, edificator pentru activitatea scriitoricească a lui Eliade :

« Succesul cărţilor mele de istorie a religiilor şi de orientalistică, nu mă consolează să-mi sacrific creaţia literară ».(vezi)[138] Marcat de rigoarea demersului ştiinţific, Eliade se simte, dacă mi-e îngăduită alăturarea, un « Orfeu înlănţuit », un cântăreţ genial silit să-şi reprime orice revărsare a imaginaţiei şi a talentului artistic. De aceea pentru el, literatura e salvatoare, e o adevărată explozie a libertăţii şi fanteziei creatoare, El însuşi îşi afirmă dualitatea spunând că, în calitatea sa de om de ştiinţă, se străduieşte să fie obiectiv în cercetările sale, dar atunci când face literatură vrea sa se păstreze în spontaneitatea visului sau a copilăriei, pentru că tot ce facem în literatură e o nostalgie a copilăriei şi adolescenţei, adică partea cea mai spontană şi mai creatoare a vieţii.

A studiat în modul cel mai profund credinţele şi miturile umanităţii, căutând sensurile şi semnificaţiile lor, aceste preocupări fertilizându-i şi imaginaţia artistică. Proza sa literară de după al doilea război mondial, de inspiraţie mitică, e mai subtilă, mai rafinată decât cea de dinainte, aceasta fiind o perioadă ce coincide cu realizări remarcabile şi în opera sa ştiinţifică.

Mitul lui Orfeu l-a fascinat întotdeauna, după cum reiese şi dintr-o consemnare în jurnalul portughez, în care, de altfel, sunt prezentate pe larg mai multe întrevederi cu cunoscuţii eseişti spanioli Eugenio d'Ors şi Ortega y Gasset. În însemnarea făcută la 2 februarie 1944, Eliade notează că Mariaux i-a relatat o întâlnire cu Ortega Y Gasset în care acesta spunea despre Eliade că numai un român ar putea fi filozof mistic şi om de ştiinţă în

---

[138] Eliade (Mircea), 1991, p. 115.

acelaşi timp, pentru că aceştia sunt aproape de Orfeu, dar pot fi şi cu privirile spre Occident. Formula era : « Eliade e un om de ştiinţă orfeizant ». Tot acolo, autorul român comentează în acest fel la cele relatate :

> Mă consider un cal troian în tabăra ştiinţifică şi misiunea mea este de a pune odată capăt războiului Troiei, care durează de mult între ştiinţă şi filozofie. Vreau să validez ştiinţificeşte sensul metafizic al vieţii arhaice, adică să conving pe sociologi, comparatişti, etnografi şi folclorişti că studiile lor nu-şi găsesc sens decât valorificând, aşa cum se cuvine, înţelegându-l, aşa cum este, omul culturilor tradiţionale. Cred că numai în asemenea chip ştiinţele etno-istorice pot ieşi din penibilul impas în care se află. (vezi)[139]

Noţiunea de mit are o sumedenie de interpretări şi definiri. Mircea Eliade afirmă că în societatea arhaică mitul constituie centrul existenţei şi vorbeşte despre o creaţie, despre felul în care o entitate a început să existe : lumea, omul, speciile de animale, instituţiile sociale, evenimentele primordiale în urma cărora omul a devenit ceea ce este în prezent. Funcţia lui dominantă este de a înfăţişa modele exemplare pentru toate evenimentele şi activităţile omeneşti semnificative : munca, educaţia, arta, alimentaţia, căsătoria etc.

El spune că mitul este o povestire simbolică în care omul societăţilor arhaice descoperă posibilitatea de a trăi cu sens propria viaţă. Existenţa sa istorică imită evenimentele de la începuturi. Pentru el timpul este circular, reversibil şi recuperabil, un prezent mitic, reintegrat periodic prin rituri. Repetarea anuală a cosmogoniei duce la reîntoarcerea *in illo tempore* la momentul creaţiei primordiale, care asigură o regenerare a timpului însuşi. Actualizarea momentului originar dă timpului obişnuit orientare şi consistenţă.

În postfaţa volumului de nuvele *În curte la Dionis*, criticul Eugen Simion apreciază că Eliade este preocupat de mitul « vivant » (încă viu), cel care poate da valoare chiar şi existenţei

139 Eliade (Mircea), 2006, p. 112.

actuale. În spatele evenimentului savantul caută morfologia sacrului, caută formele permanente şi coerenţa lor internă, descoperă structurile semnificative revelate de mituri şi simboluri.

Individul tradiţional e valoros în măsura în care imită arhetipul, pentru că mitul nu trebuie doar cunoscut, ci şi trăit. Pin rit el poate deveni contemporan cu zeii, cu întâmplările de la origini. Salvarea oamenilor începe cu cei mai simpli, mai apropiaţi de mit : bahicul repetă drama lui Dionysos, orficul repetă gesturile lui Orfeu, creştinismul urmează principiul « imitatio Christi ». Graţie mitului, istoria are un început, are nişte modele şi reproduce o paradigmă. Mitul arată că lumea, omul şi viaţa au o origine supranaturală, care este semnificativă, valoroasă şi exemplară.

În mitologia greacă, cel mai frecvent, Orfeu apare ca fiul regelui trac Oeagrus și al muzei Calliope. După Pindar, tată îi era zeul Helios-Apollo, care i-a dăruit lira, instrument creat de ingeniosul Hermes. Cântăreț desăvârșit, personajul a devenit cu timpul arhetipul artistului. Muzica lui fermeca orice ființă, îmblânzea animalele, chiar și stâncile erau clintite din loc de cântul lui. Nu este deci de mirare că Orfeu a fost de mare ajutor argonauților, la a căror expediție a participat, domolind marea furtunoasă datorită puterii de a stăpâni, prin arta lui, elementele naturii. În versiunile mai vechi, Orfeu este recrutat de argonauți pentru a acoperi ademenirile sirenelor cu propriul său cânt. După despărțirea de echipajul lui Iason, cântărețul s-a îndrăgostit de nimfa Euridice, dar fericirea sa alături de aceasta a fost de scurtă durată. Există două versiuni ale morții nimfei, în urma mușcăturii unui șarpe veninos. După Vergiliu, ea era râvnită de Aristaeus, care, urmărind-o, a făcut-o să calce în goana ei pe un șarpe. Ovidiu povestește că nenorocirea ar fi avut loc pe când nimfa culegea flori cu suratele ei, naiadele. Orfeu o plânse îndelung și, nesuportând până la urmă despărțirea, coborî în infern să o caute. El reuși prin cântec să farmece întregul Tartar și să-l înduplece chiar pe zeul Hades să-i dea iubita înapoi. Consimțământul de a o însoți pe Euridice pe calea întoarsă spre lumea pământenilor, alături de călăuzitorul sufletelor, Hermes, i-a fost dat cu condiția de a nu se uita nicio clipă înapoi, la ea. Frământat de temeri cum era, Orfeu nu reuși să respecte această condiție ; când mai avea doar un pas de făcut pentru a ieși la lumina zilei, el își întoarse capul și își pierdu astfel iubita pentru a doua oară, de data aceasta definitiv. În pofida rugăminților eroului, care a rămas lângă râul Styx înduioșând cu lira lui toate animalele sălbatice, Hades nu a mai eliberat-o pe Euridice.

Singur și îndurerat pentru tot restul vieții, Orfeu și-a găsit sfârșitul pe meleagurile natale, fiind sfâșiat în bucăți de menade, preotesele trace ale lui Dionis. Acestea erau mânioase pe el pentru că nu a participat la cultul lor orgiastic. Capul și lira sa au fost aruncate în râul Hebrus și purtate pe marea Egee până pe țărmul insulei Lesbos. Acolo a fost în primejdie să fie înghițit de un dragon, dar monstrul a fost împietrit până la urmă de către Apollo. Deoarece capul nu încetase să cânte, i se înălță acolo un oracol, iar insula deveni în acest fel leagănul poeziei lirice. Lira, însă, fu ridicată de zeii olimpieni în cer, acolo unde formează pentru eternitate constelația cu același nume.

În *Istoria credinţelor şi ideilor religiose,* specialistul Mircea Eliade apreciază că

> Pare imposibil să se poată scrie despre Orfeu şi orfism fără a irita o mulţime de savanţi : fie pe scepticii şi « raţionaliştii » care minimalizeză importanţa orfismului în istoria spiritualităţii greceşti, fie pe admiratorii şi « entuziaştii » care îl socotesc o mişcare de un răsunet considerabil. (vezi)[140]

Nu ne propunem să analizăm argumentele ştiinţifice ale celor două ipoteze, ci să reliefăm capacitatea orfismului de a fi în continuare sursă pentru literatura modernă.

[140] Eliade (Mircea), 1994, p. 177.

Eliade crede că miturile, simbolurile ţin de substanţa vieţii spirituale : pot fi camuflate, degradate, însă niciodată extirpate :

> Ar merita efortul de a fi studiată supravieţuirea marilor mituri în tot cursul secolului al-XIX-lea, care – în ciuda tuturor « formulelor» ştiinţifice, realiste, sociale – a fost marele depozitar al miturilor degradate. (vezi)[141]

Mai ales în literatura beletristică postbelică a lui Eliade apar frecvent ideile sale despre mituri, evident în formulă estetică. Uneori ficţiunea este doar un pretext pentru discutarea conceptelor, alteori imaginaţia, fantezia scriitorului sunt atât de debordante încât teoria e aproape insesizabilă. În viziunea nuvelistică a lui Mircea Eliade, Orfeu din spaţiului tracic e încă viu în lumea profană contemporană.

Mă voi referi la câteva nuvele relaţionate cu mitul orfic : *În curte la Dionis, Incognito la Buchenwald, Uniforme de general, La ţigănci, Nouăsprezece trandafiri* şi altele, care exprimă cel mai bine continuitatea, în lumea modernă, a mitului despre Orfeu şi Euridice, mai ales sub două aspecte : al creaţiei şi al erosului.

Personajele principale ale nuvelei *În curte la Dionis* sunt Adrian, poetul, creatorul, conştient de arta şi misiunea sa, şi Leana, mesagerul acestei creaţii. Ca în mitologie, nu avem acces direct la sursă, cunoşterea se transmite prin intermediari.

Există două planuri narative, unul axat pe evoluţia femeii, celălalt urmărind mişcarea bărbatului , două fire epice desfăşurate în paralel, cu aluzii discrete la relaţia dintre protagonişti, pentru ca spre final autorul să provoace, în sfârşit, întâlnirea lor, care nu clarifică, ci încifrează şi mai mult naraţiunea.

La început, din relatările unor spectatori (intermediari profani) aflăm că, deşi era dorită, căci cînta dumnezeieşte, Leana apărea şi dispărea periodic în câte o grădină de vară modestă a vreunui local de mahala din Bucureştiul interbelic.

---

141 Eliade (Mircea), 1994, p. 14.

După ce se prezenta, ea preciza întotdeauna : « Nu mă cheamă aşa. Pentru păcatele mele am ajuns să cânt prin cârciumi şi oamenii îmi spun Leana. Dar eu n-am fost făcută pentru asta ». (vezi)[142]

La fel ca în cazul altui personaj, Gavrilescu din povestirea *La ţigănci,* ajuns un simplu profesor de pian tot « pentru păcatele sale », trimiterea se face la mitul lui Orfeu, actualizat aici într-o formulă parţial degradată.

Originea supraumană a eroinei e intuită de spectatori chiar şi în această formă a mitului diminuat. Nu doar vocea Leanei, ci şi surâsul păreau din altă lume :

> ...toată faţa i se lumina de un zâmbet nemaivăzut şi neînchipuit. Nu putea fi comparat cu nimic, nu semăna cu nimic – nici cu zâmbetul celor mai frumoase femei, nici cu al copiilor şi nici cu zâmbetul îngerilor. (vezi)[143]

Descrierea continuă în sensul sugerării unei naturi umane de o mare puritate, unice, care camuflează de fapt o posibilă sorginte sacră a personajului, în orice caz o relaţionare cu mitul care o plasează într-o poziţie superioară în raport cu ascultătorii. Ca un alt Orfeu, Leana se acompaniază cu un instrument muzical, dar nu o liră, ci o vioară, pe care o sprijinea într-un chip ciudat, unic, relatează personajul Hrisanti, dar nu în momentul audierii cântecelor, ci la câţiva ani după ce a ascultat-o pe cântăreaţă. Autorul lasă loc interpretărilor, o variantă posibilă fiind ideea că, în timp, într-un anumit context, o persoană poate fi mitizată de către alţii, poate deveni subiect de legendă.

Jocul ambiguizărilor continuă când, acelaşi personaj masculin îşi aminteşte de melancolia melodiilor cântate de Leana :

142 Eliade (Mircea), 1981, p. 485.

143 *Ibidem.*

Nu ştiu de unde, nici de la cine le învăţase, căci erau cântece vechi, mai de nimeni cunoscute. Dar nu era numai asta, numai faptul că ştia cântece şi balade atât de vetuste şi melodii arhaice : le crea din nou, le cânta aşa cum tebuiau ele cântate ca să ne placă nouă, tinerii de pe-atunci, după război (vezi)[144], dar îndată ce deveneau prea cunoscute, le abandona.

Sursa este mitul din illo tempore, dar încă viu, reiterat periodic prin rit şi abandonat imediat când îşi pierde energia vitală şi cade în ritualism, în formă goală. Aşa s-a întâmplat cu melodia « În curte la Dionis », care anunţa o trăire intensă a simţurilor, dar pe care Leana n-a mai cântat-o după ce a devenit prea populară. Referirea la Dionisos, zeitate veche ce a traversat mai multe epoci şi mai multe spaţii, cunoscut şi în Tracia, poate crea diverse variante de interpretare, percepţia personajului fiind multiplă. Chiar şi reprezentarea sa plastică a suferit modificări, de la zeul bărbos din vechime, încununat cu iederă şi îmbrăcat în veşminte lungi, transformându-se, prin secolul V î.H., într-un tânăr arătos, iar un secol mai târziu, înfăţişarea adolescentină devine canonică, uneori însoţită de măşti datorită originii teatrului din cultul său. Erau foarte gustate serbările organizate în cinstea lui, cu vin, cânece şi dansuri, uneori cu accente orgiastice. Omul arhaic vedea nu doar aspectul exterior al mitului, ci îi percepea dimensiunea religioasă profundă, care corespundea orizontului său de aşteptare.

Avizaţi de lucrările de istoria religiilor ale lui Eliade, înţelegem că în fiinţa umană există impulsul reîntoarcerii la origini, există o nostalgie a « începuturilor » la care se raportează fiecare om, uneori mai mult subconştient decât raţional. Deschiderea către sacru îl ajută pe *homo religiosus* să se cunoască mai bine pe sine, cunoscând lumea. Această dublă cunoaştere face din el un om total, îl reintegrează într-un cosmos organizat, care imită modelul exemplar al creării lumii, opus haosului. Oricare ar fi gradul de desacralizare a lumii,

---

144 *Ibidem*, p. 486.

omul nu reuşeşte să abolească total comportamentul religios, în sens larg. Pentru fiecare dintre noi există încă spaţii sacre, spaţii privilegiate, relaţionate cu ţinutul natal, sau cu locul primei iubiri sau cu alte spaţii semnificative ale universului privat, crede Mircea Eliade.

Aşa cum reiese din literatura sa beletristică, Bucureştiul este un oraş mitic, plin de semne, un spaţiu ce ascunde mistere vechi, un loc în care trăiesc indivizi purtători de mituri. Cel mai frecvent, sacrul se manifestă la oamenii simpli, comuni, pentru că sunt reductibili la arhetipuri, sunt mai apropiaţi de formele originare, primordiale ale vieţii ; se pot apăra mai bine decât omul modern de « teroarea istoriei ».

Leana alege cârciumile de mahala ca să le cânte oamenilor simpli. Deşi ar fi putut fi un adevărat orfeu, Gavrilescu din nuvela *La ţigănci* a ajuns un modest profesor de pian, în ciuda geniului muzical cu care a fost înzestrat nativ. Zaharia Fărâmă, din nuvela *Pe strada Mântuleasa,* e un simplu învăţător pensionar, un om obişnuit , care nu pare a fi conştient că e în relaţie cu miturile.

Sacrul este camuflat în profan, prin urmare, greu de recunoscut în lumea noastră secularizată. E ascuns şi în nuvelele lui Eliade, sensul adânc al mesajului scrierilor sale fiind greu de descoperit în spatele unei relatări oarecare.

În răspunsurile date lui Claude-Henri Roquet la interviul din *Încercarea labirintului,* autorul român afirmă : « Cred că întotdeauna transistoricul e camuflat în istoric, extraordinarul în ordinar », prezenţa unei realităţi irecognoscibile în realitatea profană este « elementul de unitate al prozelor mele, realiste şi fantastice, şi al cercetărilor mele de istoria religiilor ». Iar în final « pentru a putea evalua ceea ce am scris, cărţile mele trebuie judecate în totalitatea lor. Dacă ele au vreo valoare, vreo semnificaţie, atunci acestea apar numai în totalitatea operei ». (vezi)[145]

---

[145] Eliade (Mircea), 1990, p. 151.

Istoricul religiilor este completat de prozator şi în nuvela amintită, *În curte la Dionis*. Ca un Orfeu modern, personajul principal masculin, Adrian, este promotorul unei doctrine de salvare a omului prin poezie, iar Leana, cântăreaţa de cârciumă, este purtătoarea acestui mesaj. Adrian, cel căruia i-a fost dăruit harul poetic, e sensibil la semne, deci şi la mesajul pe care îl avea de primit de la o persoană cu « un nume simplu, manifest. Aş putea spune chiar fanic, pentru că se arăta pe de-a-ntregul, nu ascundea numic » (vezi)[146]. Amnezia îl împiedică să se întâlnească cu mesagerul despre care ştia că avea să-i comunice lucruri de o excepţională importanţă :

> Importante nu numai pentru noi, artiştii, scriitorii sau, să spunem, elita, inteligheniţia, ci pentru orice om viu şi întreg, pentru orice om care vrea să rămână aşa cum s-a visat el întâi (vezi)[147],

adică în contact cu mitul, cu sacrul, omul complet. Cei ca Adrian, capabili să vadă semne, fac parte dintre cei aleşi, care înţeleg şi cred în revelarea miturilor chiar şi în lumea actuală. Credinţa lui este că poetul are menirea să salveze, prin logos, oamenii societăţii moderne desacralizate, aşa cum Orfeu, nu doar că a civilizat tracii, dar, mai mult, a îmblânzit animalele şi orice altă formă de viaţă care i-a ascultat cântecul. Poetul, artistul în general, prin creaţia sa, scoate spiritul de sub apăsarea materiei, îi redă libertatea şi îi permite să se întoarcă la origini, în « centrul ordonator al începuturilor ». Realizează o relaţie recuperatorie cu sacrul, care îi conferă o misiune de profet şi taumaturg :

> - Trebuie să-i îmblânzim. Şi traduc imediat : aşteptăm pe Orfeu, aşteptăm pe acel poet de geniu al cărui verb va sili omul să se deschidă către spirit ; cu alte cuvinte, va precipita mutaţia pe care au râvnit-o toate religiile şi toate filosofiile din lume. Cine îi va mai putea rezista lui,

---

[146] Eliade (Mircea), 1881, p. 489.

[147] *Ibidem*, p. 491.

poetului? Vă întreb : ce mistreţ a mai putut rămâne el însuşi, mistreţ în toată firea, ascultându-l pe Orfeu ? (vezi)[148].

După cum observă criticul Eugen Simion, în postfaţa volumului *În curte la Dionis*, amnezia personajului Adrian poate fi un semn că începe să piardă percepţia realului, tocmai pentru că se află în apropierea sacrului. Calea spre mit, spre sursă e intermediată, nu se lasă descifrată cu uşurinţă, presupune parcurgerea unui traseu iniţiatic. Trimiterile pot fi inclusiv la ipostaza unui Orfeu întemeietor al iniţierilor prin revelaţii de ordin cosmologic şi teosofic, care presupuneau preliminar vegetarianism, asceză, purificare şi răbdare. În lumea profană revelarea sacrului e parţială şi dialectică : pe măsură ce o parte a sa se lasă descifrată, alta se ascunde.

Liftul pare un vehicul mitic ce îl deplasează pe Adrian, cel rătăcit în hotel, pe verticală, amintind de stâlpul cosmic, acel Axis Mundi care unea cerul cu pământul şi cu lumea de jos (poate Hadesul în care Orfeu îşi căuta soţia). La etajul 21 ratează ascensiunea spre lumea superioară, aşa cum, în altă scriere, Gavrilescu se agaţă de trecut şi de lumea profană, ratând intrarea în lumea de dincolo. Prin urmare, Adrian pierde şansa anamnezei, a aflării Adevărului, şi cunoaşte experienţa catabasică. Sacrul se manifestă prin hierofanie, prin semne, dar amnezicul poet nu este capabil să le descifreze corect şi complet. Fără mesager, fără să înţeleagă cine l-a trimis pe mesager, se rătăceşte în hotel, în labirintul existenţei raţionale, al aparenţelor şi se lasă dus pe o pistă falsă de oameni mult prea ancoraţi în realitate. Pentru indivizi ca Orlando, spirit eminamente profan, poetul este un tip suspect care poartă un mesaj, dar unul cât se poate de concret, lucrativ, practic. Aceleaşi informaţii capătă interpretări opuse, în funcţie de viziunea fiecărui personaj. Evenimente asemănătoare se întâplă cu anchetatorii lui Fărâmă din proza *Pe strada Mântuleasa*, care

---

148 *Ibidem*, p. 515.

nu reuşesc să înţeleagă mesajul învăţătorului, pentru că nu pot să iasă dintr-o determinare strict pragmatică, profană.

Spre final aflăm că poemul unic, *În curte la Dionis,* scris sub semnul lui Orfeu, îmţelegem, cu încărcătură sacră, se aude peste tot în lumea reală, spre « îmblânzirea » oamenilor :

> Căci nimeni n-a înţeles până acum adevăratul sens al mitului orfic. Mesajul lui Orfeu acesta a fost : că schimbarea omului, mutaţia lui, nu poate începe de sus, prin elite, ci de foarte de jos, de la oamenii de rând, cei care petrec noaptea în grădini şi în restaurante... (vezi)[149].

Se confirmă încă o dată ipoteza că mântuirea oamenilor începe cu cei mai simpli, mai apropiaţi de mit, la fel ca în mitologia creştină. Înţelegem acum de ce Leana cânta în cârciumile de mahala şi pentru ce fel de ascultători.

Planurile nuvelei converg spre final când protagoniştii se întâlnesc în împrejurările unui accident al cărui victimă este Adrian. Dimensiunea temporală devine ambiguă dar trimiterile sunt din nou la Orfeu şi Euridice :

> - Nu trebuia să te uiţi înapoi, îl întrerupse Leana. Adrian, să nu te uiţi niciodată înapoi. Că, dacă te mai uiţi o dată înapoi, ne pierdem. Ne pierdem pentru totdeauna. (vezi)[150].

Aflat în anticamera morţii, Adrian reiterează un episod din alt timp petrecut cu Leana, devenită « adevărata văduvă », un înger păzitor care se confundă cu îngerul morţii. Poetul, care a înţeles în sfârşit că ea este mesagera, îşi împlineşte menirea, nu doar în plan erotic, ci şi soteriologic astfel încât trebuie să se retragă din lumea aceasta. Aşa cum prevedea Adrian, la fel ca în cazul lui Orfeu, identitatea personală, e înlocuită cu una culturală : « Mi se fac semne. Dacă nu mai mă întorc, să nu vă

---

149 *Ibidem,* p. 530.
150 *Ibidem,* p. 529.

neliniştiţi. Nu mi se poate întâmpla nimic. Ca şi voi toţi, sunt nemuritor... » (vezi)[151]

În *Tratatul de istorie a religiilor,* Mircea Eliade face referiri la morfologia scenariilor rituale periodice. Mai ales sfârşitul anului şi începutul unui an nou este momentul efectuării unor acte purificatoare, a mărturisirii păcatelor, a izgonirii demonilor, a alungării răului din sat, fără a uita de ritualul cu măşti care împacă sufletele morţilor.

Omul, la toate nivelurile, are aceeaşi dorinţă de a suprima timpul profan şi de a trăi în timpul sacru. Mai mult, spera în regenerarea timpului în totalitatea lui, în putinţa de a trăi « istoriceşte » în eternitate, prin transfigurarea duratei în veşnicie. Această nostalgie temporală a eternităţii este simetrică, spaţial, cu nostalgia paradisului.

> Dorinţei de a ne afla permanent şi spontan într-un spaţiu sacru, îi corespunde dorinţa de a trăi permanent, graţie repetării actelor arhetipale, în eternitate şi a realiza o formă ideală (arhetipul) în însăşi condiţia existenţei umane istorice, dar fără a-i purta povara, fără a îndura ireversibilitatea. Nostalgia eternităţii atesta că omul aspiră la un paradis concret, aici şi acum, crezând că dobândirea lui e realizabilă. În acest sens, miturile şi riturile arhaice legate de spaţiul şi timpul sacru pot fi socotite, ca tot atâtea amintiri nostalgice ale unui « paradis terestru » şi ale unui fel de eternitate « experimentală », la care omul crede că mai poate pretinde să aibă acces. (vezi)[152].

Şi scrierile de ficţiune, *Uniforme de general* şi *Incognito la Buchenwald,* par exprimarea artistică a unor teorii din recuzita istoricului religiilor. Mitul orfic se manifestă prin arta spectacolului, ca formă de revelare a sensului profund al existentei şi de salvare a spiritului.

În prima nuvelă acţiunea are două nuclee narative, se desfăşoară pe două planuri sau, conform interpretării criticului

---

[151] *Ibidem,* p. 525.

[152] Eliade (Mircea), 2013, p. 317.

Eugen Simion, tema fiind spectacolul, ar putea fi vorba de o scenă rulantă cu două decoruri.

Unul dintre planuri este dominat de două personaje, care caută în podul unei case părăsite uniformele de pe vremuri ale generalului Calomfir : Ieronim Thanase, care vede lumea ca pe o piesă de teatru experimental, din care nu lipseşte Corul din tragediile antice (mai apropiate de mit) şi elevul Vladimir Iconaru, pasionat de entomologie, personaj profan, ancorat în realitate, dar care, asemenea multor eroi din proza lui Eliade, este, în mod inconstient, purtător de mituri. Ieronim l-a văzut mergând pe maidan cu o pasăre rănită în mână, cunoscutul simbol creştin, şi a înţeles că tânărul aduce un mesaj sacru, că nu avem dreptul să pierdem speranţa.

Ca în marile mistere antice, Ieronim păstrează secretul asupra mărturisirilor pe care i le-a făcut generăleasa pe patul de moarte şi nu dezvăluie ceea ce neiniţiaţii nu trebuie să afle :

> De când s-a prăpădit Generăleasa, eu nu fac altceva, nu pot face altceva, decât să vă spun, dar voalate ca într-o oglindă veche, cum a fost oglinda noastră – nu pot face altceva decât să vorbesc, în imagini şi parabole, de taina care mi-a fost încredinţată. (vezi)[153].

Poveştile despre trecut le transmite reflectate, deformate, interpretate, puse în scenă, pentru că altfel ar fi prea sărace. E declarată superioritatea imaginaţiei asupra realului, a spectacolului asupra istoriei, in extenso, a mitului (a sacrului) asupra profanului.

Ieronim deplânge depărtarea de mituri şi degradarea acestora, e dezamăgit că oamenii nu mai au imaginaţie. Se pare că nimeni nu mai are timp să-şi imagineze o altă lume, cu *altfel* de oameni, o lume mai poetică, crede el, şi deci mai *adevărată*. Hainele folosite în timpul spectacolului nu înseamnă nimic pentru Vladimir, în timp ce pentru Ieronim reprezintă geniul ludic.

---

[153] Eliade (Mircea), 1981, p. 451.

Tragediei umane, ca o consecinţă a bombardamentului asupra Bucureştiului din al doilea război mondial, el ii oferă o soluţie : arta teatrului. Convingerea lui Ieronim este că spectacolul are virtuţi salvatoare : îl poate scoate pe om de sub teroarea istoriei, îl poate scăpa de orice frică, punandu-l în contact cu miturile : « A nu-ţi fi frică de nimic înseamnă a privi tot ce se petrece în lume ca spectacol. Asta înseamnă că putem interveni oricând, prin imaginaţie, şi putem modifica spectacolul aşa cum vrem noi... » (vezi)[154]. Intuieşte că teatrul are puterea de a revela « adevărul total » , adică ceea ce poate fi cunoscut doar dupa moarte şi poate pregăti oamenii pentru viaţa viitoare.

Pe un alt plan evoluează personajul Antim, entomolog, violonist de la cinci ani, devenit, în scurt timp, violoncelist de geniu. O lectură din copilărie, al cărei sfârşit nu şi-l aminteşte (iarăşi amnezia personajelor), dar îl tot caută, i-a schimbat viaţa. Înţelegem cât de presantă este întoarcerea la origini (la copilărie), la poveştile (miturile) care îl pun în legătură cu valorile esenţiale. Naraţiunea care îl obsedează, scrisă prin secolul XIV sau XV, poate fi uşor relaţionată cu serbările lui Dionisos şi misterele orfice. Personajul e un saltimbanc, un jongleur, care, într-o seară, a avut o revelaţie, chiar înainte de a intra în spectacol :

> Tânărul şi-a dat seama de decăderea lui, într-un anumit sens, de trădarea lui. Deodată, în clipa aceea, a înţeles că un jongleur şi un saltimbanc ca el fusese făcut să distreze zeii, să-i amuze prin acrobaţiile şi prestidigitaţiile lui, iar acum el, ca şi toţi cei ca el, distrau pe oameni. (vezi)[155].

Credinţa lui Antim este că toate artele : muzica vocală şi instrumentală, dansul, sculptura, pictura, toate au fost inventate ca să-i omagieze şi să-i slujească pe zei. De aceea rămâne

---

[154] *Ibidem,* 1981, p. 449.

[155] *Ibidem,* p. 421.

detaşat când admiratoarea sa, Maria Daria Maria, îi spune ca îl cunoaşte şi îi mărturiseşte ca unui Orfeu modern :

> Nu mi-a scăpat nici un concert, maestre ! Vă urmăresc de cinci ani, de când eram încă la Conservator... Şi din toată orchestra, nu vă privesc – şi nu vă ascult ! – decât pe dumneavoastră !... (vezi)[156].

Viaţa lui a devenit dramatică după ce i-a mărturisit logodnicei că şi-a trădat adevărata vocaţie, care era într-un anumit sens religioasă, şi a devenit un simplu meşteşugar de bâlci. Ea l-a părăsit, aşa cum l-au lăsat ulterior toate femeile cărora le spunea povestea lui şi care par a fi reîncarnarea uneia şi aceleiaşi *străine*.

În *Incognito la Buchenwald* reapar eroi din alte naraţiuni : Maria Daria Maria, Leana, Adrian, Ieronim, Marina Darvari, dar şi personaje noi. Ca într-un ritual, într-o casă parasită, protagoniştii aşteaptă întâlnirea cu o persoana importantă, care a promis ca va veni exact peste un an, ca să recupereze un tablou excepţional, un nud de femeie, de fapt un adevărat corp de zeiţă, al cărei model a fost o tânără ciudata, care plecase din ţară de unsprezece ani. Descoperim destule semne, hierofanii, care trimit la o realitate sacră relaţionată cu simbolistica noului an. Cea care soseşte, Marina, este evident în relaţie cu sacrul, apare intinerită, în mână cu trandafiri roşii, aducând alte daruri, tot pentru durata unui an.

Câteva personaje se ocupă de organizarea unui spectacol, pornind de la realitatea cumplită de la *Buchenwald*, locul unde oamenii au fost închişi şi carbonizaţi « ca şoarecii într-o cuşcă stropită cu gaz ». Dezbătând problema libertăţii, personajul Ieronim crede, ca şi în nuvela anterioară, că :

> noi câţiva am ajuns mai de mult la concluzia că numai prin teatru, adică prin spectacol (incluzând evident mimul, coregrafia, corul), numai prin spectacol am putea izbuti să arătăm că, deşi condiţionaţi şi îngrădiţi din toate părţile,

156 *Ibidem*, p. 410.

> noi, ca şi contemporanii noştri din celelalte ţări şi continente, nu suntem asemenea şoarecilor prinşi în cursă...(vezi)[157].

Dialogul dintre un tânăr slab (victima) şi torţionar (Făgădau) reliefează puterea libertăţii interioare care e eliberatoare, chiar magică pentru tânărul , un adevărat fachir Boddhisattva, care nu simte vreo durere, nici măcar atunci când este ars cu fierul roşu.

Mesajul spectacolului experimental ar fi că libertatea nu poate fi decât interioară şi ea se ascunde în orice act uman, că sensul profund al existenţei poate fi creat şi revelat prin teatru. Marina Darvari, cunoscută din nuvela *Pe strada Mântuleasa*, vrea să demonstreze chiar mai mult : că se poate descoperi un înţeles interior privind îndelung şi în deplină libertate, un punct plin de crăpături.

Ieronim nu pare interesat de faptul că este ultimul descendent a trei familii, considerându-se un întemeietor, primul dintr-o nouă dinastie :

> Cu mine începe o nouă istorie, pe alt plan, mai inalt şi mai creator. Puţin îmi pasă de enigmele sau nostalgiile care se leagă de trecutul acestei case sau de trecutul familiei mele. Nu mă interesează decât viitorul, aşa cum cred eu că-l putem implini trăind liber orice epifanie a prezentului, cât s-ar dovedi ea de tragică, născută din nenoroc şi ursita deznădejdii... (vezi)[158].

Ca la începutul unui an nou, timpul se regenerează, tot ce a fost în sfera profanului, a păcatului, a eşecului, poate fi lăsat în urmă pentru un nou început al vieţii, curăţat de tot balastul trecutului. Sacrul se continuă în viaţa prezentă, actuală, doar că unii au capacitatea să-l recunoască, iar alţii, nu. Ca şi în alte nuvele, şi aici există două tipuri de personaje, cu perspective diferite asupra realităţii : unele în relaţie cu mitul, altele,

157 *Ibidem*, 1991, p. 462.

158 *Ibidem*, 1981, p. 473.

ancorate în profan, care nu înţeleg nimic din mesajul celor din jur.

În scrierile lui Mircea Eliade mitul este cel care dă forţă spectacolului, literaturii, creaţiei, în general. Arta este o formă de salvare a individului, o formă prin care se revelează mitul, şi care apără omul de teroarea istoriei : « A nu-ţi fi frică de nimic, înseamnă a privi tot ce se petrece în lume ca spectacol. Asta înseamnă să putem interveni oricând, prin imaginaţie, să putem modifica spectacolul aşa cum vrem noi... » (vezi)[159]

Hainele folosite în timpul spectacolului nu înseamnă nimic pentru Vladimir, în timp ce pentru Ieronim reprezintă geniul ludic, spectacolul care scoate omul de sub teroarea istoriei si-l pune în relaţie cu sacrul. Ieronim, interpretul semnelor, dezvăluie morala : « Cât timp ne vom putea costuma şi vom putea juca, – suntem salvaţi » (vezi)[160].

În *Nouăsprezece trandafiri* este reluată ideea spectacolului ca exerciţiu spiritual, tehnica mântuirii şi iniţierea în libertatea absolută. Personajele vorbesc despre tehnica de evadare, ritualul tăcerii, adevărata libertate spirituală, tehnica anamnezei, rolul ritualic al teatrului în existenţa omului. În prima parte a naraţiunii apare explicit trimiterea la mitul orfic.

În urmă cu 30 de ani, scriitorul Anghel D. Pandele a suferit un trumatism psihic, în urma căruia uitase tot ce i se întâmplase într-o noapte, la Sibiu, în căsuţa unui pădurar, unde era însoţit de o tânără actriţă. El scrisese o piesă cu titlul *Orfeu şi Euridice*, dar fusese interzisă de cenzură, acţiunea piesei petrecându-se în timpul comunismului. Mai târziu, după ce va trece printr-o iniţiere salvatoare, scriitorul, preocupat de acelşi mit, va reîncepe să scrie o piesă de teatru, *Orfeu în Infern*. Într-un loc ascuns în munţi există o tabără de exerciţii spirituale care constau în interpretări teatrale, iniţieri magice, tehnica anamnezei, discuţii despre manifestarea Spiritului Universal.

---

[159] *Ibidem*, p. 434.
[160] *Ibidem*, p. 434.

Faptul că pozitivul Damian adoarme în timpul spectacolului la care asistă este semnificativ, el interpretând evenimentele prin intermediul logicii profane. Totuşi, trecând printr un proces de anamneză, a cunoscut o experienţă spirituală, El retrăieşte retragerea cohortelor romane şi aude propoziţia care atestă prezenţa românilor pe acest teritoriu : « Torna, torna, fratre ! ». Prin exerciţii spirituale, Pandele se vindecă parţial de amnezie, reuşind să retrăiască episodul din 1938. Vrând să reconstituie vechea călătorie spre casa pădurarului, pleacă împreună cu Eusebiu Damian, dar, după câteva zile, acesta este găsit aproape degerat. Pandele dispare, însă la zile ritualice trimite semne (trandafiri). Ca şi în celelalte naraţiuni, apare anchetatorul, spiritul pozitiv, laic, Albini, care vede în aceste tehnici spirituale acţiuni împotriva socialismului.

Într-o altă naraţiune mitică, *La ţigănci*, există o sumedenie de semne, tehnici şi motive recurente în literatura lui Eliade : căldura, setea, locvacitatea, obsesia timpului, motivul labirintului (coridoare întunecate, scări, etaje, paravane, nenumărate camere înşirate pe acelaşi coridor), trăsura, ca vehicul mitic, amnezia, dialectica sacru-profan, tehnica paradoxului temporal, care sugerează existenţa a două universuri paralele, care adesea se întrepătrund, fără ca personajele să fie conştiente, relaţia text-subtext, uneori descifrată doar de un cititor avizat, care cunoaşte ideile referitoare la mituri din eseurile lui Mircea Eliade. Aşa este căldura care îi toropeşte mintea, conştientizarea pierderii memoriei, prin uitarea servietei cu partituri la eleva sa, Otilia Voitinovici, dar şi o amnezie mai profundă, care îl face să uite că s-a născut să fie un Orfeu sau să uite că locul lui era lângă Euridice-Hildegard.

Drama lui Gavrilescu, profesor de pian, ţine de condiţia omului modern împrăştiat în toate direcţiile, risipit în lumea imediată a realului, a profanului, incapabil să ia decizii care să-l ducă la descoperirea dimensiunilor importante, esenţiale ale vieţii. La ţigănci, casa în care intrase, nu era un loc rău famat, cum credeau bucureştenii « profani », ci un loc cu ritualuri ezoterice, de trecere în lumea de dincolo. Trecerea e condiţionată de iniţiere, care constă în renunţarea la memorie, la trecut, adică la ataşarea de lumea pământească, la setea de viaţă, concretizată în setea de cafea (« Vezi, să nu bei prea multă cafea », îl avertizase una dintre cele trei fete pe Gavrilescu).

Aluzia la această sete apare şi în naraţiunea *Nouăsprezece trandafiri* în momentul în care Niculina îl întreabă pe scriitorul Anghel D. Pandele dacă în timpul traumatismului magic, pe care-l avusese cu 30 de ani în urmă, băuse toată apa din cană. În cazul răspunsului afirmativ, Niculina comentează: « atunci »..., urmat de puncte de suspensie. Prezenţa frazelor neterminate, urmate de puncte de suspensie, constituie o tehnică narativă folosită de Eliade în proza lui mitică. Imposibilitatea detaşării de viaţa pământească este sugerată şi de dorinţa bruscă a lui Gavrilescu de a se refugia în trecut. Vorbeşte despre Hildegard, marea lui iubire din tinereţe, de care s-a despărţit pentru că fusese ademenit de Elsa, actuala lui soţie, pe care n-a putut-o refuza, dintr-un fel de politeţe. Această agăţare de trecut îl împiedică pe Gavrilescu să treacă cu uşurinţă pragul pentru a ajunge dincolo, la sacru. Ezitant, fricos, chiar şi pe vremea tinereţii, nu a ştiut cum să rămână cu Hildegard, nu a ştiut să aleagă corect, tot aşa acum nu ştie acum să ghicească ţiganca ; din nou nu alege corect, adică nu ştie să discearnă esenţialul de derizoriu, sacrul de profan.

Aflase de mult că Hildegard murise, nu se mai gândise la ea de 20 de ani, dar acum, când se afla şi el, fără s-o ştie, în anticamera morţii, şi-a amintit de ea. De altfel Gavrilescu este un Orfeu degradat, pentru că şi-a ratat cariera muzicală, iar acum riscă să rateze şi marea trecere în dimensiunea sacrului, refugiindu-se în lumea profană, în superficial şi derizoriu. Tortura lui psihică, tradusă prin alunecarea printre tot felul de obiecte şi paravane ca o succesiune de labirinturi, hora « ielelor » şi goliciunea trupului său, constituie o vedere de ansamblu a vieţii lui ratate şi vecinătatea morţii, o viziune retrospectivă aşa cum se spune că o are orice om înainte de a muri. Senzaţia de sufocare « ca într-o pâslă » şi a înfăşurării într o draperie traduce eşecul morţii lui la o primă vizită « la ţigănci ». Refuzat de lumea reală a Bucureştiului, e salvat de Hildegard, care îl duce pe calea bună spre lumea de dincolo, refăcând cuplul Orfeu –Euridice, dar cu polii inversaţi, în care femeia este aceea care îl conduce spre sacru.

Concluzii :

Principalele trăsături ale personajului arhaic Orfeu, studiate de Mircea Eliade în *Istoria credinţelor şi ideilor religioase* se regăsesc în literatura sa fantastică, aşa cum s-a putut vedea din sumara prezentare făcută aici.

Hermeneutica lui Eliade contribuie la reliefarea unor dimensiuni profunde ale umanului, valabile în toate timpurile, inclusiv în lumea noastră modernă, chiar dacă civilizaţia tehnicizată actuală le ocultează tot mai mult. Laicizarea progresivă la care asistăm azi, nu presupune eliminarea religiosului din conştiinţa umană, ci realizează o accentuată camuflare a sacrului în profan. Omul religios transfigurează viziunea sa despre viaţă convertind-o într-o lume simbolică şi îşi reglează experienţa istorică după modelele mitice.

În majoritatea nuvelelor există un plan realist, perceptibil, logic în ordinea raţionalului, dublat de un alt plan, mitic, sacru, incontrolabil, cu semnificaţii profunde, uneori greu recognoscibile. Prin extrapolare, avem două mitologii : una modernă, desacralizată, alta de tip vechi, mitică.

Majoritatea scrierilor se grupează în jurul relaţiei sacru-profan şi propun ca soluţie pentru spirit « lecţia spectacolului », arta în sens larg.

Orfeu, mai ales prin dimensiunea sa de creator şi cântăreţ, nu e prezent doar în proza lui Mircea Eliade, ci, parţial şi în oarecare măsură, degradat, şi în lumea showbizului modern, a concertelor moderne de azi. Comportamentul fanilor exprimă mai evident ca oricând nevoia de modele, iar reacţia şi trăirile lor se apropie de extazul religios.

Sentimentul religios n-a pierit în lumea noastră desacralizată, chiar dacă riturile şi ritualurile sacre de altă dată s-au golit de sens. Oameni sau grupuri de oameni caută, uneori destul de haotic, obiectul unui cult care să-i ordoneze şi să le împlinească nevoia de sacru. Frecvent se recurge la mitizarea unui om, a unui obiect, a unei situaţii, a unei teorii, a unei dogme, care să umple golul lăsat de retragerea lui Dumnezeu din lume şi înlocuirea lui cu valori ale lumii profane.

Percepţia lui Mircea Eliade este că o parte din literatura modernă a secolului XX, mai ales cea din perioada structuralistă, s-a golit de sens, de dimensiunea spirituală. O soluţie ar fi întoarcerea la mituri, unele încă vii în experienţa umană actuală. Autorul consideră literatura « fiică a mitologiei » şi crede că interesul pentru povestire există în structura umană şi face parte din modul de a fi al omului în lume, mai mult, îl pune în contact cu miturile, dă sens vieţii sale.

REFERINŢE BIBLIOGRAFICE :

BĂDILIŢĂ C. (coord.), 1997, *Eliadiana I*, Iaşi, Polirom.

BĂICUŞ I., 2009, *Mircea Eliade, literator şi mitodolog. În căutarea centrului pierdut*, Bucureşti, Editura Universităţii.

CULIANU I. P., 2004, *Mircea Eliade*, Iaşi, Polirom.

ELIADE M., 1994, *Imagini şi simboluri*, Bucureşti, Humanitas.

ELIADE M., 1994, *Istoria credinţelor şi ideilor religioase* (vol. 2), Chişinău, Universitas.

ELIADE M., 2007, *Încercarea labirintului. Convorbiri cu Claude-Henri Roquet*, Bucureşti, Humanitas.

ELIADE M., 1981, *În curte la Dionis*, Bucureşti, Cartea Românească.

ELIADE M., 2006, *Jurnalul portughez şi alte scrieri* (vol. I), Bucureşti, Humanitas.

ELIADE M., 1991, *Memorii. Recoltele solstiţiului* (vol.II), Bucureşti, Humanitas.

ELIADE M., 1994, *Nostalgia originilor*, Bucureşti, Humanitas.

ELIADE M., 2013, *Tratat de istorie a religiilor*, Bucureşti, Humanitas.

GLIGOR M. ET RICKETTS M. L. (coord.), *Eliadiana II*, Bucureşti, Humanitas.

HANDOCA M., 1992, *Mircea Eliade. Câteva ipostaze ale unei personalităţi proteice*, Bucureşti, Minerva.

MARINO A., 1980, *Hermeneutica lui Mircea Eliade*, Cluj, Dacia.

RUŞTI D., 2005, *Dicţionar de simboluri din opera lui Mircea Eliade*, Bucureşti, Vremea.

SIMION E., 2005, *Mircea Eliade, nodurile şi semnele prozei*, Bucureşti, Univers Enciclopedic.

TOFAN S., 1996, *Mircea Eliade.Destinul unei profeţii*, Galaşi, Algoritm.

VERNANT J.-P., 1995, *Mit şi gândire în Grecia antică. Studii de psihologie istorică*, Bucureşti, Meridiane.

VEYNE P., 1996, *Au crezut grecii în miturile lor? Eseu despre imaginea constituantă*, Bucureşti, Univers.

Troisième partie

La valorisation des mythes dans la littérature universelle

« L'ATTENTAT » DANS LA POÉSIE POLONAISE RÉCENTE : *ANTI-FARDE, ANTI-FORME, ANTI-FRIME* ?!

Dorota WALCZAK-DELANOIS
Université libre de Bruxelles

Résumé

La poésie polonaise au tournant du XXe vers le XXIe siècle semble faire fi de la tradition poétique et des mythologies (Par exemple : mythe d'un poète, du sacrifice, de l'amour romantique) chéris jusque – là. Les médias, la culture de masse, les nouveaux moyens de communication et de publication : blog ainsi que les concepts d'écriture poétique : *liberatura* de Zenon Fajfer. Les jeunes poètes, actifs dans la vie culturelle et poétique, soucieux de la nouvelle définition de l'Europe révisent les formes de la vie sociale et les formes d'expression nouvelle de la plus jeune génération. Szczepan Kopyt, Jaś Kapela, Konrad Góra, sans complexes par rapport au passé et à leurs collègues de plumes d'autres pays changent avec audace leur crédo poétique. Je propose de faire l'état des lieux des nouveaux et plus récents modes d'expression dans la poésie polonaise, sur base d'exemples choisis.

Mots-clés
La poésie polonaise, la culture de masse, les nouveaux moyens de communication et de publication, le blog

1. LE DÉBUT

Depuis le premier texte littéraire complet en langue polonaise : *Bogurodzica* du XIIIe siècle, un magnifique poème encore manuscrit, qui devient aussitôt le chant et l'hymne pour les occasions solennelles, la poésie polonaise a beaucoup évolué. Si on devait, en quelques phrases, présenter l'importance de ce début jusqu'aux volumes de poésie imprimés, nous devrions nous focaliser sur le nom de Jan Kochanowski (1530-1584), poète de la Renaissance polonaise, ami de Ronsard, un savant et érudit, hors pair dont la plume exquise et habile inspire encore aujourd'hui les poètes contemporains malgrés les siècles d'éloignement[161]. Ces poésies traduites en anglais par Seamus Heanay ont été parmi les 5 livres poétiques les plus vendus en 1996 en outre-mer. Czesław Miłosz, prix Nobel de littérature en 1980 dans son *Histoire de la littérature polonaise* écrit ainsi au sujet de Jan Kochanowski :

> Jusqu'au début du XIXe siècle, le poète slave le plus remarquable fut indiscutablement Jan Kochanowski. [...] Kochanowski donna le ton a l'évolution de toute la poésie polonaise à venir. Dans son œuvre, la langue atteignit sa pleine maturité, et il est considéré aujourd'hui comme un classique du vers syllabique polonais. Sa poésie coule de façon naturelle, pour ainsi dire, sans le moindre effort apparent ; on pourrait la définir comme une « respiration » pure du polonais[162].

Le Baroque et le siècle des Lumières resteront sous diverses influences, surtout italienne et française, bien qu'avec une production propre et avec cette particularité d'être pour la plupart faites par le clergé polonais, fortement progressiste, lisant Voltaire, Diderot et Rousseau. Cependant, c'est le Romantisme qui demeure la période clé pour comprendre l'évolution des matrices du XXe et XXIe siècles au niveau de

---

[161] Une très belle anthologie consacrée à la relecture et présence inspirante de l'œuvre de Jan Kochanowski jusqu'à aujourd'hui témoigne de l'importance de ce père de la littérature polonaise : *Jan Kochanowski w poezji polskiej od XV do XX wieku.* Lublin, Norbertinum, 2003.

[162] Czesław (Miłosz), 1986, *Histoire de la Littérature polonaise.* Trad. de l'anglais André Kozimor. Paris, Fayard, p. 92.

l'évolution des lettres et de la poésie en particulier. Au XIXe La Pologne se trouve partagée entre trois pays : la Russie, l'Autriche et la Prusse, luttant pour préserver sa langue et sa culture. Les littéraires partcipent à cette lutte pour l'indépendance. Le statut exceptionnel du poète en Pologne se forge surtout dans cette période-là : le poète romantique se réjouit de l'autorité qui dépasse celle des postes importants et du pouvoir réel. Il est le génie, le guide-spirituel de la nation, celui qui voit mieux et qui comprend mieux que la plupart des gens ; il est *wieszcz.* Ainsi le mythe du poète insoumis, demeure créé par le poète :

> Maintenant mon âme est incarnée dans la patrie
> J'ai avalé avec mon corps son âme,
> Moi et ma patrie nous sommes un
> Je m'appelle Million – car pour des millions d'hommes
> J'aime et je subis des tortures[163].

Or, il ne s'agit pas seulement d'un regard polonais sur l'importance de cette poésie et de son héritage romantique. Voici ce qu'écrit un journaliste français au sujet de la prestation où la poésie polonaise est en vedette :

> Il suffit d'entendre Andrzej Seweryn [...] vibrer de tous ses nerfs et de toute son âme, avec *Les Aïeux* d'Adam Mickiewicz, pour mesurer l'abîme qui sépare les Français du romantisme. Ce n'est pas un comédien qui lit un poème, c'est un soldat qui soulève un étendard sacré, un héros qui dérobe le tison de Prométhée aux dieux, et qui brûle d'un tourment sans remède. [...] Il faut un cœur d'apôtre, il faut être polonais, pour hisser avec succès la poésie jusqu'à ces parages hautains où l'on tutoie le ciel, jusqu'à cette communion mystique[164].

---

163 Mickiewicz (Adam), 1992, *Les Aïeux,* part III. Trad. du polonais par Jacques Donguy et Michel Masłowski. Lausanne, L'Âge d'homme, p. 208.

164 Ferney (F.), « Du romantisme », Le Figaro du 22 juillet 1998.

C'est ce poète à la provenance romantique qui va également soutenir les grévistes et les syndicalistes, unir aussi les intellectuels et les ouvriers dans les années quatre-vingts en Pologne. Le poème de Czesław Miłosz (1911-2004) : *Toi qui a fait à l'homme simple...* sera alors gravé sur le monument du chantier naval à Gdańsk et récité par des millions de Polonais. Il s'agit de la voix du poète qui s'élève contre l'injustice dictatoriale du pouvoir et qui avertit de sa puissance :

> Toi, qui as fait du tort à l'homme simple,
> Qui as éclaté de rire aux griefs par lui endurés,
> Avec autour de toi, une bande de bouffons,
> Chargés de rendre indistinct le bien du mal,
>
> Même si devant toi, tous s'inclinaient,
> T'attribuant vertu et sagesse,
> Gravant en ton honneur des médailles dorées,
> Heureux qu'ils étaient d'avoir survécu une journée de plus,
>
> Ne te crois pas en sécurité. Le poète, lui, se souvient.
> Tu peux le tuer, un nouveau naîtra.
> Faits et paroles seront inscrits.
> Mieux vaudrait pour toi une aurore d'hiver
> Et la corde et la branche ployée sous ton poids[165].
> 1953

Ajoutons à ceci encore quelques faits statistiques : quatre Prix Nobel du XXe siècle pour la littérature polonaise, dont deux appartiennent aux poètes, plus une médaille olympique pour le volume de poésie en 1928, pour s'assurer que le poète et la poésie en Pologne aient vraiment un statut spécial, historiquement forgé, « sacré », sur le piédestal. Et en même temps, le rôle des poètes et de leur poésie sont très ancrés dans

---

[165] Czesław (Miłosz), 2001, « Toi, qui a fait du tort à l'homme simple ... » Trad. Michel Maslowski, Marie Delaperrière, in : *Panorama de la poésie polonaise du XXème siècle.* Par Karl Dedecius, Paris, Noir sur Blanc.

la vie réelle. Ce seront encore les poètes qui vont contribuer à abolir la censure, officiellement supprimée le 1 janvier 1990.

2. LE CAP DE 1989 DANS LA LITTÉRATURE POLONAISE

C'est bien à ce moment-là que les choses vont évoluer pour la poésie polonaise suite à un ensemble de changements qui ressemble plutôt à une révolution. La listes des « premières » est longue : l'installation du secteur privé, les premières mutualités, les premiers supermarchés, les premières écoles privées, les hôpitaux privés et aussi les premières fermetures d'usines, les premières fiches d'impôts à remplir et les premiers chômeurs, les premiers scandales au sein du nouveau gouvernement démocratique et au sein de l'Église catholique. La dissonance entre l'attente par rapport aux retombées de la liberté fraîchement retrouvée et la réalité façonnée par les nouvelles multinationales est grande et frustrante. Les poètes réagissent à ces changements à la fois par un changement de leur *status nascendi* et par rapport à leur moyen d'expression. D'autre part les poètes polonais rejoignent les autres poètes des ex-pays de l'Est et d'Europe centrale dans l'expérience et la dimension du nouveau paysage après la date symbolique du 1989. Les nombreux « poètes maudits » et « censurés » auparavant vont rentrer dans un pays qui affiche la vitesse cosmique dans ces changements. La littérature n'est plus une « cause » mais surtout une « affaire » et un « business ». Le monopole des imprimeurs est terminé et nombreux sont les nouvelles maisons d'éditions qui essayent se faire valoir auprès des auteurs et lecteurs. Le nouveau marché est soutenu par des nouveaux jurys et nouveaux prix littéraires. Nous pouvons également observer les changements considérables des thèmes littéraires et des tabous. L'histoire de la littérature est de nouveau en train d'être écrite et selon d'autres codes qu'auparavant. Le rôle d'internet, blogs, forums ; le rôle grandissant des mass-médias et *last but not least* le facteur

« européen » contribuent largement au renouveau du poète polonais et sa poésie. La majorité des historiens de la littérature polonaise est d'accord sur cette date et son importance. Citons juste le nom de « catégorie de solstice » (kategoria przesilenia) qui selon Piotr Śliwiński et Przemysław Czapliński signifie un processus qui englobe un domaine beaucoup plus large avec la littérature restant au centre de ces changements[166]. La censure va évoluer d'une manière significative. À la place de Główny Urząd Kontroli Prasy, Publikacji i Widowisk (L'Office Principal de Contrôle de la Presse, Publications et Spectacles) œuvrant de 1946 à 1990, la censure intérieure de l'auteur et la pression de la vente d'ouvrages ; donc une censure économique apparaît. De la pénurie de livres, la société passe au surplus de papiers imprimés, des auteurs, des maisons d'éditions qui fleurissent à chaque coin de rue.

Une partie de la sélection est assurée par les lecteurs et les nouveaux Prix Littéraires qui promeuvent autant que sanctionnent par le manque de cette promotion. Michał Witkowski dans son article *Recycling (Notatki na marginesie twórczości własnej i innych roczników siedemdziesiątcy) / Recycling (Les notes sur la marge de sa création propre et autres nées dans les années soixant-dix)*[167] en plus des changements (internet, Gsm, hypermarket), démontre aussi la déception du capitalisme fraîchement bâti, et le rejet du marketing sous n'importe quelle forme. Or, la recherche d'identification continue même si la culture n'est plus le point de référence, elle a été remplacée par la vidéo de pacotille, la publicité, blogs, spots, etc. D'autre part, les vieux poètes comme Czesław Miłosz, Wisława Szymborska, Tadeusz Różewicz écrivent toujours à la fin du XXe siècle et en renouant avec la tradition par leur forme appliquée des poèmes, ils réagissent à la nouvelle réalité qui parle du sexe, du chômage et du 11 septembre en un amalgame chaotique. Les

---

[166] Czapliński (Przemysław), Śliwiński (Piotr), 1999, *Literatura polska 1976-1998*, Kraków, Wydawnictwo Literackie, s. 236.

[167] Witkowski (Michał) 2010, *Literatura polska 1989-2009, Przewodnik*. Kraków, Korporacja Ha!art, pp. 9-50.

vieux poètes, avec autorité pointent les douleurs sociétales, avertissent telle Cassandre et rappellent qu'ils sont toujours vivants, prêts à réagir comme le fait dans un de ses poèmes, Tadeusz Różewicz en décrivant une foire aux livres, du point de vue de l'écrivain invité:

> je suis assis à un pauvre stand
> derrière une petite table boiteuse
> et je commence à avoir honte
> au-dessus de nous poussent des
> supermarchés
> avec des paniers (!)
> remplis de livres
> des paniers de
> bestsellers, de serviettes hygiéniques
> d'anges et de voyante
> la promotion des bretzels
>
> Joanne K. Rowling
> Paulo Coehlo
> Charlotte Link
> et Stephen King
> Joanne Rowling
> Joanne Rowling
>
> loin
> très loin le Dalaï lama
> avec ses conseils
> qui viennent du cœur
> n'arrive pas à suivre
> le seigneur des anneaux
> la reine Noor
> et madame Nuale O'Faolain
> le majordome de Hitler
> et Rowling Sabrina
> madone
> quelqu'un me sourit
> je cache mon visage[168]

[168] Różewicz (Tadeusz), 2004, « Wstydzę się / J'ai honte », in *Wejście i wyjście*. Wrocław, Wydawnictwo Dolnośląskie, p. 113.

Dans cette approche Różewicz, le poète faisant une constatation sur le marché des valeurs via la parabole du marché du livre se situe aussi comme une marchandise parmi d'autres. Le poète s'avère alors un homme comme les autres, sinon plus piteux et plus impuissant. Et ceci est un nouveau ressenti par rapport à son rôle historique.

3. LE NOUVEAU PAYSAGE POÉTIQUE

Cependant, les nouveaux poètes vont essayer de se frayer le chemin dans ce paysage bien spécifique d'après 1989 et ils ne sont pas uniformes ni unanimes, non plus. Parmi les nouvelles références figurent ceux qui sont déjà devenus des classiques aux yeux de critiques et lecteurs, appelés les poètes de la génération de « BruLion ». Ils rejettent le poids des complexes nationaux et le langage adapté comme un vieux manteau et revendiquent la vision d'eux-mêmes au centre et sans pudeur. Marcin Świetlicki (né en 1961) qui est le poète phare de cette formation, musicien rock et postpunk est un représentant du « barbarisme » dans la poésie des années 1990. Il utilise le langage populaire, évitant la poétisation, parfois lyrique, parfois vulgaire ; il montre l'importance de l'attitude d'outsider et du « moi lyrique », ainsi que la « haine » de l'establishment poétique. A côté de lui, Andrzej Sosnowski (1959) rédacteur de « Literatura na Świecie » et poète qui s'intéresse beaucoup à la « déconstruction américaine », traducteur de la poésie américaine va consacrer beaucoup d'énergie à parler dans ses

---

siedzę w ubogim kramiku / przy kulawym stoliku / i zaczynam się wstydzić / nad name rosną / supermarché
supermarket z koszami (!) / pełnymi książek / kosze z bestsellerami podpaskami / aniołów i wróżek / promocja obwarzanków / Joanne Rwoling / Joanne Rowling / daleko / w tyle Dalaj Lama / ze swoimi radami / płynącymi z serca / nie nadąża już/ za władcą pierścieni / i za królową Noor / i za panią Nuala O'Faolain / za lokajem Hitlera / i za Rowling Sabriną / madonną / ktoś się do mnie uśmiecha // ukrywam twarz.

poèmes de l'impossibilité référentielle du langage, des problèmes de représentation et de l'espace entre le monde et la langue qui le décrit. Sa syntaxe de composition multiple avec les subordonnées nombreuses et emboitées, ses oxymorons, comparaisons ne se répondent pas en déroutant le lecteur et la critique. Eugeniusz Tkaczyszyn-Dycki (né en 1962) est encore un autre exemple de ces jeunes nouveaux et déjà classiques chez lequel le colloquial mélangé souvent au vulgarisme obtient finalement une stylisation baroque qui veut se concentrer sur l'universel. Ces trois poètes vont constituer les trampolines pour les nouvelles apparitions, celles de Roman Honet, Jarosław Lipszyc et Bartosz Muszyński, qui à leur tour vont écrire des poèmes « ponowoczesny » – après-postmodernes. L'exemple le plus frappant est peut-être le volume de ce dernier qui dans son volume *Języki obce / Langues étrangères* 1999 cite Świetlicki en faisant de ses phrases poétiques une matière originale pour ses propres poèmes. Le néolinguisme des années 1990 correspond avec la place de logos en lui attribuant dans son univers la place centrale. Le troisième volet de la révolte concerne les poètes les plus jeunes qui débutent après 1989 et dont les meilleures réalisations appartiennent déjà au XXIe siècle.

Citons encore juste deux exemples de très beaux volumes qui montrent la force et le nouveau caractère de cette jeune génération de poètes. Le premier *Słynni i świetni (Célébres et Fameux)*[169] qui retrace l'activité des jeunes poètes débutant après 1989. Un titre comme celui-ci était encore impensable durant la première moitié des années 1980. Non seulement il ne pose aux jeunes auteurs aucun problème mais étant l'anthologie des poètes publiant en Grande Pologne (le nom d'une de région en Pologne) désaxe le centre varsovien présent jusque là en tant que plus important qualificateur d'excellence poétique. L'autre exemple montre la particularité renforcée – « tout le monde est

[169] Gierszewski (Maciej), Szczepan (Kopyt), 2008, *Słynni i świetni.* Antologia poetów wielkopolski. Poznań, WBP i CKP.

à part », « tout le monde est si spécial... ». L'anthologie *Solistki (Les solistes)* qui rassemble 41 poétesses publiant après 1989 souligne leur excellence par ce titre « les solistes » aussi pour se distinguer des étiquettes existant jusque là et surtout se séparer de deux qualificateurs : la poésie féminine et la poésie pour les femmes. Ce volume veut montrer d'une nouvelle façon la poésie écrite par les femmes :

> Maria Cyranowicz : Il y a ici beaucoup de poèmes qui exposent la protestation intérieure, la révolte étouffée, qui provoquent les tensions et les conflits exprimés ici. Les femmes ne vivent pas en accord avec la réalité, dans laquelle elles vivent. Elles remettent en question les rôles culturels qu'on leur attribue. Elles les négocient ou se révoltent contre eux. Peut-être est-ce pour cela qu'elles énervent, comme le fait la poésie de Izabela Filipiak ou Kamila Janiak. J'ai l'impression que dans cette poésie la langue qui présente l'expérience du corps est plus osée, plus audacieuse.
>
> [...]
> Joanna Roszak : Oui, cette poésie est engagée, mais dans l'affaire du langage, donc dans la problématique de la communication. C'est un engagement propre à notre temps, dans lequel a percé le javelot de la langue[170].

Ajoutons à cela que ces deux splendides volumes imprimés sur du bon papier et magnifiquement illustrés montrent aussi tout l'art graphique et éditorial possible. La distance entre les années 1970 et 1980 du « bon marché » et de « samizdates » semble être un gouffre immense entre avant et après 1989. Une partie de la responsabilité en repose sur l'accélération de la vie des hommes à cause des nouvelles technologies, de l'apparition de l'internet et la vitesse de ces changements qui à leur tour vont provoquer le « marché poétique » et la recherche de nouvelles formes d'expression. Ce n'est pas la première fois,

---

170 *Solistki. Antologia poezji kobiet.* (1988-2009) SDK, Warszawa 2009, s. 228-229.

bien sûr dans l'histoire de la littérature polonaise qu'un tel tournant a lieu. Dans les premières années du XXe siècle Tadeusz Peiper écrivait ainsi :

> Si la poésie se nourrit de l'homme, comment peut-elle rester loin des affaires, qui pour la plupart des gens constituent la majorité de la journée. Ce serait une anesthésie de la sensibilité, la rudesse d'un œil, impuissance[171].

En tout cas, ce grand mouvement du renouveau change aussi le discours critique, impensable jusque là. Un des critiques les plus impliqués dans le discours théorique sur le nouveau poème polonais Igor Stokfiszewski écrit ainsi (et cela n'est pas seulement une boutade ou une provocation) :

> La poésie des dernières quinze années constitue un monolithe. Il suffit de jeter un coup d'œil vers la nouvelle esthétique, pour se rendre compte qu'il s'agit d'une armée maintes fois groupée et regroupée formant une colonne bien ferme. L'Europe, c'est un appel en faveur du postmodernisme [...] je crois que dans nos conditions culturelles, nous pouvons indiquer plusieurs tendances générales dans la poésie qui vont enfermer à l'intérieur de leurs mondes catégoriques, tout ce qui s'écrit et qui va être écrit existant en parallèle [...] Le pluralisme doit se montrer dans l'action. L'action est la maladie du sujet. La maladie née de la peur. La peur est la forme embryonnaire de la mort. La mort est ok[172].

4. DANS LA CHAIR DU NOUVEAU POÈME POLONAIS

Nous avons déjà évoqué que les paramètres utilisés pour la définition par les poètes d'eux-mêmes changent considéra–

---

[171] Peiper (Tadeusz), 1987, *Tędy*, Kraków, Wydawnictwo Literackie, p. 136.

[172] Stokfiszewski (Igor), 2010, « Europa. Poetical Fiction », in *Literatura polska 1989-2009. Przewodnik*. Kraków, Ha!art, pp. 69-70.

blement aussi à cause de la vague de ces changements importants. La réalisation poétique change, le poème devient aussi un projet et un nouveau marché à peine établi qui élargit les frontières à l'infini grâce aux téléchargements internationaux sur Youtube, sur les pages web, portails et blogs. La notion du centre et des périphéries change alors… Dans l'exemple d'un poème polonais récent, j'aimerais dégager trois tendances poétiques. Le **néopostmodernisme** en tant que première tendance, nous frappe surtout dans la poésie de Jaś Kapela (né en 1984), auteur d'essais, de romans et de poésies ; il étonne par la qualité de la faculté de jugement, par la simplicité des moyens et par l'attachement au visuel. Chez Jaś Kapela c'est le *vu* qui crée le *mot poétique.* Dans ses volumes *Reklama / Publicité* (2005) et *Życie na gorąco / La vie sur le champ* (2007), le lecteur peut facilement voir l'impact du quotidien et le clin d'œil qu'il envoie vers Lacan et Foucault en remplissant les vers de « soiécriture ». Kapela diminue la dimension de la réalité dans le monde présenté et dans la langue qui veut l'exprimer. Il ne s'agit pas ici du caractère elliptique de son écriture mais la réduction et la miniaturisation conscientes. Voici M comme le mot non prononcé « miłość » / amour réduit les conventions du conte avec des formules magiques de télévision mal assimilées comme dans le poème : *coraz bardziej post niż neo / coraz bardziej za niż przeciw / plus en plus post plutôt que neo / plus en plus pour que contre :*

tu es une roche moi je suis duraluminium
et mon langage est cool cool tranquillo tranquillo
allons donc boire de la bière : nous serons plus faciles
je ne sais pas comment toi mais moi je vais être plus facile
je lui ai dit que c'est la vérité
et que je n'ai pas de principes – j'ai des besoins
cela revient au même
quelque chose de catholique la première lettre A
j'ai vu à la télé un prêtre expliquer
que parfois il ne trouve pas les points d'appui
et c'est bizarre car il devait le savoir par son poste

il devrait savoir où chercher ces points
je lui ai dit que je ne suis pas prêtre
et je lui ai mis la main sur son genou mais il s'est avéré que non[173]

Contrairement à l'état des lieux que Karol Maliszewski nomme « Poetrix » (faisant référence au « Matrix »), Jaś Kapela ne se sert pas aussi souvent des gadgets de la modernité comme ses jeunes collègues et il crée sur base de la « situation lyrique »[174] sa propre existence poétique, en présumant comme importante la non expérience poétique – cela ne compte plus – mais l'existence poétique pour utiliser le terme de Lacou-Labarthe[175]. Non sans raison Krzysztof Lubczyński écrit à propos de Jaś Kapela : « [...] il y a quelque chose de ce garçonnet dans le conte d'Andersen *Les habits nouveaux d'Andersen* et de Candide de Voltaire »[176]. Kapela dont le style direct se combine avec la référence permanente aux textes canoniques qui figurent dans la mémoire commune (les chefs-d'oeuvres de la littérature, la Bible) montre leurs incompatibilités à la vie actuelle et à la fois la nécessité de leur

---

[173] Kapela (Jaś), 2005, « coraz bardzie post niż neo / coraz bardziej za niż przeciw », in *Reklama*, Kraków, Ha !Art, p. 14. *ty jesteś skała / ja jestem duraluminium // a mowa moja jest spoko spoko / luz / luz // wię chodźmy na piwo bo wtedy będziemy łatwiejsi nie wiem jak ty, ale ja / ciąglejeszcze chcę być łatwiejszy / powiedziałem jej, że to prawda / że nie mam zasad, ale mam potrzeby / co w sumie wychodzi na jedno / katolickie takie coś pierwsza litera Mże widziałem jak w telewizji ksiądz tłumaczył / że czasami nie znajduje punkttów oparcia / i to może się wydawać dziwneże tak mówi / bo przecież jest księdzem więc niejako ze stanowiska/ powinien szukać / i powiedziałem jej że ja nie jestem księdzem / a potem położyłem rękę na jej kolanie ale okazało się że nie.*

[174] Je cite ce terme selon la compréhension de Edward Balcerzan d'après son article « Sytuacja liryczna », in *Przez znaki*. Poznań, Wydawnictwo Poznańskie, 1972.

[175] Lacou-Labarthe (Philippe), 2008, *Poezja jako doświadczenie*. Trad. Janusz Margański, Gdańsk, Słowo-obraz-terytoria, s. 30-31.

[176] http://www.pisarze.pl/recenzje/1005-krzysztof-lubczyski-mistrzowska-kapela.html.

utilité nouvelle parfois dans la démarche ironique qui met le simple communicat entre guillemets :

> Pourquoi as-tu acheté la vie – mon cousin demande maman
> ils vont les montrer dans le journal les faits mais pourquoi
> regarder les faits puisque tout ce qui est important nous pouvons
> l'entendre des gens dans le tram mais pourquoi écouter
> les gens dans le tram si c'est beaucoup plus agréable de mettre
> en route le lecteur de CD puisque tout ce qui est important va nous
> rattraper de toute façon[177]

Ainsi, une entente cordiale entre celui qui parle et celui qui écoute est anéantie par la façon dont le récit du poème est mené et aussi par l'effacement des sens jusque là importants et leurs remplacement par des substituts : l'écran de télévision, de GSM ou d'ordinateur omni-présent. Films, blogs, videoclips, shows sont les unités de base de la création de l'histoire et du poème. Cela n'empêche pas Kapela de se distancier d'eux aussitôt et de les prendre entre les parenthèses de l'humour et de l'ironie. C'est très visible dans le volume *Reklama* et encore plus dans le *Życie na gorąco.* Les titres des poèmes en témoignent : *Paris Hilton Sex Tape, Eschatologiczne Feng shui dla Britney Spears / Fengshui eschatologique pour Britney Spears, Apologia Johna Wayna / Aplologie de John Wayne.*

---

[177] Kapela (Jas), « Wszystko co najważniejsze », in *Reklama, op.cit.,* p. 45.

po co kupiłaś życie / pyta kuzyn moją mamę / przecież wszystko co ważne pokażą w faktach / no właśnie po co oglądać fakty przecież / wszystko co ważne pokażą w faktach / no właśnie po co oglądać fakty przecież / Wszystko co ważne można usłyszeć od ludzi / w tramwaju no właśnie po co słuchać / ludzi w tramwaju skoro dużo przyjemniej będzie sobie włączyć discmana no właśnie / wszystko co ważne i tak nas dopadnie

Le deuxième poète représente **l'anarchisme poétique**. L'auteur Szczepan Kopyt en est effectivement le représentant le plus exemplaire. Ce poète et musicien revendique son appartenance à la fois au mouvement communiste et anarchiste. Il a été nominé pour « Paszport Polityki » 2011 et d'autres Prix littéraires et a lancé un nouveau genre de volume : « record-volume » où l'ensemble des poèmes constitue aussi un tout avec un CD. Tel est son volume *BUCH* du 2011, tel le dernier KIR 2013. L'envie de casser les conventions, de transgresser les genres poétiques est aussi visible dans les autres volumes, par exemple dans *yass / możesz czuć się bezpiecznie* (2006) où la possibilité de la lecture à deux faces et renversée, du début à la fin, est aussi possible. C'est la poésie engagée dans la cause sociale, utilisant le langage du slam et de la culture de la rue, du hip-hop et en même temps en se distanciant des matrices utilisées :

Etienne cool quoi frangin boit bière et fume pipe frangin, cite wińska : « j'ai 5 cons dans l'apparte, hier j'étais à la cathédrale, dieu » soleil, soleil, soleil fumée violette, tombe tout de suite sur la trame aérée[178].

Le rire de convention est mélangé une forte critique de la société consumériste :

> qu'il soient bénis la raison et le téléphone nokia (made in china) et cent matinées d'un jour.
> […]
> qu'il soient bénis les nouveaux baskets (made in china), la ville marchande et les études dépourvues de
> […]
> ah tu es beau le poème sur média, accumulation et sperme, il faut acheter l'arme, absolument et encore laissons pousser nos barbes[179].

---

[178] Szczepan (Kopyt), 2006, « Inc. Szczepan wyluzowany… » in *yass*. Poznań, WBP i CKP, p. 8.
szczepan wyluzowany tej ziom / pije bro pali faje ziom, cytuje wińską : 'mam pięć chujów w mieszkaniu wczoraj byłam w katedrze i się / śmiałam, o boże' słońce, słońce, słońce dymek fioletowy, zaraz spada na tramwaj przewietrzony.

[179] *Ibidem*, p. 50.

Dans la poésie de Szczepan Kopyt, l'attentat se déroule sur plusieurs niveaux : l'ancienne forme du poème part en éclats en remplaçant les strophes par la forme du rap, poème en forme de sms, la forme d'un manifeste décomposé. En même temps, les formes nouvelles rappropriés sont en plus ridiculisées et au moins ironisées. Le piège de cette option poétique réside dans son inconséquence, en restant anarchique jusqu'au bout, dans l'anéantissement de la forme et du contenu, il est difficile de proposer une anti-forme. Ces réalisations sont une sonnette d'alarme mais sans les pompiers qui suivent... et le chaos de cette anarchie ne propose pas de solution. Tout s'arrête sous forme de constat mais sans proposition alternative réelle comme dans ce morceau de *Kir :*

> les cartes pornos ouvertes sur les écrans des services
> nous courrons quelque part mais la souri se bouge d'elle même
> ceci n'est pas une ville de fabrique ici c'est la vente détail et grossiste
> nous ne connaissons pas nos prénoms et moi je ne me souviens de rien[180]

Liberatura est la troisième proposition de l'anti-forme traditionnelle. Zenon Fajfer est son principal représentant, le praticien et le théoricien. Il crée une nouvelle forme poétique (le poème d'émanation) et sa variante électronique (le poème kinétique). Il a publié dans les périodiques : « Ha!art », « Odra » i « Tygodnik Powszechny » et est l'auteur de livres de « libérature » : *Spoglądając przez ozonową dziurę* (2003) et *dwadzieścia jeden liter / ten letters* et co-auteur avec Katarzyna Bazarnik *Oka-leczenia* (2000, 2009) et *(O)patrzenia* (2003). En tant

niech będzie błogosławiony rozum i telefon nokia (made in china) i sto poranków jednego ranka [...] / niż ja ; niech będą błogosławione nowe trampki (made in china), kupieckie miasto, studia pozbawione [...] / ach ! piękny jesteś wierszu, o mediach, akumulacji i spermie trzeba kupić karabin, koniecznie, i jeszcze zapuśćmy brody.

180 Szczepan (Kopyt), 2013, *Kir*, Poznań, WBKi CKP, p. 113.

qu'homme de théâtre, il a préparé les spectacles : *Madam Eva, Ave Madam* (1992), *Finnegans Make do myśli, słów i uczynków Jamesa Joyce'a* (1996), *Pieta* (2006). Il est à la tête de la Salle de lecture de Liberatura et aussi de la série d'édition qui est consacrée à cette littérature dans la maison d'édition de : Ha!artu. Il s'agit dans ce cas de proposer la littérature qui s'intéresse au problème de la visualité du langage, de l'architectonique des médias. Ce n'est pas seulement et exclusivement l'art des mots mais la poétique et l'esthétique de la matière du livre. Les livres sont souvent proposés en versions à la fois polonaise et anglaise au départ, ce qui sort de l'usage habituel des poètes.

Pratique libératuro-multimédiale de Fajfer, volume en papier *vingt-et-une* lettres avec la présentation *Primum Mobile* est un excellent exemple comment le problème de la conscience multi-médiale d'une manière sans choc se joint à la sensation d'immersion dans la langue. Tandis que la méthode du regard sur l'interface et les éléments visuels se joignent avec le soupçon déconstructioniste contre la langue et la réflexion sur la théorie des médias influence les questions liées à la métaphysique de présence, à la croisée des émetteurs matériels et ceux qui font référence à la réalité virtuelle[181].

Regardons ce que cela donne en pratique :

> Zenon à vrai dire n'a jamais existé mais par contre il vit éternellement.
> S
> a
> v
> i
> e

[181] Jerzyk (Ł.), 2008, « Widzieć-wierzyć-wiedzieć. Zenona Fajfera podejrzenia i spojrzenia. / Voir – croire – savoir. Les soupçons et les regards de Zenon Fajfer » in *Między językiem a wizualnością*. Red. Magdalena Bednarek, Maciej Junkiert, Joanna Klaus-Wartacz, Poznań, Studia Polonistyczne, p. 131.

s
e
c
o
m
p
o
s
e
d
e nombre infini des moments immobiles [182]

L'idée de littérature totale où le texte et le livre fonctionnent comme objet physique de la forme organique de tout est proposée par Zenon Fajfer déjà en 1999[183]. Bien qu'elle nous fasse penser aux calligrammes bien connus d'Apollinaire et d'autres – elle va plus loin dans la démarche non seulement esthétique mais philosophique de réconcilier les médias avec les lettres. Chez Fajfer, l'écran n'est pas diabolisé, il permet de rafraîchir le regard sur la littérature :
« sur le nouvel écran / on te regardera de nouveau » (na nowym ekranie / obejrzy cię znowu)

Transgresser les frontières entre les langues, les façons établies de communiquer, transgresser les limites entre l'objet et l'idée de littérature, tels sont les plus grands acquis de Zenon Fajfer et de ses disciples.

---

[182] dwadzieścia jeden liter (Vingt-et-un de lettres) Pas de date, ni page (environs 100 pages), ni lieu d'édition. *Zenon wprawdzie istniał, ale za to żyje wiecznie. / j / e / g / o / ż / y / c / i / e / s / k /ł / a / d / a / s / i / ę z nieskończonej ilości liter.* http://www.ha.art.pl/wydawnictwo/katalog-ksiazek/980-zenon-fajfer-dwadziescia-jeden-liter-ten-letters.html

[183] Bazarnik (Katarzyna), « What is Li-berature? » in *Bartkowiaks Forum Book Art 2005 / 2006*, p. 465.

5. CONCLUSIONS

Ces trois propositions « d'attentat », d'envie de bâtir le nouveau et de rejeter, ressortent par leur cohérence du système d'une grande vague de poètes nouveaux et de multiples publications. Toutes les trois propositions, bien que différentes, mettent en valeur le contact avec la réalité (et non avec le passé), ils se libèrent du contexte marttyrologique polonais pour de bon, ils se préoccupent du *hic et nunc.* Leur point commun à trois est la démarche de contestation du contenu et de la forme de la lecture des « anciens poèmes » et leur transcription nouvelle dans une esthétique toutefois différente. Les trois propositions mettent aussi en exergue le microcosme du « moi lyrique », rarement quitté et souvent juste pour constater le bilan des gains et des pertes de leur existence poétique. Ces poètes doivent beaucoup au langage de l'avant-garde et à la formation pop surtout dans le domaine de la visualisation, l'autonomisation des caractères imprimés, la fonctionnalisation du texte dans la dimension de l'écrit et de l'image. Julian Kornahuser décrit cette stratégie avec une note d'ironie en tant qu'écriture de « ce que j'ai fait depuis le matin »[184]. Certains poètes choisissent aussi de naviguer dans la dimension de l'hypertexte. Cependant la plupart appartiennent à la catégorie décrite par Przemysław Czapliński dans *Resztki nowoczesności / Les restes de modernité :*

L'art récent – à part quelques ruptures et gestes rituels – n'a pas vraiment répété la révolte contre la tradition et n'a pas tendu les mains pour saisir l'utopie. Au lieu d'une visible séparation, les auteurs ont choisi recycling. Recycling [...] en tant que réponse moderne aux déchêts modernes[185].

Czapliński n'a pas tout à fait tort, cette révolte n'a pas la

---

[184] Kornhauser (Julian), 2003, *Poezja i codzienność.* Kraków, Wydawnictwo Literackie, p. 127.

[185] Czapliński (Przemysław), 2011, *Resztki Nowoczesności.* Kraków, Wydawnictwo Literackie, pp. 6-7.

même envergure que les précédentes révoltes connues, comme par exemple celle des romantiques contre les classiques. Cependant, elle existe bel et bien dans son aspect de « décousu » du contenu, de la forme et du message sensé transparaître. Face à l'impossibilité de donner une réponse valable aux changements et au nouveau monde tellement précipité, chaotique qui fonctionne et qui se construit autrement qu'avant 1989, le recyclage de la matière est une sorte de révolte ou le moi-lyrique va devenir la catégorie la plus présente, voire « surprésente » puisque exactement cela – le ressenti du moi – qui devient l'unité stable et vérificatrice du monde extérieur. Car n'empêche l'impact de cette révolte, elle revendique comme chaque précédente la place et la visibilité du « moi », « je lyrique y compris ».

BIBLIOGRAPHIE

BALCERZAN E., 1972, *Przez znaki,* Poznań, Wydawnictwo Poznańskie.

CZAPLIŃSKI P. ET ŚLIWIŃSKI P., 1999, *Literatura polska 1976-1998,* Kraków, Wydawnictwo Literackie.

CZAPLIŃSKI P., 2011, *Resztki Nowoczesności,* Kraków, Wydawnicwto Literackie.

FAJFER Z., dwadzieścia jeden liter (Vingt-et-un de lettres) Pas de dates, ni pages (environs 100 pages), ni lieu d'édition. http://www.ha.art.pl/wydawnictwo/katalog-ksiazek/980-zenon-fajfer-dwadziescia-jeden-liter-ten-letters.html

KOCHANOWSKI J., 2003, *w poezji polskiej od XV do XX wieku,* Lublin, Norbertinum.

KAPELA, 2005, *Reklama,* Kraków, Ha !Art.

KOPYT S., 2013, *Kir,* Poznań, WBKi CKP.

KORNHAUSER J., 2003, *Poezja i codzienność,* Kraków, Wydawnictwo Literackie.

Literatura polska 1989-2009. Przewodnik, 2010, Kraków, Korporacja Ha!art.

MICKIEWICZ A., 1992, *Les Aïeux*, part III. Trad. du polonaise par Jacques Donguy et Michel Masłowski, Lausanne, L'Âge d'homme.
MIŁOSZ C., 1986, *Histoire de la Littérature polonaise*, trad. de l'anglais André Kozimor, Paris, Fayard.
DEDECIUS K., 2001, Panorama de la poésie polonaise du XXe siècle, Paris, Noir sur Blanc.
PEIPER T., 1987, *Tędy*, Kraków, Wydawnictwo Literackie.
RÓŻEWICZ T., 2004, *Wejście i wyjście*, Wrocław, Wydawnictwo Dolnośląskie.
Solistki. Antologia poezji kobiet. (1988-2009), 2009, SDK, Warszawa.
GIERESZEWSKI M. ET KOPYT S. (éds.), 2008, *Słynni i świetni.* Antologia poetów wielkopolski, Poznań, WBP i CKP.

ADAM AND EVE - PROLEGOMENA AT THE MYTH OF THE PRIMORDIAL PAIR "NEW REALISM" (LIVIU REBREANU)

Doina BUTIURCA, Associate Professor PhD.,
"Petru Maior" University, Tîrgu-Mureş, Romanie
butiurcadoina@yahoo.com

Abstract

When talking about the ritual / religious, etc. myth it is required to make the necessary distinction that Pierre Albouy (2012) made regarding French literature, between the notion of *myth* – reserved to the ritual and religious domain – and the *myth in literature* – transformed into *epos* (in *recit,* based on Pierre Albouy). It is a distinction made by Liviu Rebreanu in the Romanian literature referring to the novel *Adam şi Eva* [Adam and Eve] (The official theosophical theory does not indulge the limitations that a work of art requires. The novel needs a conflict in order to channel interest. And then, slowly, I created my own theory that the fictional novel requires.) It is the assertion, methodologically contrastive, from which we start our research. One of the objectives of the study is to investigate the sources of the novel (autobiographical, mythological, historical, scholarly). In a novel such as Adam şi Eva [Adam and Eve] transmigration, eclectic in itself, remains only the theoretical scaffolding of the "ways of civilizing the soul". Another field of study of the paper is the research of the connection between the Platonic model of the myth of the androgyne, the Biblical model and the freedom of creation of the writer (*constructing on one idea*).

Addressing the complex issue of the connection between the Biblical myth and the Platonic myth - literary myth - epic implies several aspects. The first issue is whether the writer develops with sufficient consistency and rigor the initial data, the spirit of the Platonic myth of the androgyne. The second is concerned with the metamorphoses the insertion of the subtle metaphysics of the soul produces on the level of the structure of the imaginary. In the tradition of Kant's philosophy, the Romanian novelist has the intuition that the soul is a "cosmic entity" and has "the value of a prototype". This is the context in which the third problem arises: is the sequence of the seven lives able to restore *all original uniqueness*, in order for man to be saved from cosmic loneliness?

Let us see a few conclusions of our research: Liviu Rebreanu inserts into the fascination of the feverish search of "the other" in the transcendent principle. Subtle in itself, transmigration remains only the theoretical scaffolding of the "ways of civilizing the soul" on the level of major significances of the novel. The metaphysical solution is that harmony and initial purity can be recovered in a spiritual plan, being sure that the Biblical myth of the original couple to be corrected through the epic through the "Platonic myth of the androgyne". The panorama of individual achievements such as the merging of the two principles – male and female – illustrates the sacred essence of the human being.

The biblical symbol of the primordial pair, the suggestion of the paradisiacal harmony – which man has been looking for since its falling – are, finally, illustrative of the concept of "new realism" theoreticized in several interventions of the writer, but little exploited in the critical studies.

Keywords

The myth of the androgyne, Adam and Eve, New realism.

Adam şi Eva [Adam and Eve] General context

If in *Pădurea spânzuraţilor* [Forest of the Hanged] the philosophy remains the tragic testimony of man's downfall, in *Adam şi Eva,* a novel by Liviu Rebreanu, speculation proves its ineffectiveness in the face of death and the individual's fear of cosmic loneliness. As it is in a relationship of coincidence with a metaphysics of the soul, speculation is resized as theosophy: true life is one and unsurpassed, beyond earthly life and death. Life is God. This, as the "rather eclectic" thesis of transmigration – in I. Tihan's opinion – remains only the theoretical scaffolding of the "ways of civilizing the soul", in a novel in which the panorama of individual achievements, seven in number, and the merging of the two principles – male and female – illustrates the divine essence of man. From a synthetic perspective, the Rebrenian novel performs the move from the image of the eros, confined as a spiritual effigy in relative (through some couples of aspiration through wholeness from the novels *Ion, Crăişorul Horia*) to the image of androgynous wholeness, philosophically related through cosmic predestination. Thematically and from the structural point of view, *Adam şi Eva* is distinguished from other works of the metaphysics of eros: from the beginning the erotic-passionate suggestions of the whole writing are visible, together with the particular tendency of other writings to spiritualize them, to purify them (Raicu 1967: 158). Șerban Cioculescu studies the novel from the point of view of the Platonic model, the difference being that Liviu Rebreanu does not develop with sufficient consistency and rigor in the plan of the imaginary, the initial data, the spirit of the myth itself (Cioculescu S., 1936, n° 2). The Platonic reminiscence of the androgyne is associated by Rebreanu with elements belonging to the subtle *metaphysics of the soul,* reflected both in the spirit – soul – God speculation, in the sense of *deja vù* and the symbolism of totality.

1. THE ASPIRATION TOWARDS THE FORMULA OF THE WHOLE MAN

In *Amalgam* the writer noted:

> The soul permanently communicates with the whole cosmos, beyond time and space, beyond matter and void. Within it the past and the future clarify their secrets over life and ephemeral death. It is the unifying character between spirit and matter, with its help we are in connection with those past and those to come, between those who stay and those who leave, between this side and

> beyond, and finally, between being and nothingness (Liviu Rebreanu, *Dincolo*).

The dialogue between Toma Novac and Tudor Aleman revolves essentially around the same serious issue related to a pneumatic reality: The soul does not need words to understand. The soul communicates directly with the spiritual world, with the world of worlds. Walking in Kant's footsteps, Liviu Rebreanu identifies in the soul a "cosmic entity", having the value of a "Platonic prototype". The soul has an immaterial identity, becoming "pure consciousness" after death. The seven lives sometimes prove insufficient – in Tudor Aleman's vision – to restore all original uniqueness, to be saved from cosmic loneliness. This is why the journey of the primordial man on earth will have to be repeated in other seven-life cycles: How many earthly lives ground up a real life? ... Seven! ... Why seven? O, Lord, Lord, why seven? Because seven is a sacred number! It has always been sacred, in all souls! (Rebreanu 1974: 22). The mysticism of the seven souls connected to the life of being is an announced topos in the novel *Ion* (the ladies, as if they had seven souls, did not tire at all and smiled). In *Adam și Eva* the symbolism of the number seven is linked to the perfect stance of being through moral virtue. The number seven expresses completeness and perfection everywhere – Wunenburger notes – and is replicated at all material and spiritual levels of the world (Seven planets, metals, virtues, sacraments, gifts of the Holy Spirit, levels of Paradise) (Rebreanu 1974: 70). In the novel *Ion,* Liviu Rebreanu sums this connotation of perfection of the intellectuals in the village without the intention of metaphysical speculation from *Adam si Eva,* doubled by the mythological detail of the erudite. Through the significance of the number seven – symbolic anatomy of the "blood" under the Bolgia where the dance is situated – we discover "in nuce" from the first novel the aspiration of the writer to formulate the whole man, brought to metaphysical perfection on the patterns of the myth of the androgyne, only in the novel published in 1925. The soul is a "metaphysical given"

(Tihan 1988: 29). Its faculty to return to unity through love is the anamnesis of the divine, with which "pure consciousness" (the cosmic entity of the soul after death) could not merge through loneliness and meditation. The sequence of the seven lives transforms the soul in a metaphysical given: the feeling of *deja vù* is not the memory of what the "divine spark" in man saw when it was flowing as "pure consciousness" in the cosmic plan, but the memory of the soul-mate whose revelation it had in an earthly life. The characters know how to take advantage of this sentiment in order to communicate directly with the divine. In *Mărturisiri* (1932), Liviu Rebreanu wrote:

> The pretext of the novel *Adam si Eva* is a real scene experience in September 1918 in Iaşi. On the Lăpuşneanu street, in the pattering rain, I met a woman with an umbrella. From afar I was amazed by her huge, green eyes, as if she were frightened, eyes that watched me with a wonder which must have been there in my eyes, too. The woman seemed familiar, although I was aware of the fact that I have never seen her! The way she looked made it perfectly clear that she had the same impression. (Rebreanu, 1974: 331).

The biography of the writer also registered an event based on the feeling of *deja vù*. It is the experience that places the primordial pair under the sign of cosmic predestination: in each of the seven stories the heroes remain unperverted, directly communicating with the gods; the feeling of *deja vù* invades them, these feel the need to find the condition of perfect humanity. From this moment, eros becomes either devotion, either religious fanaticism.

2. THE MYTH OF THE ANDROGYNE AND THE BIBLICAL MYTH

Two myths are part of the set of metaphysical connotations of soul perfection besides sacred symbols: *the myth of the androgyne* and the *biblical myth of Adam and Eve.* When talking about myth in Liviu Rebreanu's work it is required to make the necessary distinction that Pierre Albouy made regarding French literature, between the notion of *myth* – reserved to the ritual and religious domain - and the *myth in literature* – transformed into *epos* (in *recit,* based on Pierre Albouy). It is a distinction the writer himself makes in *Mărturisiri*:

> The official theosophical theory does not indulge the limitations that a work of art requires. Theosophy tends to become a religion [...]. The novel needs a conflict in order to channel interest. And then, little by little - Rebreanu writes - I made myself a theory that meets the requirements of the fictional novel (Rebreanu 1984: 320).

The title of the novel maintains through the biblical symbol of the primordial pair the suggestion of paradisiac harmony the fallen man has been seeking throughout history. The metaphysical solution is that harmony and initial purity can be recovered in a spiritual plan, being sure that the Biblical myth of the original couple to be corrected through the epic through the "Platonic myth of the androgyne" (Maliţa 2000: 156). In the Platonic tradition the androgyny is the symbol of totality. Liviu Rebreanu inserts into the fascination of the feverish search of "the other" in the transcendent principle. The religious nuance of the soul (fundamental in the novel *Pădurea spânzuratilor*) is blurred due to a very general association between the idea of the soul and that of the spirit. The "eternal spirit", infinite "comprehending all" symbolizes essence in the context of a spiritual world with which man's soul communicates directly: "And only spirit is essence, the eternal spirit, infinitely comprehending all. Even the material world can be only one side of divine essence" (Rebreanu 1974: 19). In the metaphysics of the novel the pure spirit is the Absolute, the divine Principle in which the pairs of souls can be found (God is considered the origin and link between the souls in Christianity), after successive reincarnations of great cosmic cycles. The conjugated sentiment of *deja vù*, the soul-spirit binomial identifies another problem: the given of "pure consciousness" is richer in content than our physical existence. In relation with the material world the spirit plays the role of the principle of unity and metamorphosis. It provides the physical and biological transformations and links the whole world in a general organism, remaining the unique principle located above the "material crust" after the regeneration caused by "identification with matter". Each novel is in subsidiary an experience of the presumption of the divine Mystery: from the exploratory stage marked anamnestically by religious symbolism (in *Ion*) to "universal love" understood as a Christian way to penetrate the mystery of the Divine (in *Pădurea spânzuratilor*) and to the solution of androgyny signifying one of the paradigms through which the human being rediscovers the Absolute (in *Adam si Eva*) is not only a difference of epic formula, but also a fortunate metamorphosis in favour of literary art, of the religious formula. In the *Tratatul de istorie a religiilor* [Treatise on the History of Religions] Mircea Eliade made the necessary distinction between the myth of *divine androgyny* and *human androgyny*. The first one is an "archaic formula of divine bi-unity" and has a "theoretical, metaphysical value" meaning that it expresses in biological terms the coexistence of the opposites, of the cosmological principles (male and female) within the bosom of Divinity (Eliade 1992: 384). In the myth of human androgyny the divine myth forms the "paradigm of the religious experience of man". The Rabbinic tradition makes it clear that Adam himself, the primordial man, was sometimes conceived as androgynous. Thus the "birth" of Eve would not have been definitive, only the "splitting of the primordial androgyne into two beings". Mircea Eliade mentions in this regard the following text from A.H. Krappe: "Adam and Eve were made back to back, attached at their shoulders; then God separated them with an axe" (Eliade 1992: 423). In the Greek tradition, Plato identifies the significance of humanity of the first people also by the image of the androgyne, being "round, the back and the sides being circularly joined" (Plato 1999: 60). The condition of the androgyne is periodically updated, in Eliade's vision, through the "circumcision operations" and through the ceremonies of the change of garments. Primitive man has done so, even and only for a moment, the unity of sexes, in order to acquire a state which facilitates the overall understanding of the cosmos. The primary totalization can be also explained by the need for the periodical "orgy" that disintegrates the forms with the aim to reach the recovery of the One-Father from before Creation. Wisdom and the techniques of "metaphysical philosophy" are other experiences inextricably linked to the myth of the androgyne.

In the Rebrenian literature androgyny is a paradigm of a state of transcendence and suppression of opposites (Sergiu Al. George 1981: 286) achieved both by feverishly searching for the other, through the symbol of a perfect humanity (the couple, the gods, the swan, anthroponymy) or through that *orge* in which the opposites coincide, thus producing a Dionysian detachment from a history improper of man (Petre Petre-Nadina). Mahavira, Unamonu, Gungunum, Toma Novac are avatars of the divine couple, with a brand of emotional memory of previous existences like that of the gods reincarnated in human form, from Indian mythology (Schopenhauer called the phenomenon palingenesis). The differences in relation to romantic literature are imposed by themselves: avatars are reincarnations of the mortals, with limited divine powers to preserve the memory of the past (this phenomenon is called metempsychosis by Schopenhauer). The law of reincarnation at Mihai Eminescu for instance is forgetting. Dan-Dionysus has no memory of the past: you drank so many times from the tasteless and forgetting water of Lethe (Mihai Eminescu, *Proză literară*). Baltazar, the old beggar from the short-story *Avatarii faraonului Tlá* is rather a Jatismara person than an avatar of the Pharaoh – Amita Bhose considered. The topic re-establishes from a perspective other than religion the connection between the two antitheses, defining the thinking of the novelist, between

CIVILIZATION and NATURE, to suggest the sentiment of divine origin of man. In *Pădurea spânzuraţilor* Bologa expresses his contempt for civilization, he argues in a eulogy of primitive man placed on principles of Christian morality. Experiencing the consciousness of alienation much more acutely in an improper history, the characters of *Adam şi Eva* are defined within the limits of the same antithesis, beyond the paradox of any form of civilization through regression in individual history, linked by the Adamic mystery of the couple.

3. THE IDEA OF ANDROGYNY AND THE LITERARY MODELS

The fascination with the primordial beginnings as with the possibilities of becoming a spiritual being betrays the myth of totality that Liviu Rebreanu himself so much admired in Goethe. This fact entitled Dan Mănucă to note that the placement of the biblical image in the mythical frame, in *Adam si Eva* is not only connected to assigning some historical roots rather vague than religious, but also to a chain of motives with deep justification in universal literature (Mănucă 1995: 159). The philosophical idea of androgyny reached Rebreanu not through the metaphysical or occult studies, but rather by the influence of some literary models. Having a German cultural education the novelist could exploit this topic both through the German romanticism and through that of the writers from the 18th century such as Lessing. And the translations produced between 1918 and 1919 offered him the opportunity to get in touch with the myth of the androgyne. Goethe himself believed in reincarnation. In love with Charlotte von Stein, the creator of Faust motivates in a way this inclination in a confession made to Wieland:

> I cannot explain the meaning, the power this woman has on me but by transmigration. Yes, we were once man and wife! Now we recognize each other in the mist of spirits. I

> have nothing for us - past, future, everything. (Laurency Henry T. 2015: 8).

From this conviction the one act play *The brother and sister* was born, based on the idea of the erotic instinct. Building his work on an idea, ("on a thesis", as Ion Tihan mentions) the novelist proceeds similarly to the German writer in *Afinităţi elective* [Elective affinities]. In an article from 1932 he wrote, referring to Goethe's work:

> On *Afinităţi elective* the poet said himself to Eckerman that it would be the only bulkier work made after an idea where he would have sent to prove an idea (Rebreanu 1992: 218).

Not even the detail that Goethe was inspired by his own life in his famous work does not escape the novelist ("joy and pain" caused by the love for the adoptive daughter of the bookseller Frommann, called Minna Herzlieb), the autobiographic detail being relevant in the case of the novel *Adam si Eva* as well:

> The pretext of the novel *Adam si Eva* is a real scene experience in September 1918 in Iasi. On the Lăpuşneanu street, in the pattering rain, I met a woman with an umbrella. From afar I was amazed by her huge, green eyes, as if she were frightened, eyes that watched me with a wonder which must have been there in my eyes, too. The woman seemed familiar, although I was aware of the fact that I have never seen her! The way she looked made it perfectly clear that she had the same impression (Rebreanu 1974: 331).

The fascination with the myth of existence, totalizing for every history of the couple, springs from other two autobiographical experiences the ones the novelist puts in correlation with the *drama of forbidden love,* literary motif with deep resonances in universal literature. It is about two failures, caused by the Hungarian actress during passage through Bistrița (where Liviu Rebreanu attended the German high-school), and by the daughter of the Saxon chimney sweep. The view that at the origin of the most valuable works there is a personal experience is universal. The first verses of Valmiki, the singer of the *Ramayana* – opera which Rebreanu was familiar with directly – as well as *Sakuntala,* are based on personal experience that is the pain caused by the killing of a bird's pair by a hunter:

> Pain makes him talk incessantly about the sad fate of the two birds. He realizes that onto his lips words come that are placed in a certain way and have a beautiful musicality: they take the shape of a marvellous poem. (Ramayana, *Iubirea călăuză,* 1997: 12).

Under the power of the bookish model, religious and mythological *Adam şi Eva* transgresses the bibliographical given of *forbidden and unhappy love* through the interacting pathos of a novel of the Absolute. The motif remains in the background of the book. Recovering perfect human condition in which the attributes are annihilated and the opposites coincide, through a ring-type scheme of plans, it is placed: from the metaphysics of reincarnation, regression to the divine transgresses ontologically the cultural model the expression of which we can find in the eternal ideal of the *wise person.* The wisest of the wise, the monk (*Adeodatus*), the literate (Gungunum), the philosopher (Axius, Toman Novac), the atheist (Gaston) are projections in the mirror of the wise person who tends to suppress from his existence and consciousness any type of "extremes". Through wisdom, it strives to acquire what Mircea Eliade called "the state of perfect indifference", the avatars coveting to become immune to pleasure and pain. It is the *sine qua non* condition of the perfect heavenly meeting and of spiritual maturity, nevertheless insufficient for the Soul. The protagonists are subject to a systematic intellectual, religious, philosophical, etc. accumulation that favours the deepening of *devotion* as a sentiment similar to the sacred. They are passionate about sacred stories, tied through their symbolism and texture to eros and the mysticism of the soul. Only the stories about gods or civilizing heroes provide access, raise awareness and penetration into the fabric of the soul of the avatar, through the fact that it refers to the divine origin of human sentiments and to the immortality of being, through the sacerdotalism of love. In every chapter, curiosity leads to the exploration of archetypal situations. The fact explains the existing analogies between the primordial man (Amon, Osiris, Isis, etc.) and their human avatars. These do not look through any of the morphological components of culture, the power over things, but a way of communication with the gods, born of unspoken awareness: the cultural accumulation, the public or religious tribulations ontologically fix the avatar in the patterns of an *unfit history.* Mahavira expects for a "heavenly virgin to arise"; Unamonu undertands that "carnal pleasure does not slake the fire of the heart". With learning, Gungunum forgets about Hamma, except that she appears at night "in all his dreams, in his heart, calling him, rebuking him". "The more he tried to be enlightened", the more the void in Axius's soul grew. Not only through the sacred text is the sacerdotalism of love claimed, but also through the preliminary signs of predestination of the *charismatic type* (numinous properties, for example). From the thematical point of view Liviu Rebreanu's literature is not one-dimensional. In *Adam şi Eva,* the novelist is not content to understand the mystery of existence only through the sublime perspective of eros. He is eager to enter the inner, esoteric labyrinths of existence and through the religious feeling, through the attitude of man to himself and to God. In *Cursul de filozofie a religiei* [Course on the Philosophy of Religion], Lucian Blaga (Blaga 1994: 223) distinguishes the religious feeling which sums up the *mysterium tremendum* of Rudolf Otto, and the collateral feelings such as faith in salvation, trust and love, a dichotomy sustained by his contemporary as well. Using Blaga's classification, this sentiment is manifested at Liviu Rebreanu under the most varied aspects. It can spread in the soul as a "peaceful wave" (Servillia) or can define the state of tranquillity and deepest silence of the soul (Ms. Bologa). It transforms into a "fluid state of the soul", as a resonance that extends, but which ends up turned off, the soul re-entering its profane state again (Ms. Herdelea). It is a feeling that can arise thundering in the soul [Bologa]. In its negative side, the sacred sentiment takes demonic forms, it is degraded until being confused with thrill (Maria). There are some qualitative aspects in the forms of religious manifestation which Lucian Blaga classifies as "inferior, barbaric grades" and "purified, sublimated grades". The sentiment of divine mystery cannot be produced by nothing created, not even the most frightening or the strongest one – Lancrăm, the philosopher writes. An illustrative example can be found in *Pădurea spânzuraţilor.* In *Adam şi Eva* the sentiment of the sacred is doubled by the religious tradition of Antiquity to sacralize the elements of nature, the objects of the surrounding world. The text abounds with terms that express *the search for the sacred* (sacred glade, Saint Ganga, heavenly virgins, etc.) not only for Divinity.

4. INDIVIDUAL EXISTENCE

The repudiation of history which has a cultural and social aspect, in relation to the divine mystery, is an ubiquitous topos, which led to the birth of some typically Rebrenian motifs, religious, ethical, ascetic, philosophical: the search for the divine in the personified elements of the natural environment (*Adam şi Eva*), in ascetism or in the sacred text, the refusal of earthly glory, equivalent to abandoning the relative and turning back the being towards the divine (*Servilia*), the topos of humility, charity, Christian faith, love, understood as modalities of redemption. Not even anthropology is foreign to the Christian or pre-Christian vein. The atheist existentialists have formulated the idea of the one-dimensional man: Heidegger considered that the authenticity of the individual was determined through existential anguish and is dominated by the consciousness of Absolute death. Reporting man to the divine Absolute, in his *Treatise on Christian Anthropology,* Petre Ţuţea considered that this is non-existing. It thus becomes the play between eternity and time... (Ţuţea 1993: 19). The existence of the Rebrenian character does not happen only between life and death. The writer acutely experiences the consciousness that the "whole", primordial man has decomposed historically, driven by the effigy of progress and the thirst for self-perfection. The characters from *Adam şi Eva* understand – paradoxically – that they perfect themselves through knowledge, philosophy, etc. Apostol Bologa harbours the same conviction. This man, whether belonging to an ancient Egyptian, Chaldean, Roman or Babylonian civilization or to the modern world, is permanently confronted with the religious man (Apostol Bologa), with the hope of eternity, through the divine-human and mystic communion of the eros. Sooner or later he understands that his intrinsic situation keeps him captive, interdicting him to exceed his predestination or ideal, which is the limitation of his spirit, while transcendence facilitates his access to the divine Absolute. Philosophy keeps Apostol Bologa and Axius within the limits of profane history – captives of their own self. Liberation from the terror of history, from the fear of cosmic loneliness is stimulated only through the effort of seeking God or the divine pair, not through philosophy or other forms of secular culture.

Two are the conclusions that arise from our study: from a general perspective the panorama of individual achievements such as the merging of the two principles – male and female – illustrates the sacred essence of the human being. Secondly the biblical symbol of the primordial pair, the suggestion of the paradisiacal harmony – which man has been looking for since its falling – are, finally, illustrative of the concept of "new realism" theoreticized in several interventions of the writer, but little exploited in the critical studies of the Romanian culture.

ŒUVRE

REBREANU L., 1991, *Opere 15, Metropole, Amalgam,* Bucharest, Minerva.

REBREANU L., 1998, *Opere, 17, Jurnal.* 1927-1944, Ediţie critică de Niculae Gheran, Bucureşti, Minerva.

REBREANU L., 1984, *Jurnal I — II,* selected, introductive study by Puia Florica Rebreanu; addenda, notes and comments by Niculae Gheran, coll. "Documente literare", Bucharest, Minerva.

REBREANU L., 1974, *Opere, 6, Adam şi Eva,* critical edition by Niculae Gheran variants in collaboration with Valeria Dumitrescu, Bucharest, Minerva.

BIBLIOGRAPHY

ALBOUY P., 2012, *Mythes et mythologies dans la littérature française,* Paris, Armand Colin.

BLAGA L., 1994, *Curs de filozofia religiei,* Alba-Iulia – Paris, Froude.

CIOCULESCU Ş., 1936, *În marginea operei d-l Liviu Rebreanu,* Revista Fundaţiilor n° 2.

ELIADE M., 1992, *Tratat de istorie a religiilor,* Bucharest, Humanitas.

GHEORGHE S. A., 1981, *Arhaic şi Universal,* Bucharest, Editura Eminescu.

MALIŢA L., 2000, *Alt Rebreanu,* Cluj, Cartimpex.

MĂNUCĂ D., 1995, *Liviu Rebreanu sau lumea prezumtivului,* Iaşi, Moldova.

PLATON, 1999, *Banchetul,* Bucharest, Prietenii Cărţii.

RAICU L., 1967, *Liviu Rebreanu,* Eseu, Bucharest, Editura pentru literatură.

RAMAYANA, 1997, *Iubirea călăuză,* colecţia Labirint, coordonată de Cristina Ştefănescu şi de Cristina Jinga, Bucharest, Prietenii Cărţii.

TIHAN I., 1988, *Apropierea de imaginar,* Cluj – Napoca, Dacia.

ŢUŢEA P., 1999, *Reflecţii religioase asupra cunoaşterii,* Nemira.
ŢUŢEA, P., 1993, *Omul. Tratat de antropologie creştină,* Iaşi, Timpul.

MUSA, MIHI MEMORA. MIT, POZIE, MEMORIE

Lect. Elena-Tia SANDU
Institutul « Juhász Gyula » din Szeged, Ungaria
elenasandutm@yahoo.com

Abstract

The approach of the great poetic creation from the Greek-Roman antiquity is incomplete, if not erronated without the study of the origins, both in what ideally patrimony is concerned, and in the first major form of manifestation embodied by the epic. Talking about the status, the forms and the primary functions of the epic poetry, we found it necessary to illustrate the relation of the poetry with the sacred, especially with the myth. Not only of the poetry with the rhythm, but also the two perspectives of the form and substance demand the study between the epic and memory.

Keywords
Myth, poetry, *logos*, memory, muse

Mithos şi logos

Recuperarea semnificaţiei originare, dar şi restabilirea prestigiului cultural al conceptului de mit, o adevărată *restitutio*, este magistral realizată în opera lui Mircea Eliade. În *Mituri, vise şi mistere*, se afirmă că « miturile revelează structurile realului şi multiple moduri de a fi în lume » (vezi)[186]. Miturile reprezintă

[186] Eliade (Mircea), 1998, p. 17.

« modelul exemplar al comportamentelor umane ; ele povestesc istorii adevărate, referindu-se la lucruri reale » (vezi)[187].

Pentru aparţinătorii comunităţii arhaice, mitul exprimă « adevărul absolut », povestind « o întâmplare sacră, adică o revelație trasumană care a avut loc în zorii Marelui Timp ». « Real şi sacru », mitul este exemplar, servind de model şi de justificare actelor umane. Paradigmă integratoare a fiinţei umane, mitul se adresează omului ca « fiinţă totală ». Condiţia umană este grevată de căderea din paradisul mitic, o tulburare catastrofică a regimului existenţial sau ruptură primordială în interiorul Fiinţei, rezultând că « esenţialul [făptuit de « Strămoşul mitic »] precede actuala condiţie umană ». Astfel, epigonii sunt constrânşi la a repeta sau la a înfrunta, într-un perpetuu *regressus ad originem*, actele Strămoşului (vezi)[188].

În viziunea lui Lacarrières, mitul este un discurs menit să învestescă cu sens și autoritate niște invenții umane :

> La fabuleuse et mystérieuse histoire de l'homme révélée et narrée par lui-même, telle pourrait être, telle devrait être la définition de tout mythe. Un mythe, diront les savants, est un récit sacré sur l'homme et sur le monde, faisant appel aux dieux ou aux forces cosmiques. C'est bien ainsi, en effet, qu'il fut perçu, conçu depuis les temps les plus anciens. Mais comme ces dieux ou ces forces cosmiques étaient des inventions humaines, on peut dire que le mythe est un récit entièrement œuvré par l'homme sur tout ce qu'il ignore par la force des choses, à savoir ce qui s'est passé avant lui et ce qui passera après lui sur la terre et le reste du monde. (vezi)[189].

Este dificil sau imposibil de stabilit perioada în care mitul a reprezentat pentru om Cunoaşterea totală şi unică, primele repere temporale marcând deja desprinderea din trupul mitului

187 *Ibidem*, p. 17.

188 *Ibidem, passim.*

189 Lacarrières (Jacques), 2002, p. 11.

a literaturii, filosofiei şi istoriei. Înfruntarea dintre *mithos* şi *logos*, formulată ca atare la Platon, *Gorgias*, este constant reluată în exegezele moderne. Pentru J.-P.Vernant, detronarea mitului este echivalentă cu naşterea filosofiei în Grecia antică (sec. al VI-lea *a. Chr.*), cu naşterea gândirii ştiinţifice (vezi)[190]. În şcoala din Milet s-ar fi săvârşit eliberarea *logos*-ului din strânsoarea *mithos*-ului, « așa cum orbul își capătă vederea », eliberare ce reprezintă, potrivit lui Vernant, « miracolul grec » (vezi)[191]. Claude Karnouch, doctor în antropologie socială, pune acest miracol sub auspiciile conjugate ale filosofiei şi literaturii, în speţă ale tragediei greceşti :

> Încă din epoca clasică, grecii fuseseră actorii și gânditorii privilegiați ai rupturii care se inserase deja între prezentul și originea lor. Ei o înțelegeau ca rezultat al unei inovații fără precedent pe care o suportau și o gândeau în dubla experiență inaugurală, a tragediei și filosofiei. În acea perioadă, miturile (și riturile) nu mai guvernau acțiunile oamenilor, ci serveau drept motive literare sau drept metafore morale și metafizice pentru interpretarea actelor și gândirii lor. Ruptura fundamentală poate fi regăsită și în dialogurile lui Platon și în tragedie. [...] Chiar dacă a durat câteva secole, acest moment de întemeiere a însemnat triumful *logos*-ului asupra *mythos*-ului, triumful cuvântului explicat asupra celui revelator, dominația cuvântului didactic asupra cuvântului care spune adevărul prin doar faptul că spune. Între epoca arhaică și epoca elenistică s-a iscat o fisură în privința asumării adevărului. (vezi)[192].

Ocupându-se de artele poetice și de formarea ideilor literare în antichitatea greco-latină, D.M. Pippidi consideră că ascuțirea spiritului critic grecesc, din care s-au născut primele speculații filosofice, au fost favorizate de un eveniment pur literar, anume concursurile de recitări, realizate într-o manieră oarecum apropiată de dramă, care suscitau din partea publicului un soi

190 Vernant (Jean-Pierre), 1995, p. 44.

191 *Ibidem*.

192 Karnouch (Claude), 1997, p. 50.

de critică estetică, în vederea premierii finale. Pippidi va folosi o formulare cvasi-identică a ideii *mythos*-lui învins de *logos* (vezi)[193].

Prim efect al proliferării miturilor, al transformării mitului în mitologie, demitizarea este înfăptuită de « primele speculații filosofice », care « derivă din mitologii », însă, în ultimă instanță, « geniul filosofic grec accepta esențialul gândirii mitice » (vezi)[194]. Dedicând un întreg studiu pentru a răspunde la întrebarea dacă grecii au crezut în miturile lor, Veyne susține ideea unui efort de conciliere a celor două forme de cunoaștere, în sensul unei epurări a mitului din perspectiva filosofiei, o *interpretatio*. Însă, în mod curios, Veyne nu face decât într-o notă o precizare care s-ar fi cuvenit făcută încă în ipoteză : studiul nu se referă la grecii contemporani Mitului, ci la grecii perioadei clasice : « noi nu ne ocupăm decât în trecât de această gândire mitică » (vezi)[195]. Or, având în vedere că perioada clasică reprezintă chiar începuturile filosofiei și ale istoriei, născute din poziția critică față de mituri, întrebarea-titlu ar părea de sorginte pur retorică. Totuși, așa cum arată profesorul francez, nici alegorismul școlii sofiste, nici euhemerismul care explica originea zeilor prin vechi regi divinizați și, în general, nici o atitudine critică la adresa miturilor, nu au recuzat în bloc valoare de adevăr a miturilor, ci au încercat să decanteze o informație primordială de contaminările și alterările ulterioare. Practic, întrebarea lui Veyne s-ar cuveni reformulată astfel : pierzând contactul cu miturile primare, care a fost atitudinea grecilor perioadei clasice față de mitologia contemporană lor? Pentru a pune punctul pe i, ce deveniseră între timp miturile originare? Un « conglomerat moștenit », răspunde Gilbert Muray, citat de Dodds, care explicitează :

« O acumulare lentă, de-a lungul secolelor, a depunerilor rămase de pe urma diferitelor mișcări religioase succesive », o

---

193 Pentru întreaga argumentare a ideii, vezi Pippidi (Dionisie M.), 1972, cap. *Începuturile*, pp. 17-39.

194 Veyne (Paul), 1996, p. 26.

195 Veyne (Paul), 1996, p. 158, nota 28.

aglomerare, nu o substituire, la sfârșitul perioadei arhaice, « o masă de confuzii » (vezi)[196].

Mithos și istorie

Referitor la desprinderea istoriei din mit, Paul Veyne afirmă că

> harta domeniului cunoaşterii a fost bulversată de apariţia unor noi puteri de afirmaţie (ancheta istorică, fizica speculativă) ce concurau mitul şi, spre deosebire de mit, instituiau în chip explicit alternativa adevărat-fals (vezi)[197].

Dar, ca şi în cazul filosofiei, nici istoria nu respinge mitologia, văzând în ea o istoriografie corijabilă. Mitul este proto-istorie, relatând *gesta* ale zeilor, după cum mitul este proto-filosofie, fiind teogonie, cosmogonie şi antropogonie. În procesul transformării mitului comunităţii arhaice în mitologie, cu cât accentul se deplasează de la *creatio* la *gesta*, istoria se revendică mai temeinic din mit. Acceptând axiomatic miezul de adevăr al miturilor originare, istoria îşi va defini genul proxim. Diferenţa specifică va consta în aplicarea doctrinei lucrurilor actuale, a asemănării trecutului cu prezentul, din care va rezulta inacceptabilitatea miraculosului. Fără a se preocupa în mod special de filogenia istoriei și epopeii din mit, nefiind interesat de ceea ce deosebește la un moment dat epopee și istoria de mitul originar, ci, dimpotrivă, doar de ceea ce au acestea în comun în perimetrul indo-european, Dumezil constată că studiile de indo-europenistică relevă un număr redus de « scheme dramatice », utilizate când în mitologie, când în epopee, când în istorie

« reîmpodobite din generație în generație cu ajutorul unor subiecte de actualitate, schemele păstrându-se totuși statornic de-a lungul repetatelor întineriri » (vezi)[198].

---

[196] Dodds (Eric Robertson), 1983, pp. 206-207.

[197] Veyne (Paul), 1996, p. 37.

[198] Dumezil (Georges), 1993, p. 17.

Istoria îşi va asuma drept sarcină specifică epurarea critică a băncii de date reprezentate de mit, rezultând o mit-istorie, aşa cum o prezintă P. Grimal în perimetrul latinităţii :

> Oricare ar fi originea diferitelor legende (răpirea sabinelor, crima lui Tarquinius, lupta Horaţiilor şi a Curiaţilor şi multe altele) şi chiar dacă este vorba de amintiri de fapte reale, de bătrâne ritualuri tălmăcite sau de vestigii încă mai vechi, provenind din teogonii uitate, aceste povestiri reflectă tot atâtea convingeri profunde, tot atâtea atitudini determinante pentru gândirea romană. De aceea, oricine încearcă să surprindă secretul geniului roman, trebuie să ţină seama de ele, pentru că ele reprezintă tot atâtea stări de conştiinţă, mereu prezente în sufletul colectiv al Romei. (vezi)[199].

Cum ar spune E. Cizek, ele determină etnostilul roman (vezi)[200].

Mithos şi epopee

Încercările, paralele sau conjugate ale istoriei şi filosofiei, de clarificare a propriului statut prin delimitare de mit, a avut drept consecinţă transformarea patrimoniului mitic originar, cu funcţie religioasă prin excelenţă, într-un « tezaur cultural » (vezi)[201]. În societatea arhaică în care mitul reprezenta nu un tip de cunoaştere, ci Cunoaşterea însăşi, unică şi totală, nici poezia, aşa cum o înţelegem de vreo trei milenii încoace, nu îşi avea locul. Însă ea, poezia, este indicată drept responsabilă de transformarea mitului în mitologie, în spatele poeţilor se aruncă vina coruperii, alterării, contaminării miturilor primordiale. Cele mai timpurii arte poetice ale spaţiului european, ne parvin

---

199 Grimal (Pierre), 1973, p. 17.

200 În încercarea de a defini universul mental roman, Eugen Cizek numește *etnostil* totalitatea mentalemelor romane, « mărcile cardinale ale nivelurilor profunde ale mentalului colectiv roman », anume « pragmatismul, formalismul, constructivismul, ritualismul, contractualismul, antropocentrismul » (I. Cizek, 1994, pp. 29-30).

201 Eliade (Mircea), 1978, p. 147.

de la grecii antici. Aici găsim exprimate cele mai vechi păreri despre originea şi rosturile poeziei şi despre statutul poetului. Astfel, în epopeea homerică, invocarea Muzelor are un scop precis, anume furnizarea informaţiei corecte. Aici se păstrează relaţia genuină a poeziei cu sacrul, funcţia poetului fiind aceea de a reda un conţinut referitor la *gesta* exemplare, ale căror depozitare sunt fiicele lui Zeus :

> Muze ce locuiţi pe Olimp, spuneţi-mi, căci doar sunteţi zeiţe, pe toate le vedeţi şi le ştiţi pe toate, ci noi abia nenvrednicim să auzim faima, dar faptele nu le cunoaştem [...] căci de-aş avea zece limbi şi tot pe-atâtea guri, glas neistovit şi, în piept, inimă de aramă, să-i înşir pe toţi încă n-aş putea [...] dacă voi Muze olimpiene, copile ale lui Zeus, nu mi-aţi aduce aminte [...]. (vezi)[202].

Din perspectiva lui Lacarrières, învederarea unei legături a discursului epic cu divinitatea are menirea învestirii acestuia cu autoritate :

> Et pour qu'un tel récit ait une valeur véridique et convaincante, force est de l'attribuer à des êtres ou des puissances qui échappent aux contingences du temps et de l'espace, autrement dit à des divinités supra-humaines et éternelles. Elles seules peuvent conférer au poème, au chant ou au récit mythique la force et l'autorité nécessaires pour qu'au-delà de son pouvoir et de sa portée esthétiques il ait valeur d'enseignement, de message, voire de credo. (vezi)[203].

Relaţia specială a poeziei cu sacrul se relevă astfel şi din perspectiva poetului-sacerdot, a poetului *vates* (« profet »), sintagma fiind înţeleasă şi vehiculată mai degrabă ca o sintagmă metaforică, decât în sensul său propriu, aşa cum vom încerca să demonstrăm că este cazul aici :

---

202 *Iliada*, II, pp. 484-492.

203 Lacarrières (Jacques), 2002, p. 12.

> Pentru cei mai vechi poeţi greci [...], capacitatea cântului epic de a oglindi întâmplări îndepărtate în timp [...] reprezintă un dar al cerului, o însuşire hărăzită de divinitate unui număr mic de aleşi. (vezi)[204].

În strânsă legătură cu mitul, cu funcţia sa religioasă, magică, exegeza modernă aduce în discuţie figura şamanului. Exponent al unui fenomen complex şi sincretic, şamanul deţine o poziţie de excepţie în societăţile arhaice, păstrată până astăzi în societăţile contemporane tribale izolate, necontaminate de civilizaţie, fie că e vorba de triburi africane, amazoniene, aborigeni din Australia sau din vecinătatea polilor. Tip foarte vechi de personalitate socială, el

« combină funcţiile încă nediferenţiate de mag, naturalist, poet şi filosof, predicator, tămăduitor şi sfătuitor public », întruchipând « ultimul exemplar întârziat al unei specii care, odată cu el, s-a stins în lumea greacă » (vezi)[205].

Specificitatea funcţiei şamanice, deţinerea tehnicii extazului şamanic ne interesează aici din perspectiva unei posibile legături cu tipurile nebuniei sacre despre care vorbeşte Socrate : profetică, ritualică, poetică şi erotică. Nebunia poetică este sacră întrucât survine prin coborârea divinităţii în strâmta cuşcă umană, conectând astfel vremelnic conştiinţa umană la un tip superior de cunoaştere. Apelul la etimologie ne ajută să intuim mai bine relaţia poetului cu divinitatea. Astfel, *inspiraţia*, termen de origine latină târzie, derivă din verbul *inspiro*, act prin care zeii deţinatori ai cunoasterii înzestrează relatorul uman cu o capacitate supraumană, fie că se referă la suflarea asupra, reminiscenţă identificabilă în basme, fie că se referă la posedarea trupului uman de către divinitate, precum în sugestivul episod al posedării profetesei Sibila de către zeul Apollo, în *Eneida* vergiliană :

---

[204] Pippidi (Dionisie M.), 1970, p. 7.
[205] Dodds (Eric Robertson), 1995, p. 171.

> [...] « Venit-a ceasul / Să cercetăm oracolul » – ea spune – / « E zeul, însuşi zeul e în preajmă ! » / Aşa în faţa uşilor grăit-a / Şi deodată se schimbă la faţă, Iar păru-i se zburli. Din greu răsuflă, Sălbatic i se umflă pieptu-n zbucium / Cumplit ; ea pare-a creşte tot mai mare, / Iar glasu-i nu mai sună omeneşte, / de când de-aproape, mai de-aproape zeul / cu duhul său o cercetează. »

și, puțin mai departe :

> Dar nerăbdându-l, încă, pe Apolo, / Avan se zbate-n peşteră Sibila, / Doar ar putea, pe zeul cel puternic / Să-l scuture din pieptu-i. Însă-acela / Mai abitir i-nfrână gura-n spume, / Sălbăticita inimă i-o moaie / Și-ncearcă, asuprind-o s-o mlădie. (vezi)[206].

La verbul *inspiro,* face referire şi poetul latin Ovidius, în prologul *Metamorfozelor* : *inspirate meis coeptis,* clişeul invocaţiei prezentând interes aici prin sensul acordat lexemului. Ca în prestigiosul model homeric, se specifică şi aici motivaţia punerii sub patronajul divin al operei, anume deţinerea unei informaţii de primă mână, nealterate, zeii fiind chiar autorii, în sensul de producători, ai metamorfozelor. Un alt termen relevant pentru consideraţiile de faţă, în acelaşi prolog, îl reprezintă lexemul *carmen,* zeii având, în concepţia ovidiană, misiunea de a veghea, de a patrona, de a conduce poemul : *deducite carmen.* Din nou, etimologia aruncă o lumină lămuritoare asupra raportului dintre poezie şi sacru : *carmen,* format cu sufixul instrumental -*men* atașat cuvântului de bază *cano* este

---

206 « Poscere fata / tempus » ait ; « deus ecce deus ! » cui talia fanti / ante fores subito non vultus, non color unus, / non comptae mansere comae ; sed pectus anhelum, / et rabie fera corda tument, maiorque videri / nec mortale sonans, adflata est numine quando / iam propiore dei. (Vergilius, *Aeneis,* VI, pp. 45-51) ; « At Phoebi nondum patiens immanis in antro / bacchatur vates, magnum si pectore possit / excussisse deum ; tanto magis ille fatigat / os rabidum, fera corda domans, fingitque premendo. » (Vergilius, *Aeneis,* VI, pp. 77-80) ; traducerea Tohăneanu.

> cuvânt vechi, care desemnează o formulă ritmată, în special formula magică. Apare mai întâi în limba religioasă şi juridică. Pătrunzând în limba literaturii, a desemnat orice specie de cânt [...], chiar şi cel la un instrument, sau de poem. (vezi)[207].

Misiunea poetului inspirat de divinitate este aceea de a « cânta » – *arma virumque cano*, spune *ab initio* Vergilius în *Eneida*, despre *cano* acelaşi dicţionar clarificând că « se foloseşte în limba augurală şi magică, ale cărei formule sunt melopee ritmate » (vezi)[208]. Verbul se foloseşte, conform aceleiaşi surse, « despre poeţi sau profeţi (*vaticinium, vaticinari*) » (vezi)[209]. Mi se pare semnificativ în contextul temei faptul că Vergilius, la aproape un mileniu distanţă faţă de modelul homeric, în prologul poemului său epic ce va deveni instantaneu epopeea naţională a poporului roman, va folosi structuri cvasi-identice, pentru a sublinia ideea că, în special în cazul epopeei, rolul poetului este acela de transmiţător, de « crainic », cum se exprimaseră grecii în cele mai vechi arte poetice. *Musa, mihi memora causas* încă prezintă credibilitate, cel puţin estetică, în ochii contemporanilor lui Vergilius, în secolul I a. Chr. Căci acribia vergiliană în privinţa vestigiilor religioase, dovedită şi în descrierea riturilor funerare, spre exemplu, vizează, prin reluarea structurii homerice amintite, raportul special al poeziei cu Memoria.

Carmen şi *Memoria*

Făcând un exerciţiu de imaginaţie, nu este foarte greu să ne dăm seama de importanţa memoriei pentru omenire. Astăzi este relativ simplu să ne luăm măsuri de precauţie pentru a ne pune la adăpost de uitare, o meteahnă în plus, cu care, pe lângă condiţia noastră de muritori, ne-au înzestrat zeii nemuritori şi

---

207 Ernout (Alfred), Meillet (Antoine), 1959, p. 100.

208 *Ibidem.*

209 *Ibidem.*

neuitători. Nu întâmplător, în societatea arhaică bazată pe oralitate, uitarea este asociată cu moartea. Unul dintre cele mai puternice repere umane îl reprezintă sentimentul identitar, sentimentul apartenenţei la o comunitate, în sincronie şi diacronie. Nevoia păstrării legăturii cu părinţii, până la Strămoşul Mitic amintit de M. Eliade, este demonstrată şi de importanţa genealogiilor mitice. În societatea arhaică în care fixarea şi stocarea informaţiei - scrisul - nu se inventase, Memoria este o divinitate de prim rang. Ea este gestionara şi depozitara informaţiei esenţiale a lumii, o bancă de date universală, prin urmare, plasarea celor nouă Muze în arborele genealogic, ca fiice ale lui Zeus şi ale divinităţii memoriei, Mnemosyne, este absolut revelatoare pentru discuţia de faţă. Conexarea acestei informaţii de istorie a civilizaţiei cu cele furnizate de etimologie şi istoria religiilor, face uşor de înţeles faptul că formula ritmică, melopeea ritmată reprezentată originar de *carmen* este, probabil, prima invenţie mnemotehnică umană. Din această perspectivă, mitul reprezintă pentru societatea arhaică, informaţia esenţială, codul genetic al spiritualităţii omenirii, transpus într-o textură epică de *gesta* şi protagonişti. Însă tot ea, oralitatea, care a generat importanţa memoriei, va produce efecte secundare cu consecinţe nebănuite : transformarea mitului în mitologie. Astfel, de la mitologie la poezie nu mai era niciun pas : « cântăreții au parte de cinstire și slavă, pentru că Muza i-a învățat cântările » (vezi)[210].

Hesiod exprimă ideea în felul său, în prologul *Theogoniei,* căci Muzele sale nu mai sunt responsabile de apostilarea conform cu realitatea, în schimb sunt cele care « l-au învățat pe Hesiod cântarea cea frumoasă », suflând asupra sa « duhul cântării dumnezeiești ». Cea mai lucidă şi mai cuprinzătoare artă poetică este exprimată sintetic astfel :

[210] Homer, *Odiseea,* VIII, pp. 480-481.

« Noi [Muzele] ne pricepem să povestim născociri aidoma lucrurilor întâmplate. Şi mai ştim, de câte ori vrem, să spunem şi vorbe adevărate ! » (vezi)[211].

Întemeindu-se pe *mythos,* atât ca modalitate specifică de expresie, cât şi în ce priveşte conţinutul, nutrindu-se din tematica, motivele mitice originare, poezia, formă care îşi devorează fondul originar, devenind altceva, de câteva milenii se sustrage etichetărilor irevocabile, învăluită în aura-i inefabilă.

REFERINŢE BIBLIOGRAFICE

CIZEK E., 1994, *Istoria literaturii latine, I,* Bucureşti, Societatea « Adevărul ».

DODDS E. R., 1983, *Dialectica spiritului grec,* Bucureşti, Meridiane.

DUMEZIL G., 1993, *Mit şi epopee,* Bucureşti, Editura Ştiinţifică.

ELIADE M., 1978, *Aspecte ale mitului,* Bucureşti, Univers.

ELIADE M., 1997, *Şamanismul şi tehnicile arhaice ale extazului,* Bucureşti, Humanitas.

ELIADE M., 1998, *Mituri, vise şi mistere,* Bucureşti, Univers enciclopedic.

GRIMAL P., 1973, *Civilizaţia romană,* I, Bucureşti, Minerva.

KARNOUCH C., 1997, « De la vocea zeilor la pribegirea lucrurilor », *** *Despre Logos,* Timişoara, Hestia.

LACARRIÈRES J., 2002, *Au cœur de mythologies,* Paris, Gallimard.

PIPPIDI D. M., 1970, *Arte poetice. Antichitatea,* Bucureşti, Univers.

PIPPIDI D. M., 1972, *Formarea ideilor literare în antichitate,* Bucureşti, Editura Enciclopedică.

VERNANT J.-P., 1995, *Mit şi gândire în Grecia antică. Studii de psihologie istorică,* Bucureşti, Meridiane.

VEYNE P., 1996, *Au crezut grecii în miturile lor? Eseu despre imaginea constituantă,* Bucureşti, Univers.

---

211 Hesiod, *Theogonia, Prolog.*

BEYOND LANCELOT. POETICS OF THE MOURNING: LUCIAN BLAGA AND HORIA DAMIAN

Assoc. Prof. Dr. ***Alexandra CRĂCIUN***
University of Bucharest
alexandra.craciun@litere.unibuc.ro

In the end (and not without good reason),
the only inhabitable space
we can be sure of is the grave.
It is not given to everyone to go into the deep,
to muse from the angle of his own death[212].
Phillipe Sollers about Horia Damian

Abstract

It is hard to redefine the mythologies of mourning in a century opening above an empty sky where the "Creator hides as in a coffin". But two artists: Lucian Blaga – probably the most important Romanian poet of modernity –, as well as the French Romanian painter Horia Damian were building on a similar metaphysics. Under an empty sky, tectonic bodies submerge katabatically almost crushed under their own weight. Lancelot lays down under stars and his armour becomes a silent coffin where the body dissolves longing for a Crusade. But no Ierusalem opens its gates, only the empty tomb is the object of longing. Two perspectives and a common mythology. Mourning opens the blind orbit of the empty grave, a sort of *punctum caelum* that is giving the meaning of our life and the universe.

---

[212] Translated by Dana Vasiliu.

Keywords
Mythologies of mourning, modernity, Lancelot, the empty tomb, the dispensable body

At the last exhibition of Horia Damian, at the National Museum of Contemporary Art in Bucharest in 2009, I met Lucian Blaga – the poet – in a totally different way. Probably the most prominent contemporary Romanian visual artist in the diaspora, a close collaborator of Dali, Leger or Lhote, 87 years of age, Horia Damian was born in 1922, one year after Lucian Blaga published "The Steps of the Prophet". For his last meeting with his Romanian grounds, Horia Damian returns with an exhibition characterised by a minimalist and metaphysic breath – in which the extremely elaborated plastic sign, under the influence of Neoplasticism, goes beyond its material support. It is an exhibition where forms turn into textures and textures materialize into bodies. It is an exhibition in which Horia Damian gathers fortresses, pyramids, hills, mandala cities, columns and tombs, and only by naming the titles of canvases one can recognise the commonplaces (topoi) of Lucian Blaga's poetry.
Suddenly, the National Museum of Contemporary Art in Bucharest became a weird place haunted by knights as well as Eve(s) with no Adam(s), watched over by bizarre philosophers with blue faces under the undetermined sliding species of the self-portrait, an exhibition in which all the above-mentioned elements gather under one single dominant feature, the sky.

It is a dark, empty or, most of the times, starry sky which Horia Damian has painted with a bizarre vehemence; a violently real sky as if suddenly falling over the tiny ephemeral onlooker, caught in the hypnosis of some works which open widely (cosmically) as if telescopes.

The sky, mediated by transparent windows or grids, by white shroud-like curtains and still, most of the times alleviated by any obstacle, has violently opened in front of our eyes with the force of that "misterium tremendum" Rudolf Otto was talking about; a hermetic inaccessible and silent sky drawn on acrylic fiber, wood, canvas or any other type of material, using a perfect *trompe l'oeil* technique; an autochthonous and, at the same time, deeply metaphysic sky.

Probably by a sort of some scholarly reflex, I have recognized ... Blaga's sky in this cosmic scenery: a dark, intense, starry sky, the craggy sky of a universe winding *ad infinitum*, the sky of calm summer nights, the solitary sky which, only by looking at, you have the feeling that you can almost hear the chirping of crickets and the smell of hay, the wavy (Rom. mioritic)[213] sky under which the shepherd's flute may become the equivalent of the story of a murder. And above all, it is the sky which ... conceals a Deity (God).

> You have confined yourself in the sky as in a coffin.
> Oh, weren't you a closer kin to death
> than you are to life,
> you would speak to me. Right from where you are,

---

[213] One of the fundamental insights that has been leading Lucian Blaga's thought is the concept of "Mioritic Space". The expression refers to the folk poem "Mioritza". Blaga coined this metaphoric yet infinitely synthetic expression in the 1930s to encapsulate his philosophy of culture. [...] [In *The Mioritic Space*, a book written in 1936, Blaga says] : "Let us listen to one of our 'doinas' ...it is not difficult to fathom a very particular horizon opening up in the background of the 'doina'. This horizon is the 'plai' [hillside, pastureland]. 'Plai', that is to say, a lofty open plane, on a green mountain slope, flowing slowly toward the valley...a specific horizon: a high, rhythmic and undefined horizon formed by hill and valley...Let us call this matrix-space, high and vaguely undulated, carrying the specific accents of a certain feeling of fate: the mioritic space... ...a sketchy space articulated by lines and accents, somewhat schematically structured, located in any case beyond the contingencies of immediate nature..." (From Stefan Arteni - *The East-Central European Cultural Model. 7. An Apologia For The Mioritic Semiosphere*; web source: http://www.asymetria.org/modules.php?name=News&file=article&sid =885) – translator's note

> within the earth or within the tale – you would speak to me[214]. (Psalm)

It is at this point that we reach the common denominator: in the point of agreement between the two representations (one plastic, the other poetic) of the same sky. In this way, this sky becomes and, above all, is – a sky of silence; a sky of some cosmic silence maculated only by the cry of the living being longing to come closer to its Creator. Paradoxically, it is, precisely this silence, resembling some sort of astronomic "discretion", which is meant to preserve the mystery, making the sky reversible. It is through silence that the zenith and the nadir overlap:

> Right from where you are,
> within the earth or within the tale – you would speak to me[215].

And again it is through silence that the psalm reaches the vehemence of a curse. The non-canonical Logos hides within this silence. It cosmically settles the relationship between the created and the non-created dramatically opening the last option:

> Look, the stars are coming into the world
> along with my questioning sorrows.
> Look, it is night with no windows outside.
> What am I going to do from now on, God?
> In you I take off my mortal flesh. I take it off
> as if it were a coat left on the way[216]. (Psalm)

---

214 English source: http://homepage.ntlworld.com/rt.allen/E1.html; translated by Liliana Mihalachi, University of Suceava (Romania), 4th year of study (Philology: English-Romanian); Original source: Lucian Blaga – *Poemele luminii. Poezii (Poems of Light),* Editura pentru literatură, edited by George Ivaşcu, prefaced by Mircea Tomuş, Bucharest, 1968, p. 92.

215 *Ibidem.*

216 *Ibidem.*

What looks striking to me is the fact that, similarly to Blaga, Damian builds up a corollary to the contemplation of the sky. Under the pressure of the inaccessible height, the reaction of the plastic artist and of the poet's as well, is practising as .... "taking off one's mortal flesh".

Some may call this death. Nevertheless, meanings are disjunctive here because this kind of death – if we would like to call it this way – loses its ritualistic vulnerability completely. It is no longer a wailing, it does no longer have the prudent cadence of those rites of passage; it is rather a cosmic changing room where the coming into body and the coming out of the body may take place.

> There is enough silence in the hoop
> which holds together the staves of its vault.
> But I remember the time before I never was,
> As you do a distant childhood,
> And I am so sorry I didn't stay
> in that nameless country.
> And again I say to myself:
> That stars in the sky make no ado.
> Yes, I should be content[217]. (Silence among Old Things)

In this scenario the body becomes a vehicle, a starry shell, a heavy cloak of entrenchment into the world in between a Cosmic Father and a Mother endowed with Pantocrator attributes:

> The prayer begun so many times
> Can be finished today:
> Father, I forgive you for planting me
> deep in the furrows of the world[218]. (Daily Rebirth)

---

[217] English source: *Complete Poetical Works of Lucian Blaga, 1895 – 1961*, trans. into English by Brenda Walker, Center for Romanian Studies, 2001, p. 131; Original source: *Idem*, p. 100.

[218] English source: *At the Court of Yearning – Poems by Lucian Blaga*, Ohio State University Press, 1989, p. 64; Original source: Lucian Blaga

A am older than you, Mother,
but I have stayed the way you know me:
shoulders pulled a bit in
bent over the questions of the world [...]
Why did you send me into the light, Mother
Why did you send me?
My body drops at your feet
heavy like a dead bird[219].(Letter)

However, beyond these distant cosmic instances, the created is practising its inherent loneliness, a solitude whose astronomic projection is – the way I have already shown – the sky, most of the times, starry. And, it is precisely this sky which provides a bizarre consistency to the body which falls as if subdued by its own weight:

My steps echo in shadow
like rotten fruit
falling from an unseen tree. (Heraclitus by the Lake)

It is queer that, on looking at Horia Damian's works, I have had the same feeling: of some tectonic bodies which seem to be submerging katabatically almost crushed under their own weight. From his self-portraits to images of the blue-faced philosopher – all the artist's faces are "bent over the questions of the world" under some sort of magnetic gravitational attraction directed to the Earth. These are bodies bent under the nostalgia of their fleshlessness.

– *Poemele luminii. Poezii (Poems of Light),* Editura pentru literatură, edited by George Ivaşcu, prefaced by Mircea Tomuş, Bucharest, 1968, p. 100.

[219] English source: *At the Court of Yearning – Poems by Lucian Blaga,* Ohio State University Press, 1989, p. 68; Original source: *Ibidem*, p. 110.

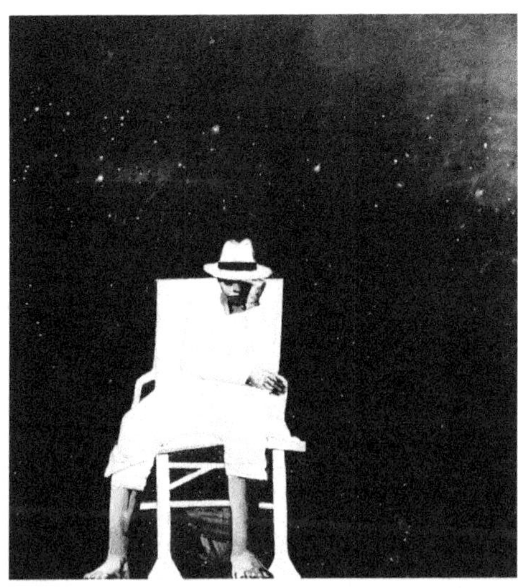

Figure 1: Horia Damian, *The philosopher 2*, 2004

And it is here that the story of "taking off one's mortal flesh" begins as a virtualization (abstraction) of death. During an interview with Bern Wery, Horia Damian said:

> [...] I believe there is in life a hidden dimension, a **submerged** side which claims the soul to be immortal, to be destined to some sort of immortality. The conscious part of the soul i.e. the ordinary thinking believes that we will die and hence the difficulty to live which stems from it – because, when you are actually afraid of the hoary age and death, knowing that your passing through this life is limited, you need a different kind of hope[220].

Damian speaks about art as a source for this kind of hope, but in fact all his works decompose the drama of living in the flesh, at the gates ... of the sky. And I don't want to start discussing the separation from mortal flesh without

220 Damian (Horia), September 2009, *The NMCA exhibition album,* Bucharest, p. 170.

underlining a motif similar to those of the same category as the "unsuspected steps".

It is the motif of the door / gate. A discreet motif, but though it seems unpretentious, it is as strong with Blaga's poetry – a commonplace for the entrance to the sky – as it is with Damian's art.

> What doorway is here truthfully? The grey door
> whose name I am unwilling to pronounce?
> You stop me from entering. I don't want to fade away.
> Guard me so that fulfilment won't find me too soon,
> so that I won't be dead before I die.
> And yet I ask myself: Girl in the doorway,
> Who are you? And if you are not,
> Where are you and how will you be?[221] (Words for the Unknown Girl in the Doorway).

Between 1999 and 2003 Damian builds this type of gates / doorways: blue starry doorways, closed gates from acrylic fiber on wood which substitute the sky. These gates / doorways, as in the case of Blaga's, are the gates of expectation, of possibility during the purgatory of flesh separation. But these are, first of all, doors of silence; their meaning is hidden by the grave. And, in this way, we reach the key to this story.

The gate / doorway, the sky, the grave are motifs belonging to the same family; motifs which equally render the consistency of the two universes built by Blaga and Damian.

They are counterbalanced by the naked body: the carcass, the shell, the heavy denuded body abandoned at the edge of the sky. It is when you understand these "doors" that you can comprehend the meaning of Damian's nudes, as an exercise of flesh separation ("taking off one's mortal flesh") despite the silent and obscene violence with which bodies are profiled against a neutral background. The artist, denudes Eve under the heading *The Birth of Venus*, but likewise he does with his

---

[221] English source: *At the Court of Yearning – Poems by Lucian Blaga*, Ohio State University Press, 1989, p. 179; Original source: Lucian Blaga – *op. cit.*, p. 263.

own body. However, what seems to me to be extremely important is the fact that Damian does not expose the body as Michelangelo does, out of love, but to display its skin tone. His nudes ostentatiously display the flesh leaving it alone and lashed by one's gaze.

In this way, the denuded body is degraded, driven to estrangement. Left alone under the sky, the body falls into matter. Thus, Damian's nudes lose their artistic meaning sliding into the metaphysic.

I remember that *The Birth of Venus,* which seems to be a slightly immodest taking off of her white shirt, is in fact, as the artist would explain in an interview – a setting free, the white shirt being, in fact, a strait jacket seen by the artist in a hospital.

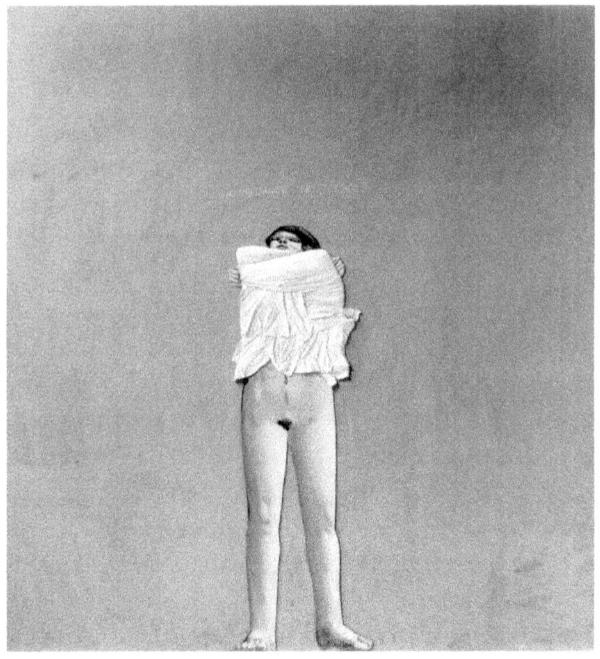

Figure 2: Horia Damian, Birth of Venus, 2006

I remember that *The Birth of Venus*, which seems to be a slightly immodest taking off of her white shirt, is in fact, as the artist would explain in an interview – a setting free, the white shirt being, in fact, a strait jacket seen by the artist in a hospital.

Moreover, this liberation – as most of Damian's nudes – is placed under the sign of 7, pertaining to a numerological sequence in which 7 makes the connection between spirit and body:

> Isn't it you the one who told me that 4 is the number of the natural world (of the 4 elements and of the cardinal points) and that 3 is the number of the spiritual world (of the Trinity)? I have employed 7 as well in my paintings because this number signifies the connection between the two worlds[222]. (Horia Damian – Wolfgang Becker, a conversation at Chantillon.)

Consequently, what at first sight seems to be only a peripheral gesture placed under an overwhelming name: "birth", is symbolically re-directed, at the outskirts of an empty sky, in the same way Blaga does, to a sort of "taking off one's mortal flèche", with cosmic stakes. And things are not going to stop here.

The idea of "taking off one's mortal flesh" is deeply obsessive as well; it is practised successively: the feminine, the other (although, the more denuded the body of Eve-Venus is, the less feminine, the less personal it becomes) – then, it is acknowledged, as I have shown before, in the self-portrait. Nevertheless, irrespective of the denuded type of body, its nudity understood as separation from the mortal flesh acquires in Damian's works a spiritual austere connotation, and its corollary is always a grave.

And here, the second level I had been talking about, steps in; the level when the body is freed from the penances of ostentatious exposure and lies down sick, inert, cataleptic,

---

[222] Damian (Horia) – *op.cit.*, p. 119.

wrapped up in bed sheets or clad in his coat of mail, in a hermit's bed, under the open sky.

There are extremely interesting cycles, Eve's cycles and the cycles of the sleeping Lancelot, cycles of getting stuck into the flesh when the body is nothing else but some cosmic residue which prevents the body from escaping. The austere stiffness of the bed, the white bed sheets resembling a shroud, the wooden texture similar to the coffin which Blaga sensed growing under the common oak's bark, Lancelot's coat of mail, all of them are sentences of the body endowed with one death. All of them are physical licenses of living in a mortal body. There are boundaries: the burdens which make the escape from the cage of our own grave impossible.

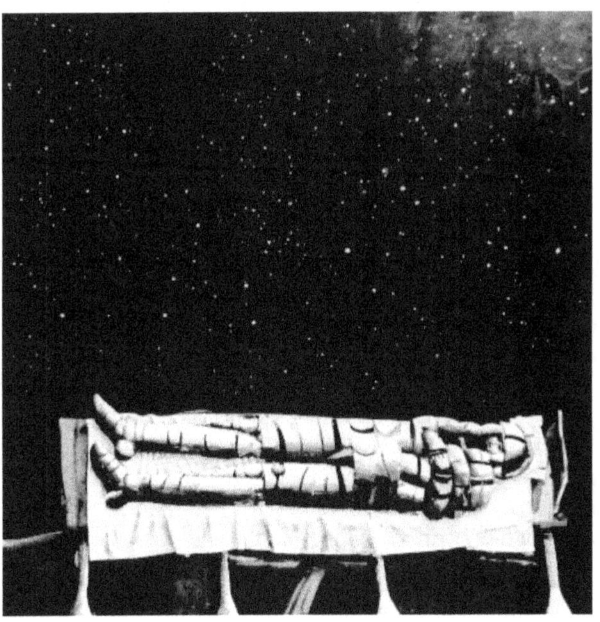

Figure 3: Horia Damian, *Lancelot sleeping,* 2004, 252 x 260 x 8 cm

I have made this long excursus about the succession of body confinement motifs in Damian's works for one single reason:

these works summarize, in a plastic way, a metaphysical itinerary which Blaga poetically proposes. Damian's itinerary is recurrently followed by Blaga as in a pilgrimage, in poems as *Sick Music-Makers* or *A Man Bends over the Edge*, but it is skilfully developed in a masterpiece: *The Children's Crusade*.

Damian's Lancelot echoes Radu in Blaga's drama, the child kept by his mother-queen confined to the fortress, hindered from his journey to Jerusalem. The child, whose soul "is pouring from under the door"[223] to fill up, together with the souls of the other children, the hollow of the empty tomb, functions as *genus proximus* of the creator condemned to his own body. The end of the play is suggestive; it celebrates the departure from the body as entrance into the virtual space of the Lord's tomb, a tomb toward which Teodul urges the children on, under oath; a tomb which seems not to allow a certain Anastasis to enter because there is nothing beyond its edges.

> RADU: What fields, mother! What path of light streaming on the waves! What bodies of water! What tracts of land! Black fortresses, white towers! Here are the everlasting cedar trees and the mountains of Lebanon! Can you see the camels and their upright nostrils? There is a soft breeze gently breathing – far away. Mother, how come you have hidden away over the ridge, I can't see you any more, farewell! – Heavy road, difficult road, heavy dust, high rocks. […] No one is opposing us – no army – no enemy – for there is many of us, children of the world – and here is the little Simon! – he is going to the right, upwards, higher!! Who said that Simon died? You are fine, you have just grown thinner on the road and you are tired, your blood is burning! Don't walk on the ridge! And you, George, why are you walking on ridges? Do your eyes hurt from the dust? Take care, we haven't reached our goal yet! Oh, there are so many children!! Hundreds, thousands! We are going

[223] Blaga (Lucian), 2008, *Meşterul Manole. Teatru, Cruciada copiilor (Manole the Craftsman. The Children's Crusade)*, edited by Valeria Filimon, Bucharest, Humanitas Agora Publishing House, p. 317.

> over the fences! Here is the victory! Ahead, ahead!!! – The Gates of Jerusalem! […] I am walking on rooflets – who is carrying me? I am walking on crosses – who is carrying me? Let's go, let's go! To Jerusalem! To Jerusalem! To Jerusalem! […] Oh, great light, a light I have never seen. Shining over the tomb of the Lord, there is the star we had set off for! Let it not die away! – Don't breathe in, don't breathe out[224].

That which in *The Children's Crusade* takes place phrenetically, in the poem *A Man Bends over the Edge* embraces the convalescent slowness of the final meditation. However, leaving these differences in rhythm aside, a similar energy fills in the scenography of death: the magnetism, the summoning of the empty tomb felt painfully like a disease.

> I bend over the edge:
> is it the sea
> or my poor thought?
> My soul falls deeply
> slipping like a ring
> from a finger weakened by fever.
> Come, end, sprinkle ash on things.
> There is no longer a path.
> No longer am I haunted by a call.
> Come, end.
> I raise myself slightly from the earth
> on one elbow
> to listen.
> Water beats against a shore.
> Nothing else, nothing,
> nothing[225]. (A Man Bends over the Edge)

---

224 Blaga (Lucian), 2008, *Meşterul Manole. Teatru, Cruciada copiilor (Manole the Craftsman. The Children's Crusade)*, edited by Valeria Filimon, Bucharest, Humanitas Agora Publishing House, p. 340.

225 English source: Original source: Blaga (Lucian), 1968, *Poemele luminii. Poezii (Poems of Light)*, Bucharest, Editura pentru literatură, edited by George Ivaşcu, prefaced by Mircea Tomuş, p. 99.

I have quoted here this poem of Blaga's in full because it, in the same way *The Children's Crusade* does, introduces a sign of mourning, a silent mourning resembling the black starless sky which, at times, Damian bequeaths on Lancelot. It is a mourning deepening the hollowness of the grave which, as I have debated in my previous articles, considers the main motif of Blaga's poetry. At the same time, it is a motif which I rediscover, in a surprising analogy and with the same intensity, in Horia Damian's works.

In the same manner as in Blaga, the cycle of the empty graves of the artist living in Paris is fascinating. I might say they represent an obsession to which the artist will return either in the cycle of the *Pyramids* he is working at as far back as the 1960s, or within the framework of some themes such as the *Mastaba* or the *Hill,* as well as in the assemblies of the 1997 *Sarcophagus*. However, it is queer that Damian's towns and fortresses, as the edifices which rise in Blaga's literary works (see the Church in *Manole the Craftsman* or the City of Jerusalem in *The Children's Crusade*), exhibit an amazing magnetic force and exercise a similar attraction as the opaque centre of the empty grave. And yet, semantically, the motif of the empty grave would only late receive a final theological crystallization similar to the one practised by Blaga in *The Children's Crusade*.

With Horia Damian, this is called the *Miracle,* a series of rectangular tombs which, at times, become the stage of a partial ascension. Yet, it is odd that the Christ represented by Damian is always faceless as if the representation would be denied this epiphanic gift. The contraction of the divine representation between the black hollowness of the grave and the figurative frame of the work enhances the cavity strain of the empty grave.

Figure 4: Horia Damian, *Miracle,* 2003

And thus, in the "metaphysical" centre of both of the artists' work, we are bound to rediscover the opacity of this grave, whose object is missing.

> Today I keep my peace and the emptiness of the grave
> sounds to my ears like a clay cattle bell
> I'm waiting on the threshold the coolness of the end.
> Will it take longer? […]
> The shadow of the world passes over my heart[226]. (The Old Monk Whispers from His Threshold)

It is the grave which opens its hollowness dimly as if a carnivorous plant; the grave toward which the flocks of "the children of the sky"[227] (*The Children's Crusade*) – the little crusaders, are making for. It is the tomb of which Radu, the prince confined to his mother's towers, says: "If you are the

---

[226] English source: *At the Court of Yearning – Poems by Lucian Blaga,* Ohio State University Press, 1989, p. 78 ; Original source: Lucian Blaga – *Poemele luminii.Poezii, (Poems of Light),* quoted edition, p. 101.

[227] Blaga (Lucian), *Meşterul Manole, Teatru, Cruciada copiilor (Manole the Craftsman. The Children's Crusade),* quoted edition, p. 314.

Tomb, I belong to you"[228] (*The Children's Crusade*); the church-tomb which enchants Mira to her own end, turning her into an icon. But despite all these, be it a Mastaba or a grave, the tombs of the two artists topple over into nadir the "alluring and unconquered"[229] (*At the Watershed*) sky laying answers underneath the shroud.

"It is not given to everyone to go into the deep, to muse from the angle of his own death"[230] - Phillipe Sollers said about Horia Damian.
Because this looks like a resurrection.

And still, Blaga and Horia Damian do this; they climb down inside the orbit of the empty grave, and from down there, from the blind spot, from that *punctum caelum,* they speak about miracles to the detriment of "taking off one's mortal flesh" and keeping, despite all this, the untainted mystery.

> Man, I would have told you more,
> but it is useless -
> and beside this, the stars are rising
> and flash me to hush
> and flash me to hush[231]. (The Secret of the Initiated)

---

[228] *Idem.*

[229] Blaga (Lucian), *Poemele luminii. Poezii, (Poems of Light),* quoted edition, p. 191.

[230] Damian (Horia) – quoted edition, p. 119.

[231] Blaga (Lucian), *Poemele luminii. Poezii, (Poems of Light),* quoted edition, p. 111, English version by Dana Vasiliu.

Quatrième partie
La valorisation des mythes dans la culture roumaine

THE MYTHICAL TEMPTATIONS OF A REPUTED "MOPHTOLOGIST": I. L. CARAGIALE

Prof. Liviu PAPADIMA, PhD
University of Bucharest

Abstract

Among the outstanding Romanian writers, I. L. Caragiale seems to be one of the least attracted towards what might be called "mythical thinking". His work, as well as his biography, reveal rather the opposite of a "mythical stance" in the approach of the fundamental themes regarding human life, in his Weltanschauung, in his own existential decisions and even in his current behavior. And yet.
In my paper I am following the traces of two recurrent topics in Caragiale's work, which illustrate the "temptation" of disclosing the mythical status of our condition: the soul and fate.

Keywords
Myth, "mythical thinking", memory, "mythical stance"

Magnum Mophtologicum is the title of a press note, published in 1893 in "Moftul roman", a journal edited by I. L. Caragiale. The short text refers to three things at a time: a popular saying, "de aia n-are ursul coadă" [that is why the bear has no tail], a biblical story about Adam's attempt to teach the bear the taste of honey and the daring enterprise of the scholar Bogdan Petriceicu Haşdeu to put together, all by himself, a comprehensive dictionary of the Romanian language. "De aia n-are ursul coadă" is frequently used to hint at a situation in which somebody demands more than is appropriate. The biblical story is a ludicrous invention of Caragiale himself, in order to explain the current meaning of the expression. And the dictionary started by Haşdeu, who managed, during a decade of intensive work, to carry out just a tiny part of his project, covering entirely, in four volumes, only the first letter of the alphabet, was called *Etymologicum Magnum Romaniae*.

Caragiale and Haşdeu were not exactly close friends, which justifies the frequent ironical stings directed by the former towards the activities of the latter. But the personal input is less important than the literary output. As trifling as the text might be, it succeeded in bringing forward a phrase which seems to epitomize Caragiale's *Weltanschauung* and to qualify the author as the most distinguished "mophtologist" of the Romanian culture. I won't insist on the central place the very notion of "moft" takes in the construction of Caragiale's fictional work. There are plenty of analyses dealing with this topic. (*Magnum Mophtologicum* is used, among others, as the title of the first and most consistent chapter of Maria Vodă Căpuşan's critical monograph *Despre Caragiale*, 1982).

Equally notorious in the reception of Caragiale's work was the human embodiment of the *moft*, the archetypal character baptized "Mitică". Ioana Pârvulescu's recent book, *În ţara Miticilor* [In the Land of Mitică-people] explicitly and not in the least surprisingly links Caragiale's "anthropology" to his defining patterns of world representation: as a "moft" [trifle, nonsense, whim], as an ephemeral "gazetă" [newspaper], and as a "comédie" (something both wondrous and hilarious).

The profile of the expert "mophtologist" seems to be the opposite of the one of a myth-builder or even a myth-hunter. Undoubtedly, among the outstanding Romanian writers, I. L. Caragiale appears to be one of the least attracted towards what might be called "mythical thinking". There is no place for heroes in Caragialia – and how can one conceive myths without outstanding characters? There is no place for lofty ideas or ideals either. Caragiale managed to build up an unfading *imago mundi* nourished by the highly perishable stuff of the daily journalism. And his self seems to be deeply rooted in the *vis comica*, not only as an artist, but also as the protagonist of his own life. And yet.

Of course, I wouldn't claim to be the first to notice that, beyond these well known traits of Caragiale's work and personality, one may unveil another, less obvious, "ego", both in his life and in his literary career. His biographers have often emphasized his emotional temper, his inexhaustible appetite for highly intellectual speculations etc. The literary critics have also minutely explored the "dark side" of Caragiale's work. The second large chapter of the already mentioned monograph by Căpușan, to give just one example, *Absurda adâncime* [The Absurd Depth], contains even a sub-chapter about *Chemarea mitului* [The Call of the Myth]. But only two rather "ex-centric" texts are being discussed there, the only drama Caragiale has written, *Năpasta* [The Scourge] – not a very successful initiative, neither during his lifetime nor for the generations to come – and the "naturalistic" short-story *O făclie de Paște* [An Easter Candle]. The conclusion concerning the latter, viewed as a bitter paraphrase of the Biblical myth of resurrection, looks quite intriguing, in my view:

> Leiba Zibal înnebuneşte pentru că a reuşit, într-o sforţare supraomenească, să confere imaginarului mitic forţa realului, să-l coboare în sine până la « absurda adâncime proprie » (Căpuşan, p. 220).
> Leiba Zibal goes insane because he has managed, with superhuman exertion, to endow the mythical imaginary with the power of reality, to pursue it inwardly to "the absurd depth of his own self".

Does it not lie in the nature of myths that they can – and should – eventually "become true", that they are used to make sense of our everyday "reality"? Is it not the function of the accompanying rites to mediate between the exemplary story of the myth and our imperfect mundane experience? Zibal's gesture, to light a candle on Easter night, although he is a Jew, in order to scorch the hand of a malicious Christian burglar and to let him be quelled until death, is not "superhuman", but rather ironical.

Other critics have tried to go beyond the realm of Caragiale's fictional world and to reconstruct, relying on private letters and the jigsaw puzzle of more or less occasional pieces of journalism, the author's *forma mentis,* his beliefs, his mentality, the values Caragiale stood for. Symptomatic in this respect is Dan. C. Mihăilescu's anthology, *I. L. Caragiale. Despre lume, artă şi neamul românesc,* published in 1994. Ion Vartic unveiled surprising overlaps between the comic world of Caragiale and the philosophy of Heidegger and Jaspers on the one hand and Socrates and Aristotle on the other hand (*I. L. Caragiale şi schiţele sale exemplare,* preface to the anthology *Temă şi variaţiuni*). Marta Petreu took a step further, and dedicated a comprehensive study to *Filosofia lui Caragiale* (2003).

But it is not enough to be "serious" – or get serious from time to time – in order to be given access to a « mythical stance ». This requires an additional state of mind, which Caragiale seems not only to have lacked, but also to have despised: empathy. I cannot imagine the Romanian dramatist ever to have exclaimed: "Ziţa c'est moi" – or something of the kind. Whenever the lines in the text get warmed up by the contemplation of an inspiring landscape, by the fate of a miserable character or by a touching event, something is rotten in Caragialia.

> Este ajunul Învierii. Natura, ca o mireasă răpită, care a dormit vrăjită în lanţurile de gheaţă ale unui crud uriaş răpitor, se deşteaptă fericită, graţioasă, mândră, la mângâierile dulci, duioase..., etc., etc. (p. 123).
> It's the Holy Saturday. Nature, as a ravished bride, who slept bewitched in the icy chains of a cruel ravishing giant, is happily waking up, graceful, proud, under the sweet, tender caresses of the… etc., etc.

This is the beginning of *Noaptea Învierii. Novelă* [Easter Night. Novella], a spectacular case of self-parody – in fact, a short applied treatise of how *not* to write a short story.
Or:

> Iată-l ! Pieptul lat al locomotivei s-arată la cotitura liniei. Arătarea creşte, creşte mereu, sforăind semeaţă şi alunecând cu eleganţă maiestuoasă către peron. Cazanul fierbe, fanfara ţipă, şcolarii intonează imnul – un concert monstru... Vagonul domnesc intră la peron. (*25 de minute*..., p. 89).
> Here it is! The wide chest of the steam engine appears at the railway bend. The apparition is growing, and growing, haughtily puffing and gliding with majestic elegance towards the platform. The boiler is seething, the brass band is screeching, the pupils are singing the anthem – a monster concert... The royal coach reaches the platform. (25 Minutes...).

This is not the description of the parade of the Greek armies in front of the walls of Troy, re-written according to the technological enthusiasm of the late 19th century. It is, instead, the story of the ridiculous battle of vanities, stirred by the accidental stop of the train carrying the royal family in a humble province town.

Beware! Stylistic heat in Caragiale's text always signals the boomerang vector of irony. It is always the voice of the undesirable "other" – the ungifted ambitious prose-writer, the frantic journalist of an obscure publication etc. – which is mocked at. And yet.

> Între un om şi altul este adesea ca de la o stea la alta. Arde colo un soare uriaş şi dincolo altul. Printre învârtitoarea pulbere de lumi, un colos de flăcări d-abia zăreşte pe celălalt ca o scânteie ce clipeşte pierdută în negura fără fund... Ba câţi încă nu se mai zăresc deloc şi unul de altul nici măcar nu bănuiesc. Adesea tot aşa se pricep oamenii-ntre ei şi pot înţelege unul altuia sufletul. (*Păcat*..., p. 22).
> Between one person and another there is often a distance as between one star and another. A huge sun is burning here, another one over there. In the spinning stardust, a giant of

> flames can catch sight of another one as if it were a spark glimmering forlornly in the fathomless darkness... Many of them cannot even catch a glimpse of the others and have no idea of their existence. People perceive each other and understand each other's soul in the same way. (Sin...).

This time for sure no irony is meant. The lyrical shudder triggered by the contemplation of the abyss of the human soul is – or, at least, it is intended to be – authentic.

Searching for Caragiale's philosophical convictions, Marta Petreu traces some fragments which remind us of Leibniz's *Monadology*, combined with a kantian approach:

> Aşa este şi sufletul omenesc, ca bobul de rouă : o infimă oglindă sferică, cu conştiinţa absurdei adâncimi proprii – în afară-i şi înainte-i, ori încotro, infinitul mare ; înăuntru şi de-a-ndăratele, infinitul mic. Între aceste două infinituri, între aceste două lumi, e o ciudată şi grozavă deosebire : pe când infinitul mare este ideal, deşi palpabil, infinitul mic este singurul real, deşi impalpabil. (*Câteva păreri*, *apud* Mihăilescu, p. 21).
>
> The human soul is akin to the dewdrop: a minute spherical mirror, with the awareness of its own absurd depth. Outside it, in front of it, in all directions, the great infinity; within and backwards, the small infinity. Between these two infinities, between these two worlds, there is a strange and awesome difference: while the great infinity is ideal, though palpable, the small infinity is the only real one, though impalpable. (Some Opinions).

In spite of the paradoxical phrasing of the comparison between the two infinities – the outer one and the inner one – Caragiale's point appears quite obvious: the only genuine reality given to us is our own soul, "impalpable" and unfathomable though it is.

But do Caragiale's characters have a soul of their own? The question is not in the least rhetorical. The postulated "absurd depth" of our inner world, perceived by our own consciousness, is replaced in Caragialia by blatant shallowness.

This general trait of the humanity populating the fictional world of Caragiale was not even overlooked by early criticism. It is nevertheless worth mentioning it has been initially judged as a shortcoming of the writer's craftsmanship, while later on it was re-discovered as a striking clue of Caragiale's "modernity".

> [...] Analiza psihică a tipurilor nu e destul de adâncă, tipurile sunt mai ales descrise și analizate din punctul de vedere exterior. Adâncile mișcări sufletești, cari caracterizează mai ales pe om, ori lipsesc, ori sunt făcute cu mai puțină măiestrie decât caracterizarea tipului și caracterului exterior. (C. Dobrogeanu-Gherea, p. 263).
> [...] The psychological analysis of the human types is not deep enough, these types are mainly described and analyzed from an exterior point of view. The deep movements of the soul, which characterize the human being, are either missing, or depicted with less craftsmanship than the characterization of the type and the exterior disposition.

wrote C. Dobrogeanu-Gherea, otherwise a good friend and admirer of Caragiale, in 1890 . Three decades later, an influential critic, G. Ibrăileanu, went on in the same vein, with the difference that, for Ibrăileanu, the psychological shallowness of the characters was considered "one of Caragiale's great merits", as the dramatist and the prose writer was seen as an exceptional sociological analyst of his age:

> Dealtmintrelea, toate tipurile din comediile lui Caragiale – din cauza ocupațiilor lor neserioase, adică fără legătură cu realitățile adevărate ale vieții – sufăr de această goliciune de suflet. Unul din marile merite ale lui Caragiale este de a fi știut să pună pe aceste tipuri să-și exprime neantul sufletului lor, de a fi zugrăvit conținutul acestui zero. (G. Ibrăileanu, p. 41).
> Furthermore, all the types in Caragiale's comedies have empty souls – because of their inconsequential pursuits, disconnected from the true realities of life. One of Caragiale's greatest merits is to have managed to make these types express the void of their souls, to have depicted the contents of this zero.

During the 1970s, as the critical reception of Caragiale's work gradually separated it from the aesthetic matrix of the 19th century's realism and pushed it towards another context – closer to Alfred Jarry, Luigi Pirandello, Jean Paul Sartre, Alfred Dürrenmatt, Robert Musil, Albert Camus, Franz Kafka, Arghezi, Urmuz, Tristan Tzara and, above all, Eugène Ionesco – Caragiale's humanity was re-interpreted in a sort of "existentialist" frame. Just one example:

> Teatrul lui Caragiale este « nonpsihologic », nu ca o « carență » a artei dramaturgului : stilul popular și grotesc al comediei sale este prin el însuși « antipsihologic ». [...] Prin distrugerea unității personajului și a umanității lui, prin creația omului dezorientat în afara vieții morale, cu comportament discontinuu, a omului fără calități, dramaturgul român este unul dintre creatorii structurii eroului farsei moderne. (I. Constantinescu, *Caragiale și începuturile teatrului european modern*, p. 241).
> Caragiale's plays are "non-psychological", not as a "failure" in the art of the dramatist: the popular and grotesque style of his comedies is "anti-psychological" in itself. […] By means of destroying the character's unity and humanity, and creating instead the disoriented person outside moral life, with a discontinuous behavior, the person with no qualities, the Romanian dramatist ushers the creation of the structure characteristic for the hero of the modern farce. (I. Constantinescu, Caragiale and the Beginnings of the European Modern Theater).

Ion Vartic's already mentioned analysis relying upon Heidegger and Jaspers obviously widens up the same interpretive paradigm: human existence in Caragialia is essentially "to-be-with", *Mitsein*. In an older scrutiny of Caragiale's fictional world, by the beginning of the 1980s, I myself have tried to emphasize its purely relational character – a textual world that can be diagnosed as hyper-syntactic on the one hand and hypo-semantic on the other hand. (Liviu Papadima, *Caragiale, fireşte*, 1999).

If so, where does the awe-inspiring soul dwell?

In my opinion, it is to be found neither in the comedies and in the comic sketches, nor in the drama and in the dark or the fantastic novellas, but in a bunch of border-texts, difficult to classify even for the most perspicuous critics. Some of them have caused a lot of interpretive controversies – such as *Inspecțiune* [Inspection], for example –, some other were often discussed in relation to Caragiale's surprising narrative strategies – such as the added ending of the short story *Două loturi* [Two Lottery Tickets] – or to a specific *Weltanschauung* – "văz enorm și simt monstrous" [I see enormously and feel monstrously], to be traced in *Grand Hôtel Victoria Română* –, others were simply ignored, as if bearing but marginal significance.

I will rest for a while over a small text among the ones in the last category: *Cănuță, om sucit* [Cănuţă, a Twisted Man].

In spite of its undisputable simplicity, this text offers the reader, on a closer reading, plenty of surprises.

First of all, *Cănuţă* is an unusual name. It is even more unusual for an inhabitant of Caragialia incorporating a "Mr. X", the "common person" *par excellence*, to be given an unusual name, instead of Lache, Mache etc. In fact, it is said in the text, he was baptized Radu, and from Radu the diminutive Răducanu, and from Răducanu was derived Cănuţă. But the explanation doesn't hold. Cănuţă is the hypocoristic of a common name, *cană* [jug, mug]. And *pahar* [glass], referring to a similar object, is the key word of the main paragraph in the text, the one in which the hero of the story is being characterized.

Cănuţă, as I have said, is presented as a common character, with a common destiny. His parents die early, so that he is taken care of by his grandmother. She sends him to school, but after a while he runs away. He becomes an apprentice, but abandons his master. He embarks on numerous occasional jobs – also in politics, "fiindcă şi el era roman" [because he was Romanian, wasn't he?] according to the narrator's explanation. He gets married, quarrels with his wife and sues for divorce.

Later on he meets his ex-wife by chance and they start living together again. Eventually, Cănuţă dies after a fit of anger.

Nevertheless, Cănuţă has a strikingly peculiar trait, the one announced in the title of the sketch: he is a "twisted" person. It is this trait – in fact, the only thing we find out about his personality, about his "soul" – which not only accompanies, but also determines his destiny, from the time of his birth until his death. At school, he is diligent enough, but always seems to learn what he had to study for the previous class. During his apprenticeship, he tries to follow the orders of his master, but they never fit the current situation. In politics, he leaves the opposition "because of its boundless and unfair violence, on the eve of its coming to power", and joins the government, "which, all in all, was not that blameworthy" a couple of days before its fall. In his marriage, he puts up with the cheating of his mother-in-law and even of his wife, but is resolute to divorce when his wife gets a fish dish burned etc.

The nature of the hero's "twistedness", noticed by everybody who knew him, is stated in the very beginning of the story:

> A fost odată un om care toată viaţa lui nu s-a putut potrivi cu lumea – un om sucit. (p. 210).
> Once upon a time there was a man who couldn't fit into the world all life long – a twisted man.

Why couldn't such an unexceptional character fit into the world? Roughly speaking, he did not manage it because he had a soul – that unfathomable, impalpable inner infinity. Here is the paragraph I have already hinted at:

> Istoria lui se poate asemăna cu istoria unui pahar care rabdă să-l umpli cu litra şi pentru o picătură se supără şi dă pe-afară. Şi lumea vede măcar ce se petrece cu paharul ; dar putea lumea-nţelege ce se petrecea în sufletul lui Cănuţă? Paharul stă de faţă ; sufletul lui Cănuţă, sta ascuns şi pesemne era prea mic, prea strâmt – dedea repede pe dinafară. (p. 217)

> His story may be compared to the story of a glass, that bears to be filled up by the quart, and for a single extra drop, gets angry and brims over. People do see what's happening with the glass; could people also understand what was happening in Cănuţă's soul? The glass stands in plain sight; Cănuţă's soul lay hidden, and was probably too small, too tight – it brimmed over easily.

A final detail. To a large extent, the story of Cănuţă re-writes a widespread folk tale, the one to be found, for example, in the collection of Grimm brothers, under the title *Der gescheite Hans* [***Clever Hans***]. It is, in my view, bewildering that Caragiale turned a story about stupidity, a human drawback he despised most, into an apology, some kind of personal myth, of the soul.

BIBLIOGRAPHY

CARAGIALE I. L., 2000, *Opere,* vol. I, București, Univers Enciclopedic.

CĂPUŞAN M. V., 1982, *Despre Caragiale,* Cluj-Napoca, Dacia.

CONSTANTINESCU I., 1974, *Caragiale și începuturile teatrului european modern,* București, Minerva.

DOBROGEANU-GHEREA C., 1967, « I. L. Caragiale », *Studii critice,* pp. 256-282, București, Minerva.

IBRĂILEANU G., 1976, « Pe marginea lui "Conu Leonida față cu reacțiunea" », *Opere,* vol. III, pp. 39-50, București, Minerva (first printed in « Viața românească », n° 5, 1922).

MIHĂILESCU D. C. (éd.), 1994, *I. L. Caragiale. Despre lume, artă şi neamul românesc,* București, Humanitas.

PAPADIMA L., 1999, « Homo caragialiensis », *Caragiale, fireşte,* pp. 7-82, Bucureşti, Ed. Fundaţiei Culturale Române.

PETREU M., 2003, *Filosofia lui Caragiale,* Bucureşti, Albatros.

PÂRVULESCU I., 2007, *În Țara Miticilor,* București, Humanitas.

VARTIC I., 1988, « I. L. Caragiale şi schiţele sale exemplare », preface to the anthology *I. L. Caragiale, Temă şi variaţiuni,* pp. 5-45, Cluj-Napoca, Dacia.

EROI ȘI MOTIVE ÎN BASMELE POPULARE ROMÂNEȘTI. STUDIU DE CAZ : « TINEREȚE FĂRĂ BĂTRÂNEȚE ȘI VIAȚĂ FĂRĂ DE MOARTE »

Dr. Drs Alice TOMA
Université de Bucarest / Université Libre de Bruxelles
cristoma@ulb.ac.be

Résumé

Le conte « Jeunesse sans vieillesse et vie sans mort » est souvent considéré un produit caractéristique pour l'identité culturelle roumaine, car, de par la manière dont sont assemblés les thèmes, les motifs, les personnages, les actions, tout comme leur symbolistique correspondante, il semble ne pas avoir d'équivalent parmi les créations populaires appartenant à d'autres espaces culturels.

Mots-clés
Mythe, conte, héros, motif

1. NAŢIONAL ŞI UNIVERSAL ÎN STRUCTURA BASMULUI

Basmul « Tinereţe fără bătrâneţe şi viaţă fără de moarte » este considerat deseori un produs caracteristic pentru identitatea culturală românească, deoarece, prin maniera în care sunt asamblate temele, motivele, personajele, acţiunile, precum şi simbolistica corespunzătoare, pare să nu aibă echivalent în creaţiile populare din alte spaţii culturale. Filosoful Constantin Noica, într-un celebru eseu consacrat acestui basm, declară :

« Este un dar nesperat al culturii noastre folclorice adus umanităţii »[232].

De fapt, astăzi se ştie că nu există « mitologii » ale popoarelor, ci « o mitologie » a umanităţii, care se adaptează la specificul fiecărei etape din istoria acesteia şi fiecărui spaţiu etnolingvistic. Aceasta înseamnă că « mitemele », cum numeşte Cl. Lévi-Strauss « pachetele de teme », sunt invariante care îşi păstrează funcţiile, dar se reorganizează permanent, dezvoltându-se în subtipuri, concretizări ale schemelor compoziţionale. Din această perspectivă, în singularitatea basmului românesc, cules de P. Ispirescu[233], regăsim nenumărate locuri comune.

Pentru a le putea identifica, este necesar să sintetizăm naraţiunea în discuţie.

Un împărat, a cărui soţie nu putea avea copii, primeşte un leac miraculos de la un bătrân vraci. Leacul are efect, dar fătul începe să plângă chiar înainte de a se naşte. Se opreşte numai când împăratul îi promite « tinereţe fără bătrâneţe şi viaţă fără de moarte ». La adolescenţă, prinţul îşi cere darul promis şi, pentru că tatăl său nu i-l poate da, pleacă să şi-l procure el însuşi. Cu ajutorul calului năzdrăvan, trece peste cele trei probe – clasicele obstacole din drumul iniţierii – şi ajunge pe Tărâmul Fericirii. Se căsătoreşte cu cea mai mică dintre stăpânele locului şi trăieşte până în ziua când, din greşală (din curiozitate ?)

---

[232] Noica (Constantin), 2008, *Tinereţe fără bătrâneţe şi viaţă fără de moarte – de P. Ispirescu,* Bucureşti, Humanitas Multimedia (Col. Audiobook). Şi L. Şăineanu spune că, în structura lui, basmul pare să nu aibă echivalent în Europa, deşi tot el stabileşte similitudinile de teme, motive, simboluri de circulaţie universală întreţesute în naraţiunea populară românească.

[233] Ispirescu (Petre), 1882, n° 1, în *Legendele sau basmele românilor, adunate din gura poporului...* Bucureşti, Tipografia Academiei Române (Laboratorii români), Cf. Şi ed. modernă *Opere,* I, 1969.

păşeşte pe tărâmul interzis, pe Valea Plângerii. Din acel moment, îi revin memoria şi sentimentele umane obişnuite. Dorind şă-şi revadă părinţii, porneşte înapoi, în ciuda avertismentelor celor din jur. Găseşte un univers cu totul schimbat şi constată că nu trecuseră câteva zile, ci câteva sute de ani. În ruinele castelului părăsite dă peste Moartea sa, care îl pălmuieşte, transformându-l în ţărână.

2. MOTIVELE BASMULUI ŞI CORESPONDENŢELE SALE

Motivele care compun această naraţiune se pot regăsi, desigur, atât în alte producţii folclorice româneşti, cât şi în folclorul popoarelor răspândite peste tot în lume. Ceea ce ne propunem aici este tocmai stabilitatea unor posibile filiaţii ale basmului în discuţie cu firele mitologiei naţionale şi universale.

Lazăr Şăineanu, unul dintre primii comentatori ai basmului respectiv, creează o tipologie proprie a basmelor româneşti şi internaţionale. El încadrează *Tinereţe...* în « Ciclul juruinţelor », tipul B, al « Zânelor promise », basmul lui P. Ispirescu reprezentând varianta-tip, adică aceea din care se desprind altele sub-variante[234]. Trecând peste limitele concepţiei care stă la baza clasificării[235], se observă că însuşi motivul iniţial,

---

[234] Şăineanu (Lazăr), 1895 / 1978, *Basmele române. În comparaţiune cu legendele antice clasice şi în legăturile cu basmele popoarelor învecinate şi ale tuturor popoarelor romanice.* Ediţie îngrijită de Ruxandra Niculescu. Prefaţă de Ovidiu Bîrlea, pp. 247-256.

[235] Precedând clasificarea Aarne-Thomson, tipologia propusă de Lazăr Şăineanu suferă de aceleaşi defecte ca şi cea a lui J. G. Von Hahn, *Griechische und Albanische Märchen,* 1964, căreia îi este îndatorată. În principiu, L. Şăineanu lărgeşte sistemul secţiunilor de la 3 la 4, în care include 23 de cicluri şi 48 de tipuri. Reproşul care se aduce astăzi acelor clasificări vizează concepţia fundamentală a cercetătorilor din epocă. Ca şi profesorul său, B. P. Hasdeu, *cf.* E.M.R ; p. 264, ed. orig., L. Şăineanu era convins că în lume există « puţine prototipuri » şi că

promisiunea făcută copilului este recurent în proza populară. Împăratul face la început promisiuni realizabile, în plan real : promite o împărăţie, apoi o fată de împărat drept soţie etc. Abia apoi îi promite copilului încă nenăscut o zână şi nemurirea. Or, mireasa promisă apare în variante româneşti ca *Ileana Consânţeana* (culegerea Frâncu) ; *Lina Rujulina* (culegerea Şt. Ţarină) ; *Floarea şi Florea* (culegerea Stăncescu) ; *Fiica a nouă mame* (culegerea Silviu Moldovan) ş.a.

În literatura populară a altor popoare este, de asemenea, cunoscut acest motiv, pus în legătură cu altele, după cum vom vedea. *Tema călătoriei iniţiatice, însoţirea cu un animal năzdrăvan* (calul, în cazul de faţă[236]), *motivul celor trei probe ale vitejiei şi isteţimii* etc. reprezintă – toate – *locurile comune* în structura basmelor cu fundamentare mitologică.

3. TEMA « TIMPULUI » ÎN BASMUL « TINEREŢE FĂRĂ BĂTRÂNEŢE... »

Cea mai interesantă temă este, însă, aceea a *timpului*, cu întregul său alai de motive – *uitarea, căutarea nemuririi, trecerea dintr-un timp în altul, moartea* etc. Asupra acestor aspecte am vrea să ne oprim în paginile de faţă.

Prima observaţie care se impune este că motivele se leagă între ele, se susţin reciproc, iar uneori se suprapun, după mecanismele tipice ale structurilor narative de tip popular.

---

acestea acţionează tiranic asupra dezvoltării variantelor în timp şi spaţiu. Cf. O. Bîrlea, *Prefaţă* la L. Şăineanu, *op. cit.*, p. XVIII.

[236] Calul eroilor din basmele româneşti îşi au echivalentul în centaurul Chiron al lui Ahile, din poemele homerice. Aceştia nu numai că îi ajută concret în încercări care depăşesc posibilităţile fizice ale eroilor – eroi, semizei etc. –, dar le dau şi poveţe importante, în împrejurări extreme. Din păcate, după cum observă acelaşi C. Noica, nici chiar aceste fiinţe cu puteri supranaturale nu-i pot convinge pe stăpânii lor să ia chiar întotdeauna decizia cea mai înţeleaptă. Calul lui Făt Frumos nu-l poate determina pe tânăr să renunţe la revenirea în ţara natală, aşa că, în final, îl duce la destinaţie, apoi îl părăseşte.

Astfel, motivul tinereţii veşnice, acela al nemuririi şi acela al uitării alcătuiesc, deseori, un nucleu tematic comun. Pe de altă parte, funcţionează aici mecanismele tipice ale imaginarului, în sensul că *timpul* funcţionează după legi specifice numai în relaţie strânsă cu *spaţiul,* amândouă fiind gestionate de *personajele* cu calităţi excepţionale, prin *acţiunile* în care acesta se implică. Aşa cum s-a dovedit în literatura de specialitate, timpul imaginar se dilată sau se comprimă după principii interne, proprii basmului. El se poate opri în loc, poate reveni din urmă sau poate veni din viitor în prezent[237]. Evident, în ultimele ipostaze este vorba despre procesele psihice ale memoriei şi ale prevederii (premoniţie, clarviziune etc.). Rămâne valabilă relaţia – dovedit ştiinţific, de altfel – a deformării spaţiului euclidian prin acţiunea timpului, precum şi acţiunea inversă, acţiunea spaţiului asupra timpului. Gaston Bachelard vorbea, în cazul ficţiunii literare, despre o « detemporalizare a spaţiului »[238].

În cazul concret al basmului *Tinereţe fără bătrâneţe...*, primul fenomen care se manifestă este acela al « ieşirii din timp ». După depăşirea obstacolelor iniţiatice eroul ajunge, în sfârşit, la ţinta sa, la locul numit *Tărâmul Fericirii.* Practic, tânărul *uită de tot şi de toate aici,* alături de tânăra soţie, cea mai mică dintre cele trei stăpâne ale locului. Prin aceasta, însă, Făt-Frumosul nostru se înscrie într-o lungă serie de personaje celebre. Şi Ulysse petrece o vreme (este adevărat, involuntar), alături de Calipso, înainte să-i revină memoria şi dorul de Ithaca. Tema secundară este aceea a *adormirii / împietririi / letargiei* care poate fi seculară,

---

[237] A se vedea, în acest sens, studiul Roxanei-Magdalena Bârlea, « Caracteristici ale timpului imaginar în literatura pentru copii şi tineret », în P. Gh. Bârlea, 2006, *De la local la universal. Spaţii imaginare şi identităţi,* pp. 206-224. Autoarea vorbeşte despre dinamica timpului, cuantificarea acestuia, precum şi despre diverse alte calităţi : oprirea în loc, suprimarea, « ieşirea din timp », « timpul întors », « timpul care tace » etc. *Cf.* şi *Idem,* ....

[238] *Cf.* Bachelard (Gaston), 2005, *Poetica spaţiului.* Traducere de Irina Bădescu. Prefaţă de Mircea Martin. Piteşti, Paralela 45, pp. 30 *sqq.*

deşi personajului i se pare scurtă. Pentru folclorul românesc, se poate vedea ideea « somnului celui lung » ce părea personajelor implicate scurt, idee analizată de Moses Gaster[239]. Atât acesta, cât şi L. Şăineanu trimit însă la o lungă serie de corespondenţe europene. *Legenda craiului Wenceslav,* din folclorul ceh, *Legenda ciobanului,* care circula în Tirolul italian. Tot în spaţiul italian este atestat basmul *L'Isola della felicitá.* Dintre concretizările folclorice slave, este citată *Legenda omului care caută insula fără moarte,* din fondul tradiţional ucrainian. În folclorul breton domină legendele intitulate *Celui qui aella porter une lettre au Paradis* şi *La femme du Trepos.* În tradiţia celtică există basmul *Bătrâneţea lui Ossian,* iar în cea corsicană, cel intitulat *Il faut mourir*[240].

Numai anumite nuclee din acestea se pot regăsi în basme româneşti din alte categorii din clasificarea sus-amintită : *Roşu-Împărat şi strigoaica* ; *Glasul morţii* ş.a. În toate aceste texte, româneşti sau străine, termenii-cheie rămân aceiaşi : naştere cu probleme ; raportul tinereţe / bătrâneţe ; uitare, nemurire / moarte.

Ideea comprimării timpului este, de asemenea, un element recurent : peste tot, un anumit număr de zile sau săptămâni se dovedeşte a echivala, în realitate, cu sute de ani. Când se produce această transpunere ? Cu ocazia schimbărilor de spaţiu. Acţionează aici « principiul vaselor comunicante » în generarea imaginarului[241]. Cu cât spaţiile străbătute sunt mai mari, cu atât se comprimă timpul. Zborul de « o clipă », facilitat de calul înaripat etc. acoperă spaţii imense, dar şi invers, într-un spaţiu închis, privilegiat, timpul nu mai are limite.

Pe de altă parte, în cazul nostru, Făt-Frumos părăseşte împărăţia părinţilor, dar nu ajunge în altă împărăţie, cum era de aşteptat, ci într-un pustiu. Este supus aici primei probe – confruntarea cu Ghionoaia. Învingător, îşi continuă drumul şi

---

239 Gaster (Moses), *Literatura populară română,* ed. I, p. 42.

240 Pentru toate acestea, *cf.* L. Şăineanu, *op. cit.*, pp. 247-250.

241 *Cf.* P. Bârlea (Gheorghe), « *Locuri reale şi locuri imaginare* », în *op. cit.*, pp. 85-105.

ajunge într-un alt pustiu, unde se confruntă cu Scorpia, în a doua probă eroică. După un alt timp real, ajunge într-o pădure, păzită de actanţii celei de-a treia probe: Fiarele Pădurii (nedefinite, amestec de real şi imaginar). Abia acum încep faptele cu adevărat miraculoase[242], care anunţă declanşarea mecanismelor derulării magice a timpului. Confruntarea de aici nu este directă, căci calul îl poartă pe prinţ pe deasupra pădurii. Zborul trebuie să fi fost destul de lung, căci pădurea era foarte, foarte mare, dar calul năzdrăvan a depăşit-o într-o clipă.

Timpul fără limite în care se instalează tânărul erou îşi are, desigur, confortul său, dar şi legile sale. Aici, pe tărâmul tinereţii veşnice, *nu se poate minţi*, căci efectele minciunii ar presupune confruntarea cu scurgerea normală a timpului. Aceasta este raţiunea pentru care el mărturiseşte imediat că a încălcat legământul şi a păşit, din greşeală, pe un teren interzis. Pe de altă parte, în basm se precizeză că, pentru a face să treacă mai uşor timpul, locatarii palatului din Ţara Fericirii îşi *spun poveşti* – despre ei înşişi şi despre alţii. Dacă adăugăm la aceste detalii pe cel al *promisiunilor*, din episodul iniţial, pe al *blestemelor* care le-au transformat pe fetele cele rele în ghionoaie şi în scorpie, avem aici un *nucleu întreg al funcţiilor cuvântului* în evoluţia destinelor umane. Este cuvântul care zideşte şi cuvântul care distruge. De fiecare dată, valorificarea forţei cuvântului se realizează în context temporal. Promisiunile acţionează din prezent spre viitor, în mod logic, dar marchează nu numai un destin, ci o istorie întreagă. Blestemele acţionează din trecut spre prezent[243]. Poveştile au rol împortant în

---

242 Dacă ignorăm dialogurile cu calul, cu Ghionoaia, cu Scorpia, motivele metamorfozelor acestora etc. Este cazul să amintim că metamorfoza însăşi este un motiv central în basmele lumii, unul dintre invariantele mitologiilor lumii, *cf.* P. Brunel, *Le mythe de la méthamorphose*, Paris, 1974, *passim.*

243 Cercetătorii observă şi aici obişnuitele simetrii formale şi simboluri etern umane. În primul caz, al Ghionoaiei, este vorba despre blestemul părintesc – cel mai cumplit; în cazul Scorpiei, este vorba despre blestemul consanguinilor (rudelor) – ceva mai puţin grav; în al treilea

prezentul continuu al universului care trăieşte într-un spaţiu finit, dar într-un timp fără margini.

Totuşi, suspendarea într-un timp nedefinit nu este validată de schema logică a basmului. Intevin două serii de mecanisme care readuc lucrurile în starea lor firească :

a) relaţia cu spaţiul ;

b) acţiunea unui subsidiar al timpului – memoria (timpul interior).

Eroul a gustat toate plăcerile oferite de timpul fără limită petrecut la palatul fermecat. Ţinta peregrinării lui pare să fi fost *cunoaşterea,* încercarea puterilor umane de a înfrunta o lege nedreaptă a firii – aceea care ne dă dreptul la existenţă fără ca noi să fi cerut acest drept. Altfel spus, el a vrut să vadă până unde se poate ridica omul în aspiraţiile sale.

Apoi, caracterul profund uman al eroului este re-dobândit prin confruntarea elementelor spaţiu / timp. Din greşeală (sau, poate, din cauza firii nestatornice, nemulţumite, iscoditoare a omului ?), acesta atinge un spaţiu interzis, cum spuneam. Îndată ce a păşit pe Valea Plângerii, timpul său personal (căci toţi avem un timp al nostru, o percepţie proprie a timpului – este unul dintre nenumăratele mesaje încifrate transmise de acest minunat basm !) îşi pierde valoarea. Perenitatea devine fragilă, sub ameninţarea unei anumite componente a timpului : *memoria.* Aceasta, la rândul ei, declanşează afectele obişnuite ale omului[244]. Iar acestea îl împing spre timpul revolut ! Prinţul îşi aduce aminte de părinţi. I se face dor de casă şi, ignorând sfaturile calului, pe ale soţiei sale, se pregăteşte de plecare – « în vizită », s-ar zice. De fapt, va fi drumul spre adevărata sa

---

caz, este vorba despre necunoscuţii pe care cineva i-a supărat, într-un fel oarecare. Oricum, chiar în lumea modernă, care se conduce după principiile cunoaşterii de tip cartezian, şi nu după legile intuitive ale mitului, se spune deseori că eşecurile şi necazurile noastre s-ar putea datora vreunui blestem lansat asupra strămoşilor noştri.

[244] C. Noica spune foarte poetic că « vremea uitată » se ridică uşor în mintea lui Făt-Frumos, precum undele unui lac atins de o pietricică.

condiţie şi drumul spre sfârşitul inexorabil al tuturor fiinţelor vii. Refăcând drumul înapoi, spaţiul şi timpul se împletesc mereu. Unde fuseseră păduri, acum sunt câmpii cultivate, unde erau pustietăţi, acum sunt oraşe şi sate. Realităţi lăsate în urmă de puţin timp, se dovedesc a fi fost pierdute, de fapt, în vremuri imemoriale. El însuşi îmbătrâneşte brusc, iar relatările sale par celor care îl ascultă vise şi scorneli.

Mesajul este cel cunoscut sau, în orice caz, de aşteptat : omul nu îşi poate depăşi condiţia de muritor, poate doar aspira la aceasta.

Amprenta timpului îl marchează definitiv pe Făt-Frumos în ultima confruntare cu trecutul sau întâlnirea cu moartea. Din nou, cititorii avizaţi, precum Constantin Noica, observă că nu este vorba despre Moartea generică, ci despre *moartea sa.* Ne aflăm încă în faţa unui motiv mitologic de circulaţie universală : fiecare moare singur. De asemenea, fiecare speră că el va fi o excepţie, în raport cu legile firii : de la cea mai banală formă de manifestare – teama de moarte (care îl face reflexiv şi pe cel mai primitiv om / pe boschetarul beţiv), până la diversele trucuri ale păcălirii morţii, aceste teme domină creaţiile artistice de orice fel. Dialogul cu moartea, încercările de a trata vreun pact oarecare cu ea sunt numai câteva dintre variantele motivului[245]. În cazul basmului românesc, Moartea însăşi zăcea într-un fund de tron, prin ruinele abia vizibile ale fostului palat. Este, aici, un alt motiv – moartea morţii, devenit dogmă în religiile lumii, precum creştinismul.

« - *Bine ai venit, zise ea, că de mai întârziai, mă prăpădeam şi eu.* »

Dar nu, nu era cazul ! Bătrâna cu coasa nu spune « dacă nu mai veneai », ci doar « dacă mai întârziai » ! Ea *ştia* că el va veni, până la urmă. Palma pe care i-o administrează eroului semnifică, desigur, violenţa necesară pentru schimbarea ordinii lucrurilor.

---

[245] Dintre creaţiile moderne, este interesant filmul *Meet Joe Black,* de Martin Brest, cu Brad Pitt, Anthony Hopkins şi Claire Forlani.

Mai importantă este, însă, certitudinea pe care o manifestă aceasta. Dialogul a fost, totuşi, civilizat, căci ea ştia că ceea ce trebuie să se întâmple se va întâmpla, cândva, într-una din formele ciudate ale timpului ficţional. În tot acest hăţiş, ea este o realitate.

Pe de altă parte, calmul ei şi răbdarea ei reflectă preţuirea pentru un om care a aspirat la un statut superior :

a) Încă înainte de naştere, el a vrut să anuleze paradoxul uman : suntem liberi prin naştere, dar nu suntem liberi să alegem dacă ne naştem sau nu. Or, copilul din pântecele împărătesei a încercat să negocieze ieşirea sa în lume.

b) Putem deveni nemuritori, dar numai în plan simbolic.

c) Nemurirea spirituală este obţinută prin efort, prin creaţie, prin orice faptă deosebită care poate înfrunta uitarea tipic umană.

BIBLIOGRAFIE

1. Surse :

ISPIRESCU P., 1882 / 1969 / 2008, « Legendele sau basmele românilor, adunate din gura poporului... » în *Opere*, vol. 1-2. Ediţie de Aristiţa Avramescu. Studiu introductiv de Corneliu Bărbulescu, Bucureşti, Editura pentru Literatură (1969-1971). Ed. I : Tipografia Academiei Române (Laboratorii români), 1882. *Cf.* şi Audiobook – Humanitas, ed. C. Noica, ed. 2008.

2. Referinţe :

BACHELARD G., 2005, *Poetica spaţiului*. Traducere de Irina Bădescu. Prefaţă de Mircea Martin. Piteşti, Paralela 45.

BÂRLEA P. G. (coord.), 2006, *De la local la universal. Spaţii imaginare şi identităţi,* Bucureşti, Editura Muzeul Literaturii Române.

BÎRLEA O., 1976, *Mică enciclopedie a poveştilor româneşti,* Bucureşti, Editura Ştiinţifică şi Enciclopedică.

BRUNEL P., 1974, *Le mythe de la méthamorphose*, Paris, Armand Colin.

GASTER M., 1883 / 1993, *Literatura populară română*. Ediţie, prefaţă şi note de Mircea Anghelescu, Bucureşti, Minerva.

HAHN J. G. von, 1864, *Griechische und Albanische Märchen*, Bd. 1-2, Leipzig, München / Berlin 1918 / 1964.

NOICA C., 2008, *Tinereţe fără bătrâneţe şi viaţă fără de moarte – de P. Ispirescu*, Bucureşti, Humanitas Multimedia (Col. Audiobook).

ŞĂINEANU L., 1895 / 1978, *Basmele române. În comparaţiune cu legendele antice clasice şi în legăturile cu basmele popoarelor învecinate şi ale tuturor popoarelor romanice.* Ediţie îngrijită de Ruxandra Niculescu. Prefaţă de Ovidiu Bîrlea. Bucureşti, Minerva (Ed. I : Carol Göbl).

REGÂNDIREA EDUCAȚIEI DIN PERSPECTIVA POSTMODERNITĂȚII

Lector univ. dr. Maria SAVU CRISTESCU
Universitatea Valahia din Târgoviște

Abstract

Postmodernism is the doctrine denying the pattern, stereotype, permanence, certainty, causality, is the doctrine denying the modern society and its excesses: aggressiveness, immorality, depersonalization, alienation (estrangement), violence, intolerance. In this way, a new theoretical model is delineated, based on a new social, moral, deontological and educational order, dominated by values such as: liberty, solidarity, trust, support, tolerance, altruism, originality, performance, interculturality.

The postmodern society, intended to be constructed through the elimination of the limits and errors of the modern society, gives importance to meritocracy, to the promotion and appreciation of high performances, creation and deontology.

What role could education have in the realization of these ideals?

What are the problematic areas of modern pedagogy and what answer does the postmodern education provide for the construction of a better, more beautiful and righter world for the many?

We shall look for answers to these questions, by analyzing education from the perspective of continuity, but also some new educational projects, focused mainly on the problematic of man.

Keywords

Modernity, modern education, change, post-modernity, postmodern education, humanism, culture.

Început de mileniu...un « alt inceput », apreciat ca închizând o eră şi deschizând o alta, anticipat ca o nouă treaptă de evoluţie a omului şi a lumii, ca o răsturnare şi o restructurare înnoitoare, dătătoare de speranţe şi încredere.

De mai bine de o jumătate de secol lumea se află într-un amplu şi complex proces de schimbare. Dintotdeauna, schimbările au fost însoţite de tensiuni, conflicte şi crize generatoare de « spaime » care inundă trăirile individuale şi societale. Cu decenii în urmă, procesul schimbării era anticipat ca un « al treilea val », ca « marea tranziţie » spre epoca postmodernă, o « New Age », ca paradigme prospective de abordare şi construire a viitorului.

Ceea ce particularizează epoca noastră sunt ritmurile superaccelerate ale schimbărilor ce antrenează un lanţ de efecte, care au început să devină din ce in ce mai evidente : complexitatea schimbărilor şi incapacitatea de a le ţine sub control, imprevizibilitatea şi incoerenţa relativă a acestora, « decalajul uman » generat de procesele educative inadecvate şi incomplete etc.

Lumea în care trăim pare a se manifesta ca o arenă globală, în care lupta pentru resurse materiale şi de inteligenţă, pentru putere şi profit cu orice preţ, nerespectarea regulilor democraţiei şi precaritatea educaţiei generează manipulare, tensiuni şi agresivitate, bogaţie fără limite pentru o minoritate, marginalizare şi excludere pentru cei mulţi. Amploarea şi ritmul schimbărilor par a submina temelia existenţei, prin stările de dezorientare şi temerile în legătură cu capacitatea de a le face faţă. Se prefigurează o nouă hartă a lumii în care actorii geostrategici delimitează noi centre geopolitice. Se impune modelul economiei unice pe baza neoliberalismului care susţine libera circulaţie a capitalului, liberul schimb. Giganţii economici şi giganţii financiari vor decide. Grupurile transnaţionale stabilesc interdependenţele convenabile, desemnează sferele de influenţă. În aceste condiţii inegalităţile se adâncesc.

Tehnicile de comunicare şi sistemele informaţionale au devenit omniprezente şi amplifică sentimentul de vulnerabilitate în legătură cu accesul şi posibilităţile de utilizare a acestora în activitatea profesională şi în cea cotidiană. Valorificarea potenţialului informativ şi formativ al acestora trebuie asigurat nu numai pentru cei tineri, ci şi pentru toate celelalte vârste, pentru a putea evalua informaţia pe care o primesc în funcţie de importanţă, apoi pentru a o interpreta şi aprecia.

Trăim pe « o planetă din ce în ce mai aglomerată », « într-o eră a comunicării universale » şi a « interdependenţelor globale » cu repercusiuni sociale care afectează direct sistemele educaţionale, (Văideanu, Delors, Faure), într-o « lume nesigură » şi contradictorie. Cu toate acestea, dincolo de nesiguranţa cu privire la viitor resimţită de oamenii din lumea întreaga, sentimentul solidarităţii nu a fost niciodata atât de pronunţat, nicicând oamenii nu s-au simţit atât de aproape unii de alţii.

În lucrarea « Megatendinţe » John Naisbitt, specialist în prognoză socială, stabileşte direcţiile majore spre care se îndreaptă societatea (americană), direcţii de trecere la un nou tip de civilizaţie, numită de unii analişti societate postindustrială, de alţii – postmodernă. Tabloul descris este, prin generalizare, cel al civilizaţiei planetare viitoare. Se prognozează « o lume a interdependenţelor multiple » în care cooperarea economică este principala cale de evitare a conflagraţiei autodistrugătoare. De la societatea industrială se trece la societatea informaţională (postindustrială) în care plusvaloarea este dată nu de munca, în sensul clasic al termenului, ci de cunoaştere. « Se naşte o economie nouă bazată pe cunoaştere, mai degrabă decât pe materiile prime convenţionale şi pe muncă fizică », afirmă Michel Didier. Elementul vital al lumii de azi este comunicarea.

Convieţuirea paşnică pe planetă depinde de asigurarea unui echilibru economic, cultural, politic pe plan internaţional. Cum se poate asigura acest echilibru în condiţiile realelor inechităţi, ale decalajelor adâncite între ţările bogate şi ţările sărace, dezechilibrelor demografice, crizelor economice, politice şi culturale ? Prin crearea condiţiilor de dezvoltare a tuturor ţărilor, prin colaborare şi cooperare internaţională, prin asigurarea unui climat de pace şi securitate. În oricare din aceste soluţii rolul educaţiei este esenţial.

Trăsătura dominantă a lumii de astăzi, globalizată, determinată la nivel conceptual ca postmodernă, este, în concepţia lui Ihab Hassan, « indetermanenţă », concept construit din doi termeni : indeteminare (ambiguitate, dinscontinuitate, hazard, desfiinţare, descentrare, de-construire) şi imanenţă (intrinsec, lăuntric, care actioneaza din sine însuşi).

Ţinta modelului reflexiv postmodernist, în care societatea informaţională globală este o realitate, este performantizarea sistemului socio-economic ca răspuns la presiunile de schimbare.

Postmodernismul este doctrina negării tiparului, stereotipului, permanenţei, certitudinii, cauzalităţii, este doctrina negării societăţii moderne, a exceselor ei : agresivitatea, imoralitatea, depersonalizarea, alienarea (înstrăinarea), violenţa, intoleranţa. Se contureaza, astfel, un nou model teoretic, bazat pe o nouă ordine socială, morală, deontologică, educaţională în care să domine valori precum : libertatea, toleranţa, altruismul, originalitatea, performanţa, interculturalitatea.

Societatea postmodernă, gândită a fi construită prin eliminarea limitelor şi erorilor societăţii moderne, acordă importanţă meritocraţiei, promovării şi aprecierii performanţelor înalte, creaţiei şi deontologiei.

În condiţiile creşterii demografice fără precedent, planeta se confruntă cu problema creşterii numărului de tineri, fapt care solicită schimbări la nivelul sistemelor educaţionale pentru a-i susţine şi a răspunde nevoilor lor de educaţie, de realizare profesională şi integrare socială. Politicile educaţionale trebuie să–şi asume responsabilitatea construirii unei lumi fundamentate într-o mai mare măsură pe valorile solidarităţii, încrederii, sprijinului. Oferind tuturor acces la cunoaştere, educaţia are sarcina de a-i ajuta pe oameni dar şi societăţile să înţeleagă lumea în care trăiesc, sensurile şi conţinutul evoluţiilor, să-şi înţeleagă şi să-şi asume propria condiţie umană şi colectivă într-o lume care se schimbă.

Sfidările tot mai numeroase care vin din spaţiul cultural, economic şi social, creează o stare de presiune asupra educaţiei, care trebuie să se adapteze şi să se autoregleze prin opţiuni şi decizii de modernizare în toate componentele sale sistemice : structuri instituţionale, finalităţi, curriculum, strategii de instruire, procese, relaţii educaţionale etc. Într-o astfel de lume, numai concentrarea, corelarea şi regândirea politicilor şcolare, culturale, economice şi sociale la nivelul ansamblului societal, ca « cetate educativă » (Faure 1975 : 225), ar putea amplifica puterea formativă a educaţiei pentru a pregăti indivizii şi societăţile să acţioneze în situaţii noi. Şcolii îi revine rolul major în construirea viitorului, căruia i se asociază imprevizibilul, incertitudinea şi discontinuitatea în cadrul mutaţiilor rapide pe care societatea le cunoaşte.

Şcoala contemporană funcţionează în mare măsură în spaţiul caracterizat de paradigma modernităţii. Sunt semne, încă timide, care indică deschiderea acesteia spre postmodernitate.

Dacă, cel mai adesea, postmodernităţii i se asociază « ruptura de tradiţional », în domeniul educaţiei ea înseamnă continuitate şi proiecte educaţionale noi, focalizate prioritar pe problematica omului. În plan paradigmatic, postmodernitatea în educaţie se construieşte în contextul ideatic al paradigmei socioculturale, care descrie relaţia şi influenţa dezvoltării societăţii asupra funcţionării organizaţiilor şi instituţiilor sociale. În plan educaţional ea descrie relaţia dintre educaţie şi societate, modelele educaţionale pe care societatea le formulează, le propune sau impune educaţiei.

Prezentul nostru este cel al emergenţei unei « noi civilizaţii », o lume nouă, diferită de cea a modernităţii, o civilizaţie marcată de umanism mai mult decât oricând în istorie. Având rădăcini adânci în cultura umanităţii, paradigma umanistă în educaţie, s-a dezvoltat în contextul ideatic al paradigmei socioculturale, pornind, însa, dinspre om / elev spre educaţie, scopul educaţiei fiind dezvoltarea umanităţii din fiecare fiinţă umană.

Din această perspectivă, prin valorificarea teoriile psihologice şi pedagogice care au întemeiat activitatea educaţională în modernitate, postmodernitatea în educaţie ar putea duce mai departe filonul valoros al acestora, eliberându-se însă de acele elemente care se dovedesc inadecvate în noul context.

Ne propunem ca în paginile care urmează să identificăm câteva dintre caracteristicile educaţiei moderne, în legătură cu care, dincolo de efectele favorabile pe care le-au avut şi pe care încă le dovedesc, ne dau posibilitatea să le surprindem şi « efectele perverse » în lumea numită modernă, şi care devin inacceptabile în postmodernitate. Deşi, în legătură cu aceste probleme nevralgice au fost propuse ameliorări şi amendări, cel mai adesea acestea au rămas la nivel teoretic, fără efecte semnificative în practica şcolară.

O analiză a finalităţilor educaţiei moderne, ne oferă posibilitatea să constatăm că sunt promovate valori care, cel putin în parte, sunt străine şi nespecifice spaţiului educaţional : rentabilitate, eficienţă, concurenţă, profit, etc. Spiritul specific economiei de piaţă generează în mediile educaţionale fenomene precum, cultul competiţiei, finanţarea în termenii relaţiei cost-beneficiu, considerarea educaţiei ca o marfă. O astfel de cultură a instituţiei şcolare încurajează, într-o anumită măsură, progresul în educaţie, dar « logica de piaţă », confruntarea între cantitate şi calitate, tind să înscrie şcoala pe o curbă descendentă în ceea ce priveşte realizarea obiectivelor sale, mai ales a celor formative, consumatoare de resurse, care, însa, sunt distribuite după criteriile rentabilităţii. Spaţiul şcolar, dominat de o viziune utilitaristă devine loc de confruntare neloială, întrucât şcolile încearcă să atragă cei mai buni elevi, pentru a asigura realizarea standardelor înalte de performanţă şi calitate, devenind astfel mai atrăgătoare în plan social. Competiţia între şcoli, manifestată în optiunea liberă a parinţilor de a alege şcoala, finanţarea instituţiilor şcolare după numărul elevilor / studenţilor, experienţa « şcolilor reprezentative », conduc adesea la un elitism excesiv şi la o « segregare şcolară » inacceptabile din perspectiva asigurării egalităţii în educaţie.

La nivelul curriculei logica de piaţă generează efectul remarcat de Tardif « cunoştinţele transmise prin şcoală devin produse de consumaţie ierarhizate, a căror valoare depinde de gradul de adecvare la piaţa muncii... ». Reuşita la examene şi asimilarea modalităţilor de obţinere a acesteia devin criterii exclusive care orientează şi motivează învăţarea şcolară şi plasează în condiţia de « cunoştinţe inutile », cultura generală, artele, filosofia, ştiinţele pure etc. Efectele negative se manifestă în planul dezvoltării unilaterale a personalităţii elevilor, al lipsei de viziune integratoare a pregătirii de specialitate, în nivelul scăzut de manifestare a unor calităţi fundamentale pentru condiţia umană, precum deschiderea culturală, capacitatea de comunicare, competenţele de relaţionare, spiritul de cooperare etc.

Un alt efect al logicii de piaţă se manifestă în apariţia unui « curriculum ascuns » la care sunt expuşi elevii, având atât efecte pozitive, precum iniţiativa, autonomia şi independenţa, dar şi negative, cum ar fi egoismul, individualismul, oportunismul, minciuna, duplicitatea.

În aceeaşi logică de piaţă, în care educaţia este considerată o marfă, iar accesul la ea se diferenţiază în raport cu posibilităţile de cumpărare, măreşte considerabil distanţa la care se află « cei mulţi » faţă de educaţie, aceasta fiind cea mai importantă modalitate prin care pot depăşi statutul social, economic şi cultural de origine. Astfel, fenomenul « reproducţiei culturale » (P. Bourdieu, B. Bernstein) în loc să se micşoreze tinde să marcheze şi mai tare destinul celor aflaţi la « distanţă mare » faţă de cel mai important instrument pe care societatea l-a creat pentru a reînnoi societatea cu energia proaspătă, creatoare de valori culturale şi materiale a celor « din suburbii ».

În planul practicilor educaţionale, putem identifica mai multe caracteristici ale paradigmei moderne în educaţie :

- prevalenţa funcţiei informative, de instruire, în raport cu cea formativ-educativă ;
- curriculum predeterminat, structură monodisciplinară a disciplinelor de învăţământ, slabe relaţii de tip pluri – şi interdisciplinar, delimitare rigidă a domeniilor de cunoaştere şi învăţare şcolară, promovarea adevărului ca fiind unic şi absolut ;
- focalizarea procesului de învăţământ pe dimensiunea sa instrumentală, pe obiective, proiectare, tehnici de predare-învăţare excesiv rationalizate, centrate pe profesor, acesta părând a uita că şi elevul (cel concret) face parte din acest ansamblu ;
- o mare parte din subiectivitatea elevilor - cum învaţă, cum gândesc, ce simt – constituie o « cutie neagra » pentru cadrele didactice, iar logica controlului creează o relaţie de dominare a elevului de către profesor ;
- evaluarea standardizată, « riguros obiectivă », îşi propune aproape exclusiv obţinerea şi înregistrarea performanţelor, reuşitei, excelenţei cognitive ; deoarece învăţând pentru a fi evaluat, deseori « elevul învaţă să reuşească », dezvoltând o serie de semne externe ale excelenţei pentru a fi evaluat favorabil ;
- şcoala modernă este apreciată ca o « instituţie totală », fiind caracterizată de valori precum supunerea şi disciplina, practicând un etos al supunerii şi conformităţii : autoritatea cadrelor didactice nu este una autentica, puterea acestora fiind rezultatul statutului profesional.

Analizand caracteristicile şcolii în modernitate, pedagogul român Emil Păun, într-un studiu pe această temă, concluzionează că « şcoala actuală este, în mare măsura, produsul societăţii industriale, că şcoala de masă corespunde logicii activităţii productive. Şcoala modernităţii reproduce pe planul organizării şi funcţionării sale un mare numar de caracteristici ale lumii muncii (de tip uzinal) si etico-militar. Ea îi supune pe elevi unor norme standardizate, unor reguli impersonale şi generale, unui sistem de pedepse şi recompense. Pe scurt, şcoala este încă într-o mare măsură o organizaţie birocratică » (Păun 2002 : 19).

La întrebarea, dacă şi în ce măsură, educaţia postmodernă, încă în stadiul de constituire, ar putea sugera, cel puţin în plan teoretic, soluţii la neîmplinirile pedagogiei moderne, vom contura în rândurile următoare câteva răspunsuri.

Ne aflăm într-o lume nouă, lume în care idealul modernist al cultivării unui « om puternic », a fost redus la referinţe precum fiinţa trupească, naţionalitatea, religia, calificarea, statutul social, veniturile, relatiile interpersonale etc., care nu sunt decât o amăgire şi care îl depersonalizează, fără să-i ofere şansa de a trăi autentic, de « a fi », cu întreg potenţialul de care dispune, dar şi cu fragilităţile şi neîmplinirile sale.

Semnele de manifestare ale paradigmei postmoderne se manifestă atât în plan teoretic, cât şi în practica şcolară ; ele sunt susţinute de paradigme care se subsumează postmodernităţii, precum paradigma existenţial-umanistă şi cea interacţională.

Paradigma existenţial-umanistă constituie o alternativă la paradigma raţionalităţii tehnologice. Întemeiată pe psihologia umanistă (C. Rogers, A. Adler s.a.), centrată pe persoană, paradigma umanistă revalorizează dimensiunea subiectivă a actului educaţional, în intenţia de a restabili dialogul dintre individ şi societate, subiectiv şi obiectiv, raţional şi afectiv, accentuând unicitatea şi complexitatea fiinţei umane, caracterul dominant situaţional, imprevizibil şi irepetabil al comportamentului său.

> Putem vorbi, constată Emil Păun, de o 'reîntoarcere' a individului în spaţiul social şi o resurecţie a elevului ca actor în spaţiul educaţional. Educaţia centrată pe copil, pe elev în calitate de persoană cu caracteristicile sale specific diferenţiatoare ce trebuie valorizate maximal, constituie dimensiunea dominantă a pedagogiei postmoderne (Păun, Potolea 2002 : 20).

Ca rezultat al unei astfel de înţelegeri, relaţia pedagogică se bazează pe o puternică investiţie cognitivă şi afectivă, de aceea postmoderniştii consideră şcoala ca o comunitate în care să domine un echilibru între cultura competiţiei şi cea a colaborării.

În ceea ce priveşte elaborarea curriculumului, pedagogia modernă are în vedere un elev abstract si un profesor la fel de abstract, curriculumul fiind excesiv de prescriptiv, normativ, formalizat şi centrat pe obiective. Postmoderniştii propun şi o viziune diferită asupra curriculumului, considerând că acesta poate fi abordat în termeni de cultură, şi integrat într-un spaţiu sociocultural, de la cel social larg pâna la cel al clasei de elevi.

Cultura este factorul fundamental al judecăţii umane, cea mai înaltă valoare a educaţiei din perspectiva discursului pedagogic umanist. « Cultura fondează o lume, lumea noastră cea de toate zilele, care ar rămâne incomprehensibilă fără instrumentele culturii », remarcă profesor Lavinia Barlogeanu, (*op.citat*, p. 41). Profesorul nu poate fi altceva, deci, decât mediator între elev şi cultură, proces în care, prin vibraţie, elevul se impregnează, devenind om.

Postmodernitatea propune, deci, o reconstrucţie a ştiinţelor educaţiei, din perspectiva unei noi valorizări a omului. Pluralitatea raţionalităţii în ştiinţele educaţiei, ca pretutindeni în cutura postmodernă, constituie temeiul angajării hermeneuticii în procesul complex de reconstrucţie a lumii prin educaţie.

Pedagogia postmodernă pledează convingător pentru umanism, complexitate, multivalenţă, gândire constructivă, valori insuficient promovate şi valorificate în modernitate. Se creează, astfel, premisele pentru a înţelege şi interpreta mai bine schimbările pe care le putem realiza în educaţie, fiind vorba de insăşi viaţa noastră.

BIBLIOGRAFIE

BÂRLOGEANU L., 2002, « Paradigma educaţional – umanistă în contextul postmodernităţii », in Păun, E., Potolea, D., (coord),

Pedagogie. Fundamentări teoretice şi demersuri aplicative, Iaşi, Polirom.
CUCOŞ C., 2008, *Psihopedagogie*, Iaşi, Polirom.
DELORS J., (coord.), 2000, *Comoara launtrică, Raportul catre UNESCO al Comisiei Interntionale pentru Educatie în secolul XXI*, Iaşi, Polirom.
LEFTER I.B., 2000, *Postmodernism*, Piteşti, Paralela 45.
MACAVEI E., 2001, *Pedagogie. Teoria educaţiei*, Bucureşti, Aramis Print.
POTOLEA D., NEACŞU I., PÂNIŞOARA I.O., 2008, *Pregătirea psihopedagogică*, Iaşi, Polirom.
PĂUN E., POTOLEA D., (éds), 2002, *Pedagogie. Fundamentări teoretice şi demersuri aplicative*, Iaşi, Polirom.
POURTOIS J.M., DESMET H., 1997, *L'education postmoderne*, Paris, PUF.
SAVU CRISTESCU M., 2012, « *Universitatea viitorului ?..* », in Cristea S., (coord.), *Reforma invaţământului între proiectare şi realizare*, Bucureşti, Editura Didactică şi Pedagogică.
VĂIDEANU G., 1996, *U.N.E.S.C.O. - 50 - Educaţia*, Bucureşti, Editura Didactică şi Pedagogică.
VĂIDEANU G., 1987, *Educaţia la frontiera dintre milenii*, Bucureşti, Editura Politică.

AVATARURILE CULTURALE ȘI LINGVISTICE ALE UNEI CREATURI MONSTRUOASE. ISTORIA *LILIACULUI*

Oana UȚĂ BĂRBULESCU
Universitatea din București / University of Oxford
o_barbulescu@yahoo.com

Abstract

The most important goal of this article is the analysis and interpretation of a representative corpus of Romanian texts (from the 17th century to the 18th century), in order to establish how the imaginary apparitions give shape to medieval and post medieval cultural anxieties. In ancient times monsters are mentioned equally in the Bible, in the works of the Church Fathers and in popular texts, being a structural part of specific *topoi* which enjoyed a large circulation in the European culture and in the Romanian one through various sources.
In the case of the *bat*, monstrosity is bound up with questions of deformity, and hybridity. We aim to tackle from a cognitive perspective the attitudes towards the monsters considered as sign of vices or virtues.

Keywords
'ăṭallēp ↔ *νυκτερίς* ↔ *vespertilio*, negative / positive semiotisation, categorical knowledge vs. knowledge by properties, etymological and onomasiological perspective on the names given to bats.

1. La fel ca în epoca modernă, în epoca veche *monstruosul* reprezintă o categorie cu o extensiune amplă, în continuă mișcare, referindu-se, în egală măsură, la creaturi hibride, jumătate om, jumătate animal (așa cum sunt sirenele, onocentaurii etc.), dar și la făpturi al căror *genus* nu este fixat, putând fi încadrate în clasa păsărilor, dar și a « gadinelor ».
În cele ce urmează, vom încerca să schițăm evoluția reprezentărilor liliacului în textele vechi românești, urmărind maniera în care o pasăre impură se transformă într-o *avis hermaphroditica*[246], găsindu-și locul printre monștri, pentru ca, în final, să fie salvată în chip neașteptat din capcana evaluărilor negative. Recuperarea istoriei culturale a liliacului presupune, pe de o parte, stabilirea « identității » creaturii și discutarea semiotizărilor negative ce o afectează, iar, pe de alta, discutarea termenilor prin care aceasta este desemnată în română.

2. Există mai multe referiri la liliac în textele din epoca veche, dar, tot de atâtea ori, reprezentarea creaturii se modifică. Liliacul își face apariția în textul biblic, acesta constituind – în cele din urmă – sursa pentru semiotizarea negativă la care creatura a fost supusă de-a lungul timpului.

2.1. Potrivit textului biblic, liliacul este o pasăre și nu una oarecare, ci una impură[247]. Contextele în care apare creatura în

---

[246] Vezi printre alții, Alanus ab Insulis, *De planctu naturae,* c. 436D.

[247] Asupra criteriilor care au guvernat împărțirea animalelor în pure și impure, vezi McConville (Gordon J.), 2002, p. 249, unde se precizează că « the principles underlying the original classifications into clean and unclean categories are unclear ». Cu toate acestea, au fost formulate câteva ipoteze asupra principiilor care au putut determina împărțirea animalelor în pure / impure, amintite și de McConville (« some of the unclean creatures were apparently used in the worship of other gods [...], several of the prohibited species are scavengers or meat-eaters. This may make them unacceptable either for hygienic reasons [...], or because they consumed blood [...] and / or fed on carrion, which would cause those who ate them to infringe cultic prohibitions of these things »).

Levitic și în *Deuteronom*[248] indică într-o manieră clară apartenența ei la *genus avium*. Secvența din *Levitic* și aceea din *Deuteronom* prezintă într-o manieră mai amplă (*Lev.*) sau mai restrânsă (*Deut.*) animalele pure / impure, încadrarea lor într-o categorie sau alta făcându-se potrivit unor principii care guvernau, la început, viața poporului ales[249], și care, mai apoi, au fost acceptate de întreaga comunitate creștină. Ambele secvențe par să fie tributare prezentării / categorizării animalelor propuse în *Geneză*[250].

În Lev. 11 : 19 și în Deut. 14 : 18 sunt enumerate păsările asupra cărora se resfrânge interdicția de a fi consumate de către poporul ales :
וְאֵת הַחֲסִידָה הָאֲנָפָה לְמִינָהּ וְאֶת־ הַדּוּכִיפַת וְאֶת־ הָעֲטַלֵּף׃ (Lev.11 : 19);
וְהַחֲסִידָה וְהָאֲנָפָה לְמִינָהּ וְהַדּוּכִיפַת וְהָעֲטַלֵּף׃ (Deut.14:18)[251].

---

[248] Asupra relației dintre capitolul din *Levitic* și cel din *Deuteronom* care prezintă animalele și păsările impure, vezi, printre alții, Noth, 1977, p. 91, unde se arată că « the chapter handles in great detail the subject of the cultic cleanness or uncleanness of animals. Its only parallel in the Old Testament in the section Deut. 14.3-21, where the same subject is discussed but in essentially shorter form. There can be no doubt of the literary connection between these two pieces, shown by their partial verbal correspondence [...]. Judged by its subject-matter it must contain old, perhaps even primitive, regulations which someone – pehaps when the Jerusalem cultus came to an end and with it the practices belonging to the royal days – began to write down and then progressively expanded over sometime through further detailed precepts ».

[249] McConville (Gordon J.), 2002, p. 247 : « in Deut. 14 as a whole, the 'holy people' is fused into the cultic life of Israel [...], here by means of eating theme. Holiness is elaborated in terms of what may and may not be eaten, and how. From different angles, a basic distinction is carried through between what is acceptable for the holy people and what is not ».

[250] McConville (Gordon J.), 2002, pp. 244-245 : « both chapters have an evident connection with Genesis 1 in their division of the creatures into those that inhabit the three spheres of earth, water, and sky, and there may be a deliberate echo of the classification there ».

[251] Pentru textul ebraic am folosit ediția Quell, 1931 (*Exodus et Leviticus*) și ediția Hempel, 1935 (*Numeri et Deuteronomium*).

Autorul *Leviticului* folosește termeni diferiți pentru a desemna, pe de o parte, patrupedele impure, iar, pe de alta, păsările și viețuitoarele marine impure. Astfel, *ṭāmē'*[252] este selectat exclusiv pentru prima categorie, în timp ce *šeqeṣ*[253], numai pentru cea de-a doua. În *Deuteronom,* în schimb, nu se menține distincția dintre *ṭāmē'* și *šeqeṣ,* fiind preferat un singur termen : *ṭāmē'*[254]. Chiar dacă în *Deuteronom* se folosește același hiperonim pentru toate patrupedele și păsările impure, liliacul își păstrează neschimbat *genus,* fiind integrat în continuare în categoria păsărilor.

2.2. Liliacul se insinuează din nou în trama textului biblic, fiind integrat într-un context negativ[255] în cartea prorocului Isaia. Față de ocurențele din *Levitic* și *Deuteronom,* cea din Isaia (2 : 20) păstrează genul creaturii desemnate prin *'ăṭallēp* în zona implicitului. Nu există însă nicio dovadă – textuală sau extratextuală – ca *'ăṭallēp* din Cartea lui Isaia să fie considerat altceva decât o pasăre. În momentul redactării acestei cărți, liliacul era deja supus unei semiotizări negative, care a fost generată de prezența lui printre păsările impure[256] :

---

[252] McConville (Gordon J.), 2002, p. 249 : *Ṭāmē'* « is used of quadrupeds that may not be eaten, [...] connotes impurity even to the touch ».

[253] *Ibidem* : *Šeqeṣ* « is confined to creatures of the water and air, [...] means impurity only from eating ».

[254] *Ibidem :* « Deut. 14 has an important terminological difference from Lev. 11 in its avoidance of the term *šeqeṣ* [...]. Deut. 14 applies *ṭāmē'* to all the cases ».

[255] Contextul în care apare liliacul în Cartea lui Isaia (2 : 20) pare să fie tributar celui din *Levitic* și *Deuteronom* ; vezi și Wildberger, 1991, p. 63 : « If we are to understand the content of v. 20 we need to know that the animals mentioned here, especially the bat, mentioned in the second place, were thought to be unclean, and therefore were looked on with repugnance (*cf. Lev.* 11 : 19, *Deut.* 14 : 18) ».

[256] Despre încadrarea liliacului (*'ăṭallēp*) în categoria păsărilor impure, vezi Cansdale (George) 1970, pp. 135-136 : « Bats are included among the birds with some logic, for they are the world's most expert fliers [...]. It would hardly seem necessary to class the bats as unclean, for nearly all kinds have a powerful and persistent musky smell ».

בַּיּ֣וֹם הַה֗וּא יַשְׁלִ֤יךְ הָֽאָדָם֙ אֵ֚ת אֱלִילֵ֣י כַסְפּ֔וֹ וְאֵ֖ת אֱלִילֵ֣י זְהָב֑וֹ
אֲשֶׁ֤ר עָֽשׂוּ־לוֹ֙ לְהִֽשְׁתַּחֲוֺ֔ת לַחְפֹּ֥ר פֵּר֖וֹת וְלָעֲטַלֵּפִֽים׃ (Is.2:20)[257].

2.3. Traducătorii *Septuagintei*[258] consideră că *νυκτερίς* reprezintă corespondentul potrivit pentru cuvântul *`ăṭallēp* (prezent în textul masoretic în toate cele trei contexte). În versiunea tradusă în greacă, versetul din *Levitic* și cel din *Deuteronom*[259] sunt redate prin :
„καὶ γλαῦκα καὶ ἐρωδιὸν καὶ χαραδριὸν καὶ τὰ ὅμοια αὐτῷ καὶ ἔποπα καὶ *νυκτερίδα*" (Lev.11:19) ; / „καὶ πελεκᾶνα καὶ χαραδριὸν καὶ τὰ ὅμοια αὐτῷ καὶ πορφυρίωνα καὶ *νυκτερίδα*" (Deut.14 : 18)[260].

---

[257] Pentru textul ebraic am folosit ediția Kittel, 1929 (*Liber Jesaiae*).

[258] Cât privește accepțiunile termenului prin care traducerea în limba greacă a Vechiului Testament, vezi Harl, Dorival, Munnich, 2007, p. 41 : « Ceea ce numim astăzi *Septuaginta* reprezintă de fapt totalitatea Vechiul Testament, adică nu numai traducerea în greacă a tuturor cărților Bibliei ebraice, dar și, pe de o parte, diversele adăugiri la cartea *Esterei,* la *Psalmi,* la *Ieremia* și la *Daniel,* iar pe de altă parte, cărțile 'deuterocanonice' sau 'apocrife'. Prin acest termen se desemnează cărțile care au fost primite mai târziu în canonul Bisericii, cărți care nu existau decât în greacă (*Înțelepciunea,* II *Macabei* 2, 19-sfârșit, III și IV *Macabei*), sau traducerile grecești ale cărților în ebraică sau în aramaică, pe care canonul iudaic nu le-a acceptat (I *Ezdra,* I *Macabei,* II *Macabei* 1, 1-2, 18, *Iudit, Ecclesiasticul, Tobit, Psalmii lui Solomon*). În Antichitate, Septuaginta desemna două realități distincte. Începând din secolul al II-lea al erei noastre, prin termenul Septuaginta se desemna Vechiul Testament în întregime. [...] În schimb, potrivit tradiției iudaice elenofone (*Scrisoarea lui Aristeas,* Iosif Flavius), Septuaginta ar conține numai cele cinci cărți ale Torei, adică ale legii iudaice ». În cele ce urmează, vom folosi termenul cu accepțiunea lui extinsă, înțelegând prin Septuaginta traducerea greacă a Vechiului Testament.

[259] *Leviticul* și *Deuteronomul* sunt două dintre cele cinci cărți care alcătuiesc Tora. Tora ebraică « a fost tradusă la Alexandria în secolul al III-lea î. Hr. [...]. Acestui nucleu inițial i s-au adăugat treptat celelalte cărți biblice, traduse sau scrise direct în limba greacă, în Egipt, mai ales în secolele II și I î. Hr » (Harl, Dorival, Munnich, 2007, p. 33).

[260] Pentru textul *Septuagintei* am folosit ediția a doua Rahlfs, 2006 (rev. Robert Hanhart).

Cât privește versetul din cartea profetului Isaia, acesta este tradus în *Septuaginta* prin :
„τῇ γὰρ ἡμέρᾳ ἐκείνῃ ἐκβαλεῖ ἄνθρωπος τὰ βδελύγματα αὐτοῦ τὰ ἀργυρᾶ καὶ τὰ χρυσᾶ ἃ ἐποίησαν προσκυνεῖν τοῖς ματαίοις[261] καὶ ταῖς *νυκτερίσιν*" (Is. 2 : 20).

2.4. Hieronymus[262] utilizează termenul latin *vespertilio* pentru a traduce ebraicul *'ăṭallēp* și grecescul *νυκτερίς*. Astfel, în textul *Vulgatei, vespertilio* se numără printre păsările impure :

---

261 În textul original apare *laḥa parpārōt*, care a fost interpretat de către unii cercetători tot ca o specie de liliac (vezi Wildberger, 1991, p. 58 : « whether this is really a reference to the shrew, which shuns the light, or not rather, as Liebermann, *HAL* 327b conjectures to a certain kind of bat, is a matter for observation ».

262 Pentru Hieronymus, vezi Schaff, Wace, 1893, p. XI : « St. Jerome's importance lies in the facts: (1) That he was the author of the Vulgate Translation of the Bible into Latin, (2) That he bore the chief part in introducing the ascetic life into Western Europe, (3) That his writings more than those of any of the Fathers bring before us the general as well as the ecclesiastical life of his time. It was a time of special interest, the last age of the old Greco-Roman civilization, the beginning of an altered world. It included the reigns of Julian (361-363), Valens (364-378), Valentinian (364-375), Gratian (375-383), Theodosius (379-395) and his sons, the definitive establishment of orthodox Christianity in the Empire, and the sack of Rome by Alaric (410). It was the age of the great Fathers, of Ambrose and Augustine in the West, of Basil, the Gregories, and Chrysostom in the East. With several of these Jerome was brought into personal contact; of Ambrose he often speaks in his writings [...]; with Augustin he carried on an important correspondence [...]; he studied under Gregory Nazianzen [...] at the time of the Council at Constantinople, 381; he was acquainted with Gregory of Nyssa [...]; he translated the diatribe of Theophilus of Alexandria against Chrysostom [...]. He ranks as one of the four Doctors of the Latin Church, and his influence was the most lasting; for, though he was not a great original thinker like Augustin, nor a champion like Ambrose, nor an organiser and spreader of Christianity like Gregory, his influence outlasted theirs. Their influence in the Middle Ages was confined to a comparatively small circle; but the monastic institutions which he introduced, the value for relics and

« Erodionem et charadrion iuxta genus suum opupam quoque et *vespertilionem* » (Lev. 11: 19) ; / « Onocrotalum et charadrium singula in genere suo upupam quoque et *vespertilionem* » (Deut.14 : 18).

Secvența din cartea prorocului Isaia în care apare liliacul devine în traducerea lui Hieronymus :

« In die illa proiciet homo idola argenti sui et simulacra auri sui quæ fecerat sibi ut adoraret talpas et *vespertiliones* » (Is. 2 : 20).

Așadar, pentru traducătorii *Septuagintei*, *'ăṭallēp* desemnează aceeași realitate ca grecescul *νυκτερίς*. Hieronymus, care este familiarizat cu textul masoretic și cu acela grecesc, utilizează termenul *vespertilio* drept echivalent pentru *'ăṭallēp* și *νυκτερίς*, confirmând echivalarea propusă de traducătorii *Septuagintei* (*'ăṭallēp* ↔ *νυκτερίς* ↔ *vespertilio*).

2.5. Bibliile traduse în românește[263], indiferent de originalul utilizat[264], se feresc să inoveze în raport cu textul-sursă. Astfel, în

---

sacred places which he defended, the deference which he showed for Episcopal authority, especially that of the Roman Pontiff, were the chief features of the Christian system for a thousand years; his Vulgate was the Bible of Western Christendom till the Reformation. To the theologian he is interesting rather for what he records than for any contribution of his own to the science; but to the historian his vivid descriptions of persons and things at an important though melancholy epoch of the world are of inestimable value ».

[263] BB – *Biblia, adecă dumnezeiasca Scriptură*, București, 1688 (textul a fost confruntat cu ediția modernă, *Biblia adecă Dumnezeiasca Scriptură a Vechiului şi Noului Testament*, tipărită întâia oară la 1688 şi retipărită după 300 de ani în facsimil şi transcriere, Bucureşti, Editura Institutului Biblic şi de Misiune al Bisericii Ortodoxe Române, 1988) ; *Biblia Vulgata*, Blaj 1760-1761, ediția modernă, Ioan Chindriș (editor coordonator), Niculina Iacob (coordonare filologică), 4 vol., Bucureşti, Editura Academiei, 2005 ; *Biblia de la Blaj 1795*, ediție jubiliară, Roma, 2000.

[264] *Biblia de la București* este tradusă după versiunea greacă tipărită în 1597, *Divinae Scripturae nempe Veteris ac Novi Testamenti omnia, graece a vari doctissimo recognita et emendata, variisque lectionibus aucta et illlustrata*, Francofurti ad Moenum, apud Andreae Wecheli heredes.

Biblia de la București[265], liliacul este integrat, împreună cu alte păsări, în categoria creaturilor impure :
« Și erodion și haradrion și aseamenea lor și pupăza și *liliacul* » (Lev. 11 : 19)[266] ; / « Și barza, și șoiumul și câte-i samănă lui, și pupăza, și *liliacul* » (Deut. 14 : 18)[267].
De asemenea, *Vulgata* de la Blaj și *Biblia de la Blaj* nu uită liliacul, care continuă să fie prezentat drept o păsăre impură, la fel ca *haradriul / haradionul, pelicanul* sau *pupăza* etc. :
Biblia Vulgata: « Ierodiul și haradriul, după feliul său, pupăza și *liliacul* » (Lev. 11 : 19) ; // « Onocrotanul și haradriul, fieștecarea după fealiul său, și pupăza și *liliacul* » (Deut. 14 : 18)[268]
Biblia de la Blaj: « Și erodionul și haradionul, și aseamenea lui și pupăza și *liliiacul* » (Lev. 11: 19) ; // « Și pelicanul și haradrionul și ceale ce sânt aseamenea lui, porfirionul și *liliiacul* » (Deut. 14 : 18)[269].

Vulgata de la Blaj urmează textul latin tipărit la Veneția în 1690, *Biblia Sacra*, Venetiis, apud Nicolaum Pezzana. *Biblia de la Blaj* are la bază textul grec din ediția lui Lambert Bos, *Vetus Testamentum ex Versione Septuaginta interpretum, secundum exemplar Vaticanum Romae editum, accuratissime demo recognitum, una cum scholiis eiusdem editionis, variis manuscriptorum codicum veterumque exemplarium lectionibus nec non fragmentis versionum Aquilae, Symmachi et Theodotionis* (1709).

[265] În ms. 45 care conservă versiunea Milescu a traducerii Vechiului Testament, versetele fac referire tot la liliac :
« Și erodiul, și haradrion, și asemenea lor, și cucul, și liliacul » (Lev. 11 : 19)/ « Și pelicanul, și șoimul și căte-i samănă lui, și cucul și liliacul » (Deut. 14 : 18).

[266] În original, versetul se prezintă sub forma : « καὶ γλαῦκα καὶ ἐρωδιὸν καὶ χαραδριὸν καὶ τὰ ὅμοια αὐτῷ καὶ ἔποπα καὶ *νυκτερίδα* » (Lev. 11 : 19).

[267] În original : « καὶ πελεκᾶνα καὶ χαραδριὸν καὶ τὰ ὅμοια αὐτῷ καὶ πορφυρίωνα καὶ *νυκτερίδα* » (Deut. 14 : 18).

[268] Originalul latin se prezintă sub forma : « erodionem et charadrion iuxta genus suum opupam quoque et vespertilionem » (Lev. 11 : 19) ; // « onocrotalum et charadrium singula in genere suo upupam quoque et vespertilionem » (Deut. 14 : 18).

[269] Versiunea românească urmează îndeaproape originalul grec : « καὶ γλαῦκα καὶ ἐρωδιὸν καὶ χαραδριὸν καὶ τὰ ὅμοια αὐτῷ καὶ ἔποπα

Când oferă versiunea românească a cărții profetului Isaia, traducătorii *Bibliei de la București*, cei ai *Vulgatei* de la Blaj, precum și cei ai *Bibliei de la Blaj* urmează cu fidelitate originalul, fie că este vorba de textul grecesc, fie de cel latin. Versetul din cartea lui Isaia în care își face apariția liliacul este tradus în bibliile românești prin :

« Pentru că în ziua aceaea va scoate omul urâciunele ceale de argint și ceale de aur, carele au făcut a să închina, celor deșarte și *liliacilor*" (BB, Is. 2 : 20)[270] ; / « În zioa aceaea idolii cei de argintul său și bozii cei de aurul său, carii-ș făcusă să li să închine cârtițele și *liliecii* » (*Vulgata*, Is. 2 : 20)[271] ; / « Că în zioa aceaea va lăpăda omul urâciunile sale ceale de argint și de aur, care și-au făcut ca să se închine celor deșearte și *liliiacilor* » (*Biblia de la Blaj*, Is. 2 : 20)[272].

După cum se poate observa din compararea diverselor versiuni ale textului biblic (redactate în ebraică, greacă, latină sau română), creatura desemnată prin *'ăṭallēp*, *νυκτερίς*, *vespertilio* sau *liliac* reprezintă o pasăre[273]. Încadrarea liliacului în categoria păsărilor impure (enumerate în *Levitic* și *Deuteronom*) conduce la semiotizarea negativă a creaturii în cartea profetului Isaia. Ca urmare, indiferent de numele sub care este cunoscută (*'ăṭallēp*, *νυκτερίς*, *vespertilio* sau *liliac*), creatura e condamnată – mai ales

---

καὶ *νυκτερίδα* » (Lev. 11 : 19) // « καὶ πελεκᾶνα καὶ χαραδριὸν καὶ τὰ ὅμοια αὐτῷ καὶ πορφυρίωνα καὶ *νυκτερίδα* » (Deut. 14 : 18).

270 « τῇ γὰρ ἡμέρᾳ ἐκείνῃ ἐκβαλεῖ ἄνθρωπος τὰ βδελύγματα αὐτοῦ τὰ ἀργυρᾶ καὶ τὰ χρυσᾶ ἃ ἐποίησαν προσκυνεῖν τοῖς ματαίοις καὶ ταῖς *νυκτερίσιν* » (Is. 2 : 20).

271 « in die illa proiciet homo idola argenti sui et simulacra auri sui quae fecerat sibi ut adoraret talpas et vespertiliones » (Is. 2 : 20).

272 « τῇ γὰρ ἡμέρᾳ ἐκείνῃ ἐκβαλεῖ ἄνθρωπος τὰ βδελύγματα αὐτοῦ τὰ ἀργυρᾶ καὶ τὰ χρυσᾶ ἃ ἐποίησαν προσκυνεῖν τοῖς ματαίοις καὶ ταῖς *νυκτερίσιν* » (Is. 2 : 20).

273 Vezi și DOT, *s.v. zoology*, unde se arată că « ancient zoological classification certainly did not correspond to the exactitude of our modern Linnaean system [...]. Likewise, *'ăṭallēp* ("bat") (Lev. 11 : 19 ; Deut. 14 : 18), which occurs in the list of unclean birds, is strictly speaking, a mammal, not a bird at all ».

în discursul influențat de textul biblic – să apară în contexte negative.

2.6. Tentația de a identifica specia de liliac desemnată prin *`ăṭallēp* i-a condus pe specialiști la formularea ipotezei potrivit căreia termenul ebraic se referă la *roussettus aegyptiacus*[274]. Este discutabil dacă autorii textelor sacre îl au în vedere numai pe *roussettus aegyptiacus* atunci când folosesc termenul ebraic *`ăṭallēp*. Chiar dacă am admite că *`ăṭallēp* se referă strict la *roussettus aegyptiacus*[275], identificarea speciei de liliac din *Levitic*, *Deuteronom* sau *Isaia* nu conduce la o mai bună înțelegere a mecanismului de traducere a textului ebraic în greacă și, apoi, în latină. Oricare ar fi specia desemnată prin *`ăṭallēp*, în trecerea de la textul masoretic la versiunea greacă și, apoi, la aceea latină, identificarea creaturii și stabilirea corespondențelor lexicale s-au făcut pe baza unui *genus* familiar traducătorilor și nu a unei *species*, pe care aceștia puteau să nu o cunoască[276]. Traducând textul sacru, autorii *Septuagintei* și, apoi, Hieronymus sunt nevoiți să găsească un echivalent corespunzător pentru *`ăṭallēp*, care să aibă în configurația lui semantică trăsăturile [+pasăre] [+care zboară noaptea] etc.

---

[274] Wildeberger, 1991, p. 120 : « הָעֲטַלֵּף is normally translated "bat" According to N. H. Tur-Sinai it is the *roussettus aegyptiacus*, a type of bat with an elongated, doglike snout ».

[275] De altfel, ipoteza propusă de N.H. Tur-Sinai potrivit căreia `ăṭallēp se referă la *roussettus aegyptiacus* este discutabilă, de vreme ce « the Egyptian Fruit-bat, *Rousettus aegyptiacus*, is liable to become a pest in the increasing areas of fruit orchards now being established in Israel. Its numbers were probably negligible in biblical times » (Cansdale, 1970, p. 136).

[276] Vezi și observațiile lui Cansdale, 1970, pp. 135-136 : « only experts distinguish most of these species, especially in the field, and though bats would be known to the Hebrews one would certainly not expect them to have more than one or two names [...]. Bats, like several other animals which are hard to identify precisely, were used almost to set the scene of desecration or desolation ».

2.7. Este posibil ca echivalarea lui *`ățallēp* prin *νυκτερίς* sau prin *vespertilio* să fi fost motivată nu numai de existența unei referințe comune celor trei termeni, ci și de structura acestora. *`Ățallēp* constituie un cuvânt a cărei origine a suscitat numeroase discuții printre cercetătorii și comentatorii textului sacru. Termenul a fost interpretat drept un compus, în structura căruia se regăsesc *at* (« a zbura ») și *alaph* (« întuneric, noapte »)[277]. Alți cercetători consideră că *`ățallēp* trebuie pus în legătură cu termenul fenician *οθολαβαδ* (*Gesenii Monumenta Phoenicia, apud* Brown, Driver, Briggs, s.v.)[278]. Nu este exclus ca traducătorii *Septuagintei* și, ulterior, Hieronymus să fi stabilit corespondența *`ățallēp* ↔ *νυκτερίς* ↔ *vespertilio* ca urmare a interpretării termenului din ebraică drept un compus, în structura căruia l-au recunoscut pe *alaph* (« întuneric, noapte »). Atât *νυκτερίς*, cât și *vespertilio* au o structură analizabilă, fiind formate de la *νῦξ*[279] și *vesper*[280], care înseamnă « noapte ». În comparație cu echivalentele din greacă și latină, termenul românesc are o structură opacă, alegerea lui fiind motivată strict de existența unei referințe comune cu *νυκτερίς* și *vespertilio*.

2.8. Textul biblic obligă liliacul, pasăre impură, să apară mai ales în scenarii (*scripts*) negative. Semiotizarea negativă, care se

---

[277] Vezi Clark, 1846, p. 541 : « The bat - ףלטע (atalleph), so called, according to Parkhurst, from טע (at), to fly, and ףלע (alaph), darkness or obscurity, because it flies about in the dusk of the evening, and in the night : so the Septuagint νυκτεϱις , from νυξ , the night ; and the Vulgate vespertilio, from vesper, the evening. This being a sort of monster partaking of the nature of both a bird and beast, it might well be classed among unclean animals, or animals the use of which in food should be avoided ».

[278] Vezi și Brown, Driver, Briggs, *s.v.* : « Lewy[Fremdw. 17] cp. ἀττέλεβος, name of a locust in North Africa ».

[279] Pentru etimologia lui *νυκτερίς*, vezi Liddel, Scott, *s.v.* : « *νυκτερίς, -ίδος*, ἡ (*νύξ, νύκτερος*) a night-bird, a bat, Lat. *Vespertilio* ».

[280] Pentru etimologia lui *vespertilio*, vezi, printre alții, *OLD s.v.* : « vespertilio, – onis m. [vesper ; term. dub., but perh. influenced by *papilio* and sm. words] ».

manifestă deja în Cartea lui Isaia, ajunge să influențeze reprezentarea creaturii în textele Părinților Bisericii[281]. Liliacul începe să fie asociat cu *idola* și, în cele din urmă, cu diavolul. Cel mai adesea, Părinții Bisericii sunt convinși că liliacul este o creatură a întunericului.

2.9. Sf. Vasile din Cezareea[282] precizează că *vespertilio* este un simbol al demoniacului. Comentînd versetul din Cartea prorocului Isaia, Vasile din Cezareea identifică liliacul cu demonii, punând creatura în slujba diavolului :

> Ταῖς δὲ νυκτερίσι προσκυνεῖ ὁ τὴν τῶν δαιμόνων δύναμιν συγγενῆ οὖσαν τῷ σκότει θεοποιῶν. Ἡ γὰρ νυκτερὶς ζῶόν ἐστι νυκτὶ φίλον καὶ σκότει ἐνδιαιτώμενον, αὐγὴν ἡλίου μὴ φέρον, ἐν ἐρημίαις φιλοχωροῦν. Τί δὲ οἱ δαίμονες; Οὐ τοιοῦτοι; ἐρημοποιοὶ, τὸ φῶς ἀπο φεύγοντες τὸ ἀληθινὸν, τὸ τοῦ κόσμου παντός; Ἡ νυκτερὶς καὶ πτηνόν ἐστι καὶ οὐκ ἐπτέρωται, ἀλλ' ὑμένι σαρκίνῳ δια πέταται τὸν ἀέρα. Τοιοῦτοι καὶ οἱ δαίμονες· ἀσώματοι μέν εἰσιν, οὐκ ἐπτέρωνται δὲ τῷ θείῳ πόθῳ, ἀλλ' οἱονεὶ ἀπεσαρκώ θησαν, ταῖς τῶν ὑλικῶν ἐπιθυμίαις προστετηκότες. Ἡ νυκτερὶς καὶ πτηνόν ἐστι καὶ τετράπουν, ἀλλ' οὔτε τοῖς ποσὶν ἀσφα λῶς ἐστήρικται, οὔτε τὴν πτῆσιν βεβαίαν ἔχει. Τοιοῦτοι δὲ καὶ οἱ δαίμονες· οὔτε Ἄγγελοί εἰσιν, οὔτε ἄνθρωποι· τῶν μὲν τὴν ἀξίαν ἀπολέσαντες, τῶν δὲ τὴν φύσιν μὴ ἔχοντες. Καὶ ὀδόντας ἔχουσιν, ὅπερ οὐκ ἔχουσιν ὄρνιθες· ἀμυντικοὶ δὲ καὶ οἱ δαίμονες, ὅπερ οὐ ποιοῦσιν Ἄγγελοι. Ἀλλὰ καὶ οὐκ ᾠοτοκοῦσιν, ὥσπερ οἱ ὄρνιθες· ἀλλ' εὐθὺς ζῶα τίκτουσι. Τοιοῦτοι δὲ καὶ οἱ δαίμονες· εὐθὺς καὶ σὺν πολλῷ τῷ τάχει τελεσιουργοῦντες τὴν πονηρίαν. Ὥστε οἱ δαίμοσι

---

[281] Pentru întreaga discuție, vezi Uță, 2013, p. 54.

[282] Pentru Vasile cel Mare, vezi CODWR, *s.v.* Basil S. The Great : « Basil 'the Great' (c.330–79). One of the three Cappadocian fathers, and the first of the three Holy Hierarchs of the E. Church. Besides his eloquence and personal holiness, Basil was known for his talent for administration. His two monastic rules […] determined the structure of E. Christian monasticism ever since. He built hospitals and hostels alongside church buildings in Caesarea, and organized relief for the poor. His writings, in addition to letters, are a treatise *On the Holy Spirit*, three anti-Arian books *Against Eunomius*, and homilies ».

προσκυνοῦντες, νυκτερίσι τροπικῶς εἴρηνται προσκυνεῖν - (col. 277)[283].

Toate caracteristicile liliacului par să-și găsească un corespondent fidel în cele ale demonilor. Pornind de la definiția lui *νυκτερίς*, Sf. Vasile analizează, pe rând, diferențele specifice și indică pentru ele câte un echivalent din definiția demonilor. Se creează astfel serii largi de corespondențe între două domenii distincte de referință, [concret → *νυκτερίς*] vs. [abstract → *δαίμονες*]. Trăsătura ζῶόν νυκτὶ φίλον καὶ σκότει ἐνδιαιτώμενον este asociată cu τὸ φῶς ἀπο φεύγοντες τὸ ἀληθινὸν, τὸ τοῦ κόσμου παντός, în timp ce πτηνόν καὶ οὐκ ἐπτέρωται este echivalată prin οὐκ ἐπτέρωνται δὲ τῷ θείῳ πόθῳ, ἀλλ' οἱονεὶ ἀπεσαρκώ θησαν, ταῖς τῶν ὑλικῶν ἐπιθυμίαις προστετηκότες, iar καὶ πτηνόν ἐστι καὶ τετράπουν, ἀλλ' οὔτε τοῖς ποσὶν ἀσφα λῶς ἐστήρικται, οὔτε τὴν πτῆσιν βεβαίαν ἔχει își găsește corespondentul în οὔτε Ἄγγελοί εἰσιν, οὔτε ἄνθρωποι. În cele din urmă, ὀδόντας

---

283 Vezi și traducerea latină așa cum apare în ediția lui Garnier : « Adorat autem vespertiliones, qui daemonum potestatem tenebris plane cognatam & affinem pro Deo habet. Est enim vespertilio animal noctis amans, versans in tenebris, solis splendorem non ferens, & in desertis locis perlibenter inhabitans. Ecquid autem daemones ? Annon eiusmodi sunt ? Nonne vastitatis sunt opifices ; cum veram totius mundi lucem aversentur. Vespertilio est & volucris, nec tamen pennis instructa est, sed membrana carnea per aerem volat. Eiusmodi sunt & daemones, incorporales quidem ; sed divini amoris pennis destituuntur ; imo rerum carnalium desideriis dediti, veluti carnis naturam induerunt. Vespertilio & volatilis est, & quadrupes ; nec tamen pedibus tuto fulcitur, nec validi est volatus. Eiusmodi autem sunt & daemones. Neque angeli, neque homines sunt : illorum siquidem dignitatem amiserunt, horum vero natura non donantur. Quin & dentes habent vespertiliones, aves aliae non item : daemones etiam ad vindictam sunt parati, id non efficiunt angeli. Vespertiliones insuper avium ritu ova non edunt, sed statim pariunt animalia : tales sunt & daemones ; actutum & cum plurima celeritate nequitiam perficiunt. Quare qui adorant daemones, per metaphoram dicti sunt vespertiliones adorare » (col. 278).

ἔχουσιν, ὅπερ οὐκ ἔχουσιν ὄρνιθες este pusă în legătură cu ἀμυντικοὶ, iar εὐθὺς ζῶα τίκτουσι are un corespondent în εὐθὺς καὶ σὺν πολλῷ τῷ τάχει τελεσιουργοῦντες τὴν πονηρίαν.

Analogia (*νυκτερίς* = *δαίμονες*) prezentă în textului lui Vasile din Cezareea reprezintă o treaptă superioară a semiotizării negative, care îmbracă forma unui climax ascendent. Dacă în textul lui Hieronymus, *vespertilio*, comparat cu *idola*, se află în stadiul intermediar al semiotizării negative, în cel al lui Vasile din Cezareea, *νυκτερίς*, tratat ca echivalent al *δαίμονες*, atinge punctul final al procesului de semiotizare. Se constată că în textul lui Vasile cel Mare, *νυκτερίς* primește un alt *genus* decât acela amintit în comentariul lui Hieronymus (unde *vespertilio* este o *nocturna avis*, care prezintă trăsătura + *murium similis*). În comentariul Sfântului Vasile, *νυκτερίς* este definit mai întâi drept ζῶόν, apoi, drept καὶ πτηνόν καὶ τετράπουν. Trecerea de la termenul generic la sintagma cu sens cumulativ trădează modificarea produsă la nivelul categorizării creaturii, care se apropie încet de monștri.

2.10. Echivalarea liliacului cu diavolul a condus nu numai la desăvârșirea semiotizării negative a celui dintâi, ci și la modificarea reprezentării culturale a celui de-al doilea. Astfel, în *Infernul* lui Dante, reprezentarea diavolului este influențată de relația simbiotică dezvoltată între acesta și liliac[284] :

> Sotto ciascuna uscivan due grand'ali,
> quanto si convenia a tanto uccello :
> vele di mar non vid'io mai cotali.
> Non avian penne, ma di **vispistrello**
> era lor modo...[285]

Diavolul din *Infernul* lui Dante are aripi de liliac. Reprezentarea propusă în *Infernul* lui Dante depășește statutul unei simple

---

[284] Cohen (Simona), 2008, p. 233 : « Dante was instrumental in forging bat-wings to the figure of the devil in the Italian art ».

[285] Dante, *Inferno*, XXXIV : 46-50.

inovații poetice, întrucât este acceptată într-un alt sistem semiotic decât cel literar, apărând în frescele lui Giotto, Nardo di Cione sau Andrea Orcagna[286]. Urmările nu au întârziat să apară și nu au făcut altceva decât să nedreptățească o dată în plus liliacul, întrucât din secolul al XV-lea « most Florentine devils had bat wings » (Cohen 2008 : 234).

3. Uneori, creatura se eliberează din semiotizarea negativă impusă de textul biblic. Astfel devine posibilă o nouă reprezentare a liliacului. Maniera de reprezentare a liliacului, prezentă în unele texte ale Părinților Bisericii, îmbină, de data aceasta, « naturalismul » cu analogia circumscrisă valorilor creștine.
Dintre Părinții Bisericii, Vasile cel Mare și Ambrosius[287] sunt cei dintâi care construiesc o nouă reprezentare a liliacului, mult diferită de aceea existentă în textul biblic.

3.1. *Hexaemeron*-ul lui Vasile cel Mare pune în evidență modul în care se realizează semiotizarea pozitivă a liliacului în scrierile creștine. Comentând cele șase zile ale creației « într-un ciclu liturgic de luni până vineri »[288], Sf. Vasile amintește (și) de liliac, pe care îl plasează într-un context pozitiv :

> Πῶς τετράπουν τὸ αὐτὸ καὶ πτηνὸν ἡ νυκτερίς. Πῶς μόνη τῶν ὀρνίθων ὀδοῦσι κέχρηται, καὶ ζωογονεῖ μὲν ὡς τὰ τετράποδα, ἐπιπολάζει δὲ τῷ ἀέρι, οὐχὶ πτερῷκουφιζομένη,

---

286 Cohen (Simona), 2008, pp. 233-234 : « Florentine painters of the *Trecento*, such as Giotto (in the Capella degli Scrovegni, Padua, 1314), Nardo di Cione (in the Strozzi chapel at Santa Maria Novella, Florence, 1350-1355) and Andrea Orcagna (in Santa Croce, Florence, ca. 1350), as well as Dante illuminators, followed his description in visualizing the figure of Lucifer in Hell ».

287 Pentru Ambrosius, vezi CODWR, *s.v.* Ambrose S. : « Ambrose (c.339–97). Bishop of Milan. He was trained in rhetoric and law, and assumed the see in c.374, after having been civil governor. He was famous as a preacher and champion of orthodoxy (e.g. against the Arians). He was a strong advocate of monasticism, writing on asceticism, and also interpreting Eastern theology for the West. He is one of the four original Doctors of the W. Church ».

288 Anton, 2003, p. 129.

ἀλλ᾽ ὑμένι τινὶ δερματίνῳ. Πῶς μέντοι καὶ τοῦτο ἔχει τὸ φιλάλληλον ἐν τῇ φύσει, καὶ ὥσπερ ὁρμαθὸς, ἀλλήλων αἱ νυκτερίδες ἔχονται, καὶ μία τῆς μιᾶς ἤρτηνται· ὅπερ ἐφ᾽ ἡμῶν τῶν ἀνθρώπων οὐ ῥᾴδιον κατορθωθῆναι. Τὸ γὰρ ἀπεσχισμένον καὶ ἰδιάζον τοῦ κοινωνικοῦ καὶ ἡνωμένου τοῖς πολλοῖς προτιμότερον (VIII, 7)[289].

Semiotizarea pozitivă a liliacului a fost posibilă întrucât Vasile din Cezareea « si era assunto l'impegno di mediare ad un pubblico di fedeli – e non a specialisti e lettori di trattati – un'esegesi piuttosto accurata dei primi capitol della Genesi traendo gli argomenti non solo dale Scritture e dalla riflessione filosofico-teologica, ma anche da una vasta, se non profonda, enciclopedia 'laica', dall'astronomia alla fisica alla zoologia. Egli è così il primo autore cristiano a trasformare la semplice menzione di pesci, uccelli, rettili e quadrupedi della Bibbia in un vero e proprio 'bestiario eamerale' o 'creazionistico' » (Gonnelli 1996 : 106). Eliberat din contextul negativ impus de scenariul biblic (vezi *Leviticul, Deuteronomul* și *Isaia),* liliacul este supus unei recategorizări și, implicit, unei recontextualizări care trădează o influență (mai degrabă) laică. Perspectiva adoptată de Vasile cel Mare în prezentarea animalelor diferă de aceea alegorică existentă în *Fiziolog*[290], ea fiind tributară – într-o

---

289 Vezi și traducerea latină, așa cum apare în ediția lui Garnier : « Quomodo idem quadrupes sit et volatile, vespertilio ; quomodo sola ex volucribus dentibus utatur, et pariat quidem catulos velut quadrupedia ; vagetur vero in aere, non pennis elata, sed membrana quadam coriacea. Quomodo et hoc mutuum amorem natura insitum habeat, sibique invicem vespertiliones in modum catenae adhaerescant et una ab altera pendeat : quod non facile fieri inter nos homines solet. Nam sejuncta et privata vita a plerisque societati praefertur, atque conjunctioni » (VIII, 7).

290 Vezi și Anton, 2003, p. 131 : « Animalele din zoologia lui Vasile cel Mare diferă de animalele care aparțin tradiției alegorice de exegeză, conform căreia, făcând lumea, Dumnezeu a pus în animale trăsături spirituale. Ca și discursul *Fiziologului,* discursul lui Vasile are destinație teologică, însă nefiind contaminat de metoda alegorică, el

oarecare măsură – modului de a reprezenta lumea existent în operele « naturaliștilor » antici[291].

Vasile cel Mare insistă asupra aspectelor particulare ale morfologiei liliacului, fără să le lege de demonic sau de monstruos, întrucât perspectiva sa se reduce la « a observa viața animalelor » în încercarea de « a percepe lucrarea minuntată a lui Dumnezeu » (Anton 2003 : 131) : « Πῶς *τετράπουν* τὸ *αὐτὸ* καὶ *πτηνὸν* ἡ νυκτερίς. Πῶς μόνη τῶν ὀρνίθων *ὀδοῦσι* κέχρηται, καὶ *ζωογονεῖ* μὲν ὡς *τὰ τετράποδα*, ἐπιπολάζει δὲ τῷ ἀέρι, *οὐχὶ πτερῷ κουφιζομένη, ἀλλ' ὑμένι τινὶ δερματίνῳ* »[292]. Din creatură a întunericului, liliacului devine o făptură, care, deși pare greu de încadrat într-un anumit *genus*, « nu este întâmplătoare pe pământ », de vreme ce « Dumnezeu a creat lumea din iubire » (*ibidem*). Secvența consacrată liliacului în *Hexaemeron* nu conține nicio referire la *Levitic, Deuteronom* sau *Isaia*, astfel încât pasărea considerată impură în textul biblic poate să devină în *Omilia* a VIII-a a lui Vasile din Cezareea simbolul pentru *τὸ φιλάλληλον* (*mutuum amorem*). Semiotizarea pozitivă a liliacului constituie urmarea firească a schimbării de perspectivă operate de Vasile cel Mare în raport cu textul biblic și este determinată, pe de o parte, de recontextualizarea creaturii, iar, pe de alta, de ierarhizarea diferită a aspectelor morfologice specifice acesteia. Aceleași trăsături (particulare) ale liliacului, amintite de Sf. Vasile în

---

reflectă un nou fel de a vedea lumea animalelor în cultura creștină. Reperul acestei cunoașteri este observația științifică ».

291 Gonnelli, 1996, p. 107 : « Sugli animali, piuttosto, doveva già circolare in quest'epoca quello che per noi è l'archetipo dei bestiari medievali, il *Physiologus*, ma nel piano basiliano l'opera risultò poco utile, importata com'era su una lettura esclusivamente allegorico-tipologica del mondo animale, per vedervi *signa* di verità metafisiche. Basilio invece, pur non ignorando del tutto certi spunti allegorici ormai entrati nell'uso, opta nella lettura del mondo per un limpido letteralismo : gli animali sono innanzitutto mirabili di per sé, *testimonia* della sapienza divina, occasionalmente anche *exampla* di morale ».

292 Subl. n.

comentariul care însoțește Cartea lui Isaia, sunt prezente în descrierea realizată în *Hexaemeron* : « καὶ ὥσπερ ὁρμαθὸς, ἀλλήλων αἱ νυκτερίδες ἔχονται, καὶ μία τῆς μιᾶς ἤρτηνται· ὅπερ ἐφ᾽ ἡμῶν τῶν ἀνθρώπων οὐ ῥᾴδιον κατορθωθῆναι. Τὸ γὰρ ἀπεσχισμένον καὶ ἰδιάζον τοῦ κοινωνικοῦ καὶ ἡνωμένου τοῖς πολλοῖς προτιμότερον ». Spre deosebire de comentariul realizat pe marginea Cărții lui Isaia, cel din *Hexaemeron* este astfel construit încât principiile de focalizare a caracterului monstruos al creaturii devin inoperante (întrucât în *Hexaemeron*, tema care asigură unitatea semantică a textului este aceea a elogiului creației lui Dumnezeu). Ca urmare, trăsăturile atipice ale creaturii devin secundare în raport cu particularitățile circumscrise lui *τὸ φιλάλληλον* (*mutuum amorem*).

3.2. Pe urmele lui Vasile cel Mare, Ambrosius propune aceeași reprezentare a creaturii[293]. Episcopul Mediolanului, Ambrosius precizează că *vespertilio* face parte din categoria păsărilor nocturne, dar nu uită să adauge că este *ignobile* : « Vespertilio animal *ignobile* a vespere nomen accepit » (XXIV, 87).

Ambrosius continuă cu prezentarea morfologiei liliacului (recuperând multe elemente din textul lui Vasile cel Mare) :

> Est autem volatilis, eademque quadrupes, et dentibus utitur, quos in aliis avibus reperire non soleas. Parit ut quadrupedia, non ova, sed pullos viventes. Volitat in aere avium more; sed crepusculo vespertino consuevit offundi. Volitat autem non aliquo pennarum, sed membranae suae

---

[293] Anton, 2003, p. 125 : « Tradiția hexaemerică de organizare a cunoștințelor despre lume pentru articularea unei conștiințe teologice de natură veterotestamentară începe în universul iudaic elenist de gândire o dată cu interpretarea *Pentateuch*-ului de către Philon de Alexandria (sec. I d. Hr.), continuând prin gânditori creștini ca Teophil de Antiohia și Origen, iar prin *Omiliile la 'Hexaemeron'* ale Sfântului Vasile cel Mare această modalitate de preamărire a splendorii și sacralității cosmosului, dar și de transmitere a cunoașterii, este preluată în Apusul creștin de Sfântul Ambrozie de Milano, iar în Răsăritul slav de Ioan Exarhul ».

> fulta remigio, quo suspensa velut pennarum volatu circumfertur atque vegetatur (*ibidem*).

Ambrosius reia, de asemenea, analogia *νυκτερίς* = *τὸ φιλάλληλον*, transpunând-o în latină sub forma echivalenței *vespertilio* = *c(h)aritas* :

> Habet et illud hoc vile animal, quod sibi invicem adhaerent, et quasi in speciem botryonis ex aliquo loco pendent: ac si se ultima quaeque laxaverit, omnes resolvuntur. Quod fit quodam munere charitatis, quae difficile in hominibus huius mundi reperitur (*ibidem*).

Atunci când reprezentarea liliacului nu urmează modelul din textul biblic, ea pare să fie influențată de perspectiva naturalistă prezentă în lucrările antice, la care se adaugă *interpretatio christiana* sub forma elogiului creației lui Dumnezeu. Liliacul se salvează la limită. Deși Părinții Bisericii recunosc deschis că liliacul are un *genus* discutabil (*νυκτερίς* : καὶ τετράπουν καὶ πτηνὸν // *vespertilio* : autem volatilis, eademque quadrupes), ei nu pot pune la îndoială justețea actului divin al creării a tot ce există. Prin urmare, încearcă să motiveze categorizarea liliacului drept creație a lui Dumnezeu prin punerea în relief a unei trăsături care permite analogia cu valorile creștine circumscrise lui *τὸ φιλάλληλον*/ *caritas*.

3.3. *Hexaemeronul* lui Vasile cel Mare reprezintă « cel mai cunoscut »[294] comentariu din literatura consacrată interpretării celor șase zile ale creației, mărturie stând larga circulație de care s-a bucurat textul atât în spațiul occidental, cât și în cel oriental. Statutul de « tratat de exegeză veterotestamentară de referință în Evul Mediu apusean » i-a fost asigurat de traducerea în latină, care a fost făcută probabil în anul 400[295] de Eustathius[296]. *Hexaemeronul*, care s-a bucurat de faimă în Europa Occidentală, a fost cunoscut și în spațiul românesc, începând din secolul al

294 Anton, 2003, p. 132.

295 Oricum, după moartea lui Vasile din Cezareea (379).

296 Vezi și Anton, 2003, p. 132.

XVIII-lea, de când datează prima traducere a textului grecesc în limba română. Traducerea românească îi aparține ieromonahului Ilarion Bou Rău[297], care « la inițiativa episcopului de Rădăuți, Dositei Herăscu » transpune textul grecesc în limba română « în jurul anului 1775, la Mânăstirea Dragomirna » (Anton 2003 : 132-133).

Versiunea românească urmează îndeaproape textul *Hexaemeronului* lui Vasile cel Mare :

> Cum jivină cu patru picioare acéiași iaste și zburătoare liliiacul. Cum numai sângur el din toate din toate paserile și dinți are, și dobitoc adecă naște ca céle cu patru picioare, dar plutéște pre aer, nu prin péne ușor făcându-să și sus înălțându-să, ci prin piéliță oarecaré de piiale. Cum încă și acesta are pre iubirea cea între sineși a unora cătră alții în fire sădită și ca și șirul unii de alții să țin liliecii și unul de altul să atârnă, care lucru între noi oamenii nu iaste cu lesnire să se facă. Pentru că viața cea dejghinată și osăbită mai cinstită și mai unită iaste multora decât cea împărtășită însoțirii ceii de obște și unită (*Hexaemeron*, 209^{v}-210^{r}).

Liliacul are același *genus* (incert) ca în textul-sursă (*jivină cu patru picioare* acéiași iaste și *zburătoare*). Creatura numită *liliac* în versiunea românească își păstrează, de asemenea, aceeași morfologie ca în original (*dinți are* // *naște ca céle cu patru picioare* // *plutéște pre aer, nu prin péne ... ci prin piéliță oarecaré de piiale*). Analogia *νυκτερίς* = *τὸ φιλάλληλον* din originalul grecesc devine în textul românesc *liliac* = *iubirea cea între sineși a unora cătră alții*. Ilarion Bou Rău redă *τὸ φιλάλληλον* printr-o construcție mai amplă, rezultat al traducerii fiecărui element al compusului din original (*iubirea cea între sineși*). Traducătorul român insistă asupra unuia dintre elementele prezente în configurația lui *φιλάλληλον*, introducând în text o sintagmă care să reia, în mod emfatic, ideea de împărtășire / reciprocitate implicată în iubirea de aproape (*a unora cătră alții*).

---

297 Pentru prezentarea activității lui Ilarion Bou Rău, vezi Ursu, 1994, pp. 58-83 ; Timotin, Timotin, 2002, pp. 104-116, Anton, 2003, p. 133.

Traducerea lui Ilarion Bou Rău a fost copiată de mai multe ori în spațiul românesc[298], conservându-se în manuscrise datând din secolul al XVIII-lea și al XIX-lea. În secolul al XIX-lea a fost tipărită de mitropolitul Țării Românești, Grigore Dascălul[299]. Cu toate acestea, este greu de precizat în ce măsură reprezentarea liliacului propusă în textul lui Vasile cel Mare a putut influența percepția asupra creaturii în spațiul românesc din epoca veche. Este posibil ca tipul cognitiv și semiotizarea pozitivă a liliacului din textul *Hexaemeronului* să nu fi depășit nivelul livresc al percepției în societatea românească veche.

3.4. Faptul că în operele unui scriitor creștin și al unui Părinte al Bisericii așa cum este Vasile cel Mare pot coexista două reprezentări diametral opuse ale liliacului pune în evidență :

a. presiunea pe care o exercită textul biblic asupra comentatorilor, impunându-le o singură grilă de lectură, care respectă viziunea maniheistă asupra lumii (toate câte există fiind împărțite în pure și impure, divine și diavolești, iar odată categorizate, lucrurile nu pot fi transferate dintr-o clasă în alta) ;
b. supraviețuirea culturii clasice, fenomen care se manifestă prin recuperarea unor locuri comune[300] în scrierile Sfinților Părinți și prin punerea în circulație a unor reprezentări ce puteau să intre în contradicție cu mesajul biblic (fenomenul devine evident mai ales atunci când Sfinții Părinți nu comentează textul biblic) ;
c. comentariul asupra firii liliacului depinde de scenariul propus în originalul pe care îl urmează Sfinții Părinți și actualizează seturi diferite de cunoștințe. (Dacă scenariul este negativ, atunci inter-

[298] Pentru descrierea manuscriselor în care se păstrează textul traducerii, vezi Anton, 2003, p. 134.

[299] *Ibidem.*

[300] Pentru diferitele reprezentări ale liliacului în textile antice, vezi Arnott, 2007, pp. 221-222.

pretarea va respecta indicațiile alegorice din textul biblic și va opta pentru semiotizarea negativă. Dimpotrivă, dacă scenariul este pozitiv sau chiar neutru, atunci există posibilitatea de a se produce semiotizarea pozitivă și activarea unui alt set de cunoștințe despre lume.)

4. În lumea medievală începe să se constituie « un discurs deosebit de precis, de figurativ, cu privire la împărăția demonică, plasând cu exactitate noțiunea de păcat cu scopul de a-l determina în mod convingător pe creștin » să acționeze și « să se confeseze »[301]. Animalele sunt atrase într-un univers literar moralizator și alegorizant, devenind – în funcție de morfologia lor, dar și de prejudecățile vremii – emblema viciului sau a virtuții. Liliacul este asociat cu desfrâul[302].

Ceea ce apare ca *mutuus amor* în *Hexaemeronul* lui Vasile din Cezareea și, ulterior, în acela al lui Ambrosius devine semnul pentru păcătos în *Bestiario moralizzato di Gubbio* și pentru *lussuria* în *Fiore di virtù*. Una și aceeași trăsătură a liliacului este tratată în unele texte drept simbol al lui *mutuus amor*, pe când în alte opere, ea devine un semn al desfrâului. Mutația produsă în reprezentarea liliacului poate fi explicată dacă se ține cont (și) de contextul extralingvistic în care sunt redactate toate aceste texte. Atât Vasile cel Mare, cât și Ambrosius scriu în perioada de început a creștinismului, ceea ce îi determină să insiste asupra asupra ideii de comunitate și de armonie între creștini[303].

---

301 Muchembled, 2002, p. 35.

302 Vezi și Zink (Michel), 1985, p. 59 : « Dans la littérature médiévale, l'animal, comme le reste de la création, n'est digne d'attention que pour autant qu'il est porteur de sens. L'élucidation de ce sens est la raison d'être des bestiaires, qui décrivent chaque animal et ses moeurs de manière à faire apparaître sa signification allégorique, dans le domaine religieux, ou parfois amoureux ».

303 Vezi și observațiile lui Anton, 2003, p. 127 : « Vasile cel Mare manifestă un interes deosebit pentru unitatea Bisericii și pentru tradiția

Nu este mai puțin adevărat că motivele pentru care cei doi au ajuns să valorizeze ideea de unitate între creștini sunt diferite. Vasile cel Mare îl invită pe papa Damasus să viziteze Răsăritul, în încercarea de stabili « punți de comunicare între Biserica Romei și Bisericile din Est, fiind convins că, prin eliminarea disensiunilor devoratoare, atât ca putere politică », dar și « ca putere spirituală, ortodoxia va avea de câștigat » (Anton 2003 : 127). În schimb, Ambrosius este cel care poartă lupta împotriva arianismului[304]. Oricât de diferite ar fi fost motivele pentru care Vasile cel Mare și Ambrosius vorbesc despre unitatea creștinilor, strategiile retorice și argumentative folosite de cei doi sunt similare. Liliacul ajunge astfel să fie semiotizat pozitiv, fiind purtătorul unei trăsături care permitea analogia cu iubirea de aproape și, implicit, cu unitatea Bisericii. Dacă semiotizarea pozitivă a liliacului este posibilă și, în același timp, relevantă în secolul al IV-lea, în schimb, în Evul Mediu, ea se modifică sub presiunea prejudecăților, care conduc la recategorizarea creaturii. Nu este exclus ca « evoluția punctului de vedere asupra animalelor », în general, și a liliacului, în particular, să fi fost determinată, în cele din urmă, de « frica ființei umane de fiara din interior [...], capabilă să șteargă calitățile sale care țin de rațiune și spiritualitate pentru a nu lăsa să subziste decât poftele bestiale, cum ar fi concupiscența » (Muchembled 2002 : 47).

4.1. Același conținut nuclear (CN) al liliacului este valorizat diferit în funcție de idiosincraziile și de prejudecățile epocii. Ca urmare, morfologia liliacului ajunge să fie interpretată drept simbol al desfrâului după ce a fost plasată într-un context[305].

---

doctrinală a acesteia. El este preocupat atât de dezbinarea dintre creștinii din Răsărit, cât și de cea dintre episcopii din Apus și Răsărit ».

[304] Pentru întreaga discuție, Duval, 1998, *passim*.

[305] Vezi și Dobrovol'skij, Piirainen, 2005, p. 135 : « However, languages often do not choose biological features [...] for denoting abstract concepts but make use of a kind of cultural filter, which allows only a few biological features from a relevant set to pass through into the given conceptual domain ».

Trecerea de la *avis* la *animal autem volatile idemque quadrupes* arată cum este pus « în criză sistemul categorial » și cum « se caută să se readapteze cadrul. Și așa se continuă în paralel, reajustând cadrul categorial în funcție de noi enunțuri observative și recunoscând ca adevărate enunțurile observative în funcție de cadrul categorial acceptat. Pe măsură ce se categorisește, se așteaptă să se identifice noi proprietăți (desigur, în formă de enciclopedie dezordonată) ; și pe măsură ce se găsesc proprietăți, se încearcă o reașezare a cadrului categorial » (Eco 2002 : 250). Modificându-și în chip esențial *genus,* liliacul a parcurs, încet, dar sigur, lungul drum al semiotizării de la *pasăre impură* la creatură cu un *genus* incert și, în cele din urmă, la simbol pentru omul păcătos și pentru *lussuria.*

4.1. În spațiul livresc medieval, liliacul este, cel mai adesea, un simbol negativ. *Biblia* și textele Părinților Bisericii – principalele surse de inspirație pentru textele medievale – condamnau liliacul la o semiotizare negativă, plasându-l în categoria păsărilor / animalelor impure, care sunt asociate cu diavolul. Tot ce stă sub semnul diavolului poate fi redat simbolic prin intermediul liliacului. Astfel, păcătosul și păcatul sunt codificate în limbajul alegoric printr-un singur simbol : liliacul. Transformarea liliacului în semn pentru omul păcătos, dar și pentru *lussuria* constituie un exemplu de manifestare a polisemiei la nivelul simbolurilor[306].

4.1.1. Liliacul este un personaj secundar în bestiare, care îi acordă un spațiu mai restrâns decât altor creaturi. În plus, doar câteva versiuni ale bestiarelor[307] conțin informații despre liliac. Bestiarele prezintă creatura în diferite maniere în funcție de sursele avute la îndemână de autorii lor și de prejudecățile epocii în care este redactată o versiune sau alta. În *Bestiario*

[306] Vezi și Dobrovol'skij, Piirainen, 2005, p. 266.

[307] Vezi *supra* cele câteva versiuni ale bestiarelor medievale care pun în evidență semiotizarea pozitivă a liliacului.

moralizzato di Gubbio[308], *la noctola,* numele prin care este desemnat liliacul, apare într-un context marcat de semiotizarea negativă :

> La noctola, de sì vile natura,
> né bestia non pare, né ucello,
> e va volando per l'aire oscura
> e schifa lo giorno kiaro e bello.
>
> Cosi fa l'omo k'en pecato dura;
> non se lascia vedere lo taupinello
> a quelli ke de l'anima tengono cura,
> cotanto è verso Dio malvasgio e fello (Carrega 1983 : 121).

Autorul bestiarului se folosește de analogia între caracterul nocturn al liliacului și teama păcătosului de lumina credinței pentru a transmite, prin imaginea aleasă, « un set implicit de valori ierarhizate »[309] : zborul nefiresc al creaturii presupune rătăcire (la fel cum rătăcitor este și cel care trăiește în păcat), iar viețuirea în întuneric, asocierea cu diavolul (după cum și păcătosul va ajunge în infern).

În comentariul care însoțește textul italian, editorul modern afirmă că, în operele scriitorilor creștini, liliacul a fost supus, pe rând, unei semiotizări pozitive și uneia negative. Se susține că

---

308 Pentru prezentarea textului, vezi Carrega, 1983, pp. 15-30, dar mai ales observațiile de la pagina 19, unde se precizează că « il *Bestiario moralizzato di Gubbio* si configura come raccolta di 64 sonetti ciascuno dei quali tratta una o più *proprietates* animali e ne svolge la conseguente applicazione alla sfera simbolica e morale. Ciò conferisce al testo, per le ragioni sopra enunciate, un carattere paradigmatico e fa di esso un documento di singolare interesse. Si tratta, in effetti, dell'unico esemplare noto dotato di tali caratteristiche, dal momento che la particolare forma metrica sfruttata dall'anonimo autore lo differenzia sensibilmente dagli altri bestiari in versi conosciuti, apparteneti o meno all'aerea italiana ». Vezi, de asemenea, Agostini, 1978, pp. 101-105, unde se afirmă că textul aparține primei jumătăți a secolului al XIV-lea.

309 Zafiu, 2012, p. 606.

> la tradizione mistica aveva individuato nella nottola (pipistrello) un simbolo di Cristo il quale scelse di rifuggire dale luci del mondo. L'autore del sonetto ignora tale tradizione e ad essa dimostra di preferirne una seconda che privilegia il nesso analogico esistente fra l'animal e i peccatori che vivono nelle tenebre e che con le tenebre verrano ripagati dal giudizio divino" (Correga 1983 : 121).

Numai că pasărea semiotizată pozitiv la care face trimitere Correga nu desemnează tocmai liliacul, ci bufnița. Correga consideră că textul *Fiziologului* grec a fost cel care a impus semiotizarea pozitivă a liliacului. În *Fiziologul* grec[310], însă, este înregistrat cuvântul *νυκτικόραξ*, prin care este desemnată « bufnița ». Ca urmare, bufnița este simbolul lui Iisus Cristos și nu liliacul. Funcția simbolică dobândită de bufniță în *Fiziologul* grec este firească, în condițiile în care procesul semiotizării pozitive a păsării începuse încă din Antichitate[311].

Editorul modern al bestiarului medieval a confundat creaturile între ele. Confuzia se datorează probabil faptului că, în italiană, *nòttola* (cu varianta *noctola*) este un cuvânt polisemantic, referindu-se atât la « bufniță », cât și la « liliac » (GDI, s.v.). Cu al doilea sens, *nòttola* cunoaște atestări nu numai în *Bestiario moralizzato di Gubbio*[312], ci și în texte redactate după secolul al XIV-lea (GDI, *s.v.*). *Nòttola* reprezintă un împrumut din latina târzie (GDI, *s.v.*), fiind reflexul lui *noctula*, un derivat cu sufix diminutival de la *noctua* (« bufniță »). În latină, *noctula* este atestat pentru prima oară în traducerea (datând din secolul V sau VI p. Chr.) a textului lui Soranus, unde desemnează liliacul[313]. Cuvântul italian păstrează sensul etimonului direct

---

310 Pentru *Fiziologul* grec am folosit textul din ediția Sbordone, 1991, pp. 20-21.

311 Pentru semiotizarea pozitivă a bufniței, vezi Dobrovol'skij, Piirainen, 2005, p. 349.

312 În GDI, s.v. nu este amintită atestarea din *Bestiario...*, făcându-se trimitere la texte redactate mai târziu decât acesta.

313 Vezi și TLF, *s.v. noctule*.

(lat. *noctula* « liliac »), dar, în același timp, înregistrează și semnificația « bufniță », probabil sub influența lui *nottua* (împrumutat din latină *noctua*, baza de la care a fost derivat lat. *noctula*).

4.1.2. Alte bestiare propun analogia între liliac și desfrâu. Bestiarul lui Leonardo da Vinci[314] din secolul al XV-lea și o versiunea sârbească a *Fiziologului* din veacul al XVII-lea[315] sunt tributare, atât ca structură, cât și ca tematică, *Florii darurilor*. Ca urmare, funcția simbolică dobândită de liliac în cele două texte este rezultatul intertextualității. Originea noii analogii trebuie căutată în *Fiore di virtù*.

4.2. Atât *Fiziologul*, cât și *Floarea darurilor* urmăresc « ca prin asamblarea scurtelor narațiuni însoțite de tâlcuiri spirituale să deschidă receptorilor drumul înțelegerii spre adevărurile mistice sau morale ale religiei creștine » (Velculescu 2001 : 3). Subordonând explicația persuasiunii, întreaga construcție textuală se bazează, în ambele texte, pe analogie. În raport cu discursul *Fiziologului*, care se caracterizează prin « eliminarea premeditată a oricăror clarificări asupra valorilor simbolice ale detaliilor din istorisirile animalelor »[316], cel din *Floarea darurilor*

---

[314] Pentru posibilele surse ale textului lui Leonardo, vezi Corazza (Dolcetti), 1992, p. 86 : « l'*Acerba* di Cecco d'Ascoli [...] figura anche nell'elenco dei libri posseduti da Leonardo, e da questa, oltre che dal *Fiore di Virtù* e dal volgarizzamento della *Naturalis Historia* di Cristoforo Landino, Leonardo desunse material per quell 'bestiario' che compare tra gli appunti del ms. H (1493-1494) ».

[315] Pentru descrierea textului, vezi Corazza (Dolcetti), 1992, p. 45 : « Di animali appartenenti alla tradizione fisiologica si parla anche in un'operetta serba dagli intenti moraleggianti e didascalici conservata in un manoscritto del XVII secolo, che mescola citazioni dai Padri della Chiesa a storie d'animali. La particolarità che ha attirato l'attenzione degli studiosi consiste nel fatto che la sequenza con cui sono presentati gli animali tiene conto essenzialmente del vizio o della virtù che simboleggiani, e ad ogni virtù segue il vizio ad essa contrario in un gioco di antitesi senza dubbio accattivante e stimolante per il lettore o per l'ascoltatore ».

[316] Velculescu (Cătălina), 2001, p. 5.

încearcă să motiveze relația viciu / virtute ↔ animal, punând accent pe trăsăturile semantice comune ale simbolizatului și simbolului.

Liliacul funcționează în *Floarea darurilor* ca un simbol contingent, fiind « dependent de context » și având « o ambiguitate sporită față de simbolurile convenționale » (DȘL, *s.v. simbol*). Originalul[317] italian oferă o « definiție » a desfrâului, pentru ca, mai apoi, să amintească simbolul cu care este asociat viciul. Dintre animale, este ales liliacul pentru a codifica desfrâul :

> Luxuria ch'è c[on]trario vitio de la virtude de la [ca]stitade si co[me] si co[n]ta i[n] la *Soma di vitii* si è de quarto mainere [...] E posse ap[ro]priare la luxuria a lo balbistrello ch'è pluie luxurioso animale che sia. E p[er] la sup[er]clia volu[n]tade ch'el a de ço n'oserva mai alcuno naturale ordene i[n] lo so cordo co[m]' fa li altri animali. Che'l masclio cu[m] lo masclio e l'una femena cu[m] l'altra si come se trovano fa çu[n]geno i[n] seme (FdV. 113).

4.2.1. Diferitele versiuni românești ale *Florii darurilor* păstrează intactă echivalarea simbolică dintre desfrâu și liliac. În cea mai veche versiune românească a *Florii darurilor* (din ms. 4620)[318], liliacul e simbolul pentru « curviie » :

---

[317] Pentru izvoarele acestui text, vezi Olteanu, 1992, p. 19 : „S-au identificat mai toate *izvoarele* simbolicii animaliere din *Floarea darurilor* datorită contribuțiilor unor specialiști ca : K. Mc. Kenzie, H. Vaenhagen, G. Mazzatini, C. Segre, Maria Corti etc. Erau diferite *bestiaria* și *enciclopedii* din literatura latino-italiană, care circulau în epoca autorului în Italia de Nord. Astfel numai din operele lui Bartolomeo Anglico, *De animalibus*, sau *Liber della natura degli animali*, și *De Proprietatibus rebus*, autorul FdV a preluat vreo 16 pilde de animale. Alte simbolizări de animale se identifică în Vincenzo di Beauvais, *Speculum naturale* (s. XVI), în *Dal bestiario moralizzato* [...], în *Liber monstruorum* de Aldhelin de Malsmesbury, în *Proverbia super natura feminarum* [...], în *Encyclopedia* lui Isidor de Sevilla etc. ».

[318] Pentru descrierea textului, vezi Moraru, 1996, pp. 15-112.

> Curviia, unde easte, răutate curăției easte în patru chipure [...] Și poate să se închipuiască curviia liliacului, ce easte mai curvaru de toate gadinele în lume. Și de multă pohtă ce are, nu ferescu vreo fire de pohte în cuibul ei, cum fac și alte gadine : ce bărbătesc cu bărbătesc și muieresc cu muieresc, cum să află, așa se împreunează (Fl.D. sec. XVI, 616^{r}-617^{r}).

Semiotizarea negativă se repetă în celelalte versiuni românești, indiferent de originalul care a stat la baza lor :

« Că curviè e(s)[te] protivă (se aseamănă) liliiacilo(r) că mai curvare gadină nu e(ș)[te] în lume, că ei curvescu to(ți) și bărbați [cu bărbat] și muere cu muere » (*Codex Neagoeanus*, 315) / « Că cu(r)viia să protiveaște liliaculu(i) că ia(s)[te] ma(i) curvariu de toate gadinile. Și de mu(l)t ce a(u) preacu(r)viem ei cu(r)ve(s)[c] bă(r)bat cu bă(r)bat și muiare cu muiare cu(m) să află » (versiunea din 1693, copiată de Costea Dascălul, 342) / « Curviia iaste păcatul împrotiva curăției, precum spune la *Cartea păcatelor*. Și aceasta să împarte în patru oarecarele [...] Și poți să aseameni curviia pre liliacĭ carele iastea cea mai curvare hiară a lumii pentru că din multă pohtă ce are spre dânsa, nu păzeaște în vreun chi(p) ceaia ce iaste după hire, precum fac celelalte heri, ce mearge parte bărbătească la [parte] bărbătească și parte muerească la parte muerească, precu(m) să află și să împreună unul cu altul » (versiunea tipărită de Antim în 1700, pp. 150-152).

Liliacul din *Floarea darurilor* nu este totuși pasărea impură din *Biblie*, pentru că se încadrează într-un *genus* diferit de acela al creaturii prezente în Vechiul Testament. În textul original, *balbistrello*[319] (o variantă a lui *pipistrello*) este definit ca *animale*, deci printr-un termen generic (hiperonim) și nu printr-un hiponim ca *osello* sau *volatilie* (care denumesc diferitele păsări în *Fiore di virtù*).

[319] Varianta *balbistrello* este dialectală, specifică pentru Bologna, vezi Olteanu, 1992, p. 21.

Traducerile românești ale *Florii darurilor* folosesc termenul generic *gadină*, prin care este definit atât liliacul și *vasilisca* (ms. 4620, 499ʳ), cât și *leoscroada* (sau unicornul, în *Codex Neagoeanus*, 225 și în ms. 4620, 593ᵛ), *armenica* (ori hermelina, în *Codex Neagoeanus*, 244), *sobolul* (ms. 4620, 508ᵛ), *sirena* (ms. 4620, 517ᵛ), *pinara* (sau cârtița, în ms. 4620, 560ʳ), etc. Atât în *Fiziolog*, cât și în *Floarea darurilor*, *gadină* are sensurile de « animal sălbatic » și de « animal, în general ». În limba veche, *gadină*, împrumutat din bulgară[320], funcționează ca sinonim al termenului moștenit, *fiară* (*hiară*), apărând în contexte în care este posibilă substituirea cu acesta din urmă. Relația dintre cei doi termeni este doar în aparență mai complicată în unele versiuni ale cărților populare. Astfel, într-o versiune a *Fiziologului*, copiată de ieromonahul Serafim de la mănăstirea Bistrița, animalele sunt împărțite în trei categorii : *hieri*, *gadini* și *păsări*[321]. Printre *gadini* se numără *gorgonia*, *aspida*, *șarpele*, *endropul* și *hineiul* (Velculescu 2001 : 39-40). Așadar, reptile, pești, monștri sunt deopotrivă *gadine*. În schimb, în categoria *herilor* intră *pilul*, *leul*, *zâmbrul*, *cerbul*, *inorogul*, *lupul* etc. (toate acestea fiind, mai degrabă, animale sălbatice, reale sau imaginare). Împărțirea inițială este însă contrazisă în textul propriu-zis al *Fiziologului*, unde o *gadină* precum *șarpele* este definită drept « o hiară cumplită, mai veninată decât toate jigăniile » (*idem*, 40), iar o *hiară* precum *pilul* este descrisă prin sintagama « o gadină mare ». În versiunea tradusă din greacă de monahul Filotei Sfântagorețul și tipărită de Antim Ivireanul la Snagov, liliacul este definit drept o *hiară*. Termenul românesc este echivalentul pentru grecescul *πράγμα* (« făptură »), dar și pentru *ζῷον* (=lat. *animal*, Liddell, Scott, *s.v.*)[322]. După cum se poate observa, nici în

[320] *Cf.* DA, *s.v.* : « Din bulg. *gadinъ* 'animal' (în general), fiară, reptile, păsări, insecte ».

[321] Vezi Velculescu (Cătălina), 2001, p. 35.

[322] Vezi textul din versiunea greacă tipărită la Veneția în 1603 : « καὶ ἠμπορὴ νὰ ὁμοιάσης τὴν πορνείαν εἰς τὴν νυκτερίδα, ὁποῦ εἶναι τὸ πλέο πορνικὸν πράγμα ὡς καθὼς ποιοῦν τὰ ἕτερα ζῶα » (Olteanu, 1992, p. 416). Se știe că Filotei Sfântagorețul traduce *Floarea darurilor*

versiunea originală (scrisă în greacă), nici în versiunea românească, liliacul nu este încadrat în clasa păsărilor.

4.2. La sfârșitul secolului al XVIII-lea, într-o versiune greco-italiană a *Florii darurilor*, locul liliacului este ocupat de iepure, care devine simbolul pentru *ἀκολασία / lussuria*. O dată în plus, sistemul categorial a fost pus în criză de noi enunțuri observative, iar urmarea a fost decăderea liliacului din « scara » animalelor care funcționau ca simbol pentru desfrâu. Liliacul nu mai este, așadar, cel mai desfrânat dintre animale, fapt care permite o nouă semiotizare și, implicit, o altă categorizare.

5. Textul biblic și lucrările Părinților Bisericii controlează reprezentările liliacului pentru o lungă perioadă de timp, impunând semiotizarea negativă (și, mai rar, pozitivă) a creaturii. Potrivit acestei tradiții textuale, liliacul reprezintă o creatură impură, care ajunge să fie asociată cu tenebrele și cu diavolul și, în cele din urmă, să se transforme în simbol al ereticului, al păcătosului și al desfrâului. (așa cum se întâmplă în bestiarii). În paralel, *genus avis* este pus în discuție de către Părinții Bisericii, de vreme ce aceștia constată că liliacul este *murium simile*. Se ajunge astfel la o reprezentare hibridă a liliacului, care e, în același timp, și *volatilis*, și *quadrupes* sau *né bestia, né ucello* (așa cum apare în *Bestiario moralizzato di Gubbio*). De la hibrid la monstru nu a mai fost decât un pas.
Textul biblic încadrează liliacul în *genus avis*. Când Părinții Bisericii prezintă liliacul și îi stabilesc un alt *genus*, ei nu urmează neapărat modelul biblic. Mutația culturală se produce sub presiunea unei alte tradiții livrești și, eventual, a unui cadru categorial diferit, controlat de noi enunțuri observative, care se insinuau în textele Părinților Bisericii[323].

6. Evul Mediu vine să pună ordine în lucrurile și proclamă supremația categorizărilor ferme asupra structurilor « imaginate de Antichitatea clasică » în încercarea de a oferi

---

după un original grecesc. Nu este mai puțin adevărat că traducerea românească prezintă « unele deosebiri » față de versiunea greacă din 1603 (Olteanu, 1992, p. 346).

[323] Pentru întreaga discuție, vezi Uță, 2013, pp. 74-81.

imaginea unei lumi pline de « semne și simboluri, oglindind atotputernicia divină » (Boia 2011 : 49).

Reluând din Antichitate teoria celor patru elemente, imaginarul medieval dezvoltă structuri echilibrate și armonioase (cel puțin în aparență), în care își propune să așeze tot ceea ce este cunoscut (« in the Middle Ages, the ordering power of the four elements was total. [...] Consistent with other mediaeval structures, the animal kingdom was built upon the same concept of four elements ; beings were sorted out into animals of the air, of water, and of earth. The elements, functioning as physical realms, served to keep apart the denizens of each realm by providing boundaries to establish the distinct identities of bird, beast, and fish by isolating them one from the other. The elements, then, acted as containers », Williams 1996 : pp. 175-176).

Liliacul păstra din Antichitate o imagine complicată : pe de o parte, este considerat un hibrid (în același timp, pasăre și patruped), iar, pe de alta, Sfinții Părinți îl asociază cu diavolul (încă din secolul al IV-lea p. Chr., vezi *supra*). Cu un astfel de conținut nuclear și într-un asemenea orizont de așteptări liliacul nu putea fi categorizat decât ca monstru[324].

6.1. Enciclopediile[325] redactate în Evul Mediu sunt, cel mai adesea, opere de sinteză, în care secvențe preluate din textele

---

[324] Williams, 1996, p. 191 : « the bat, a monster par excellence, unnnaturally combining earth and air. Flying mammal, creature of the dark, the bat was thought of in the Middle Ages as a monstrous bird possessing wings, but no feathers, a creature that suckled its young and slept upside down, signifying, perhaps, the inversion of the natural realms that it personified. Probably because of its avoidance of the light and its generally repulsive appearance, the bat carried with it a highly negative symbolism ».

[325] Pentru descrierea enciclopediilor medievale, vezi Vauchez, 2000, s.v. *encyclopedias, medieval* : « No medieval work bore the title *Encyclopedia*. But many attempted to order the whole of knowledge and could claim an encyclopedic status, starting with the *Etymologies* of Isidore of Seville, undisputed model until the irruption of Aristotelian thought into Western thought. [...] The encyclopedic work took a great

laice ale Antichității stau alături de cele din Biblie și din operele Sfinților Părinți. Sinteza culturală medievală oferă un statut ingrat liliacului, care devine emblema monstrului prin excelență[326].

6.2. Ultimul mare enciclopedist al Evului Mediu, Petrus Berchorius[327], acordă un spațiu larg prezentării liliacului. Descrierea nu este altceva decât o sinteză a numeroase locuri comune din literatura antică și medievală, la care se adaugă *interpretatio christiana* a fiecărei trăsături a liliacului. În fața acribiei științifice a lui Berchorius, liliacul nu are nicio șansă de a scăpa de semiotizarea negativă. Chiar de la început, Berchorius face trimitere la Cartea profetului Isaia, anunțînd grila de interpretare pe care o va folosi în cazul liliacului :

> Vespertilio secundum glossam Esa. 2 lucem odit et tenebras amat. Nam in die in parietum foraminibus se abscondit. Caeca est ad modum talpae, et pulverem lingit. Tales sunt cupiditi, maxime usurari, quia coeci, et duces caecorum. Matt. 15 ad modum talpae, quae semper est in terra, ubi optime se regit, et ibi quaerit victum. Ideo tales lucem manifestationis odiunt et abhorrent. [...] et sic tenebras obscuritatis diligunt, quia quae in oculto ab eis fiunt, turpe est dicere ad Ephe. 5. [...] Et lumen manifestationis fugiunt et devitant (cap. 72).

După ce anunță maniera de interpretare utilizată și prezintă una dintre trăsăturile liliacului, Berchorius pune în discuție genul creaturii. O întreagă secvență este consacrată

---

variety of titles, contents and forms. Some constants can be disengaged : it was always a work of compilation, which accumulated ancient knowledge and had no vocation to innovate : it was a 'book of books', which offered the reader the best of all that had been written by all known ancient authors, patristic and medieval authors, and, as far as they were in circulation, the great Iudaeo-Arabic and Aristotelian texts ».

326 Pentru întreaga discuție, vezi Uță, 2013, pp. 82-86.

327 Berchorius (Petrus), *Reductorium morale*, lib. VII, cap. 72.

argumentării noii ipoteze, potrivit căreia liliacul trebuie considerat mai degrabă *bestia* decât *avis* :

> Vespertilio quamvis propter alas et propter volatum avis esse credatur, esse tamen bestia sex rationibus comprobatur. Primo quia non ovat, imo more bestiarum pullos concipit et procreat, quod tamen inter volucres non habetur. Secundo quia dentes habet. Tertio quia cauda caret. Quarto quia lac et mamillas habet. Quinto quia per terram currit, et quattuor pedibus graditur. Sexto quia muri in corpora similatur, sicut in libro de natura rerum dicitur, et etiam Isid. quorum est magnam partem dicit Pli.li.10.c.61.

La sfârșitul Evului Mediu, liliacul este considerat un monstru, fiind prezentat drept o creatură fără gen sau, dimpotrivă, una interregnală. Liliacul a fost supus unor recategorizări succesive, care îl îndepărtau din ce în ce mai mult de creatură prezentă în scrierile naturaliștilor antici.

Liliacul a fost victima prejudecăților medievale. Pentru că nu era nici păsăre, nici patruped, liliacul nu putea deveni decât un monstru. O întreagă iconografie culturală prezintă liliacul drept un monstru, plasat într-un context[328], care va stabili că trăsăturile neeliminabile[329] ale creaturii sunt [impuritate] + [apartenență interregnală] + [demonic].

7. Contrar așteptărilor, istoria culturală a liliacului are în epoca veche *happy-end*. Creatura se insinuează în *Istoria ieroglifică,* scriere despre care se știe că a fost influențată de *Fiziolog*[330]. În afară de *Fiziolog,* Cantemir utilizează și alte surse,

---

328 Am folosit termenul cu accepțiunea indicată de Eco, 2002, p. 242 : « o rețea de conexiuni intertextuale și un sistem de așteptări ».

329 Vezi și observațiile de la Eco, 2002, p. 243 : « Uneori contextul poate fi comun unei epoci și unei culturi, și numai în astfel de cazuri apar ca neeliminabile proprietățile dicționariale, ce trimit la modul în care cultura respectivă a clasificat obiectele pe care le cunoaște ».

330 Moraru, 1972, p. 482 : « felul în care Dimitrie Cantemir folosește materia *Fiziologului* nu privește numai transferul fabulei sau al înțelesurilor ei [...]. De relevat în relația *Istoriei ieroglifice* cu *Fiziologul* este adoptarea alegoriei animaliere ca modalitate de construcție unitară a întregii opere. [...] Opera lui Cantemir este declarat alegorică

construind – în stil propriu – o sinteză coerentă a tuturor informațiilor despre animale, pe care le descoperise în operele consultate până în momentul redactării *Istoriei ieroglifice.*

În *Istoria ieroglifică,* « lumea animală are o ierarhie strictă » (Moraru 1972 : 484), în interiorul căreia încearcă să se strecoare « formele de inter-regn » (*idem,* 487). Unui univers organizat, ierarhizat i se opun formele aberante, monstruoase, care se multiplică pe întreg cuprinsul *Istoriei ieroglifice.* Unul dintre monștrii hibrizi prezenți în romanul lui Cantemir este liliacul. Creatura din *Istoria ieroglifică* nu descinde însă din *Fiziolog,* căci variantele pe care Cantemir le putea cunoaște nu conțin nicio informație despre liliac. Așadar, modelul după care este categorizat liliacul trebuie căutat în altă parte.
Avansăm ipoteza potrivit căreia liliacul –

> carile cu aripile ce zbura şi cu slobodzeniia prin aier ce îmbla, spre ceata zburătoarelor, adecă supt stăpînirea Vulturului a fi îl arăta, iară amintrilea într-însul alalte hirişii socotindu-să, în neamul jiganiilor, supt domnia Leului îl da (CII, 7-8)

– este categorizat în *Istoria ieroglifică* după modelul prezent în *Reductorium morale*[331] al lui Petrus Berchorius.

Neputând fi încadrat într-o singură « stăpânire », liliacul nu poate fi definit decât ca monstru. Sintagmele « neamul cel fără neam », « chipul cel fără chip » prin care este desemnat liliacul fixează statutul de monstru al creaturii. Formulele inițiale de desemnare sunt însoțite de explicații savante, prin intermediul cărora Cantemir încearcă să compenseze caracterul prea vag al genului proxim : « adecă jigăniuţa sau păsăriţa cea cu prepus,

---

și permite o diminuantă, pentru valoarea cărții, dar totuși coerentă și reală, raportare istorică ».

[331] Vezi și observațiile de la Crețu, 2010, p. 3 : « Iată-l, așadar, pe Liliac, nici păsăre, nici animal, ori, în funcție de perspectivă, și păsăre și animal, dezbinând cele două împărății. Nimic mai firesc, căci, în bestiarul lui Cantemir, el ocupă exact locul din interval pe care îl are în mai toate sistemele zoologice antice sau medievale ».

iubitoriul nopţii, fugătoriul dzilei, vădzătoriul întunerecului şi orbul luminii » (CII, 159). Secvența explicativă conține numeroase sintagme, echivalente semantic, dar construite antitetic (grupurile prin care este numit liliacul fiind simetric contrastive sau oximoronice : *iubitoriul nopţii, fugătoriul dzilei, vădzătoriul întunerecului şi orbul luminii*). O posibilă sursă a secvenței explicative inserate în *Istoria ieroglifică* este *Reductorium morale* al lui Petrus Berchorius, text pe care Cantemir îl cunoaște încă din momentul redactării *Divanului*.... « Iubitoriul nopţii » // « fugătoriul dzilei »// « vădzătoriul întunerecului » // şi « orbul luminii » au corespondente în textul lui Berchorius. Corespondența se manifestă la nivel lexical, unde se constată că selecția termenilor românești din textul Cantemir pare condiționată de echivalentele din lucrarea lui Berchorius :

« Vespertilio [...] lucem odit et tenebras amat » // « Caeca est » // « Ideo tales lucem manifestationis odiunt et abhorrent. [...] et sic tenebras obscuritatis diligunt » // « Et lumen manifestationis fugiunt et devitant » (Reductorium morale, lib. VII, cap. 72).

În *Istoria ieroglifică*, secvența explicativă este dublată de una argumentativă, prin care Cantemir demonstrează caracterul monstruos al creaturii :

> Că pre amănuntul sama de-i vom lua, toată anomaliia şi rătăcirea firii la dînsa vom afla. Şi macar că iute la zburat şi bine într-aripat ieste (care lucru aievea monarhiii Vulturului îl supune), însă şi alte multe a multe jiganii hirişii are, carile nu puţină materie de gîlceavă şi de scandală înainte pune : întîi că fată ca dobitoacele, a doa că la cap ieste ca şoarecele, la aripi ca albinele ieste, a patra că la picioare în fire pe altul să i să asemene nu are, de vreme ce aripile în picioare şi picioarele în aripi îi sint. A cincea că dzua orbăcăieşte, iară noaptea ca puhacea purecele în prav ascuns zăreşte. Adevărat dară, iarăşi să dzic, că arătarea firii în jigănuiţă într-aceasta să arată (CII, 215).

Secvența argumentativă este construită după modelul oferit de textul lui Berchorius, constituind pe alocuri o adaptare după originalul latin :

> *Primo quia non ovat*, imo *more bestiarum pullos concipit et procreat*, quod tamen inter volucres non habetur. Secundo quia dentes habet. Tertio quia cauda caret. Quarto quia lac et mamillas habet. Quinto *quia per terram currit*, et quattuor pedibus graditur. Sexto *quia muri in corpora similatur* (*Rep. morale*, lib. VII, cap. 72).

De asemenea, în textul lui Berchorius se precizează că liliacul « volucris et quadrupedis formam gerit, et tam voce quam stridore sonum reddit, in die latet, in nocte patet ». Parafrazând modelul latin, Cantemir adaugă, la rândul său, că :
« jiganiia aceasta din fire scurtă şi puţină la voroavă ieste, din gura a căriia mai mult decît interiecţia : ţis, ţis, a ieşi nu poate şi fără decît sămnul tăcerii, adecă decît tăcerea, altă n-au învăţat » (CII, 216).

Reductorium morale al lui Berchorius explică modul de categorizare a liliacului în *Istoria ieroglifică,* dar nu poate fi invocat ca model pentru scenariul inițial prin care creatura este adusă în prim-plan :

« Care lucru pricina cercetării, apoi şi gîncevii între doaă monarhii fu: fietecarea socotind că chip ca acela şie supus a fi s-ar cuvini şi de nu s-ar şi cuvini, să i să cuvie a sili, i s-ar cuvini » (CII, 8).

Scenariul pare o adaptare[332] a uneia dintre fabulele lui Aesopus, despre conflictul dintre păsări și animale, pe de o

332 « Νυκτερὶς καὶ βάτος καὶ αἴθυια πρὸς ἀλλήλους κοινωνίαν σπεισάμενοι ἐμπορεύεσθαι διέγνωσαν. Καὶ ἡ μὲν νυκτερὶς ἀργύριον δανεισαμένη εἰσ μέσον κατέθηκεν, ἡ δὲ βάτος ἐσθῆτα ἐνεβάλετο, ἡ δὲ αἴθυια τὸ πλοῖον. Χειμῶνος δὲ σφοδροῦ γενομένου καὶ τῆς νεὼς περιτραπείσης, πάντα ἀπολέσαντες αὐτοὶ ἐπὶ τὴν γῆν διεσώθησαν. Καὶ ἡ μὲν αἴθυια ἀπ᾽ ἐκείνου τὸ πλοῖον ζητοῦσα ἐπὶ (κατὰ?) τοῦ βυθοῦ δύνει, οἰομένη ποτὲ εὑρήσειν· ἡ δὲ νυκτερὶς τοὺς δανειστὰς φοβουμένη ἡμέρας μὲν οὐ φαίνεται, νυκτὸς δὲ ἐπὶ νομὴν ἔξεισιν· ἡ δὲ βάτος τὰς ἐσθῆτας ἐπιζητοῦσα τῶν παριόντων ἐπιλαμβάνεται (τῶν)

parte, și imposibilitatea de a integra liliacul într-una dintre clase, pe de alta. Este greu de precizat care este ediția operelor lui Aesopus consultată de Cantemir (nu este exclus ca principele să fi cunoscut textul prin intermediul unei antologii). Cu toate acestea, liliacul nu este supus în întregime unei semiotizări negative în textul lui Cantemir. Blocarea semiotizării negative este rezultatul direct al manierei speciale în care evenimentele și personajele epocii sunt reflectate prin intermediul alegoriei animaliere. Liliacul participă atât la un prim nivel al alegoriei, unde funcționează ca « ieroglifă » sub care se ascunde Marco Pseudobeizadea. În același timp, el e prezent și la un nivel secund al alegoriei, devenind simbolul prin care se prezintă o valoare abstractă, redată de Cantemir prin formula aforistică : « Voia slobodă nu celor slobodzi, ce celor opriţi să dă ». Echivalența liliac = simbol al voii slobode este motivată printr-o secvență argumentativă, în care sunt emfatizate valori diferite, aflate în relație de incompatibilitate sau de excludere reciprocă (*voie slobodă* vs. *tirănie*) :

> Deci cît pentru alegerea locului lăcaşului mieu ar fi, aceasta să ştiţi că precum în borta pietrii brînca Leului de groasă nu încape (că a multe lucruri mărimea de scădere şi grosimea îngreuiere de împiedicare ieste), aşe în întunerecul nopţii ochiul Vulturului nu videa, cu care chip eu decît Leul mai aciuat, iară decît Vulturul mai fericit sint, de vreme ce borta pietrii şi cetate nebiruită şi lăcaş desfătat fiindu-mi, în vreme cînd ochiul Vulturului cu întunerec să închide, al mieu cu lumină curată să deşchide şi slobod şi fără nici o primejdie dobînda hranii şi orînduiala vieţii îmi cerc (CII, 234-235).

Prejudecățile medievale asupra liliacului coexistă alături de noua simbolistică, punând în evidență o *interpretatio cantemiriana* a creaturii. În textul *Istoriei ieroglifice* nu este vorba

ἱματίων, προσδοκῶσα τὰ ἴδια ἐπιγνώσεσθαι. Ὁ λόγος δηλοῖ, ὅτι περὶ ταῦτα μᾶλλον σπουδάζομεν, περὶ ἃ πρότερον πταίσωμεν ».

de modificarea genului liliacului[333], atâta vreme cât numeroase locuri comune de sorginte medievală sunt reluate de Cantemir în descrierea liliacului. Liliacul rămâne « neamul cel fără neam », « chipul cel fără chip », « iubitoriul nopţii », « fugătoriul dzilei », « vădzătoriul întunerecului » şi « orbul luminii », dar este inserat într-o nouă structură alegorică, diferită de aceea medievală. Alegoria cantemiriană este aproape în întregime laică, spre deosebire de cea medievală, care era circumscrisă – în esență – religiosului. Creatura continuă să fie « jigăniuța sau păsărița cea cu prepus », dar, în același timp, funcționează – mai mult sau mai puțin motivat – ca « ieroglifă » pentru un personaj real, Marco Pseudobeizadea, fiind asociată cu o valoare abstractă (*voia slobodă*). În *Istoria ieroglifică,* liliacul este un *mixtum compositum,* rezultat firesc al suprapunerii diferitelor surse folosite de Cantemir și al recontextualizării acestuia într-o noua structură alegorică.

8. Având o asemenea istorie culturală, creatura nu putea să poarte orice nume. Creatura este plină se surprize și atunci când vine vorba despre maniera de desemnare în română.

Liliacul este desemnat în română prin diferiți termeni sau prin sintagme, alcătuite dintr-un centru nominal și un modificator.

Termenul cunoscut pe întreg teriroriul dacoromân este *liliac.* Cuvântul înregistrează numeroase variante (*leliac, luliac, luluiac, lulac, ililiac, iliac, ililac, uliac*), care sunt rezultatul unor disimilări, asimilări sau modificări de tip protetic etc. Spre deosebire de dacoromână, unde cuvântul are diverse variante, dialectele din sudul Dunării folosesc diferite sintagme (în aromână, liliacul este desemnat prin sintagma *pul'i a noaptil'ei* ; *lilec,* cu variantele *lelec, lulelc,* are sensul de « barză »).

Etimologia termenului românesc este tratată diferit de la un dicționar la altul. Uneori, *liliac* apare ca un împrumut din (vechea) slavă. Scriban (*s.v. liliac*[1]) face trimitere la cuvântul din vechea slavă (« vsl. *liliĭakŭ, lilikŭ,* bodârlăŭ »), dar și la termenii

---

[333] Așa cum presupune Crețu, 2010, p. 4 : « Principele rămâne impasibil față de o tradiție care părea să fi condamnat definitiv un animal nevinovat și îl reabilitează ».

din limbile slave moderne (« sîrb. *lelek,* barză, *ljiljak,* liliac [...] bg. *lăĭlek, lílek* »). Alături de termenii slavi sunt amintiţi cei din neogreacă, albaneză şi turcă (« ngr. *leléki, leĭléki* şi *lélekas,* barză, alb. *lĭelĭék,* barză, d. turc. *leklek* şi *leĭlek,* care vine d. ar. *laklak,* barză »), fără a se preciza care este natura relaţiei dintre cuvintele slave şi cele din neogreacă sau turcă. Ipoteza provenienţei din slavă e reluată de Ciorănescu (*s.v.*), care menţionează acelaşi etimon vechi slav în dreptul termenului din română: « Sl. *lilikŭ* 'cufundar' (Miklosich, *Slaw. Elem.*, 28 ; Miklosich, *Lexicon,* 337 ; Cihac, II, 171 ; Tiktin) ». Spre deosebire de Scriban, care nu exclude o posibilă înrudire între termenii din limbile slave cu aceia din neogreacă, albaneză şi turcă, Ciorănescu observă că înrudirea cuvintelor din vechea slavă, sârbă, ruteană şi română « cu ceh., rus. *lelek* 'varietate de rîndunele', sb. *lelek* 'barză', bg. *lilek* 'barză', ngr. *λέλέκας* (*sic* !) 'barză', alb. *ljeljek* 'barză', încă admisă în general, ar putea fi iluzorie ; e vorba probabil de cuvinte der. din tc. ». În locul etimonului din vechea slavă, în DLR, *s.v. liliac*[2] este preferat cel din bulgară (« bg. *Лиляк* »).

Asupra termenilor pe care dicţionarele îi indică drept etimoane sau îi pun în legătură cu *liliac* se impun unele observaţii :

1) în bulgară, *лѝлек* este un cuvânt dialectal care înregistrează variantele *лѝляк, лѝляч, люлêчê* (Geogiev, *s.v. лѝлек*[2]) ; *лѝляк,* varianta despre care că este etimonul lui *liliac,* circulă doar în graiurile de sud-vest ale limbii bulgare (termenul general este прилеп) ;

2) în sârbă, slovenă şi ucraineană sunt atestate cuvinte care au acelaşi sens şi o formă asemănătoare cu termenul din bulgară ; astfel, în sârbă circulă variantele *лѝлак, љиљак,* în timp ce în slovenă este înregistrată forma *lílek,* iar în ucraineană, *лилúк* are variantele *лúлик, лел'ік, лиелик* etc. (Georgiev, *s.v.*) ;

3) nu este exclus ca toate aceste cuvinte (din bulgară, sârbă, ucraineană şi slovenă) să fie derivate de la *lilъ* (« piele ») din vechea slavă (cf. Georgiev, *s.v.* : « Вероятно производни от праслав. *lilъ* `кожа` (вж. *лил*), срв. в семантично отношение рус. кожан `прилеп`, укр. кажан също »); chiar dacă admitem

că un termen vechi slav *lel-ьkъ, *lil-ьkъ, *lel-jakъ, *lel-ikъ (Sławski, *s.v.* *lelek* 1) stă la baza tuturor cuvintelor din limbile slave moderne, acesta nu poate fi invocat pentru română, de vreme ce *liliac* lipsește din dialectele vorbite în sudul Dunării (Ciorănescu arată că în aromână există forma *lelic*, fără să indice sensul și etimologia ei ; credem că ar. *lelic* și rom. *liliac* reprezintă cuvinte diferite, de vreme ce nu sunt identice sub raportul sensurilor și nici nu provin din același etimon, termenul din aromână se referă la *barză* și este un împrumut din bulgară, *lelek*, la care se poate adăuga ngr. *λελέκι*).

4) cuvintele din vechea rusă, *лилекъ, лиликъ, лилѣкъ* (« Mergus »), dar și cele din limba modernă, *лелёк, лилок* (« Caprimulgus europaeus »), precum și acelea din cehă, *lelek* (« Caprimulgus ; Nycticorax »), poloneză, *lelek* (*idem*), bulgară, sârbă, *lelek* (« barză »), ucraineană, *łełék* (« barză ») etc. au primit diverse explicații etimologice, fiind puse în legătură cu verbul din vechea slavă **leleti* (Georgiev, *s.v.* *лѝлек*) sau cu termenul onomatopeic **le(k)-lekъ, *(k)lelekъ* tot din vechea slavă (Bańkowski, *s.v.* *lelek*) ; oricum ar fi, cuvintele din rusă, cehă, poloneză etc. se referă la diferite păsări de noapte sau la barză și par, mai degrabă, omonime cu termenii prin care este desemnat liliacul (Georgiev, s.v. *лѝлек*) ;

5) cuvintele din neogreacă (*λελέκι, λέλεκας*, « barză », ΛΕΞΙΚΟ, *s.v.*) și albaneză (*lejlék*, « barză ») sunt împrumutate din turcă, *leylek*, cu variantele *läkläk* și *lägläk*, care, la rândul său, continuă arab. *laqlaq*[334] (Räsänen, s.v. *läkläk*).

Dat fiind că termenul este cunoscut în tot spațiul dacoromân, se poate ca el să aibă etimologie multiplă. Alături de cuvântul din bulgară *лѝлек*, cu varianta *лѝляк*, pot fi invocate cel din ucraineană și cel din sârbă (vezi *supra*). De asemenea, nu este exclus ca *liliac* să fie, în egală măsură, un împrumut din slavonă (Moraru 1996 : 39)[335], de vreme ce apare

---

334 Sau *laqaliq* (Godward, *s.v.* *leylek* : « Arab. laqaliq, stork <laqlaq, clatter ». Termenul arab pare să aibă origine onomatopeică.

335 Unde se pune în discuție ipoteza formulată de Olteanu, precizându-se că « multe din exemplele citate drept 'românisme' sunt greșite : de

în versiunea păstrată în ms. 4620 a *Florii darurilor*. *Liliac* este atestat pentru prima dată în *Floarea darurilor*, mai precis, în versiunea de la sfârșitul secolui al XVI-lea (deci mai devreme cu un secol decât atestarea oferită in DLR, unde se consideră că *liliac* apare pentru prima dată în *Biblia de la București*).

În română, liliacul este cunoscut și sub alt nume, atestat numai la nivel dialectal. Astfel, în Banat se înregistrează termenul *potlogar* (DLR, *s.v.*). *Potlogar* e derivat de la *potloagă* (« bucată de piele »), un împrumut din bulgară, подлога (vezi DLR, s.v. *potloagă*). Româna nu este singura limbă în care numele liliacului este format de la o bază cu sensul « piele », același model derivativ înregistrându-se în rusă *кожан*, ucraineană *кажан* (Georgiev, *s.v.* *лйлек* amintește și limba albaneză, unde există perechea *lakuríq* / *lakurekës* formată de la baza *lëkurë*). Același tipar este înregistrat și mai aproape de zona unde circulă *potlogar* : astfel, în maghiară, sunt atestate compusele *böregér, börmadär,* în structura cărora apare *bör,* « piele ».

În dicționarul lui Teodor Corbea, *Dictiones latinae...*, *vespertilio* este tradus prin « liliiac, șoarece cu arepi », iar *nyctoris,* prin « feali al șoarecilor celor cu arepi, liliiac ». Sintagma « șoarece cu arepi » pare să fie o traducere a termenului maghiar *szárnyaséger*[336]. Ipoteza ar putea fi luată în calcul, dacă se ține cont de faptul că Teodor Corbea a folosit un original maghiar pentru dicționarul său[337].

9. Istoria culturală a liliacului se dovedește a fi una complicată din cel puțin două motive. Mai întâi, *genus*

---

exemplu, termenii *prepelica* și *lilijakŭ* nu-s cuvinte românești păstrate din textul intercalat în română, ci există și în slavonă » (*ibidem*). Ipoteza propusă de Roman Moraru valorifică informațiile conținute în dicționarul lui Miklosich (unde este inventariată forma λιλ×Πκ×).

336 Pentru cuvântul din maghiară, vezi Magyar, *s.v.*

337 Vezi Gherman, 2001, pp. VIII-IX : « cercetând lista de cuvinte-titlu latinești, putem afirma în faza actuală a investigațiilor cu certitudine că Teodor Corbea a lucrat pe prima sau pe cea de-a doua ediție a *Dicționarului* lui Albert Szenci Molnár ».

vespertilionis s-a modificat de-a lungul timpului în funcție de interpretarea – alegorică sau, dimpotrivă, naturalistă – formulată într-o epocă sau alta, astfel încât același termen desemna o pasăre și un patruped sau chiar un monstru. Apoi, creatura a fost integrată în numeroase locuri comune, care se revendicau de la sisteme interpretative diferite și care intrau în diverse structuri alegorice. Așa se explică de ce liliacul apare în textele unui singur autor cu o dublă semantizare (pozitivă / negativă).

Pasăre impură în Biblie, liliacul ajunge să fie categorizat drept monstru în Evul Mediu, când i se pune în discuție *genus*. Părinții Bisericii – influențați de versetele din *Levitic* și *Deuteronom* – îl asociază cu întunericul. De aici nu a mai fost decât un pas până la asocierea cu diavolul. Relația simbiotică a condus la modificarea imaginii diavolului, căruia îi « cresc » aripi de liliac. Alegoriile din cărțile populare îl transformă în « semn » pentru desfrâu și păcat. Același conținut nuclear, în virtutea căruia funcționa ca « semn » pentru *mutuus amor*, îl face să devină cel mai desfrânat dintre animale. Și totuși, istoria liliacului nu era încheiată. La începutul veacului al XVIII-lea, liliacul, după a fost supus unei intense semiotizări negative, își face loc într-un romanț, intrând într-un scenariu (script) atipic. *Interpretatio cantemiriana* conduce la o recontextualizare a creaturii, întrucât face apel la diferite surse și se sprijină pe o alegorie care nu este dependentă de sfera religioasă. Amalgamarea surselor livrești și circumscrierea istorică a domeniului de referință fac din liliac un monstru (« neam fără neam ») care poate să apară în contexte pozitive. Asocierea contrastantă monstru + semiotizare pozitivă din *Istoria ieroglifică* reprezintă un fenomen singular în epocă.

Unei asemenea istorii culturale întortocheate îi corespunde o desemnare problematică. Atestat încă din secolul al XVI-lea, termenul *liliac* a primit numeroase explicații etimologice. În cele din urmă, este posibil ca termenul din dacoromână să aibă etimologie multiplă, continuând slavonul *lilijakŭ*, dar și cuvintele din limbi slave moderne, cu care româna a intrat în contact (așa cum e cazul cu limba bulgară, sârbă sau ucraineană). Alături de împrumut, în română apare sintagma « șoarece cu aripi », care este atestată în epoca veche, dar care continuă să fie utilizată până azi la nivel dialectal (vezi DLR, s.v.). Chiar dacă sintagma este alcătuită după un model străin (vezi *supra*), ea confirmă statutul de creatură interregnală, dacă nu cumva monstruoasă, de care liliacul nu s-a putut îndepărta. Uneori, monștrii se nasc în urma recategorizărilor succesive ale unei creaturi nevinovate. Astfel, liliacul este victima modificării în timp a sistemului categorial.

CORPUS

Alanus ab Insulis, *De Panctu Naturae,* Ed. by N. H. Häring, în *Studi Medievali,* terza serie 19, 2 (1971), pp. 797-879.

Sancti Ambrosii Mediolanensis Episcopi *Opera omnia,* în Migne, *Patrologiae Cursus completus,* Tomus XIV, S. Ambrosii Tomi primi Pars prior, 1845.

Petri Berchorii Pictaviensis, *Reductorii moralis* libri quattuordecim, Venetiis, apud haeredem Hieronymi Scoti, 1575.

Bestiario moralizzato di Gubbio, în *Le proprietà degli animali, Bestiario moralizzato di Gubbio,* a cura di Annamaria Carrega, *Libellus de natura animalium,* a cura di Paola Navone, Genova, Edizioni Costa & Nolan, 1983, pp. 35-167.

BB – *Biblia, adecă dumnezeiasca Scriptură,* București, 1688 (textul a fost confruntat cu ediţia modernă, *Biblia adecă Dumnezeiasca Scriptură a Vechiului şi Noului Testament,* tipărită întâia oară la 1688 şi retipărită după 300 de ani în facsimil şi transcriere, Bucureşti, Editura Institutului Biblic şi de Misiune al Bisericii Ortodoxe Române, 1988).

Biblia de la Blaj 1795, ediție jubiliară, Roma, 2000.

Biblia Vulgata, Blaj 1760-1761, ediţia modernă, Ioan Chindriș (editor coordonator), Niculina Iacob (coordonare filologică), 4 vol., Bucureşti, Editura Academiei, 2005.

Biblia Sacra, Venetiis, apud Nicolaum Pezzana, MDCLXXXX.

CII – *Istoria ieroglifică*, în *Opere complete IV. Istoria ieroglifică*, Text stabilit şi glosar de Stela Toma. Prefaţă de Virgil Cândea. Studiu introductiv, comentarii, note, bibliografie şi indici de Nicolae Stoicescu, Bucureşti, Editura Academiei, 1973.

Teodor Corbea, *Dictiones latinae cum valachica interpretione*, c. 1700, ediţia Alin-Mihai Gherman, volumul I: studiu introductiv, note şi text, Clusium, Cluj-Napoca, 2001.

Dante, *La Commedia* secondo l'antica vulgata, a cura di Giorgio Petrocchi, 2. *Inferno*, Verona, Arnoldo Mondadori Editore, 1996.

Divinae Scripturae nempe Veteris ac Novi Testamenti omnia, graece a viro doctissimo recognita et emendata, variisque lectionibus aucta et illustrata, Francoforti ad Moenum, apud Andreae Wecheli heredes, 1597.

H PALAIA DIAΘHKH KATA TOUS EBDOMHKONTA, Vetus Testamentum ex Versione Septuaginta interpretum, secundum exemplar Vaticanum Romae editum, accuratissime demo recognitum, una cum scholiis eiusdem editionis, variis manuscriptorum codicum veterumque exemplarium lectionibus nec non fragmentis versionum Aquilae, Symmachi et Theodotionis. Summa cura edidit Lambertus Bos, L. Gr. in Acad. Fraeneq. Professor. Fraenequerae, excudit Franciscus Halma, illustr. Frisiae Ord. atque eorundem Academiae typogr. Ordinar. MDCCIX.

Enarratio in prophetam Esaiam, în *Sancti patris nostri Basilii Caesareae Cappadociae Archiepiscopi Opera omnia*, tomus primus, opera et studio domni Juliani Garnier, Parisii: typis et sumptibus Joannis Baptistae Coignard, Regis Architypographi ac Bibliopolae ordinarii, 1721, pp. 378-617.

Exodus et Leviticus, praeparavit G. Quell, editio tertia denuo elaborata, în *Biblia Hebraica*, Stuttgartiae: Priv. Württ. Bibelanstalt, 1931.

Fl.D. sec. XVI – *Floarea darurilor*, în *Cele mai vechi cărți populare în literature română*, vol. I *Floarea darurilor*, text stabilit, studiu filologic și lingvistic, glosar de Alexandra Moraru, *Sindipa*, text stabilit, studiu lingvistic și filologic, glosar de Magdalena Georgescu, București, Minerva, 1996.

Floarea darurilor din *Codex Neagoeanus* – în Pandele Olteanu, *Floarea darurilor sau Fiore di virtù, studiu, ediție îngrijită pe versiuni după manuscrise, traducere și glosar în context comparat*, Timișoara, Editura Mitropoliei Banatului, 1992, pp. 299-317.

Floarea darurilor, versiunea din 1693, copiată de Costea Dascălul - în Pandele Olteanu, *Floarea darurilor sau Fiore di virtù, studiu, ediție îngrijită pe versiuni după manuscrise, traducere și glosar în context comparat*, Timișoara, Editura Mitropoliei Banatului, 1992, pp. 318-343.

Floarea darurilor, versiunea tipărită de Antim în 1700 – în Pandele Olteanu, *Floarea darurilor sau Fiore di virtù, studiu, ediție îngrijită pe versiuni după manuscrise, traducere și glosar în context comparat*, Timișoara, Editura Mitropoliei Banatului, 1992, pp. 344-421.

FdV. – *Fiore di Virtù*, în originalul italian: Ms. Siena cca 1350, în Pandele Olteanu, *Floarea darurilor sau Fiore di virtù, studiu, ediție îngrijită pe versiuni după manuscrise, traducere și glosar în context comparat*, Timișoara, Editura Mitropoliei Banatului, 1992, pp. 33-117.

« Hexaemeronul » lui Vasile cel Mare în traducere românească (secolul al XVIII-lea) crearea animalelor, ediție și studiu de Manuela Anton, în *Texte uitate – texte regăsite*, București, Fundația Națională pentru Știință și Artă, 2003.

Homiliae in Hexaemeron novem, în *Sancti patris nostri Basilii Caesareae Cappadociae Archiepiscopi Opera omnia*, tomus primus, opera et studio domni Juliani Garnier, Parisii: typis et sumptibus Joannis Baptistae Coignard, Regis Architypographi ac Bibliopolae ordinarii, 1721, pp. 1-28.

Liber Jesaiae, praeparavit Rud. Kittel, editio tertia denuo elaborata, în *Biblia Hebraica*, Stuttgartiae, Priv. Württ. Bibelanstalt, 1929.

Numeri et Deuteronomium, praeparaverunt *Librum Numerorum* W.Rudolph, *Librum Deuteronomii* J. Hempel, în *Biblia Hebraica*, Stuttgartiae, Priv. Württ. Bibelanstalt, 1935.

Olteanu, P., 1992, *Floarea darurilor sau Fiore di virtù, studiu, ediție îngrijită pe versiuni după manuscrise, traducere și glosar în context comparat*, Timișoara, Editura Mitropoliei Banatului.
Physiologus, edidit Francesco Sbordone, Hildesheim, Zürich, New York, Georg Olms Verlag, 1991.
Septuaginta : Id est Vetus Testamentum graece iuxta LXX interpretes, 2nd ed., rev. Robert Hanhart, Stuttgart, Deutsche Bibelgesllschaft, 2006.
Vulgata - Biblia sacra iuxtam Vulgatam versionem, rev. by R. Weber, 2 vol., Stuttgart, Deutsche Bibelgesellschaft, 1983.

BIBLIOGRAFIE

AGOSTINI F., 1978, *Testi trecenteschi di Città di Castello e del Contado*, Firenze, Presso l'Accademia della Crusca.
ANTON M., 2003, « Studiu introductiv », în *Texte uitate – texte regăsite*, pp. 125-134, București, Fundația Națională pentru Știință și Artă.
ARNOTT G., 2007, *Birds in the Ancient World from A to Z*, London, New York, Routledge.
BAŃKOWSKI A., 2000, *Etymologiczny słownik języka polskiego*, tom 2 L-P, Warszawa, Wydawnictwo Naukowe PWN.
BOIA L., 2011, *Între înger și fiară. Mitul omului diferit din Antichitate până în zilele noastre*, traducere din franceză de Brândușa Prelipceanu și L. Boia, București, Humanitas.
BROWN F., DRIVER S. R. ET BRIGGS C. A., 1939, *A Hebrew and English Lexicon of the Old Testament*, Oxford, Clarendon Press.
CANSDALE G., 1970, *Animals of Bible Lands*, Exeter, Devon, The Pater noster Press.
CARREGA A., 1983, « Introduzione al Bestiario moralizzato di Gubbio », *Le proprietà degli animali, Bestiario moralizzato di Gubbio*, a cura di Annamaria Carrega, *Libellus de natura animalium*, a cura di Paola Navone, pp. 15-30, Genova, Edizioni Costa & Nolan.
CDER – Alexandru Ciorănescu, 2005, *Dicționarul etimologic al limbii române*, ediție îngrijită și traducere din limba spaniolă de

Tudora Șandru-Mehedinți și Magdalena Popescu Marin, Bucureşti, Saeculum.
CLARK W., 2006, *A medieval Book of Beasts. The Second-Family Bestiary : Commentary, Art, Text and Translation*, Woodbridge, The Boydell Press.
CLARKE A., 1846, *The Holy Bible*, containing the Old and New Testaments, the Text authorized Translation, with a Commentary and Critical Notes, vol. 1 – Genesis to Deuteronomy, New York, G. Lane & C. B. Tippett.
CODWR - *The Concise Oxford Dictionary of World Religions* (1 rev ed.), edited by John Bowker, 2000, Oxford, OUP.
COHEN S., 2008, *Animals as disguised symbols in Renaissance art*, Leiden, Boston, Brill.
CREȚU B., 2010, « *Liliacul angelic* », Transilvania, n° 4, pp. 1-6.
DA – Dicționarul limbii române. Tomul I, partea I, A-B, Bucureşti : Librăriile Socec, 1913, partea II, C, Tipografia ziarului Bucureşti : « Universul », 1940, partea III, fascicula I, D-de, Bucureşti : « Universul », 1949, Tomul II, partea I, F-I, Bucureşti : Imprimeria națională, 1934, partea II, fascicula I, J-lacustru, Bucureşti : « Universul », 1937, [partea III], Ladă-lojniță (fără ediție şi an).
DLR – Dicționarul limbii române, 1965-2010, serie nouă întemeiată de Iorgu Iordan, Alexandru Graur, Ion Coteanu, Bucureşti, Editura Academiei.
DOBROVOL'SKIJ D., PIIRAINEN E., 2005, *Figurative Language : Cross-cultural and Cross-linguistic Perspectives*, Amsterdam, Boston, Heidelberg, London, New York..., Elsevier.
DOLCETTI CORAZZA V., 1992, *Il Fisiologo nella tradizione letteraria germanica*, Alessandria, Edizioni del'Orso.
DOT – ALEXANDER T. D. ET BAKER D. W., 2003, *Dictionary of the Old Testament : Pentateuch*, Illinois, Leicester, InterVarsity Press.
DŞL – *Dicționar de științe ale limbii*, 2001, Angela Bidu-Vrănceanu, Cristina Călăraşu, Liliana Ionescu-Ruxăndoiu, Mihaela Mancaş, Gabriela Pană Dindelegan, Bucureşti, Nemira.

DUVAL Y.-M., 1998, *L'extirpation de l'Arianisme en Italie du Nord et en Occident : Rimini (359 / 60) et Aquilée (381), Hilaire de Poitiers (+367 / 8) et Ambroise de Milan (+397)*, Brookfield, Ashgate Variorum.

ECO U., 2002, *Kant și ornitorincul*, traducere de Ștefania Mincu, Constanța, Pontica.

GDI – *Grande dizionario della lingua italiana*, 1981, XI, Moto-Orac, Torino, Unione Tipografico-Editrice Torinese.

GEORGIEV – V. I. Georgiev *et al.*, 1986, *Bŭlgarski etimologichen rechnik*, tom III, Sofia, Institut za bŭlgarski ezik (Bŭlgarska akademii͡a na naukite).

GERTZ S. K., 1995-1996, « Transforming lovers and memorials in Ovid and Marie de France », *Florilegium*, n° 14, pp. 99-122.

GHERMAN A.-M., 2001, « Cuvânt înainte » la Teodor Corbea, *Dictiones latinae cum valachica interpretatione*, pp. V-XXI, Cluj-Napoca, Clusium.

GODWARD – *A dictionary of Turkish etymology*, 1999, compiled by Alan Godward.

GONNELLI F., 1996, « *Il bestiario esamerale: poesia biblica bizantina e barocca* », Compar(a)ison, An international Journal of Comparative Literature Bestiaries, Bern, Berlin, Frankfurt, New York, Paris, Wien, Peter Lang.

HARL M., DORIVAL G. ET MUNNICH O., 2007, *Septuaginta. De la iudaismul elenistic la creștinismul vechi*, traducere din limba franceză și îngrijire ediție Mihai Valentin Vladimirescu, București, Editura Herald.

LIDDELL S., *A Lexicon abridged from Liddell and Scott's Greek-English Lexicon*, Oxford, Clarendon Press.

MAGYAR – Magyar értelmező kéziszótár, 1972, szerkesztette Juhász, József, Szöke István, O. Nagy Gabor, Kovalovskky Miklós, Budapest, Akadémiai Kiadó.

MCCONVILLE J. G., 2002, *Deuteronomy*, Leicester, Appollos, Illinois, InterVarsity Press.

MIKLOSICH F., 1862-1865, *Lexicon Palaeoslovenicum-Graeco-Latinum*, Vindobonae, Guilelmus Braumueller.

MORARU A., 1996, în Fl. D. sec. XVI, *Studiu filologic*, pp. 15-74, *Studiu lingvistic*, pp. 75-112.

MORARU M., 1972, « Alegoria animalieră și fantasticul animalier în Istoria ieroglifică », Revista de istorie și teorie a literaturii, tom 21, n° 3, pp. 481-490.

MUCHEMBLED R., 2002, *O istorie a diavolului. Civilizația occidentală în secolele XII-XX*, traducere din franceză de Em. Galaicu-Păun, Chișinău, Cartier.

NOTH M., 1977, *Leviticus. A Commentary. Revised Translation*, London, SCM Press Ltd.

OLD – P. G. W. Glare, 1968-1982, Oxford Latin dictionary, Oxford, Clarendon Press ; New York, Oxford University Press.

OLTEANU P., 1992, *Floarea darurilor sau Fiore di virtù, studiu, ediție îngrijită pe versiuni după manuscrise, traducere și glosar în context comparat*, Timișoara, Editura Mitropoliei Banatului.

ONGOREN R., 2009, « Books on Dream Interpretation : Artemidorus and Kutbuttinzade », în *Dreaming in Christianity and Islam*, Edited by Kelly Bulkeley, Kate Adams, Patricia M. Davis, pp. 167-174.

RÄSÄNEN M., 1969, *Versuch eines etymologischen Wörterbuchs der Türksprachen*, Helsinki, Suomalais-Ugrilainen Seura.

SCHAFF P. ET WACE H. (éds.), 1893, *Nicene and post-Nicene Fathers*, Series II, vol. 6, *Saint Jerome : Letters and Select Works*, translated by W.H. Fremantle, G. Lewis, W.G. Martley, New York, Christian Literature Publishing Company.

SŁAWSKI – Franciszek Sławski, 1970-1974, *Słownik Etymologiczny Języka Polskiego*, tom. IV, La-Łapucha, Kraków, Nakładem Towarzystwas Miłośników Języka Polskiego.

ŞDU – ŞĂINEANU L., 1930, Dicţionar universal al limbei române, a opta ediţiune, Craiova, Scrisul românesc.

TDRG[2] – TIKTIN H., 1986-1989, Rumänisch-deutsches Wörterbuch, überarbeitete und ergänzte Auflage herausgegeben von Paul Miron, Band I, A-C, Band II, D-O, Band III, P-Z.

TIMOTIN A. ET TIMOTIN E., 2002, *Scrieri eshatologice postbizantine. Vedenia Sofianei. Viața lui Anastasie. Vedenia lui chir*

Daniil, studiu introductiv, ediţie și glosar de A. Timotin și Emanuela Timotin, în colecţia Cele mai vechi cărţi populare în literatura română, Ion Gheţie, Al. Mareş (coord.), vol. VI, București, Fundaţia Naţională pentru Știință și Artă.

TLF – *Trésor de la langue française, dictionnaire de la langue français du XIXe et XXe siècle (1789-1960)*, 1971-1994, publié sous la direction de Paul Imbs, Editions du Centre national de la recherche scientifique, Paris, Klinksieck, I-XVI.

URSU N. A., 1994, « Școala de traducători români din obștea starețului Paisie de la Mănăstirile Dragomirna, Secu și Neamț », în *Teologie și viață* (serie nouă din *Mitropolia Moldovei și Sucevei*), IV, n° 11-12, pp. 58-83.

UȚĂ O., 2013, *Hic sunt... monstri : creaturi fantastice și reprezentările lor în textele românești din epoca veche (secolele al XVI-lea – al XVIII-lea)*, București, Editura Muzeului Național al Literaturii Române, Colecția Aula Magna.

VAUCHEZ A. (ed.), 2000, *Encyclopedia of the Middle Ages*, Editors : A. Vauchez, in association with B. Dobson and M. Lapidge, Cambridge, James Clark & Co.

VELCULESCU C., 2001, « Introducere », în *Fiziolog Bestiar*, ediția de Cătălina Velculescu și V. Gururianu, cu un excurs de Manuela Anton, pp. 3-22, București, Cavallioti.

WILLIAMS D., 1996, *Deformed Discourse. The Function of the Monster in Mediaeval Thought and Literature*, Exeter, University of Exeter Press.

WILDBERGER H., 1991, *Isaiah 1-12. A Commentary*, translated by Thomas H. Trapp, Minneapolis, Fortress Press.

WOODRUFF H., 1930, « *The Physiologus of Bern. A Survival of Alexandrine Style in a Ninth Century Manuscript* », Art Bulletin n° 12 (1930), pp. 226-253.

ZAFIU R., 2012, « Argumentarea prin analogie: criterii de evaluare și strategii de respingere », in Mihaela Constantinescu, Gabriela Stoica, Oana Uță Bărbulescu (éds), *Modernitate și interdisciplinaritate în cercetarea lingvistică. Omagiu doamnei profesor Liliana Ionescu*-Ruxăndoiu, pp. 604-610.

ZINK M., 1985, « Le monde animal et ses représentations dans la littérature française du Moyen Âge », în *Le monde animal et ses représentations dans la littérature française du Moyen Âge (XI-XVe siècles).* Actes du XVe Congrès de la Société des Historiens Médiévistes de l'Enseignement Supérieur Public, Toulouse, 25-26 mai 1984, Université de Toulouse-le Mirail, Toulouse.

Cinquième partie

La poétique et les mythes à travers les langages

LA DESCRIZIONE UN PROFILO LINGUISTICO E CONCETTUALE*

Emilio MANZOTTI
Université de Genève / Università della Svizzera italiana
emilio.manzotti@unige.ch / emilio.manzotti@usi.ch

Foto 1 : A. Dürer, *Disegnatore che ritrae un nudo*, xilografia, 1538.

Abstract

Simple action (according to the *OED*), of "set[ting] forth in words, written or spoken, by reference to qualities, recognizable features, or characteristic marks", a linguistic equivalent of a mind – or world-entity, the d e s c r i p t i o n is nonetheless a fairly awkward textual unit, deserving a very thorough linguistic and conceptual examination. This article proposes an in-depth study of the structural principles, modalities, limitations and potentialities of literary and everyday descriptions.

Keywords
Description, literary and everyday descriptions, action, linguistic, a mind – or world-entity

1. DUE MODI D'INTENDERE LA DESCRIZIONE

Nella pratica scolastica e nella ricerca linguistica e letteraria la descrizione in quanto « unità di composizione testuale »[338] – o 'forma' o 'costrutto' testuale – viene comunemente trattata da punti di vista diversi, che a volte possono risultare o almeno apparire decisamente opposti. Schematizzando : da una parte, a scuola, la descrizione come entità tutto sommato elementare, semplice da insegnare e praticare, più semplice certo rispetto all'argomentazione, ma forse anche alla narrazione ; dall'altra, in linguistica del testo, in retorica, in teoria della letteratura, la descrizione come procedimento artificioso, poco naturale, che presuppone molte conoscenze, difficile da mettere in atto in modo efficace entro la compagine testuale, e simmetricamente arduo da elaborare. Sono punti di vista, direi, entrambi ragionevoli, che colgono problematiche complementari di una descrizione per sua natura, come Giano, bifronte.

1.1. Il punto di vista 'della semplicità'

È quello generalmente adottato dai manuali scolastici, e presupposto dalla stessa seriazione dei tipi di testo, presentati uno dopo l'altro in crescendo implicito di difficoltà, con la descrizione che occupa appunto la prima posizione[339]. Che cosa

---

[338] *v.* l'« Avant-propos » di J.-M. Adam, *La description*, Paris, PUF (« *Que sais-je?* », n° 2783), 1993, p. 3.

[339] Seguita in vario ordine dai testi informativi o espositivi, narrativi, espressivi, regolativi, interpretativi, argomentativi ecc. – Per una discussione sulla preminenza cognitiva di un tipo o l'altro di testo (in cui compaiono tuttavia solo la narrazione e l'argomentazione) si rimanda a A. Wilkinson, *Argument as a Primary Act of Mind,* in

c'è di più naturale, si pensa, del riprodurre a parole le caratteristiche di una data entità, magari tridimensionale, e per di più statica e pertanto non sfuggente, saldamente accampata davanti al nostro sguardo, come ad esempio un edificio, un monumento, un paesaggio topograficamente ben delineato, e così via ? – e non cambierà molto che l'entità sia preesistente nel reale alla descrizione oppure creata, 'evocata', dalla stessa descrizione. Di questa entità, di questo oggetto descrittivo O_{ds}, si possono ad esempio :

i) qualificare le caratteristiche (generali o particolari), secondo schemi predicativi del tipo : « l'oggetto descrittivo O_{ds} possiede una certa proprietà P » (o semplicemente « è | ha P »), « ... possiede (è | ha) certe *m* proprietà P_1, P_2,..., P_m » ;

ii) individuare (isolare) e nominare le parti o_{ds}, che sono poi a loro volta dei sotto-oggetti descrittivi ; e di nuovo, ricorsivamente, qualificare con una predicazione tali parti, o individuare di esse nuove parti ; ecc.

iii) confrontare le parti o_{ds} tra di loro quanto a dimensioni o ad altre caratteristiche, in termini cioè di una particolare relazione R ;

iv) o ancora rapportare esternamente l'intero oggetto descrittivo O_{ds} o le sue parti o_{ds} ad un altro oggetto descrittivo o a sue parti secondo una determinata relazione comparativa R' (implicita qui l'alternativa tra descrizioni per così dire 'immanenti', che si limitano a caratterizzare internamente il loro oggetto, e descrizioni 'aperte', 'correlative', che collegano, confrontano l'oggetto descrittivo ad altri oggetti ; tra descrizioni in altri termini 'centripete' e 'centrifughe').

In questi termini il descrivere si ridurrebbe elementarmente a prendere in considerazione un tutto, individuarne, se ci sono ed è pertinente nominarle, le parti, e mettere 'in ordine' sulla pagina, frase dopo frase, un certo numero di asserzioni in cui si predicano del tutto e delle parti determinate proprietà di vario

---

Perspectives on Written Argument, a c. di D. P. Berrill, Cresskill (N.J., U.S.A), Hampton Press, 1966, pp. 17-33.

tipo. Relazioni tra enunciati del tipo *Causa, Concessione, Giustificazione, Esemplificazione,* normali in testi ad esempio argomentativi, non trovano posto se non saltuariamente, e allora in funzione essenzialmente retorica, nelle descrizioni – le quali appaiono 'semplici' dunque anche da un punto di vista logico, relazionale. A ciò si aggiunge, nella concezione certo ingenua ma dura a scomparire di descrizione come mimesi, l'idea di una sostanziale omologia tra l'entità linguistica e il suo corrispettivo, la sua copia extralinguistica : una rassicurante omologia che regge e quindi facilita l'attività del descrivere. La concezione qui presentata e magari un po' caricaturata è riducibile in ultima istanza all'idea di 'tradurre', riprodurre con mezzi linguistici una entità non linguistica in certo modo concreta, un'entità solida, stabile, non sfuggente e astratta come un processo o un'azione. Da una parte vi è l'oggetto descrittivo o una sua immagine mentale, dall'altra il suo omòlogo linguistico. La descrizione come azione linguistica consiste nel costruire il secondo come immagine del primo.

Una prima coppia (*a*) e (*b*) di passi letterari novecenteschi illustra bene il quadro relativamente idillico che della descrizione, seguendo il punto di vista della semplicità, siamo venuti tracciando. L'oggetto descrittivo è in essi lo stesso : la « piazza di Donnafugata » del *Gattopardo*[340] :

> (*a*) Ritornato a palazzo, il Principe salì nella libreria che era proprio al centro della facciata sotto all'orologio ed al parafulmine. Dal grande balcone chiuso contro l'afa[341] si vedeva la piazza di Donnafugata : vasta, ombreggiata dai platani polverosi. Le case di fronte ostentavano alcune facciate disegnate con brio da un architetto paesano, rustici mostri in pietra tenera, levigati dagli anni, sostenevano contorcendosi i balconcini troppo piccoli ; altre case, fra cui quella

[340] Di Lampedusa (Tomasi G.), 1974[7], « Il Gattopardo », in *Opere*, Milano, Feltrinelli (« Gli Astri »), pp. 102-3 e 103 rispettivamente.

[341] Sarà la finestra del balcone ad essere chiusa, come sembra accertare il passo successivo.

di don Calogero Sedàra, si ammantavano dietro pudiche facciatine Impero.

(*b*) Don Fabrizio passeggiava su e giù per l'immensa stanza : ogni tanto al passaggio gettava un'occhiata sulla piazza : su una delle panchine da lui stesso donate al comune tre vecchietti si arrostivano al sole ; quattro muli erano attaccati ad un albero ; una diecina di monelli s'inseguivano gridando e brandendo spadoni di legno. Sotto l'infuriare del solleone lo spettacolo non poteva essere più paesano. Ad uno dei suoi passaggi davanti alla finestra, però, il suo sguardo fu attratto da una figura nettamente cittadina *ecc.*

Entrambi i passi si preoccupano nella loro fase preliminare di rendere plausibile la percezione di una porzione di realtà e la sua descrizione – un'esigenza volentieri disattesa per contro da scrittori di tecnica più moderna. Così, in (*a*) si ha la salita in una stanza sopraelevata del palazzo, affacciata sulla piazza, e un sottinteso « farsi al balcone (o alla sua finestra) e guardare », donde poi la percezione, segnalata dal verbo standard 'del vedere' ; in (*b*) vi è il passeggiare « per l'immensa stanza » e tratto tratto il « gettare un'occhiata » alla piazza sottostante.[342] Dopo di ciò comincia la descrizione vera e propria, aperta in entrambi i casi in modo canonico dalla designazione dell'oggetto descrittivo « la piazza » (in quanto oggetto sintattico, diretto o indiretto, dei verbi di percezione o di sguardo) ; e continuata analiticamente in entrambi i casi – i due punti segnalano la giustapposizione precisativa delle asserzioni – dalle rispettive liste di qualità e di parti.

Ma si veda più in dettaglio il caso di (*a*). Le proprietà di cui si era parlato in astratto nel punto *i*) sopra sono qui P_1 = « vasta », e P_2 = « ombreggiata dai platani polverosi ». Segue poi, in accordo con *ii*) sopra, una doppia introduzione

342 *v.* analogamente *ibid.*, p. 47 : « Aprì una delle finestre della torretta. Il paesaggio ostentava tutte le proprie bellezze. *Ecc.* ».

presupposizionale[343] di parti effettuata compattamente grazie ai due sintagmi nominali (« Le case di fronte », « alcune facciate ») di una frase F_1 che complessivamente ha la funzione di introdurre una predicazione sulle sotto-parti « alcune facciate » : le quali, appunto, sono « disegnate con brio da un architetto paesano ». A F_1 è giustapposta, separata da essa mediante una virgola, altra frase F_2 (« rustici mostri in pietra tenera, levigati dagli anni, sostenevano contorcendosi i balconi troppo piccoli »), che di nuovo introduce due volte delle sottoparti (il che dà la catena sineddochica *case* → *facciate* → {*mostri, balconi*}), di ognuna predicando una o più volte delle proprietà (« rustici », « in pietra tenera », « levigati dagli anni » ; « troppo piccolo » – la stessa designazione « mostri » è forse valutativa, veicolando cioè una proprietà percettiva). Si ritorna quindi, risalendo la catena sineddochica, all'altezza delle case (« altre case, fra cui quella di don Calogero Sedàra, si ammantavano dietro pudiche facciatine Impero ») per ripetere lo stesso procedimento di discesa sineddochica *case* → *facciate* e di predicazione (*v.* la suffissazione diminutiva *-in-* di *facciatine,* l'attributo *pudiche,* ecc.[344]). Analoga, ma invertita, è la struttura logica della descrizione nel passo (*b*), in cui la qualificazione complessiva occorre riassuntivamente alla fine.

Tutto ciò è magari pesante da raccontare a parole ma concettualmente di relativa semplicità.

1.2. Il punto di vista 'della complessità'

Il punto di vista della complessità della descrizione è simmetrico rispetto al precedente. Se prima la descrizione, secondo la sempreviva concezione naturalistica dei rapporti tra testo e realtà, era essenzialmente *mimesi,* per linguisti e teorici

---

343 Nel senso che si dà per scontato che un palazzo che si affaccia su una piazza abbia *case di fronte,* e che ovviamente tali case abbiano *facciate.*

344 Linguisticamente curioso, si osservi, è il costrutto *ammantarsi dietro,* che sembra esprimere l'equivalenza di *ammantarsi* e *nascondersi.*

della letteratura appare scontato che anche la più elementare delle descrizioni intrattiene col suo oggetto descrittivo un rapporto artificioso, molto mediato. Si pensi in primo luogo, semplicemente, e senza entrare in problematiche complesse sulla natura dei due diversi sistemi, quello della lingua e quello del mondo, alla questione dell'ordine, lineare ma anche gerarchico, degli enunciati entro la descrizione. Un testo narrativo ha in comune con la sequenza degli avvenimenti riferiti, malgrado tutte le acronie repertoriate dalla narratologia, almeno una proprietà di successione lineare : corrispondendosi da una parte sull'asse del tempo l'ordine degli eventi e dall'altra, nella linearità della progressione testuale, l'ordine delle frasi. Anche senza segnali avverbiali del tipo di *dopo, quindi,* ecc. (di cui i narratori sono solitamente e giustamente avari) il lettore deduce dalla successione lineare « $F_1 - F_2$ » di due frasi la successione temporale « $e_1 - e_2$ » degli eventi corrispondenti (a patto certo che essi siano rappresentati, nella morfologia verbale, perfettivamente). Così (*c*) e (*d*) descrivono due simmetriche situazioni temporali sulla base di due simmetriche situazioni spaziali nella linearità del testo :

(*c*) Le lanciò uno sguardo. Aprì la porta

(*d*) Aprì la porta. Le lanciò uno sguardo.

A rigore, occorrerebbe aggiungere che a stabilire l'ordine temporale dei due eventi e_1 ed e_2 interviene nella narrazione anche un'altra caratteristica differenziale : il fatto cioè che non vi sia, come invece sempre nella descrizione (*v.* sotto), un denominatore comune, un *frame,* di cui i due eventi possano essere considerati istanze, casi particolari dello stesso livello – perché altrimenti l'ordine temporale non è più vincolato all'ordine lineare. Nulla invece, nella descrizione, di questa per quanto rudimentale omologia tra stati di cose del mondo e proprietà testuali. Le successive frasi e proposizioni sono seriate e gerarchizzate nella descrizione in un modo che non ha nulla a che vedere con proprietà dell'oggetto descrittivo. Il loro modo d'organizzazione è piuttosto la risultante di determinate strategie percettive applicate all'oggetto descrittivo e di operazioni concettuali o logiche quali (assieme certo alla predicazione) la *Individuazione*, la *Selezione*, la *Particolarizzazione*, la *Precisazione*, e così via. Operazioni, queste, che alla stessa stregua delle strategie percettive non ineriscono all'oggetto descrittivo in sé. Anche le descrizioni della meno ispirata guida turistica sono costrutti molto mediati rispetto alla loro controparte materiale.

Ma anche fatta astrazione dalla questione dell'ordine e dell'assente omologia tra lingua e mondo descritto, vi sono altri aspetti della presunta naturalezza del descrivere che si rivelano ad una analisi più attenta come del tutto illusori. Prendiamo il caso, ad esempio, della produzione di un generico enunciato descrittivo. Se, come si era detto in § 1.1., si scompone (riduce) questo processo di produzione nelle tre fasi del :

i) selezionare una certa entità extralinguistica (un oggetto descrittivo) ;

ii) coglierne (o selezionare) una proprietà ;

iii) costruire una frase dichiarativa che nel suo soggetto sintattico nomini l'entità in questione e col predicato attribuisca al soggetto la proprietà scelta,

si perde di vista un fatto essenziale : il fatto che una qualunque descrizione linguistica presuppone in linea di principio, a prescindere da conoscenze testuali di tipo più elevato (su come può 'essere fatta', e come può essere variata, una descrizione), da una parte :

I) una conoscenza pratica, extralinguistica, dell'oggetto descrittivo ;

e dall'altra :

II) una sua conoscenza lessicale, terminologica, e in generale linguistica (come si possa parlare dell'oggetto descrittivo).

Descrivere richiede cioè, per chi si propone di rappresentare la realtà linguistica in modo non troppo superficiale, per chi intenda 'descriverla' e non solo vagamente accennarvi, una conoscenza pratica e teorica del reale più o meno approfondita, ma mai improvvisata[345]. Il descrivere si costruisce a partire dalla – o in parallelo alla – elaborazione concettuale di quella particolare porzione di realtà che è l'oggetto descrittivo.

Ma il descrivere richiede anche una conoscenza specificamente linguistica degli oggetti, la quale implica, almeno in parte, la loro conoscenza fattuale, ma non è implicata da questa – un fatto che non è ignorato anche dalla manualistica scolastica[346]. Già nell'elementare momento del 'nominare' il descrittore, per non trovarsi nell'ingrata situazione di ineffabilità linguistica del profano che volesse parlare di profumi[347], deve potersi fondare su un non elementare repertorio terminologico di 'nomi per le cose', che non è scontato, che va progressivamente appreso – magari con l'aiuto ingenuo dei cosiddetti *describer's dictionaries*[348] (una reincarnazione delle *Elegantiae* umanistiche) o meglio dei

---

345 Sulla quale i grandi descrittori si sono mostrati estremamente esigenti. Torna in mente certa osservazione del Picasso di *Guernica* sul numero di denti del cavallo, conoscenza fattuale che a suo parere sarebbe indispensabile (e non credo abbia torto) ad ogni buon pittore.

346 Sono aspetti comunque non ignorati dalla manualistica scolastica ; così nella proposta d'un esercizio – « Aiutandovi con il vocabolario o con un libro di scienze scrivete quattro o cinque frasi in cui descrivete i seguenti soggetti : le vitamine, il termometro, la bussola. Cercate di riprodurre nello scrivere lo schema che vi è stato indicato [= • *cosa....* ; • *come...* ; • *dove...* ; • *in che forma...*], sostituendo alle ultime voci altre più adatte come ad esempio « a che cosa serve » oppure « come si usa », ecc. – compaiono significativamente i due strumenti complementari del vocabolario (per il lessico descrittivo) e del « libro di scienze » (per la conoscenza del reale).

347 Si vedano sull'argomento le osservazioni di P. Vroon, A. van Amerongen e H. de Vries, *Psychologie der Düfte*, Zurigo, Kreuz, 1996, p. 142.

348 Penso ad esempio al volume omonimo di Grambs (David), 1993, *The Describer's Dictionary. A Treasury of Terms and Literary Quotations for Readers and Writers*, New York e Londra, W.W. Norton & C.

pictorial dictionaries[349], se non più seriamente della manualistica tecnica e scientifica con tutta la sua ricchezza e precisione analitica e terminologica.

Questi due primi tipi di competenza-conoscenza necessaria – quella pratica (I) e quella linguistica (II) – dell'oggetto descrittivo sono responsabili, se ci si colloca sul versante della interpretazione (quello di chi ad esempio legge una descrizione) e nell'ambito pragmatico del 'far vedere', di una sorta di paradosso descrittivo : che cioè si può descrivere efficacemente solo per un destinatario che già in una certa misura abbia buona cognizione degli oggetti, dei nomi da dare alle loro parti, delle proprietà rispettive. Di scarsa utilità riescono al lettore ignaro i dettagliati e tecnici sviluppi descrittivi delle guide turistiche ; si osservi ad esempio nella citazione qui sotto relativa al Palazzo Ducale di Venezia il progressivo 'chiudersi' lessicale del testo appena si abbandonano le generalità dell'apertura – e ciò anche se il grado di tecnicità della sezione centrale non è poi particolarmente elevato :

> *Esterno.* L'originalità della concezione architettonica, la finezza delle parti ornamentali e l'armonia cromatica dei materiali impiegati si accordano stupendamente con il meraviglioso ambiente della città e della laguna, così da conferire al palazzo Ducale un aspetto quasi irreale, profondamente suggestivo. Le due facciate principali, che si distendono uguali sul Molo e sulla Piazzetta formando angolo retto, sono divise in 3 ordini : un porticato terreno ad ampie arcate a sesto acuto, su 36 basse e robuste colonne (interrate per c. 40 cm nel suolo) ; un loggiato aperto ad archi inflessi e formanti trafori a quadrifoglio, doppi di quelli del portico e sorretti da 71 snelle colonne, tra le quali corre in basso la balaustrata ; una parte superiore liscia, costituita da un paramento di masselli di marmo bianchi, rossi e grigi, formanti losanghe, e nella quale si aprono ampie finestre ogivali e occhi rotondi a quadrilobo. In alto

[349] *V.* ad es. il *DUDEN Inglese-Italiano. Dizionario illustrato inglese e italiano*, Clarendon Press, Oxford, 1995, con « 378 tavole in bianco e nero e 6 a colori ».

> si staglia contro il cielo una caratteristica merlatura veneto-bizantina ad antefisse mistilinee alternate a sottili pinnacoli. Il distacco dalla parte inferiore, in cui il bianco della pietra spicca profilandosi come trina sul fondo d'ombra dei vuoti del porticato e della galleria, alla più compatta struttura di quella sottostante, si attenua attraverso l'aereo traforo dei tondi quadrilobati che si innestano tra gli archi carenati e contribuiscono a dare slancio alla costruzione. *Ecc.*[350].

E dal canto loro praticamente inservibili risultano, proprio per l'ostacolo terminologico, le guide turistiche 'serie' in una lingua straniera che non si possegga a fondo ; si legga per credere :

> The best preserved street in the district [= the Charlton-King-Vandam Historic District] is Charlton St. with the longest unbroken row of Federal houses in the city (N. side). Many are in pristine condition, retaining original details and features: brick facades laid in Flemish bond ; doorway and window trim of modest brownstone, granite, or more refined marble; high stoops guarded by wrought-iron railings sometimes with hollow cage newel posts; elegant paneled front doors surrounded by leaded top – and sidelights; steep roofs pierced by dormers. The rooflines were originally joined by a continuous cornice[351].

Conoscere la realtà, dunque, e conoscere come la lingua nomina le entità e parla delle loro proprietà, ancora una volta dando loro dei 'nomi' mediante i verbi, gli aggettivi e le altre categorie linguistiche che possono venire usate predicativamente.

Taccio poi delle competenze testuali non scontate richieste dalla costruzione di una unità testuale descrittiva – competenze che sono in parte specifiche proprio alla descrizione, e quindi non trasferibili da quelle ad altre unita : i modi per aprire e chiudere una descrizione, le strategie per dare una parvenza di

---

[350] Guida d'Italia : *Venezia e dintorni,* Milano, Touring Club Italiano, 1969[2], pp. 121-122.

[351] *Blue Guide « New York »*, 1991[2], pp. 244-245.

ordine alla serie di enunciati giustapposti, o una struttura perspicua, e magari (per certi scopi descrittivi) innovativa e invitante, al tutto. E a ciò si aggiunge, forse più in àmbito letterario, ma non solo (perché stereotipi di visione, di lingua, di costruzione reggono ogni nostra produzione testuale...), la problematica delle codificazioni, delle convenzioni che incanalano, o distorcono, o impediscono una ipotetica percezione spontanea, non mediata, dell'oggetto :

> Il verde della natura è una cosa, il verde in letteratura è un'altra cosa. Una naturale antipatia, si direbbe, regna fra la natura e le belle lettere ; mettetele a confronto, e si prenderanno per i capelli.

È una grande scrittrice novecentesca, Virginia Woolf ad affermarlo, nelle prime pagine del suo esoterico *Orlando,* là dove il / la protagonista, « immerso in una descrizione della natura », cerca con lo sguardo

> l'oggetto medesimo, il quale era per l'appunto un cespuglio d'alloro che cresceva sotto la finestra. S'intende che, dopo di ciò, non riprese a scrivere. [...] La sfumatura di verde che Orlando vide sciupava la sua rima e mandava a monte il suo metro[352].

Direi tuttavia, concludendo, che le difficoltà maggiori poste dalla descrizione sono conseguenza diretta della sua connaturata 'indigenza logica', del suo limitarsi, a differenza delle altre forme testuali, ad una gamma molto ristretta di relazioni semantiche tra le proposizioni componenti : una povertà di mezzi a volte accettata e magari esibita (come in certi passi 'francescani' di D'Annunzio narratore[353]), ma che di regola imbarazza il descrittore, costringendolo ad escogitare qui procedimenti di variazione e di complicazione di cui parleremo più avanti.

---

352 Woolf (Virginia), 1978, *Romanzi e altro,* a c. di S. Perosa, Milano, Mondadori (« I Meridiani »), p. 458.

353 Analizzeremo in dettaglio uno di questi passi in § 2.5.

2. CARATTERISTICHE GENERALI DELLA DESCRIZIONE

Dopo l'iniziale tentativo di bilancio tra i poli della semplicità / naturalezza e della complicazione / artificio, nel corso del quale sono apparse alcune proprietà caratteristiche dei costrutti descrittivi, vogliamo ora cercare di delineare sistematicamente, entro una sorta di lessico descrittivo con brevi sviluppi di commento e di illustrazione, le principali proprietà definitorie o differenziali intrinseche[354] della descrizione. Ci riferiremo quasi esclusivamente a descrizioni (paesaggistiche) tipiche, o come si usa dire prototipiche, lasciando da parte realizzazioni testuali di frontiera quali la descrizione di più azioni (parzialmente) simultanee e in qualche modo unitarie, cioè il *tableau* o quadro ; o, ancora più ai margini, la descrizione di azioni singole, marcata come tale da un forte incremento di analiticità rispetto al cotesto. E ricorreremo indifferentemente a descrizioni di consumo e a descrizioni letterarie « di qualità », con netta preferenza per quest'ultime, decisamente più propizie, per tante ovvie ragioni, ad analisi approfondite.

2.1. UNITA

La descrizione è una *unità,* mai una congerie d'elementi dispersi. Perché una porzione di testo appaia come descrizione occorre che grazie a qualche segnale esterno (ad esempio la paragrafazione, o altri segnali di inizio e di fine) e grazie soprattutto a proprietà intrinseche (la ricostruibilità di un denominatore comune, la 'continuità' semantica tra gli enunciati componenti, ecc.) sia possibile pensare la suddetta porzione come un tutto, inquadrato in una sua *cornice* delimitante (il termine tecnico vulgato è *frame*). Essenziale per

[354] Non ci si occuperà quindi delle proprietà funzionali, pragmatiche, che del resto sono tradizionalmente quelle più studiate.

l'unità, tra i fattori evocati, è la possibilità di ricostruire un *denominatore comune* tra gli enunciati componenti, un *tema descrittivo* che colleghi i particolari altrimenti irrelati, che assicuri una visione unitaria. La descrizione può allora essere intesa come precisazione analitica di tale denominatore. In che rapporto stiano l'oggetto descrittivo O_{ds} di cui si è parlato sopra con questo denominatore non è del tutto evidente. Si può comunque ritenere che la nozione di oggetto descrittivo è semantico-referenziale, mentre quella di 'tema descrittivo' è testuale, cioè contiene in più l'idea dei rapporti tra l'oggetto descrittivo e le sue parti : l'idea in altri termini di un reticolo di relazioni tra le proposizioni componenti la descrizione e l'oggetto descrittivo. Dalla caratteristica di unità discendono inoltre condizioni (che qui non si possono esaminare) sulla disseminazione testuale della descrizione, sul suo essere dispersa entro il testo.

2.2. Pluralita

È una caratteristica complementare della precedente : il carattere unitario di un passo descrittivo in un testo presuppone la sua pluralità, il suo essere composto di più enunciati, e in particolare di più predicazioni, eventualmente, al limite, condensate in una singola struttura sintattica in quanto attributi. Questo presupposto o controparte dell'*unità* risponde del resto all'intuizione che la descrizione è una compagine, un (sotto)testo, e non una semplice attribuzione « … è P » di una proprietà P ad un oggetto descrittivo O_{ds}.

2.3. Schematicità

Rispetto all'insieme totale delle proprietà possedute o rinvenibili nell'oggetto descrittivo, la descrizione è sempre un *costrutto schematico*, che nomina selettivamente solo un minimo percento delle tante predicazioni possibili. Al percento evocato incombe il compito di evocare il resto taciuto ; così che una descrizione è sempre in certo modo allusiva, sia che essa trascelga un particolare tra i molti, sia che essi si limiti ad un quadro d'assieme. Direi anzi (ma qui si entra nel campo minato delle poetiche e del gusto) che proprio l'*allusività* è una delle principali potenzialità poetiche del descrivere – così come, a mio parere, del narrare. Qui sotto, senza commento – ma si presti attenzione a tutto quello che è taciuto, all'emergere sull'evocabile di una rada filigrana misteriosa di dettagli minimi : una *pianticella* (ma quale ?), *calcinaccio di colombi* (?), la *fogliolina superstite*, i *fili di ragnatela*, ecc. – due splendidi esempi di schematicità allusiva[355] :

> Egli andò a guardare in cucina la pianticella posta sul davanzale, alcuni minuscoli sterpi irti sulla poca terra invasa da calcinaccio di colombi e pietruzze : pure, verso la cima, una fogliolina superstite era verde ancora. Fili di ragnatela brillavano al sole come capelli. Quando fu di ritorno la conversazione languiva.
> … l'evento, l'evento [= la morte] che mai è uguale a se stesso. Per lei fu tre sospiri. La strada era lavata di fresco ; si aprivano appena le botteghe : l'orefice, carponi nella vetrina, vi disponeva gli ori e i grandi piatti cesellati. Egli la ritrovò composta. Era stata fragile, minima, umile per tutta la vita ; ormai, con il viso atteggiato a pensiero eterno, dispiegava una incommensurabile maestà.

Il grado di schematicità è grandemente variabile, e non necessariamente inversamente proporzionale alla visibilità dell'oggetto descrittivo. Al di sotto di un certo grado di schematicità, al crescere dei dettagli, la descrizione tende a divenire, proprio perché troppo analitica, opaca, scarsamente visualizzabile, l'accumulo dei dati entro la memoria a breve termine pregiudicando la costruzione di un'adeguata immagine mentale. Un esempio (tra i molti) di faticosa leggibilità topografica malgrado i numerosi 'ancoraggi' spaziali (« … fronteggia il mezzogiorno con l'ala sinistra e con la destra il

---

[355] Tratti da Pizzuto (Antonio), 1959, *Signorina Rosina*, Milano, Lerici (« Collana Narratori », 1), pp. 20-21 e 21 rispettivamente.

ponente », « In faccia, a cinquanta passi », « L'ala sinistra guarda il lago aperto, montagne in faccia, montagne a levante ; a ponente, verso la pianura... », ecc.), o forse proprio per la loro profusione, è offerto dalla pagina di *Malombra*[356] in cui Fogazzaro descrive con dovizia di particolare la villa[357] – il *Palazzo* – in cui è ambientata l'azione del romanzo :

> Il *Palazzo* sta sull'entrata di un recondito seno dove il piccolo lago di... corre ad appiattarsi fra due coste boscose. Costrutto nello stile del secolo XVII, fronteggia il mezzogiorno con l'ala sinistra e con la destra il ponente. Una loggia di cinque arcate verso il lago e tre verso il monte, corre obliqua tra le due ali, congiungendone i primi piani sopra un enorme macigno nero che si protende sull'acqua. Morso dallo scalpello del giardiniere, quel masso ha dovuto accogliere qua e là del terriccio, dove portulache, verbene e petunie ridono alla spensierata. L'ala dritta dov'è la biblioteca, edificata forse per dimora d'estate, si specchia gravemente nelle acque della cala. In faccia, a cinquanta passi, ha una solitaria costa vestita di nocciuoli e di carpini ; a destra un vallone erboso dove il lago muore ; vigneti e cipressi le salgono dietro il tetto a spiar nell'acqua verde, tanto limpida che quando d'estate, sul mezzogiorno, vi entra il sole, lo sguardo vi discende lungo tratto per le grandi alghe immobili e vede giù nel profondo qualche rara ombra di pesce passar lentamente sui sassi giallastri.
>
> L'ala sinistra guarda il lago aperto, montagne in faccia, montagne a levante ; a ponente, verso la pianura, uno sfondo di colline, di prati rigati di pioppe cui si curva un arco di cielo. Tra levante e mezzogiorno il lago gira dietro un promontorio, un alto scoglio rossastro, a nascondervi la sua fine oscura [...]. Da tutte l'altre parti si spiegano i manti delle montagne boscose sino alla cime, macchiate da cenerognole scoscenditure di scogli, da ombre di valloni, da praticelli di smeraldo. A levante il lago mette capo a una

---

[356] 1973 [1881[1]], « I grandi libri », Milano, Garzanti, pp. 23-26.

[357] Modellata sulla cosiddetta *Pliniana* di Torno, sul lago di Como, anche se il lago è piuttosto il letterariamente ben frequentato (Stendhal, Nievo, Gadda, ecc.) Segrino nell'Alta Brianza.

> valle ; i monti vi ascendono a scaglioni verso l'Alpe dei Fiori, lontane rocce dentate che tagliano il cielo. Dentro quella valle, a breve distanza del lago, si vede la chiesa di un paesello ; e anche dal lato opposto, sul ciglio della costa che scende a morir nelle praterie, biancheggia un campanile fra i noci.

2.4. Predicatività

La descrizione non è riducibile ad un elenco, ad una enumerazione o accumulazione[358] di parti, cioè di (nomi di) oggetti. Essa non si limita ad elencare sotto-entità dell'oggetto descrittivo, ma ha essenzialmente *carattere predicativo*. Il proprio della descrizione consiste cioè nel predicare proprietà dell'oggetto descrittivo e delle sue parti.

Converrà fermarsi un istante su questa affermazione, che non è del tutto pacifica. Sembra anzi a prima vista che nella trattatistica sulla descrizione la regola sia costituita da affermazioni di segno contrario : l'enumerazione appare – si legge in uno studio (del resto ottimo)[359] –

> come una sorta di grado zero della procedura descrittiva. La linearizzazione più semplice di un progetto descrittivo consiste nell'enumerare le parti e / o le proprietà di un tutto sotto forma di una semplice lista. [...] L'enumerazione (di parti, di proprietà o di azioni) è certamente una delle più elementari operazioni descrittive.

Il fatto è che si confondono in questo modo due concezioni diverse di enumerazione o accumulo : da una parte, 'enumerazione' in quanto tecnica di concatenazione di enunciati – indipendentemente dalla loro natura – entro la

---

[358] I due termini hanno nell'uso retorico una intersezione commune : *v.* Dupriez (Bernard), 1984, « *Gradus* ». *Les procédés littéraires (Dictionnaire),* Parigi, Union Générale d'Éditions (« *10 / 18* », n° 1370).

[359] Il manuale cit. di Adam (Jean-Michel), *La description,* pp. 94-95. Mia la traduzione.

descrizione (certo una tecnica povera, di pura giustapposizione, che rinuncia ad ogni possibile elaborazione : un vero grado zero) ; dall'altra 'enumerazione' in quanto nudo elenco di parti, di sotto-oggetti dunque, sprovvisti di ogni qualificazione che non sia inerente alla designazione. Vorrei sostenere che l'enumerazione nel primo senso, quando gli enunciati giustapposti siano (anche) predicativi, è una descrizione, anche se elementare ; ma che la descrizione nel secondo senso è una semplice *nominazione,* non una descrizione. Vero è tuttavia che una nominazione estremamente analitica (ed estesa) di oggetti si approssima al dominio della descrizione ; e che d'altra parte la stessa semplice nominazione mediante sintagmi nominali può in corrispondenza ad una opportuna scelta di sostantivi 'visualizzanti' assumere il valore evocativo di una descrizione. Così è nel panorama 'geografico' (d'un grande scrittore[360]) che segue, in cui a rigore alternano minipredicazioni (ad esempio affidate a singoli aggettivi : « colline *rotonde* ») e sostantivi plurali 'nudi' (*burroni, anfratti, rupi* ecc.) ma fortemente visivi :

> … la vista s'era dilatata : leghe e leghe una dopo l'altra, da tutte le parti : colline rotonde, a cercine[361], accerchiate da strisce di sentieri e serpentine di tratturi ; convalli gonfie di bosco muschioso ; cotiledoni di colli verdi-crisoberillo ; casupole di paese, chiesette candide ; precipizi rossi, letti pietrosi di torrenti ; cime azzurre a segnare una rosa dei venti all'orizzonte ; e ancora rocce, spianate, burroni, anfratti, rupi e pantani, pianure e altopiani.

---

360 Rosa (João Guimarães), 1994, *Sagarana,* traduzione dal protoghese-brasiliano di S. La Regina ; a cura e con una postfazione di L. Stegagno Picchio, Milano, Feltrinelli (« I Narratori »), p. 152.

361 Credo sia pertinente qui in *a cercine* « a modo di cercine » la prima accezione registrata *s.v.* dal *DISC* : « Corona di tessuto arrotolato da mettere in capo per trasportare ceste, brocche ecc. ; copricapo femminile in tessuto, a forma di anello ; pettinatura fatta di trecce avvolte intorno al capo ». Sotto, *verdi-crisoberillo* vale « di colore verde-giallo ».

– un frammento superbo, anche in veste tradotta, a prova, ce ne fosse bisogno, che il descrivere non è un'arte minore del narrare.

2.5. Staticità

Come viene generalmente riconosciuto, la descrizione possiede un intrinseco carattere statico : « indugiando su certi oggetti e certi esseri colti nella loro simultaneità, e anzi considerando i processi stessi come spettacoli », essa « sembra sospendere il corso del tempo e contribuisce a dilatare il racconto nello spazio »[362]. Questa inerente staticità si manifesta in àmbiti e in modi diversi, di cui ricordiamo rapidamente i principali.

2.5.1. *Staticità come arresto del tempo rappresentato*

All'interno di un testo narrativo o comunque progressivo, in cui la successione lineare tende come si è detto sopra a riprodurre la successione temporale, la descrizione costituisce un arresto, una specie di 'fermata' un po' voyeuristica[363], 'per vedere'. E mentre l'unità descrittiva si sviluppa progredendo di riga in riga, il tempo rappresentato permane immutato, immobile.

---

362 Genette (Gérard), 1972, *Frontiere del racconto*, in Id., *Figure II. La parola letteraria*, Torino, Einaudi (« La Ricerca Letteraria – Serie critica » 14), p. 33.

363 Quasi nel senso del licenzioso racconto omonimo, *The Fermata*, Londra, Vintage, 1994, di N. Baker. Ma l'idea di 'fessure', di 'crepe' nel flusso temporale, era già stata rilevata e sottolineata da R.M. Rilke (entro una lettera a Balthus bambino del febbraio 1921) in un racconto dello scrittore inglese A. Blackwood : a mezzanotte, nell'istante del passaggio tra un giorno e l'altro, si produrrebbe nel tempo una faglia, una sottilissima fessura, in cui qualcuno di molto agile potrebbe, volendo, riuscire a scivolare, per accedere ad un reame dove il tempo è meravigliosamente sospeso...

2.5.2. *STATICITÀ COME SIMULTANEITÀ DELLE PREDICAZIONI*

Le proprietà espresse dalle successive predicazioni di una descrizione sono sistematicamente intese in assenza di segnali espliciti del contrario come simultanee. Non vi è di regola movimento, dinamicità temporale entro una descrizione. Il tempo è sospeso. Il che non esclude naturalmente infrazioni puntuali all'interno do una stessa descrizione : così la descrizione d'apertura dei *Promessi sposi* presenta una repentina escursione, a proposito del *borgo* di Lecco, tra passato degli eventi narrati, presente della narrazione e futuro ; analogamente, in un autore manzoniano come C. E. Gadda, passato e futuro sono spesso compresenti in uno stesso movimento descrittivo del presente[364].

2.5.3. *STATICITÀ COME ATEMPORALITÀ DELLE PREDICAZIONI*

Le predicazioni di una unità descrittiva, siano esse al passato, al presente o al futuro, si presentano come in piccolo 'generalmente valide', non delimitate nel tempo – anche se poi, di fatto, lo sono. La loro validità si estende in certo senso prima

---

364 O magari, in particolare, si focalizza nel descrivere un momento di transizione tra passato e futuro. Ad esempio, nel *Pasticciaccio*, i « platani e i rami » di via Merulana sono « **ancora scheletriti nel marzo, [ma] con di già un languore in pelle in pelle, tuttavia, una specie de prurito [primaverile]** per entro la chiarità lieta e stradale della lor còrtica, fatta di scaglie e di pezze » ; e altrove nello stesso romanzo una sciarpa data da tingere è vista in bilico tra l'antico e il nuovo colore : « verde, un giorno, sì, verde-nero, a puntini : ora non più verde, ma non ancora del colore nuovo, che in idea doveva essere un marroncello, perché a perfezionare il marroncello si richiedeva una seconda immersione » (C.E. Gadda, *Quer p*a**sticciaccio brutto de via Merulana, in Romanzi e racconti, vol. II, a c. di G. Pinotti, D. Isella e R. Rodondi, Milano, Garzanti (« I Libri della Spiga »), 1989, rispettivamente p. 264 e p. 143).**

e dopo il momento o segmento temporale in cui a rigore esse sussistono, e la stessa questione della loro delimitazione temporale appare anzi non pertinente.

2.5.4. Staticità come statività delle predicazioni

Le predicazioni descrittive sono statiche, nel senso che esse sono costruite su verbi o aggettivi semanticamente in senso tecnico 'stativi', che ad esempio non ammettono perifrasi progressiva « *stare* + gerundio », che non possono reggere una finale, ecc. ; oppure su verbi e aggettivi di per sé a rigore non stativi, ma sottoposti (nella descrizione stessa) ad un trattamento stativizzante che ne fa metafore 'spente', catacresi, insomma, del movimento, dell'azione, del processo. Un esempio di queste predicazioni derivatamente stative è il verbo di processo-movimento *correre* (come in *L'acqua correva tra due argini erbosi*) o di azione-movimento (come in *Corriamo fin là ?* o in *Ha corso un'ora*[365]), utilizzato a descrivere una proprietà spaziale permanente – cioè una qualità – come in *Un filare di pioppi correva lungo il sentiero.*

2.5.5. Staticità come imperfettività delle predicazioni

Ogni volta che la distinzione tra perfettività e imperfettività è disponibile nella morfologia verbale, la descrizione richiede l'imperfettività delle predicazioni (*Nel giardino dei vicini c'era una grande piscina,* dunque, e non *Nel giardino ci fu una grande*

[365] Si noti nel primo caso la parafrasabilità con *fare una corsa* (*Facciamo una corsa fin là*), problematica nel secondo caso (??*Ha fatto una corsa un'ora*), a meno di modificare in vario modo l'indicazione di durata ((?)*Ha fatto una corsa per un'ora,* o meglio *Ha fatto una corsa di un'ora*), ma comunque assente per i processi-movimenti (se non con intenti umoristici : *L'acqua faceva una corsa tra due argini erbosi,* e cioè ritornando ad una azione) e del tutto esclusa dagli impieghi catacretici delle descrizioni : si confrontino *Un filare di pioppi correva lungo il sentiero* e *Un filare di pioppi faceva una corsa lungo il sentiero.*

piscina) [366], o comunque la loro aspettualità non perfettiva. L'imperfettività descrittiva va intesa non nel senso progressivo grosso modo parafrasabile con *stava* + gerundio[367]), dato che manca una caratteristica essenziale della progressività, l'« esistenza di un istante di focalizzazione, in cui il processo viene osservato nel pieno corso del suo svolgimento »[368]; e nemmeno nel senso abituale o attitudinale di « esser solito », o di « disponibilità a » (fanno di nuovo difetto due caratteristiche essenziali della lettura abituale : da un parte la delimitazione degli stati di cose necessaria al loro ricorrere, e dall'altra la potenziale agentività dei soggetti necessari alla disponibilità, alla 'tendenza a'. Piuttosto, l'imperfettività va intesa nel senso dell'aspetto continuo[369], e in particolare di quella variante durativa dell'aspetto continuo che tende ad essere la norma con gli stativi permanenti. Ricapitolando, dunque, questo ulteriore

---

366 Il rigore di questo principio sembra tuttavia richiedere qualche attenuazione, quando la presenza del perfetto sia favorita da una sfumatura di risultatività. È così ad esempio nel frammento seguente : « *Fu* una casa bianca, calce e legno, ridente, anzi occhieggiante [...] tra il verde e i pochi sassi de' d'intorni ; e una quantità enorme di lucertole, bisce e ramarri ci bazzicava d'intorno, scodinzolando fra il terrore delle donne. Ma anche loro son figli di Dio. | In casa non *ci fu* bagno : in una loggia venne collocato un caminetto, che non fu mai acceso e credo mai non sarà ; nel sotterraneo una stufa 'brianzuola' [...]. | La cucina *fu enorme* : con l'imbuto e il setaccio ; con delle pentole e paioli che ci volevan due a tirarli giù ; *ecc.* » (C.E. Gadda, *Villa in Brianza,* « I Quaderni dell'Ingegnere » I (2001), pp. 18-19). I paragrafi sulla progettazione e costruzione della Villa che precedono il passo citato fanno in effetti sì che proprietà di per sé durative possano essere descritte nel loro instaurarsi, con un *fu* perfettivo equivalente quindi a *riuscì*.

367 Parafrasi del resto rigorosamente esclusa, tranne al solito impieghi retorici, per le predicazioni descrittive : vedi **Un filare di pioppi stava correndo lungo la strada.*

368 Bertinetto (Pier Marco), 1991, nel capitolo sul Verbo della *Grande grammatica di consultazione,* vol. II, Bologna, Il Mulino, p. 42.

369 *v.* ancora Bertinetto (Pier Marco), *op. cit.*, pp. 49-53.

àmbito di staticità delle predicazioni descrittive consiste nel privilegiare un aspetto imperfettivo continuo durativo.

2.5.6. *Staticità: una illustrazione*

Ad illustrare i diversi aspetti della staticità propri ai costrutti descrittivi ci serviremo di un passo dannunziano del *Trionfo della morte*[370], al cui centro sta la descrizione realistico-simbolica di un *orto*, l'orto della casa, paterna / materna, dell'infanzia del protagonista. La sua percezione visiva è preparata, nel modo più classico, da una battuta di dialogo al presente (un invito a visitare, a 'vedere'), e dal resoconto al passato remoto dell'azione che ne consegue :

> – Perché non scendiamo nell'orto ?
> La madre rimase coi fidanzati. Giorgio e Cristina, col bimbo taciturno, scesero.
> Camminarono un tratto l'uno accanto all'altra, in silenzio. Giorgio aveva messo il suo braccio sotto il braccio della sorella, come soleva con Ippolita.
> – Povero orto, nell'abbandono ! – mormorò la sorella, soffermandosi. – Ti ricordi, quando eravamo piccoli, tutti i nostri giuochi ? [...]
> *L'orto giaceva metà al sole, metà all'ombra, circondato da un muro su cui scintillavano frantumi di vetro infissi nella calce. Una pergola correva lungo un lato. Lungo un altro lato, a distanze eguali, sorgevano certi cipressetti alti, sottili, diritti come candele, con una misera chioma al sommo del fusto, oscura, quasi nera, in forma del ferro d'una picca. Dalla parte di mezzogiorno, su un lembo solatìo, prosperavano alcuni filari d'aranci, e di limoni, ora fioriti. Pel resto del terreno erano sparsi rosai, piante di lilla, ciuffi d'erbe aromatiche. Si vedevano ancóra qua e là certe piccole siepi di mirto, a disegno, che avevano orlato aiuole ora distrutte. In un angolo, era un buon ciliegio. Nel mezzo era una vasca rotonda, piena d'un'acqua cupa ove le borraccine verdeggiavano.*

---

370 In *Prose di romanzi*, vol. I, a c. di A. Andreoli, Milano, Mondadori (« I Meridiani »), 1988, pp. 722-723.

– Ma ti ricordi – diceva Cristina – quando cadesti nella vasca, che ti riprese il povero zio Demetrio ? Che spavento, quel giorno ! Fu un miracolo se ti riprese vivo[371].

La descrizione si presenta qui come un blocco graficamente omogeneo e unitario : il capoverso che si posto in rilievo col corsivo, inquadrato tra enunciati narrativi al passato remoto (*v.* le forme verbali *rimase* e *scesero*) o all'imperfetto (*v.* alla fine del passo il *diceva* con valore continuo, che sospende nel tempo una battuta gravida di anticipazioni : la quasi-*death by water* del protagonista bambino). Parallelamente al progredire testuale della descrizione, progrediranno senza dubbio anche gli atti : fratello e sorella saranno giunti al centro dell'orto, presso la malfatata vasca « piena d'un'acqua cupa ». Ma di ciò che eventualmente possa accadere la descrizione fa del tutto astrazione : essa per quanto estesa nel tempo testuale è senza durata narrativa e non sarebbe incongruo dopo il suo chiudersi ritrovare ferma ad un identico stadio di sviluppo (come qui però non è) l'azione che si era lasciata sospesa al suo inizio. Inoltre, le predicazioni componenti sono tutte valide simultaneamente in un determinato intervallo del passato (passato rispetto al momento della scrittura) : tutte, tranne una eccezione in cui il sistematico imperfetto si muta nel trapassato prossimo di un tempo anteriore (« che avevano orlato aiuole »). L'intervallo di validità delle predicazioni è certo variabile, andando dalla quasi puntualità di « giaceva metà al sole, metà all'ombra » o ancora più di *brillavano* alla durata lunga di « Una pergola correva lungo un lato ». Ma l'aggiustamento relativo è inavvertibile al lettore, se questi non riflette sulle proprietà materiali delle predicazioni, o se un segnale di restrizione

371 La curatrice dell'edizione citata annota che « Quest'orto richiama quello adiacente al convento di Francavilla spesso menzionato nelle lettere a Barbara. *Cfr.* per esempio : 'Dall'orto sale il profumo delle zagare e delle rose, che mi fa languire' (6 maggio 1891) », e rimanda per *borraccine* alla definizione del Tommaseo-Bellini : « è nome che si dà in generale a tutti i muschi che nascono sulle radici degli alberi, su i marmi e su le mura umide ».

dell'intervallo di validità – quale è la prima occorrenza di *ora* in « Dalla parte di mezzogiorno, su un lembo solatìo, prosperavano alcuni filari d'aranci, e di limoni, *ora* fioriti » – non impone l'aggiustamento : una restrizione-focalizzazione al presente immediato. Ancora, le predicazioni – imperfettive come si è già detto, e più precisamente continue durative – sono statiche, sono 'non-azioni' o 'non-processi' : locazioni, stati, qualità, e così via. Esse predicazioni anzi si riducono a volte, accantonata la finzione del movimento immobile (*correvano*, *sorgevano*), alla mera esistenzialità : « era un buon ciliegio », « era una vasca rotonda », o a sue varianti debolmente qualificate : « erano sparse » (= « c'erano qui e là »), o alla percezione della esistenza : « Si vedevano… ».

Molti dei procedimenti visti si ritrovano – come potrebbe essere altrimenti ? – in tante altre descrizioni letterarie di orti o giardini chiusi, delimitati da precisi contorni. Si lascia al lettore, senza ulteriori commenti, l'esame dell'esempio qui sotto (in cui i personaggi sono ancora fratello e sorella – ma molti, con le innegabili differenze, sono in generale i punti di contatto col passo dannunziano), tratto da un grande testo narrativo novecentesco[372] :

> Percorsero un corridoio lastricato di pietra, lasciandosi a destra la cucina, e da una porta a vetri, scendendo due scalini, uscirono in un bel giardino olezzante.
>
> – Ebbene ? – chiese il senatore.
>
> Fuori c'era quiete e tepore. Nell'aria della sera salivano i profumi delle aiuole ben tracciate, e la fontana cinta di alti giaggioli lilla, con un chioccolio placido, mandava il suo zampillo verso il cielo scuro dove incominciavano a brillare le prime stelle. In fondo una scaletta scoperta fiancheggiata da due obelischi portava a uno spiazzo inghiaiato, su cui sorgeva un padiglione di legno che con la tenda calata riparava alcune seggiole da giardino. A sinistra un muro di

[372] Mann (Thomas), 1992 (1952[1]), *I Buddenbrook. Decadenza di una famiglia*, trad. di A. Rho, Torino, Einaudi (« Tascabili. Classici moderni », 88), p. 390.

cinta separava il terreno dal giardino attiguo ; a destra invece s'alzava la parete di pietra della casa accanto, mascherata da un graticcio di legno che col tempo avrebbe dovuto coprirsi di piante rampicanti. Di fianco alla scala e allo spiazzo del padiglione cresceva qualche cespuglio di ribes e d'uva spina ; ma c'era un solo grande albero, un noce vecchio e nodoso vicino al muro di sinistra.

2.6. SINEDDOCHI & METONIMIE

La descrizione è per l'essenziale una compagine di relazioni concettuali sineddochiche e metonimiche. Essa è cioè costituita in maniera predominante in quanto architettura logica da relazioni 'generale-particolare' e da relazioni di contiguità, le quali congiuntamente organizzano in reticolo da una parte il lessico, dall'altra le proposizioni o blocchi di proposizioni.

Si riprenda ancora, per dare un esempio di questa fondamentale caratteristica, il passo descrittivo dannunziano riprodotto sopra. Dal lessema *orto* che nomina l'oggetto descrittivo (e che si immaginerà graficamente al centro di un diagramma a stella) si diramano più catene sineddochiche contenente-contenuto, schematizzabili come segue :

ORTO → VASCA → ACQUA → BORRACCINE,

ORTO → MURO → { CALCE ↔ FRANTUMI DI VETRO }

ORTO → { ROSAI ↔ PIANTE DI LILLA ↔ ERBE AROMATICHE }

ORTO →{ MURO ↔ PERGOLA }

e così via, i cui 'nodi' possono a loro volta essere costituiti da catene metonimiche di contiguità o prossimità come accade ad es. per :

ROSAI ↔ PIANTE DI LILLA ↔ ERBE AROMATICHE

Tra le proposizioni descrittive del passo, inoltre, sussistono relazioni di tipo grosso modo coordinativo, come tra « L'orto giaceva metà al sole, metà all'ombra » e « [L'orto era] circondato da un muro » (stesso soggetto, predicazioni dello stesso livello che vigono contemporaneamente), oppure tra « Una pergola correva lungo un lato » e « Lungo un altro lato, a distanze eguali, sorgevano certi cipressetti » (diverso soggetto, diverse predicazioni). Si potrà parlare (con etichette leggermente arbitrarie) nel primo caso di *relazione di elaborazione* e nel secondo di *relazione di aggiunta*; in entrambi i casi è ammessa sia la realizzazione giustappositiva sia quella coordinativa in senso stretto (*v.* « L'orto giaceva metà al sole, metà all'ombra ed era circondato da un muro »). In misura minore (e ciò perché questa è descrizione relativamente poco sviluppata nei dettagli), sussistono tra le proposizioni relazioni di tipo appositivo non sostituibili con una coordinazione, come quella tra « sorgevano certi cipressetti » e « [i cipressetti erano] alti | sottili » : il soggetto rimane costante e la seconda predicazione qualifica o precisa la prima. Si potrà qui parlare di *relazione di precisazione,* accanto a cui occorrerà in generale introdurre – non rappresentata nel passo – la simmetrica *relazione di generalizzazione.*

Riassumendo, e osservato che le relazioni coordinative sono naturalmente (in modo metaforico) metonimiche, mentre le appositive sono sineddochiche (particolarizzanti o generalizzanti), le proposizioni descrittive sono dunque collegate da particolari successioni di relazioni metonimiche o sineddochiche ; e precisamente da relazioni (col valore che ai termini si è appena dato) di *Elaborazione, Aggiunta, Precisazione, Generalizzazione.* Si è confrontati qui, conviene sottolineare, ad una delle caratteristiche realmente diagnostiche, perché idiosincratiche, dell'unità testuale 'descrizione'.

2.7. ORDINE AGGIUNTO : STRATEGIE COSTRUTTIVE

Le varie relazioni di inclusione e prossimità tra l'oggetto descrittivo e le sue parti, così come le relazioni coordinative e sineddochiche tra le successive proposizioni componenti non riescono ad attribuire alla compagine descrittiva un grado sufficiente di ordine[373]. Non riescono, per meglio dire, a

[373] È fatto, questo, ripetutamente sottolineato negli studi sulla descrizione ; si vedano le prese di posizione riportate nel capitoletto I.3

imporre una *ratio*, un senso all'ordine che la descrizione bene o male viene a possedere per il semplice fatto della sua linearità. Intervengono allora, ad introdurre questa ragione (e a meno che non si opti con scelta rappresentativa cosciente per l'aleatorietà, per il caos descrittivo) diverse strategie percettive – e quindi costruttive. Tre, delle più frequenti, sono brevemente tratteggiate qui sotto – ma gli stessi termini usati per individuarle suggeriscono una quasi illimitata potenzialità di variazione[374].

2.7.1. *Accessibilità progressiva*

È una strategia basata, per lo più realisticamente, sul progressivo 'aprirsi' allo sguardo delle parti dell'oggetto descrittivo, come accade ad esempio per le descrizioni di paesaggio nella ubiqua messa in scena del *percorso,* della *passeggiata descrittiva,* con infiniti esempi nelle diverse letterature[375] : è allora il procedere, l'avanzare, reale o potenziale che sia, entro il paesaggio a giustificare l'ordinamento delle predicazioni che progressivamente si rendono disponibili. Se ne legga qui sotto un esempio classico, scandito da avverbi di successione temporale-spaziale (*da prima, poi, di nuovo, finalmente*), e concluso da una più estesa sottodescrizione (appositiva : « una casa a un piano… con …e [con] di fronte... ») della meta, la « trattoria della Faggeta » e infine del quadro naturale (il « bosco di faggi ») in cui essa è inserita :

« Un désordre préjudiciable » del citato « *Que sais-je ?* » di J.-M. Adam, pp. 16-22.

[374] Va sottolineato l'interesse di uno studio tipologico e storico delle molteplici strategie percettive esistenti.

[375] Ma si ricorderà per l'italiano l'*assort*a eppure così ricca d'accadimenti *passeggiata* serale nelle prime pagine di *Ravenna* di A. Pizzuto, Milano, Lerici (« Collana narratori », 26), 1962, pp. 11 sgg. : « Veniva poi la sua passeggiata, chilometri su chilometri, sempre quella, a rilento, assorto, qua e là riscosso dagli incontri *ecc.* ».

> Erano vicini a Oldemburgo. Apparvero *da prima* boscaglie di faggi, *poi* la carrozza attraversò la cittadina, la piccola piazza del mercato con la fontana, uscì *di nuovo* in campagna, passò i ponte sull'Au e si arrestò *finalmente* davanti alla trattoria della Faggeta, una casa a un piano su un largo spiazzo con tappeti d'erba, viottoli inghiaiati e rustiche aiuole, e di fronte il bosco di faggi che saliva ad anfiteatro. I vari ripiani del bosco erano collegati da gradinate rozze, per le quali s'era tratto partito delle radici sporgenti e dei pietroni affioranti dal suolo, e sui ripiani, fra gli alberi, eran disposte tavole, panche e sedie verniciate di bianco[376].

2.7.2. *Esaustione geometrica*

È questa una tecnica totalizzante, che si sforza di dare una idea d'assieme apparentemente completa, esauriente, dell'oggetto descrittivo passandone in rassegna *more geometrico* le parti. Si tratterà di volta in volta di (ad esempio) percezione planimetrica dal perimetro al centro (il viceversa è invece molto meno comune), come nel passo dannunziano visto sopra (si ricordi : « L'orto giaceva metà al sole, metà all'ombra, circondato da un muro su cui scintillavano frantumi di vetro infissi nella calce. Una pergola correva lungo un lato. Lungo un altro lato, ecc. ») o nei versi iniziali del bel *giardino* di Marino Moretti[377], che insistono sui margini, sui confini della 'figura' descritta, per poi spostarsi direttamente al suo centro ed ai dettagli relativi (il *petalo* !) :

---

376 Ancora da Mann (Thomas), I *Buddenbrook cit.*, p. 317.

377 « Il giardino della stazione », in *Poesie di tutti i giorni*, 1911. La lirica può essere letta nella sua interezza nei *Poeti italiani del Novecento*, a c. di P.V. Mengaldo, Milano, Mondadori (« I Meridiani »), 1978, p. 176 ; e nel III vol. dell'*Antologia della poesia italiana* a c. di C. Segre e C. Ossola, Torino, Einaudi (« Biblioteca della Pléiade »), 1999, pp. 741-742). Miei, al solito, i corsivi della citazione.

Giardino della stazione di San Giovanni o San Siro
tutto fiorito *all'ingiro* di fiori della passione,
chiuso da siepe corrosa di brevi canne sottili
cui s'attorcigliano i fili dei bei convolvoli rosa.
Brilla *nel mezzo* un tranquillo disco di limpida vasca,
oscilla un petalo e casca presso il minuto zampillo.

O ancora per 'fasce successive', come nello sviluppo sulla *costa-costiera* nell'apertura del romanzo manzoniano[378], dove il procedimento appare ripetuto due volte, a contatto, e in crescendo di analiticità :

> Quel ramo del lago di Como [...]. *Per un buon pezzo, la costa sale* con un pendìo lento e continuo ; *poi si rompe* in poggi e in valloncelli, in erte e in ispianate, secondo l'ossatura de' due monti, e il lavoro dell'acque. *Il lembo estremo*, tagliato dalle foci de' torrenti, è quasi tutto ghiaia e ciottoloni ; *il resto*, campi e vigne, sparse di terre, di ville, di casali ; *in qualche parte* boschi, che si prolungano su per la montagna.

Prima due sezioni di *costa,* dal basso all'alto, quelle per così dire dell'uniformità e della variabilità (« pendìo lento e continuo », « poi [la costa] si rompe in... », con la doppia binarietà di *poggi* e *valloncelli, erte* e *spianate*) ; quindi, di nuovo, una partizione binaria della *costa* in « lembo estremo » e in « resto » (ognuno con le sue caratteristiche), cui si aggiunge successivamente, a far fede almeno alla punteggiatura[379], l'appendice 'dispersa' dei *boschi* « in qualche parte », così che la seconda scansione in fasce è in ultima istanza ternaria. Analogamente costruita per successive fasce (« ...in alto ...nelle

---

[378] Che cito da : *I promessi sposi. Storia della colonna infame,* a c. di A. Stella e C. Repossi, Torino, Einaudi-Gallimard (« Biblioteca della Pléiade »), 1995.

[379] Secondo il punto e virgola, in effetti, i *boschi* non dovrebbero appartenere al *resto* che precede, ma essere in parallelo con esso.

falde… Il fondo »), anche se stavolta percorse da sopra a sotto, è la descrizione geografica che apre il cap. XX del romanzo[380] :

> Il castello dell'innominato era a cavaliere a una valle angusta e uggiosa, sulla cima d'un poggio che sporge in fuori da un'aspra giogaia di monti, ed è, non si saprebbe dir bene, se congiunto ad essa o separatone, da un mucchio di massi e di dirupi, e da un andirivieni di tane e di precipizi, che si prolungano anche dalle due parti. Quella che guarda la valle è la sola praticabile ; *un pendìo piuttosto erto, ma uguale e continuato ; a prati in alto ; nelle falde a campi, sparsi qua e là di casucce. Il fondo è un letto di ciottoloni,* dove scorre un rigagnolo o torrentaccio, secondo la stagione : allora serviva di confine ai due stati. I gioghi opposti, che formano, per dir così, l'altra parete della valle, hanno anch'essi un po' di falda coltivata ; il resto è schegge e macigni, erte ripide, senza strada e nude, meno qualche cespuglio ne' fessi e sui ciglioni.

2.7.3. *Selezione e focalizzazione di singoli aspetti*

Le due tecniche precedenti comportano certo assieme ad un ordinamento dei dati descrittivi (certe caratteristiche verranno necessariamente dopo altre in funzione delle possibilità percettive) anche una più o meno spinta selezione dei dati. E in generale, lo si era sottolineato, un certo grado di selezione entro il nominabile e il predicabile è sempre inerente al descrivere. Ma singolari, e quindi pertinenti al nostro ragionamento sulle strategie costruttive, e meritevoli di un trattamento a parte, sono i casi in cui la selezione, e conseguentemente la focalizzazione di quel che sopravvive alla potatura, è sistematicamente affidata ad uno, a pochi procedimenti specifici, che impongono così al testo descrittivo una loro evidenza e un loro ordine. Alcuni procedimenti, come ad esempio il privilegiare i dati uditivi, o i visivi, in particolare i

---

[380] A p. 288 dell'edizione citata.

coloristici[381], sono scontati ; altri forse lo sono meno, come magari il *close-up* progressivo (in termini cinematografici : dal *medium close-up* allo *extreme close-up*) che focalizza in crescendo il dettaglio a scapito del resto. Qui vogliamo parlare di un procedimento per così dire logico di selezione e focalizzazione, basato sulla risoluzione a destra delle dicotomie, che ha giocato un ruolo di primo piano nella genesi di una delle pagine più note della nostra letteratura[382], la iniziale dei *Promessi sposi*, alla quale già si era rimandato sopra per la scansione in fasce.

Si consideri da prima, l'*incipit* vero e proprio :

> Quel ramo del lago di Como, che volge a mezzogiorno, tra due catene non interrotte di monti, tutto a seni e a golfi, a

---

381 Uno bel campione di descrizione 'per colori' – del giardino d'un pittore ! – è in un passo d'un *reportage* di viaggio (uscito nel « Corriere della Sera » verso la metà degli anni ottanta) di G. Manganelli : « In Nolde lo sgomento, il brivido è la prima originaria materia della gioia. Gioia : e quale altra parola può descrivere lo stupore del giardino che Nolde progettò e disegnò accanto alla casa solitaria ? Non fiori, non aiuole, ma ilari, scatenate dilatazioni di colore, ecco un segno rosso, ecco il violaceo, ecco il clangore scatenato del giallo : non aveva scritto Nolde : 'Il giallo può dipingere la felicità quanto il dolore' ? Si esce dalla casa di Nolde, pinnacolo dello Schleswig-Holstein, avvolti dalla regalità di un perfetto giallo ».

382 E certo, in centinaia e centinaia di pagine, la più minutamente auscultata. Si ricorderanno almeno G. Orelli, *Quel ramo del lago di Como. Lettura manzoniana*, Bellinzona, Casagrande, 1982[1] ; i paragrafi sulla « Situazione del racconto » nel volume di G. Nencioni sulla *Lingua di Manzoni*, Bologna, Il Mulino, 1993, pp. 247 sgg. ; le pagine finali di G. Bardazzi, *Manzoni e la purificazione dello sguardo*, in « Versants », 12 (1987), pp. 95-111 ; la « Integrazione I » della edizione scolastica dei *PS* curata nel 1988 da E. Raimondi e L. Bottoni per la Principato – con un'analisi in termini di nozioni come 'tema introduttore', 'espansioni predicative', 'sottotemi nomenclatori', ecc. ; L. Vitacolonna, *Aspetti sintattico-stilistici e simbolici della prosa manzoniana* : « Quel ramo del lago di Como », in *Otto / Novecento*, a. XIV, n° 2 (marzo-aprile 1990), pp. 5-15 ; e la sezione iniziale del volume di U. Colombo, *Il primo capitolo dei 'Promessi Sposi'*, Azzate (Varese), Edizioni OTTO / NOVECENTO, 1992.

> seconda dello sporgere e del rientrare di quelli, vien, quasi a un tratto, a ristringersi, e a prender corso e figura di fiume, *tra un promontorio a destra, e un'ampia costiera dall'altra parte* ; e il ponte, che ivi congiunge le due rive, par che renda ancor più sensibile all'occhio questa trasformazione, e segni il punto in cui il lago cessa, e l'Adda rincomincia, per ripigliar poi nome di lago dove le rive, allontanandosi di nuovo, lascian l'acqua distendersi e rallentarsi in nuovi golfi e in nuovi seni. *La costiera*, formata dal deposito di tre grossi torrenti, scende appoggiata *a due monti contigui, l'uno detto di san Martino, l'altro, con voce lombarda, il Resegone*, dai molti suoi cocuzzoli in fila, che in vero lo fanno somigliare a una sega : talché non è chi, al primo vederlo, purché sia di fronte, come per esempio di su le mura di Milano che guardano a settentrione, non lo discerna tosto, a un tal contrassegno, in quella lunga e vasta giogaia, dagli altri monti di nome più oscuro e di forma più comune. Per un buon pezzo, *la costa* sale...

La percezione degli elementi paesaggistici viene organizzata in questi periodi iniziali sistematicamente (verrebbe voglia di dire ossessivamente) in modo binario, per coppie che quasi sempre sono anche coppie sintagmatiche : oltre alle scontate « due catene [...] di monti », si registrerà : « tutto a seni e a golfi », « a seconda dello sporgere e del rientrare », « a ristringersi e a prender », « corso e figura » ; « un promontorio a destra, e un'ampia costiera dall'altra parte », ecc. ; e più avanti : « due monti contigui, l'uno detto di San Martino, l'altro, con voce lombarda, il *Resegone* », e così via. Ma, quel che più conta, si delinea qui entro le coppie una chiara selezione tra gli elementi da sviluppare, che induce effetti d'economia e d'ordine entro la presentazione della molteplicità dei dati naturali. Nelle coppie che introducono elementi funzionali alla vicenda narrativa ed alla visione del paesaggio (altre coppie, di elementi non narrativamente pertinenti, vengono semplicemente accantonate), questi elementi tendono in effetti ad essere collocati in seconda posizione, e sono proprio essi a venire successivamente ripresi e sviluppati, a scapito dei primi. Così accade nei luoghi rilevati dal corsivo : ad « un promontorio a destra, e un'ampia costiera dall'altra parte » segue la ripresa tematica, sotto, di *costiera* e più oltre di *costa*[383], e analogamente dei « due monti contigui, l'uno detto di San Martino, l'altro, con voce lombarda, il *Resegone* », è il secondo, non certo un S. Martino condannato all'oblio, che viene diffusamente ripreso a contatto, per non parlare della costante presenza, di vero e proprio « totem orografico », del *Resegone* per tutto il resto del romanzo. Nella redazione anteriore[384] nota come *Fermo e Lucia,* di cui qui sotto si riproduce l'avvio[385], la binarietà e la relativa selezione a destra erano invece molto meno sistematiche ; e in particolare, in luogo dell'opposizione compatta tra « promontorio a destra » e « ampia costiera dall'altra parte » con doppia successiva ripresa della *costiera,* si aveva una coppia di sostanziosi periodi legati avversativamente da *Ma,* il primo deiquali si sofferma appunto, un po' gratuitamente, sul futuro *promontorio* e relativo Monte di San Michele :

> Quel ramo del lago di Como d'onde esce l'Adda e che giace fra due catene non interrotte di monti da settentrione a mezzogiorno, dopo aver formati varj seni e per così dire piccioli golfi d'ineguale grandezza, si viene tutto ad un tratto a ristringere ; ivi il fluttuamento delle onde si cangia in un corso diretto e continuato di modo che dalla riva si può per dir così segnare il punto dove il lago divien fiume. Il ponte che in quel luogo congiunge le due rive, rende ancor più sensibile all'occhio ed all'orecchio questa

---

383 Posto che *costa* si possa assimilare a *costiera,* o a sua parte. Il Petrocchi acutamente commentava : « *Riviera* [che è la variante della *Ventisettana*] nell'uso si direbbe piuttosto di quella del mare. *Costiera* non è molto com[une] ; il M. par che intenda con questo vocab[olo] la parte che è tra il lago o fiume e i monti ; e lo distingue da *costa* ; a quello dando più signif[icato] di estensione, a questo di salita ».

384 Caratterizzata tra l'altro dalla ricerca dell'espressione : si notino i tre *per così dire* o *per dir così.*

385 Cito da: *Fermo e Lucia,* 2002, saggio introduttivo, revisione del testo critico e commento a c. di S.S. Nigro, Milano. Mondadori (« I Meridiani »).

trasformazione : poiché gli argini perpendicolari che lo fiancheggiano non lasciano venir le onde a battere sulla riva ma le avviano rapide sotto gli archi ; e presso quegli argini uno può quasi sentire il doppio e diverso romore dell'acqua, la quale qui viene a rompersi in piccioli cavalloni sull'arena, e a pochi passi tagliata dalle pile di macigno scorre sotto gli archi con uno strepito per così dire fluviale. *Dalla parte che guarda a settentrione e che a quel punto si può chiamare la riva destra dell'Adda, il ponte posa sopra un argine addossato alla estrema falda del Monte di San Michele, il quale si bagnerebbe nel fiume se l'argine non vi fosse frapposto. Ma dall'opposto lato il ponte è appoggiato al lembo di una riviera* che scende verso il lago con un molle pendio *ecc.*

Poco più oltre, tornando alla redazione vulgata, lo stesso procedimento di soluzione a destra delle dicotomie viene applicato alla sezione delle « strade e stradette » che solcano la *costiera*. Di esse si menziona (sempre binariamente) da prima la PENDENZA (« più o meno ripide, o piane ») e quindi la GIACITURA, cioè la presenza o assenza di delimitazione (« ogni tanto affondate, sepolte tra due muri[386] [...] ; ogni tanto elevate

[386] Si manifesta qui la singolare attenzione manzoniana alle strade 'chiuse, incassate', che (presente certo nei romanzi di Walter Scott) sembra rispondere ad una specifica costante psicologica : *v. Promessi sposi cit.*, cap. XI, p. 174 « La strada era allora tuta sepolta tra le due alte rive, fangosa, sassosa, solcata da rotaie profonde, che, dopo una pioggia, divenivan rigagnoli ; e in certe parti più basse, s'allagava tutta, che si sarebbe potuto andarci in barca »; cap. XX, p. 295 « Quella strada era, ed è tutt'ora, affondata, a guisa d'un letto di fiume, tra due alte rive, orlate di macchie, che vi forman sopra una specie di volta », cap. XXXIV, p. 499 « La strada che Renzo aveva presa, andava allora, come adesso, diritta fino al canale detto il *Naviglio* : i lati erano siepi o muri d'orti, chiese e conventi, e poche case » ; e cap. XXXVII, p. 347 « Quando passò per Monza, era notte fatta : nonostante, gli riuscì di trovar la porta che metteva sulla strada giusta. Ma [...] potete immaginarvi come fosse quella strada, e come andasse facendosi di momento in momento. Affondata (com'eran tutte ; e dobbiamo averlo detto altrove) tra due rive, quasi un letto di fiume, si sarebbe a

su terrapieni aperti [...] »), per concentrarsi poi, messa da parte la pendenza, sulla giacitura, e in particolare di essa proprio su quell'aspetto (l'essere le strade « elevate su terrapieni aperti ») che consente una più libera percezione del paesaggio, ma che è pertinente anche per la situazione 'senza via d'uscita, senza possibile soccorso' di don Abbondio (il quale potrà constatare, « guardando con la coda dell'occhio, fin dove poteva », che *nessuno arrivava*[387]) :

> Dall'una all'altra di quelle terre, dall'alture alla riva, da un poggio all'altro, correvano, e corrono tuttavia, strade e stradette, *più o men ripide, o piane* ; ogni tanto affondate, sepolte tra due muri, donde, alzando lo sguardo, non iscoprite che un pezzo di cielo e qualche vetta di monte ; ogni tanto elevate su terrapieni aperti : e da qui la vista spazia per prospetti più o meno estesi, ma ricchi sempre e sempre qualcosa nuovi, secondo che i diversi punti piglian più o meno della vasta scena circostante, e secondo che questa o quella parte campeggia o si scorcia, spunta o sparisce a vicenda. *Ecc.*

Come e più di prima, l'*esprit* della descrizione, economico, funzionale, è molto diverso rispetto a quello totalizzante e disperso del *Fermo e Lucia,* dove, se colpisce il fittissimo reticolo di alternative (visualizzate qui sotto dal corsivo), è ancora più significativa la proliferazione indiscriminata del dettaglio non narrativamente funzionale (i *ciottoloni,* ricoperti di antiche *edere* ecc. ; le *siepi* di differenti arbusti, ecc.), che elabora ogni dicotomia, spingendosi al limite sino a comprometterne la perspicuità (si veda in particolare « stradicciuole… chiuse per lo

---

quell'ora potuta dire, se non un fiume, una gora davvero ; e ogni tanto pozze, da volerci del buono e del bello a levarne i piedi, non che le scarpe ».

[387] Edizione cit., p. 13 « … se qualcheduno arrivasse ; ma non vide nessuno. Diede un'occhiata, al di sopra del muricciolo, ne' campi : nessuno ; un'altra, più modesta sulla strada dinanzi ; nessuno, fuorché i bravi ».

più da muri fatti di ... Di tempo in tempo invece di muri passano le anguste strade fra siepi... ») :

> Dall'una all'altra di queste terre, dalle montagne al lago, da una montagna all'altra corrono molte stradicciuole *ora* erte, *ora* dolcemente pendenti, *ora* piane, chiuse *per lo più* da muri fatti di grossi ciottoloni, e coperti *qua e là* di antiche edere le quali, dopo aver colle barbe divorato il cemento, ficcano le barbe stesse fra un sasso e l'altro, e servono esse di cemento al muro che tutto nascondono. *Di tempo in tempo* invece di muri passano le anguste strade fra siepi nelle quali al pruno e al biancospino s'intreccia *di tratto in tratto* il melagrano, il gelsomino, il lilac e il filadelfo. Una di queste strade[388] percorre tutta la riviera *ora* abbassandosi, *ora* tirando più verso il monte, *ora* in mezzo alle vigne, ed *ora* sulla linea che divide i colti dalle selve. Questa strada è *talvolta* seppellita fra due muri che superano la testa del passaggero, dimodoché egli non vede altro che il cielo e le vette dei monti : ma *spesso* lascia un libero campo alla vista la quale quasi ad ogni passo scopre nuovi ampi e bellissimi prospetti.

3. LE 'COMPLICAZIONI' DELLA DESCRIZIONE

Così come la si è presentata, la struttura e la costruzione stessa della descrizione è per sua natura esposta al pericolo della ripetitività, della banalità, della noia. Non meravigliano le ricorrenti messe al bando, specie da parte di scrittori modernisti

---

[388] È notevole che nella redazione di *Fermo e Lucia* la transizione dalla pluralità delle *stradicciuole* alla singolarità della *strada* per cui torna a casa don Abbondio – estratta (« Una di queste strade... ») da un insieme indistinto – intervenga molto prima, e che poi questa particolare strada sia di nuovo sottoposta. Come le altre, ad un trattamento 'quantificante' in termini degli avverbi temporali *ora*, *talvolta* e *spesso* : « ...*ora* abbassandosi, *ora* tirando più verso il monte, *ora* in mezzo alle vigne, ed *ora* sulla linea che divide i colti dalle selve. Questa strada è *talvolta* seppellita... ».

o antitradizionalisti[389] : si ricorderà tra le tante l'invettiva ripetutamente citata ed antologizzata[390] di André Breton nel *Manifeste du surréalisme* del 1924 :

> Et les descriptions ! Rien n'est comparable au néant de celles-ci ; ce n'est que superpositions d'images de catalogue, l'auteur en prend de plus en plus à son aise, il saisit l'occasion de me glisser ses cartes postales, il cherche à me faire tomber d'accord avec lui sur des lieux communs[391].

Vuoto torricelliano delle descrizioni ! Un accozzo d'immagini stereotipe, un cumulo di luoghi comuni ! Analogamente (ma con un pizzico d'ironia e qualche *arrière-pensée*), un anno dopo, nel 1925, un grande narratore ed descrittore, neanche poi troppo modernista, come Aldous Huxley, interrompeva un passo descrittivo (uno dei tanti) d'un suo romanzo 'italiano', *The barren leaves*[392], con questa tirata autocritica :

> In quel momento l'automobile passava attraverso un gran cancello ; vidi passando una lunga gradinata, fiancheggiata di cipressi, che saliva di terrazza in terrazza, fino a una porta scolpita che s'apriva nel centro della lunga facciata del palazzo. Ma intanto l'automobile svoltò, e, percorso un viale d'elci che correva il fianco del monte, cominciò a salire verso la casa ; finalmente scendemmo in un gran cortile quadrato, davanti a una specie di riproduzione più in piccolo della grande facciata. Alla sommità d'una doppia gradinata che si curvava a ferro di cavallo dalla base fino alla soglia, una porta lussuosa, sormontata da uno stemma,

---

389 Un panorama rappresentativo è fornito dal cit. « *Que sais-je?* » di J.-M. Adam, *La description,* cap. I.

390 La si veda ad es. in Hamon (Philippe), 1991, *La description littéraire. Anthologie de textes théoriques et critiques,* Parigi, Macula, pp. 175-176.

391 Breton (André), 1988, *Œuvres complètes,* vol. I, Parigi, Gallimard (« Bibliothèque de la Pléiade »), p. 314.

392 *Foglie secche,* 1934, trad. it. di A. Traverso, Milano, Casa Editrice Bietti, pp. 180-181.

s'apriva come una caverna. E l'automobile s'arrestò.

Ed era tempo, come noto, rileggendo ciò che ho scritto ; poche cose annoiano e sono più inutili delle descrizioni ; per lo scrittore, però, v'è un certo divertimento, consistente nella caccia all'espressione : trasportato dall'eccitamento della ricerca, egli continua e continua, senza il minimo riguardo pel povero lettore che lo segue a fatica attraverso pagine e pagine pesanti, con lo stesso divertimento di coloro che vengono in coda d'una compagnia di cacciatori e non vedono nulla [393]. Tutti gli scrittori sono anche lettori… quantunque dovrei fare un'eccezione a favore di pochi miei colleghi che fanno loro specialità degli appunti improvvisati… e devono quindi sapere quant'è spaventosa una descrizione. Ma ciò non impedisce loro di infliggere altrui quanto essi stessi han sofferto : in verità, talvolta penso che alcuni autori devono scrivere come scrivono, per pura sete di vendetta.

Si pone insomma in modo serio il problema di come rendere la descrizione leggibile, interessante e magari appassionante, malgrado i molti suoi limiti o difetti intrinseci. Una tendenza generale, nel diffuso sforzo di migliorare le qualità comunicative, e per così dire l'appetibilità delle descrizioni, consiste nel mascheramento più o meno spinto della struttura logica elementare, o comunque nella sua complicazione : nell'indurre cioè in essa, per così dire *ab exteriore*[394], un sovrappiù di struttura. Così, ad esempio, si potrà :

i) aggiungere alla pura descrizione un percento di argomentazione ;

ii) interfogliarla di commenti metadescrittivi ;

iii) rapportarla sistematicamente ad uno ambito esterno, facendone in vario modo una descrizione comparativa, contrastiva.

e via dicendo. Ma prima di passare sommariamente in rassegna alcune di queste modalità di complicazione introdotte 'da

---

393 Mio il rilievo grafico, naturalmente.

394 Utilizzo analogicamente una distinzione della riflessione narratologica gaddiana.

fuori', dalla mano del descrittore stesso, converrà arrestarci un momento sopra una sorgente interna di complicazione : su certe difficoltà *ab interiore,* inerenti alle caratteristiche stesse dell'oggetto descrittivo prescelto.

3.1. Complicazione « ab interiore » : oggetti descrittivi 'malagevoli'

Un primo genere di complicazione della descrizione ha così origine dal fatto che si rivela malagevole, difficoltoso, per una ragione o per l'altra, parlare dell'oggetto descrittivo : vuoi per la natura stessa di tale oggetto, vuoi per l'assenza di una sua tradizione linguistica, in particolare lessicale, di trattamento (e le due cause sono spesso interdipendenti). Questo accade esemplarmente quando ci si propone di descrivere l'*indistinto,* o il *silenzio,* vale a dire da una parte qualcosa che si presenta privo di distinta forma propria ; dall'altra qualcosa la cui caratteristica principale è negativa, è l'assenza di proprietà caratteristiche. Quali artifici saranno in grado di rendere osservabile, percepibile, l'assenza di osservabili, per approdare a predicazioni che non siano tutte uniformemente negative ? Come trovare predicazioni 'positive' ad esempio per il silenzio ?

La questione, una sorta di sfida alle capacità della lingua, oltre che del descrittore, è in effetti di un certo interesse. Si esamini per fissare le idee un passo tratto dal capolavoro giovanile (del 1868) di Carlo Dossi, *L'Altrieri*[395] : vi è narrata la breve passeggiata serale di due bambini, Guido e la spossata, sofferente Gìa, come per sottrarsi agli « accenti tristissimi », al « nodo alla gola » del *clavicembalo* (?) cui siede nella sala della grande casa in collina la madre di Guido. Una *viuzza* campestre, che « storcèvasi grigia », li porta sino « ad un rialzo di terra e ad

---

[395] Che cito tuttavia nella redazione del 1881 riprodotta in Dossi (Carlo), *Opere* a c. di D. Isella, Milano, Adelphi (« La nave Argo », 1), 1995, pp. 466-467.

un boschetto di robinie ». Ombre, silenzio, lontani chiarori – premonizioni di lutto. Pochi momenti dopo, il mancamento di Gìa e in brevi ore la morte.

> Noi continuammo il nostro cammino, passo a passo, *ratenendo il parlare.*
>
> Con quale fatica la fanciullina si trasse su per l'ascesa (ed era dolce salita) come anelante, affranta, si abbandonò sul sedile !
>
> Là c'intorniàvan robinie. L'ombre di esse, una di cui ci copriva, allungàvansi tra le gambe delle panchette, sul suolo, bizzarramente ; e, negli squarci da fusto a fusto, scorgèvasi giù sciorinata la campagna, gibbosa, sparsa di villaggi dai lucenti tetti d'ardesia, macchiata da querceti – masse nere, cupe. In fondo, una benda argentina : il Po ; al di là, terra terra, un fumoso chiarore (esalazioni appestate) : una città. Appresso, tutto si confondeva col cielo, d'un azzurro cinereo, giojellato di stelle che lappoleggiàvano senza posa e dalle quali staccàvansi di tempo in tempo ràpide striscie di fuoco. *Era la calma, solenne ; né la rompeva il monòtono continuo grillare, nè, della cornacchia, il sinistro, rado cra cra.*
>
> – Che notte strana ! – fe' Gìa raccogliendo l'àlito, con suono, che, più dolce, più carezzante, io non le avèa udito mai.
>
> – Non è vero che è strana? –
>
> *Tacqui.* Essa continuò :
>
> – Stasera mi chiàmano da ogni parte… ascolta… *il mio nome tintinna come in suono di baci… piccolini… piccolini.* Io mi sento leggiera, più leggiera di una pennamatta[396]… volo, vado come in dileguo… –
>
> E *azzittì.* Poi capricciò. Sopra di noi, ad un frullo, *s'era mosso il fogliame.*
>
> Gocciàrono *silenziosi momenti.*

In questo passo appaiono con evidenza due classi di procedimenti (rilevati dai corsivi) che possiamo considerare come specifici alle descrizioni del silenzio. In primo luogo :

---

[396] È, secondo il Tramater, la « prima piuma che mettono gli uccelli ».

i) il ricorso alle 'parole del silenzio', cioè a quei sostantivi, aggettivi, avverbi e locuzioni verbali[397] che nominano il silenzio (« parole poeticissime », per riprendere Leopardi, e come tali spesso cariche di tradizione letteraria[398]) : « Era la *calma,* solenne » e « *silenziosi* momenti » ; in particolare :

i-a) la presenza di verbi del non-dire (a volte anche del non fare), verbi cioè di omissione o interruzione del parlare[399] : « ratenendo il parlare », « Tacqui », « E azzittì ».

E quindi, in maniera più complessa :

ii) il rilevare delle – per così dire – 'infrazioni-soglia' al silenzio : suoni, rumori, accadimenti che lo rompono, ma di poco, oltrepassando appena la soglia dell'udibile. Il loro stesso essere percepibili ribadisce in sostanza il predominare del silenzio : essi consentono di misurarne appieno la profondità, così come fa il *picchio* al suolo di uno spillo nella notte sospesa della pascoliana *Suor Virginia* dei *Primi Poemetti* : « La suora si svestì, così leggiera, | ch'udì per terra il picchio d'uno spillo ». Nel passo dell'*Altrieri* ciò avviene semplicemente cogliendo il muoversi del fogliame e, in forma che non si potrebbe

---

397 Ad es. *far silenzio*, che in latino con lessema singolo è *silēre* o *silescĕre* (*v.* ad esempio Ovidio, *Met.* VII, v. 187 « inmotaeque silent frondes, silet umidus aer »).

398 Si ricordino almeno i « sovrumani silenzi, e profondissima quiete » de *L'infinito,* o ne *La vita solitaria* cit. più avanti il memorabile v. 33 « Tien quelle rive altissima quiete ».

399 Che naturalmente conoscono un canonico impiego figurato al 'tacere' della natura, come nella quartina iniziale del sonetto CXIII di *Rvf* (e del Libro VIII dei *Madrigali* del « divino Claudio ») : « Or che 'l cielo e la terra e 'l vento tace, | E le fere e gli augelli il sonno affrena, | Notte 'l carro stellato in giro mena, | E nel suo letto il mar senz'onda giace » ; o nell'apparentato madrigale del Tasso « ad istanza di don Carlo Gesualdo, principe di Venosa » (che però non lo mise in musica) : « Tacciono i boschi e i fiumi, | e 'l mar senza onda giace, | ne le spelonche i venti han tregua e pace, | e ne la notte bruna | alto silenzio fa la bianca luna ; | e noi tegnamo ascose | le dolcezze amorose. | Amor non parli o spiri, | sien muti i baci e muti i miei sospiri ».

immaginare più esplicita, negando appunto che due tipi di suoni-soglia – lo stridere dei grilli, il gracchiare delle cornacchie – disturbino il silenzio : « Era la calma, solenne ; *né la rompeva il monòtono continuo grillare, nè, della cornacchia, il sinistro, rado cra cra* ». In generale i suoni con funzione di soglia possiedono caratteristiche ben precise di altezza e soprattutto di continuità (si ricordi il « *continuo* grillare ») e di ricorrenza (un'altra forma di continuità) : il *cra cra* della cornacchia non è solo *sinistro,* ma anche *rado,* il che equivale a dire ripetuto ad intervalli regolari, per quanto spaziati[400].

Converrà accennare di passaggio a due notevoli varianti del secondo procedimento, per quanto esse non siano rappresentate nel passo in esame. Nella prima variante non ci sono nemmeno dei suoni-soglia, proprio perché si nega esplicitamente il loro sussistere[401], quell'infrazione residua del silenzio dovuta a suoni quasi inaudibili – il che si ripercuote, con l'effetto ben noto della semantica delle grandezze scalari, su ogni altro suono della scala. Silenzio assoluto dunque. In questo modo va intesa in Leopardi la serie di negazioni della *Vita solitaria,* vv. 28 sgg.[402] :

---

400 Continuità e regolarità ben presenti ad esempio nei due suoni-soglia (che, si badi, *sottolineano* il silenzio) di questo ulteriore passo del *Gattopardo* : « Giù, intorno alla villa, il silenzio luminoso era profondo, signorile all'estremo ; sottolineato più che disturbato da un lontanissimo abbaiare di Bendicò che insolentiva il cane del giardiniere in fondo all'agrumeto, e dal battere ritmico, sordo, del coltellaccio di un cuoco che sul tagliere, laggiù in cucina, tritava della carne per il pranzo non lontano. Il sole aveva assorbito la turbolenza degli uomini quanto l'asprezza della terra » (*Il Gattopardo cit.,* p. 49).

401 A rigore, una interpretazione d'assenza di suoni soglia, per quanto meno plausibile (visti gli articoli determinativi) è disponibile anche per il passo che si è esaminato sopra : « Era la calma, solenne ; né la rompeva il monòtono continuo grillare, nè, della cornacchia, il sinistro, rado cra cra ».

402 D. De Robertis, nel commento dei *Canti* (Milano, Oscar Studio Mondadori, 1978, p. 201), parla qui di « connotazione negativa della quiete e del silenzio », nel senso forse che essi sono rappresentati 'in

Ed erba o foglia non si crolla al vento,
E non onda incresparsi, e non cicala
Strider, nè batter penna augello in ramo,
Nè farfalla ronzar, nè voce o moto
Da presso nè da lunge odi nè vedi.

Nella seconda variante si esclude invece l'esistenza di suoni o rumori diversi da quelli di soglia, ricorrendo tipicamente a costrutti o avverbi 'esclusivo-restrittivi' : *non ...che, non... se non, nient'altro che, solo, solamente, soltanto,* ecc., che ad un tempo nominano i suoni-soglia ed escludono quelli di superiore intensità o potere di disturbo. Di questo genere è un ulteriore esempio dossiano (dalla *Vita di Alberto Pisani* stavolta) : « *Né* c'era in mezzo *se non* il rumor del selciato » o il manzoniano « S'udiva soltanto... » nella chiusa celebre dell'ottavo capitolo dei *Promessi sposi*[403].

Per concludere, diamo qui sotto, senza commentarli, tre ulteriori esempi di descrizione del silenzio : i primi due ancora dal romanzo manniano[404] ; e il terzo dagli *Egoisti* di F. Tozzi[405] :

> C'era lassù una pace solenne, a quell'ora del pomeriggio. Qualche uccello cinguettava, e il lieve stormire degli alberi si fondeva col mormorio del mare che si stendeva in basso, solcato da una vela lontana. Al riparo dal vento che li aveva storditi finora, essi percepivano a un tratto un silenzio che li rendeva pensosi.

---

negativo', come assenza. Per buona parte questa descrizione leopardiana, secondo F. Gavazzeni e M.M. Lombardi (Milano, Biblioteca Universale Rizzoli, 1998, p. 312), è comunque « minima *variatio* di una descrizione tradizionale della calura ».

403 « S'udiva *soltanto* il fiotto morto e lento frangersi sulle ghiaie del lido, il gorgoglìo più lontano dell'acqua rotta tra le pile del ponte, e il tonfo misurato dei que' due remi, che tagliavano la superficie azzurra del lago, uscivano a un colpo grondanti, e si rituffavano ».

404 Mann (Thomas), *I Buddenbrook cit.*, p. 125 e 309 rispettivamente.

405 Marchi (M.), 1987, « Gli egoisti », in *Opere*, Milano, Mondadori (« I Meridiani »), pp. 474-475.

C'era un silenzio profondo. Solo la pendola ticchettava, e ogni tanto nella stanza attigua, che semplici portiere dividevano da quella di Tony, la signorina Jungmann si schiariva la gola.

C'era da per tutto un silenzio tranquillo ; che riempiva tutta la campagna fino agli orizzonti ; dentro i quali sembrava addensarsi insieme con certe nuvole bianche, che non riescivano a stare insieme e riunite. Il Gavinai si lasciava accarezzare da questo silenzio, sentendosi prendere dalla solitudine ; e gli pareva di respirare meglio. Un astore, con le ali tese come se gliele avessero infilate a posta, per imbalsamarlo, volteggiava su i poggetti, attorno al lago ; mentre, alle siepi, volavano gli uccelli, e risentiva il frullio delle ali. Quasi ad ogni passo, su la sabbia soffice e lucente, che scottava benché sotto due file di platani, facevano fuggire qualche lucertola. Proprio in riva al lago, ancora poco fondo, dormiva un gregge insieme con il cane ; e riudiva il respiro delle pecore ; mentre due montoni cozzavano, per gioco. Il gregge era sparso di buchi luminosi, dove il sole passava tra le foglie.

3.2. Complicazione ab exteriore

Un secondo genere di complicazione della descrizione ha invece origine esterna, viene indotto cioè dal descrittore mediante particolari procedimenti rappresentativi – procedimenti che a differenza da quelli studiati in § 2.7 non introducono ordine nella compagine descrittiva, ma complessità, semmai, se non a volte disordine aggiuntivo. Ci limiteremo per semplicità solo a quattro tipi di procedimenti, quelli caratterizzati rispettivamente dal ricorso a :

i) legami logici o in generale argomentativi
ii) varianti di aspetti dell'oggetto descrittivo
iii) astrazioni in funzione di commento
iv) escursioni analogiche.

Si tratta rispettivamente dei tipi della 'descrizione argomentata', della 'descrizione per alternative', della 'descrizione commentata' e della 'descrizione analogica'. Accenneremo rapidamente ai primi tre tipi (due di essi sono stati del resto diffusamente esaminati in altro lavoro[406]), per poi soffermarci in maniera più diffusa sul quarto.

3.2.1. *Descrizione 'logica': giustificata, argomentata, ragionata.*

In questo primo tipo di complicazione « ab exteriore » chi scrive, invece di limitarsi secondo il proprio della descrizione a giustapporre proposizioni dello stesso livello (relazione di Aggiunta) o più particolari o più generali (relazione di Particolarizzazione o di Generalizzazione), ecc., decide di introdurre nella compagine descrittiva un percento variabile di argomentazione, di 'logica', cercando cioè di giustificare le proprie affermazioni o di cogliere tra di esse relazioni logiche quali l'Opposizione, la Causa-Effetto, la Conseguenza, ecc. Descrizioni di questo genere sono usuali in testi tecnici o comunque conoscitivi, che non si limitano a dire quale e come sia il loro referente (l'oggetto descrittivo), ma vogliono indagare le ragioni di un certo modo di essere, o per lo meno dare l'impressione di una tale indagine. Di questo genere, magari con qualche imperizia e conseguente goffaggine nel controllo dei segnali del ragionamento, è il paragrafo che segue, tratto da un articolo divulgativo[407] :

> Perfettamente rettilineo, il canale di Corinto presenta una lunghezza di 6.343 metri, una larghezza di 25 ed una

---

[406] Si rimanda al § 5.4 « Due modi di descrizione 'metonimica' *ecc.* » nel profilo della *Cognizione del dolore* nella *Letteratura italiana. Le Opere, IV / 2. Il Novecento. La ricerca letteraria,* Torino, Einaudi, 1996, pp. 305-319. Una versione anteriore di questo studio è disponibile in rete nel sito gaddiano http://www.arts.ed.ac.uk/italian/gadda/index.php all'indirizzo http://www.arts.ed.ac.uk/italian/gadda/Pages/journal/supp5archivm/emessays/manzottidescrizione.php

[407] Allegretti (G.), dicembre 1990, « Il Canale che divide in due la Grecia », *Scienza e Vita,* n° 12, pp. 67-69.

profondità utile di 8, *mentre* le sue pareti laterali, scavate nella viva roccia, risultano alte da un minimo di 20 metri ad un massimo, nella parte centrale, di 80 sul pelo dell'acqua. *Da ciò deriva* che il volume totale asportato ammontò all'incirca a 8,5 milioni di metri cubi, *vale a dire* una quantità sufficiente a costruire tre piramidi di Cheope.

Nel primo periodo, relativamente scorrevole, alla semplice giustapposizione di proprietà viene sostituito qui con artificio retorico elementare una contrapposizione, segnalata da *mentre,* tra insiemi di proprietà – il che ha l'effetto di organizzare in due blocchi una successione altrimenti indifferenziata, e di favorire in questo modo, appunto, la leggibilità. Viene così realizzata non la struttura 'povera' (*i*) :

(*i*) O_{ds} è P_1, P_2, P_3, P_4

o_{ds} è P'_1 e P'_2

(dove naturalmente O_{ds} = « il canale di Corinto » e o_{ds} = « le sue pareti laterali »; e le successive proprietà P con vari indici sono quelle predicate in vario modo dell'oggetto descrittivo o del suo sotto-oggetto : ad esempio, P_1 = « perfettamente rettilineo », P_2 = « una lunghezza di 6.343 metri », ecc.), ma la struttura in apparenza più ricca (*ii*), nella quale le sei proprietà in gioco compaiono raccolte in due insiemi, ed entro tali insiemi esse vengono in blocco raffrontate e contrapposte (indico con Contrapposizione la relazione espressa da *mentre*) :

(*ii*) O_{ds} è P_1, P_2, P_3, P_4

o_{ds} è P'_1 e P'_2

$\{P_1, P_2, P_3, P_4\}$ Contrapposizione $\{P'_1, P'_2\}$

Nel periodo successivo continua lo sforzo per atteggiare logicamente la descrizione : i dati non sono semplicemente posti, ma dedotti per via di ragionamento da altri dati (« Da ciò deriva che... »), e puntigliosamente spiegati per via di parafrasi (« vale a dire ») onde assicurarne la corretta comprensione. Che poi il risultato complessivo non sia dei più felici e per la scarsa appropriatezza[408] al contesto della formula deduttiva e per la sua interazione con quella esplicativa seguente è un altro discorso...

3.2.2. *La descrizione 'per alternative'*

La descrizione 'per alternative' complica l'usuale descrizione, che in quanto tale è a rigore finita e contingente (perché coglie l'oggetto descrittivo in un suo specifico e singolare modo d'essere), in una direzione per così dire cubista, poliprospettica, inserendola in un paradigma di varianti, facendone insomma piuttosto la sommatoria di una pluralità di descrizioni, o in altri termini una tendenzialmente onnicomprensiva descrizione alla ennesima potenza. La descrizione viene dunque eseguita 'per alternative', secondo una pluralità di varianti o casi o manifestazioni tra loro complementari : essa coglie aspetti diversi del rappresentato al variare di determinate dimensioni e dei parametri relativi ad una dimensione. Così, per rappresentare un sentiero, invece di registrarne semplicemente le caratteristiche in un determinato punto e istante, si potranno come accade nel (barocco) frammento[409] qui sotto :

> Percorsa da pedoni radi, la strada : e talora, in discesa, da qualche ciclista di campagna con bicicletta-mulo ; o risalita dal procaccia impavido, arrancante sotto pioggia o stravento, o zoppicata non si sa in che verso da alcuni mendichi ebdomadarî, maschi e femmine, cenciose apparizioni nella gran luce del nulla. Vaporando l'autunno, vi sfringuellàvano battute di ragazzi birbi, a piè nudi *ecc.*,

introdurre e variare dimensioni : ad esempio 'chi percorra il sentiero', o 'le stagioni', o punti successivi del sentiero ; e

---

[408] Per ragioni che sono intuitive ma complicate da esplicitare con precisione.

[409] Tratto da Gadda (Carlo Emilio), 1988, « La cognizione del dolore », in *Romanzi e racconti, vol. I,* **a c. di R. Rodondi, G. Lucchini e E. Manzotti, Milano, Garzanti (« I Libri della Spiga »), p. 713**.

parametri : ad esempio, per la dimensione del percorrere, il mezzo di locomozione, il verso, la frequenza, il sesso dei viandanti, la loro professione o statuto sociale, e così via.

A volte, la descrizione per alternative, invece di focalizzare momenti o aspetti diversi (o suoi *stages,* come si usa dire in semantica) di uno stesso oggetto tende a farsi francamente differenziale, confrontando realizzazioni, 'incarnazioni', successive di tale oggetto. Così è ad esempio in un passo apparentemente innocente di un grande prosatore novecentesco[410] :

> Quando il sentiero costeggiò Ardis Park, la vegetazione assunse un aspetto più meridionale. Alla curva successiva apparve la romantica magione, adagiata su una soave altura da vecchio romanzo. Era una magnifica casa di campagna a tre piani, costruita con mattoni chiari e pietre violacee, i cui colori e la cui sostanza sembravano produrre in certe luci effetti intercambiabili. Nonostante la varietà, l'ampiezza e il vigore dei grandi alberi che avevano da tempo sostituito i due filari di virgulti stilizzati (proiettati lì dalla mente dell'architetto più che nati dallo sguardo di un pittore), Van riconobbe immediatamente Ardis Hall, così come si presentava nell'acquarello vecchio di duecento anni appeso nello spogliatoio di suo padre : la villa sorgeva su un poggio e sovrastava un prato astratto con due figurine dal cappello a bicorno e, poco distante, una mucca stilizzata[411].

[410] Le cui tendenze formalistiche, 'metatestuali', tanto affascinavano A. Arbasino : V. Nabokov, *Ada o ardore : una cronaca familiare,* trad. di M. Crepax, Milano, Adelphi (« Biblioteca Adelphi », 385), 2000, p. 48. La prima edizione del testo originale è : *Ada or ardour : a family chronicle,* Londra, Weidenfeld and Nicolson, 1969 ; il passo in questione vi si trova alla p. 35.

[411] Nell'originale : « Presently the vegetation assumed a more southern aspect as the lane skirted Ardis Park. At the next turning, the romantic mansion appeared on the gentle eminence of old novels. It was a splendid country house, three stories high, built of pale brick and purplish stone, whose tints and substance seemed to interchange their effects in certain lights. Notwithstanding the variety, amplitude and animation of great trees that had long replaced the two regular rows of

I primi tre periodi introducono in modo apparentemente del tutto classico l'oggetto descrittivo, la « romantica magione » (*the romantic mansion*) : « Alla curva successiva apparve… » ; con predicazioni stereotipe, o comunque poco peregrine (« una *magnifica* casa di campagna *a tre piani* », ecc., che solo alla fine (« i cui colori e la cui sostanza… ») propongono un raffinato interscambio visivo tra gli effetti dei materiali della costruzione. Certo già il qualificativo *romantica* e con esso la comparazione condensata nel sintagma « soave altura da vecchio romanzo »[412] possono far sorgere qualche sospetto. Ma nei successivi periodi diviene evidente che questa descrizione apparentemente anodina mette in gioco un'elaborata differenzialità tra rappresentazioni e tempi diversi dello stesso oggetto. L'adolescente protagonista Van, nella messinscena narrativa, commisura il presente della villa che si rivela al suo sguardo ad una sua, di due secoli anteriore, rappresentazione (o magari progetto, proiezione futura dunque, di mano dell'architetto ?) nell'« acquarello […] appeso nello spogliatoio di suo padre » e fissato nella memoria visiva di Van bambino. L'aspetto forse più sorprendente di questa descrizione « finta semplice » è la compresenza testuale di due descrizioni – l'una riformulazione dell'altra (*v.* in particolare « la romantica magione, adagiata su una soave altura » e « la villa sorgeva su un poggio »), e l'una

---

stylized saplings (thrown in by the mind of the architect rather than observed by the eye of a painter) Van immediately recognized Ardis Hall as depicted in the two-hundred-year-old aquarelle that hung in his father's dressing room : the mansion sat on a rise overlooking an abstract meadow with two tiny people in cocked hats conversing not far from a stylized cow ».

412 La bella traduzione francese di G. Chahine « revue par l'auteur » (*Ada ou l'ardeur,* Parigi, Fayard, 1975) esplicita qui tra virgolette il carattere citazionale del testo : « Déjà le chemin longeait le parc d'Ardis et la végétation revêtait un caractère plus méridional. Au premier tournant, Van découvrit le romantique manoir, posé sur la 'molle éminence' de nos vieux auteurs de romans » (p. 30).

complemento all'altra – a fondare, nella loro diversità di tempo e di 'mezzo', un unico oggetto descrittivo.

3.2.3. *La descrizione commentata*

Questo tipo di descrizione 'a fasce testuali disomogenee' introduce in diversi punti della compagine descrittiva dei segmenti di livello superiore, segmenti che giustificano, storicizzano, generalizzano, ecc., che riflettono insomma sul contenuto del segmento che li precede e in una parola lo 'commentano'. La descrizione così commentata è dunque continuamente mossa da escursioni, da 'salti' tra fasce testuali di diverso livello : da un segmento descrittivo alla riflessione su di esso, e da questa di nuovo al prossimo segmento descrittivo. La descrizione appare così provvista di un controcanto che ne rallenta la velocità, e che in definitiva, sottolineando la contingenza dei dati osservati rispetto ad istanze più elevate, relativizza la portata dello stesso atto del descrivere rispetto ad una superiore istanza conoscitiva.

Si prenda ad esempio in esame il frammento che segue[413], stazione descrittiva di una più ampia unità, la *promenade* a piedi d'un personaggio lungo un sentiero di campagna :

> *Al passar della nuvola, il carpino tacque.* È compagno all'olmo, e nella Néa Keltiké lo potano senza remissione fino a crescerne altrettanti pali con il turbante, lungo i sentieri e la polvere : di grezza scorza, e così denudati di ramo, han foglie misere e fruste, quasi lacere, che buttano su quei nodi d'in cima. *La robinia tacque*, senza nobiltà di carme, ignota al fuggitivo pavore delle Driadi, come alla fistola dell'antico bicorne : radice utilitaria e propagativa dedotta in quella campagna dell'Australasia e subito fronzuta e pungente alla tutela dei broli, al sostegno delle ripe.

---

[413] Gadda (Carlo Emilio), *La cognizione del dolore cit.*, p. 608.

Quella raffigurata è una vicenda di suono e silenzio in sincronia (effetto *vs* causa) ad un'alternanza di luce ed ombra[414] : puntualmente, in particolare (*v.* il perfettivo *tacque*), il farsi d'improvviso muta della campagna nell'istante in cui le cicale, « al passar » di una *nuvola* che intercetta il sole, d'un tratto, *tacciono* – o meglio *tacciono* metonimicamente gli alberi su cui le cicale sono posate. A tacere sono, tra tutti, due (tipi d')alberi : il *carpino* e la *robinia* (è il singolare 'di tipo'), che per l'Autore sono di forte e contrapposta carica simbolica, e sui quali evidentemente egli ha molto da dire, di positivo e di negativo. Questi commenti autoriali, altrettanto se non più rilevanti delle azioni, degli eventi e della descrizione stessa per l'economia della narrazione, si inseriscono a divaricare i relativi dati descrittivi (in corsivo nel passo), ridotti ad un epigrafico ed identico 'tacere di x'. Il discorso assume l'andamento alternato, sinusoidale, schematizzabile come « A | A_{COMM} || B | B_{COMM} », coi due momenti riflessivi o commentativi A_{COMM} e B_{COMM} di estensione superiore rispetto a quelli descrittivi, e di livello di generalità nettamente superiore. Essi introducono informazione enciclopedica sui referenti, li caricano di storia e di sapere : di cultura economica, botanica, letteraria, mitologica. Si noterà almeno che se in A i carpini che tacciono sono quelli lungo il sentiero, in A_{COMM}, la referenza viene estesa dal soggetto sottinteso del nuovo periodo (« È compagno... ») a tutti i carpini della Néa Keltiké – Lombardia, e che corrispondentemente la predicazione diventa abitudinaria, con un presente di

[414] È uno schema percettivo ricorrente nell'Autore, già presente ad esempio, anche se in maniera implicita, in *Villa in Brianza* : « *Nuvole strane trasvolavano nel torrido cielo,* da Bergamo sopra l'Albenza, da Lecco, bel nome lombardo, come anche Menaggio e Chiavenna. I cumuli enormi si morulavano, come a simboleggiare future tempeste. *La cicala immensa, a tratti, taceva* e più lontane e remote cicale dicevano malinconiose desolazioni della terra, popolata di brianzoli » (*Villa in Brianza cit.*, pp. 28-29 ; il « bel **nome** lombardo » di questa onomastica goliardica rimanda al Carducci delle *Odi Barbare, Per la morte di Napoleone Eugenio,* v. 33 : « Ivi Letizia bel nome italico »).

consuetudine o di validità atemporale (da « tacque » a « è compagno », a « lo potano », ecc.) ; e che la *robinia* è caratterizzata in Bcomm, antonimicamente rispetto al carpino, da attributi prima negativi (tre : *senza* + SN e due volte *ignota* + SP) e poi positivi, ma sempre non puntuali, come albero nuovo, senza tradizione, diffusosi nell'Ottocento a soppiantare per ragioni (secondo l'Autore) prevalentemente economiche la flora autoctona della regione.

3.2.4. *La descrizione analogica*

Si era detto nei primi capoversi di § 1. che le proprietà di certi oggetti o sotto-oggetti descrittivi possono essere rapportate o comparate a quelle di altri oggetti descrittivi. La descrizione allora non sarà più solo immanente, ma anche differenziale : differenziale rispetto a qualcosa di esterno ad essa. Può accadere che le proprietà comparative siano tutte o in gran parte di tipo metaforico : proprietà analogiche, insomma, relative ad uno o più àmbiti. Esaminiamo da prima un esempio dannunziano del *Piacere*, isolando dal resto la descrizione dei vasi o *coppe* :

> Le stanze andavansi empiendo a poco a poco del profumo ch'esalavan ne' vasi i fiori freschi. Le rose folte e larghe stavano immerse in certe coppe di cristallo che si levavan sottili da una specie di stelo dorato slargandosi in guisa d'un giglio adamantino, a similitudine di quelle che sorgon dietro la Vergine nel *tondo* di Sandro Botticelli alla Galleria Borghese. Nessuna altra forma di coppa eguaglia in eleganza tal forma : i fiori entro quella prigione diafana paion quasi spiritualizzarsi e meglio dare imagine di una religiosa o amorosa offerta[415].

Le *coppe* di *cristallo*, singolarizzate dal determinante *certe* – saranno coppe d'un genere eletto, certo non comuni coppe quotidiane – si 'levano' (un caratteristico verbo descrittivo...) su

[415] In *Prose di romanzi*, vol. I, a c. di A. Andreoli, Milano, Mondadori (« I Meridiani »), pp. 5-6.

un gambo-stelo assimilato a quello d'un fiore, ma ancora referenzialmente *dorato,* e del resto l'approssimazione « una specie di » avverte che si è ancora in ambito di predicazioni proprie. Ma subito, quando si viene alla parte superiore delle coppe, al loro 'calice', non rimane più traccia di predicazioni proprie : in loro luogo ecco invece una coppia, superordinata una all'altra, di predicazioni analogiche : « in guisa di... » e « a somiglianza di », la seconda più estesa e inglobante della prima. La materia predicativa, oltretutto, è resa ancora più sfuggente dal fatto di essere ibrida : il calice si allarga come un giglio, sì, ma come un giglio estremamente poco naturale – un giglio con le proprietà del cristallo o del diamante : *adamantino,* cioè puro, splendente, incorruttibile. Segue un periodo di commento, che (oltre ad iperbolizzare, comparativamente ad ogni altra coppa, l'eccellenza delle attuali) prosegue l'operazione analogica di confusione delle sostanze : in coppe-giglio di tale sorta i fiori non sono più corruttibili sostanze vegetali, ma platonica incorruttibile idea di fiori. Descrizione straordinariamente e totalmente analogica, dunque, nella quale quel che importa è l'esser altro dalla propria materialità.

Meno preziose, ma altrettanto se non più perigliose, sono le escursioni analogiche del *Bove* di *Myricae,* in cui Pascoli rivaleggia con l'omonimo neoclassico sonetto carducciano « T'amo, o pio bove... », un testo questo d'ampio giro, solidamente strutturato, dopo il vocativo iniziale, da alternative (« O che solenne come un monumento » *vs* « O che al gioco inchinandoti contento ») ed opposizioni (« Ei t'esorta e ti punge » *vs* « tu co 'l lento I Giro de' pazïenti occhi rispondi ») sino al riflettersi, nella terzina finale, del verde del piano nel glauco dell'occhio. L''imitazione' pascoliana, che proprio da questo rispecchiamento sembra muoversi, è invece all'insegna d'un totale simbolismo, accompagnato da una spinta frantumazione intonativa (*v.* per questa in particolare il v. 13 : « cala, altissime : crescono già, nere, »), anche se non mancano allusioni classiche (la scontata virgiliana degli ultimi due versi) e lucidi chiasmi strutturanti nei rapporti tra immagine e trasposizione dell'immagine (*v.* ad esempio « un gregge [...] e par la mandria » di contro a « tacite chimere, | simili a nubi »). Ma si legga :

IL BOVE
Al rio sottile, di tra vaghe brume
guarda il bove, coi grandi occhi : nel piano
che fugge, a un mare sempre più lontano
migrano l'acque d'un ceruleo fiume ;

ingigantisce agli occhi suoi, nel lume
pulverulento, il salice e l'ontano ;
svaria su l'erbe un gregge a mano a mano,
e par la mandria dell'antico nume :

ampie ali aprono imagini grifagne
nell'aria ; vanno tacite chimere,
simili a nubi, per il ciel profondo ;

il sole immenso, dietro le montagne
cala, altissime : crescono già, nere,
l'ombre più grandi d'un più grande mondo.

All'iniziale verbo d'azione percettiva (*guarda*) preceduto da doppio avverbiale di luogo (destinazione e origine dello sguardo) e accompagnato da un qualificativo omerico (« dai grandi occhi ») seguono con andamento generale-specifico-generale (il piano, alberi e animali nel piano, il cielo con uccelli e nubi, l'orizzonte col tramonto del sole e le ombre « grandi di un più grande mondo ») le predicazioni in un sottile gioco di alternanze tra realtà e visione dell'animale, tra ciò che sappiamo essere la realtà e ciò che appare all'occhio del bove. Da prima la visione (il « ceruleo fiume » – ma la realtà del « rio sottile » era stata anticipata nel primo verso), poi il processo della trasformazione (« ingigantisce agli occhi suoi ») ; quindi la realtà comparata alla visione (« svaria su l'erbe un gregge ... e par la mandra »); la sola visione (con la mirabile astrazione percettivo-fonica di « Ampie Ali Aprono imAgini grifAgne... ») : a rigore, naturalmente, sono « falchi in volo » ; la visione comparata alla realtà (« tacite chimere, | simili a nubi »), e infine, con tutto il suo peso, di nuovo da sola, due volte la visione : il calare dell'*immenso* sole e il crescere delle « ombre *più grandi* d'un *più grande* mondo » (la realtà rimanendo implicita nel grado dell'aggettivo *immenso* e nel grado del comparativo *più grande*).

UNA SCHEDA BIBLIOGRAFICA SULLA DESCRIZIONE

AA.VV., 1980, « *Il paradosso descrittivo. Atti del V convegno italiano di studi scandinavi* », Annali dell'Istituto Universitario Orientale – Napoli, n° 23 (1980)

ADAM J. M., 1993, *La description*, Paris, PUF (« Que sais-je ? », n° 2783).

ADAM J. M. ET PETITJEAN A., 1989, *Le texte descriptif*, Paris, Nathan.

FRATNIK M., 1988, « *Contributo alla didattica della scrittura descrittiva* », Scuola e Didattica, a. XXXIII, n° 10, pp. 49-64

HALSALL A. W., 1992, « Beschreibung », *Historisches Wörterbuch der Rhetorik*, a cura di Gert Ueding, vol. I : A–Bib, Niemeyer, Tübingen, pp. 1495-1510.

HAMON P., 1981, *Introduction à l'analyse du descriptif*, Paris, Hachette.

HAMON P., 1991, *La description littéraire. Anthologie de textes théoriques et critiques*, Paris, Macula.

HAMON P., 1993, *Du descriptif*, Paris, Hachette.

KORTE-CHEMNITZ B., 1994, « *Sehweisen literarischer Landschaft – Ein Literaturbericht* », Germanisch-romanische Monatsschrift, N.F. 44, pp. 255-265.

LAVINIO C., 1990, *Teoria e didattica dei testi*, Firenze, La Nuova Italia (in partic. § 5 « Tipologie testuali e testi letterari » e § « Il lavoro sul testo descrittivo »).

LOBSIEN E., 1981, *Landschaft in Texten. Zu Geschichte und Phänomenologie der literarischen Beschreibung*, Stuttgart.

MANZOTTI E., 1982, « 'Ho dimenticato qualche cosa ?' : una guida al descrivere », Insegnare stanca. Esercizi e proposte per l'insegnamento dell'italiano, a cura di P.M. Bertinetto e Carlo Ossola, pp. 119-180, Bologna, il Mulino.

MENGALDO P. V., 2001, « Descrizioni » cap. XIV di ID., *Prima lezione di stilistica,* Roma-Bari, Laterza, pp. 133-140.

PELLINI P., 1998, *La descrizione,* Roma-Bari, Laterza.

RAIBLE W., 1979, « *Literatur und Natur. Beobachtungen zur literarischen Landschaft* », Poetica, n° 11, pp. 105-123.

RIFFATERRE M., 1981, « *Descriptive Imagery* », Towards a Theory of Description (= « Yale French Studies », n° 61), pp. 107-125.

SCHWARZE C., 1982, « 'Quel ramo del lago di Como' : uno strumentario concettuale per l'analisi dei testi descrittivi », in *Insegnare stanca. Esercizi e proposte per l'insegnamento dell'italiano,* a cura di P.M. Bertinetto e Carlo Ossola, pp. 79-117, Bologna, il Mulino.

SOAVE F., *Istituzioni di rettorica e belle lettere tratte dalle lezioni di Ugo Blair – ampliate ed arricchite ad uso della studiosa gioventù italiana da Giuseppe Ignazio Montanari,* Firenze, Ricordi e Jouhaud, *s.d.* (ma « V edizione fiorentina » - la IV essendo del 1849), in partic. Parte terza, capi VIII « Della poesia descrittiva » e IX « Quanto importi a ben descrivere l'ordinare le parole a seconda delle idee ».

STANZEL F. K., 1979, « Perspektive und die Darstellung des Raumes", in ID., *Theorie des Erzählens,* pp. 152-161, Monaco, UTB.

STERNBERG M., 1981, "*Ordering the Unordered: Time, Space, and Descriptive Coherence*", Towards a Theory of Description (= "Yale French Studies", n° 61), pp. 60-88.

THOMSON D. H., 1988, "*Rhetoric meets Philosophy: The Place of Description in Literary Criticism* », Philosophy and Rhetoric n° 21, pp. 77-102.

CUVÂNTUL, INTERCESOR ÎNTRE OM ȘI SACRU : ARGUMENTELE SIMBOLURILOR BIBLICE ȘI ALE MITURILOR ANTICE ÎN PREDOSLOVIILE LITERATURII ROMÂNE VECHI

Laura LAZĂR ZĂVĂLEANU
Università « Babeș-Bolyai », Cluj-Napoca
Université Sorbonne Nouvelle – Paris 3
E-mail: laurazavaleanu@yahoo.com

Summario

La predoslovia di Șerban Cantacuzino a Sfânta și dumnezeiasca Evanghelie (Il Sacro e Divino Vangelo), Bucarest, 1680 dà la stessa testimonianza, collocando le Tavole della Legge ed il Nuovo Testamento tra i primi « tanti e diversi mezzi di [...] espiazione »[416] che rivelano l'amore divino, il cristianesimo, per eccellenza una religione e una civilità della scrittura, e concependo dunque la scrittura della Parola come forma primaria della Conoscenza di Dio e della comunicazione con la divinità, dopo la cacciata dal Paradiso.
I prologhi degli antichi testi religiosi romeni assumono l'idea e la trasformano in motivazione essenziale della pubblicazione dei libri in uno spazio dove una tale pubblicazione equivale, spesso, con una

416 *Sfânta și dumnezeiasca Evanghelie,* Bucarest, 1680, în *BRV II,* 1903, p. 248.

professione di fede religiosa, identitaria e culturale, annunciando allo stesso tempo un modello di modus vivendi in via di costruzione.

Parole-chiave
Predoslovia, prologhi, scrittura della Parola, identitaria culturale, modus vivendi

1. DREGĂTORIA CUVÂNTULUI

> Omul căce iaste zidit şi făcut pre chipul lui Dumnezău, şi căce iaste cinstit cu deregătoria, a cuvăntului, drept aceaia nu se cade lui să fie ca vita fără de grai, ce cătu-i iaste putearea să se apropie cătră Dumnezeu, că Sfinţia sa învață pre dânsul ca pre o făptură a sa, să fie pre podoaba chipului căruia l-au făcut[417].

În Predoslovia pe care o scria Mitropolitul Ștefan al Ungrovlahiei la *Mistyrio* (Târgoviște, 1651), aceasta este, după canonica închinare a textului, fraza cu care, deloc concesiv, înaltul ierarh își deschide, în fapt, demersul argumentativ menit să cheme la ameliorarea de sine prin lectura cărții ce era scoasă acum în lumina tiparului. Debut e*x abrupto,* provocator și fără a lăsa drept la replică, oferind, însă, și o splendidă imagine a omului ridicat în rang ontologic prin *dregătoria cuvîntului,* șansa și harul de a deveni, astfel, oglinda *chipului* Creatorului său.

În doar câteva rânduri, nu doar tușa puternică, șarjată antinomic prin raportul om vs. *vită fără grai,* ci și o sinteză a *Facerii* și a *Evangheliei după Ioan.* Darul grație căruia păcatul adamic poate fi anihilat prin alternativa compensatorie a cuvântului scris : în varianta lui sacră, a *Scripturilor,* el reiterează, recuperatoriu, o nouă *Geneză,* de după întruparea *Cuvântului* și revărsarea Lui asupra lumii, cu un Paradis reluat în posesie, unde cartea se oferă, precum în *Psaltirea de-nțăles* a lui Dosoftei (Iași, 1680), ca

417 Predoslovia Mitropolitului Ștefan al Ungrovlahiei la *Mystirio,* Târgoviște, 1651, în BRV II, 1903, p. 180.

> o grădină sufletească răsădită de Dumnădzău, ce o au răsădit cu de tot pomii sufleteşti, la răsărit, în **Edemul cel cugetat**, în svinta besearică, carea cetind iubitul creştin să satură de toată dulceaţa şi să adapă de viaţă veacinică [s.n.].

Nimic mai frumos, pentru omul « împodobit » cu minte și cuvânt, decât această nouă zare a Edenului cugetat unde poate fi cultivată grădina sufletească a « iubitului creștin ». În ipostaza sa privilegiată de cititor, el are acces, astfel, la o nouă ordine ontologică, îndreptată, după păcat, prin « răsădirea [...] svint[ei] biseric[i] » a lui Hristos ce redeschide și calea spre veșnicia pierdută.

Regăsim aici una dintre coordonatele recurente ale perioadei, pentru că în spațiul culturii și literaturii române vechi, ideea scrierii ca salvare (de păcat, de uitare, ba chiar de moarte) apare, sub diferite ipostaze, în majoritatea textelor prefațiale. În predoslovia la Evanghelie învățătoare, de la Mănăstirea Dealu, din 1644, Meletie Macedoneanul, continuând, parcă, imaginea lui Dosoftei, îi conferă – referindu-se din nou la forma ei exemplară, a textului biblic – valoare ontologică, de redempțiune, de recuperarea a darului perfecțiunii inițiale risipite prin « călcarea întru atăta nenoroc »[418], și a vieții eterne :

> ca să putem ajunge întra *acé* destoinicie dentăiu car*é* o au avut omul acel dentăiu în raiu pănî nu căzuse, şi pentru ac***éi***a au socotit Dumnezeu acest al doel***é*** ajutoriul al scripturilor însî aflat, şi se a dat noao [s.n.][419].

Ea este darul divin[420] care, în *Cartea românească de învățătură, Iași, 1646, provocând la efort* de cercetare și

[418] În *BRV* II, 1903, p. 145, Ce minunat de frumoasă este această metaforă prin care Meletie Macedoneanul numește păcatul adamic !

[419] În *BRV* II, 1903, p. 145.

[420] În *Noul Testament*, Bălgrad, 1648, metafora *cărții-dar* apare și cu sens invers, de danie binecuvântată, întoarsă, prin celălalt, către

descoperire a sensului Sfintelor Scripturi pe acei ce « s-au cumpătat de-au cercat *până* s-au spodobit de-au găsit izvorul vieţii cel nescădzut »[421], focalizează, prin metafora scrierii-moșie transmisă urmașilor, ideea fundamentală a legatului sapiențial ca formă absolută de moștenire, pentru că ea oferă acces nu numai la bunăstarea materială, ci la însăși sursa vieții fără de sfârșit, reinstituind raportul originar cu sacrul prin recuperarea valențelor Cuvântului primordial.

Se configurează, astfel, în mod ideal, un univers unde învățătura – înțeleasă ca posibilitate de (re)întâlnire cu Cuvântul, în ipostaza sa scripturistică – categorie gnoseologică și ontologică deopotrivă, este o nevoie vitală, sine qua non – « pentru că cum nu poate nime a lăcui în ceastă *lume* fără de apă, aşea nu poate fi nice fără învăţătură »[422]–, fără de care existența umană – « cinstit[ă] și cu dregătoria [...] cuvântului »[423] –, ar decădea din propria-i condiție de superioritate intelectuală și morală.

Cum și prefața lui Șerban Cantacuzino la Sfânta şi dumnezeiasca Evanghelie, Bucureşti, 1680 o mărturisește, așezând Tablele Legii și Noul Testament între cele dintâi « multe și bogate mijloace [...] pentru spășnie »[424] prin care se arată dragostea divină, creştinismul, prin excelență o religie și o civilizație a scrisului, concepe scrierea Cuvântului ca formă supremă de Cunoaștere a lui Dumnezeu și de comunicare cu El, după alungarea din Rai.

Predosloviile vechilor texte religioase românești asumă ideea și o transformă în motivație esențială a tipăririi cărților într-un spațiu unde ivirea lor în lumină echivalează, de multe ori, cu o profesiune de credință religioasă, identitară și culturală

Dumnezeu : « pomană neuitată în veaci ».

421 *Carte românească de învățătură, 1646*, 1961, p. 37.

422 *Ibidem* p. 37.

423 *Vezi supra,* nota 1.

424 *Sfânta şi dumnezeiasca Evanghelie,* Bucureşti, 1680, în *BRV II,* 1903, p. 248.

deopotrivă, prefigurând, în același timp, un ideal de modus vivendi în configurare.

- Grai înpreună şi cuvinte [...] celui ce fără de glas şi fără de grai mai nainte [...] era.

Predoslovia la ***Psaltirea*** de Bălgrad, 1651, spune chiar mai mult, reamintind, prin intermediul resemantizării unui motiv biblic, că recuperarea accesului la *Logos* este singura soluție de reluare în posesie a poziției inițiale privilegiate a omului *Facerii*. Este vorba despre exploatarea simbolisticii Turnului Babel actualizând, în context, ideea « despărțirii limbilor » ca pedeapsă divină, de unde omul « se răsfiră în pribegie ». Relaționarea episodului « când făcea oamenii oraș și turnu den sfatul lor cel orb și nebun » cu pogorârea Sfântului Duh asupra apostolilor, ca anihilare a pedepsei, deschide ingenioasa idee de a dezvolta problema înțelegerii, comunicării, vorbirii în limbi ca acces la sensul pe care îl facilitează, în viața de zi cu zi, traducerea.

Se introduce astfel susținerea importanței cărții în limba proprie ca formă a neutralizării sancțiunii pentru construirea Turnului Babel : dialectică, istorie – cunoașterea limbilor ca binecuvântare, dar de reunificare și reîntoarcere din « pribegia » păcatului :

> Pentru ştiinţa limbiei acmu încă cheamă Dumnezău în toate zile pre toate limbile, dentre toate rătăciturile şi den toate nebuniile, spre credinţa şi spre ştiinţa lui Hristos cea dreaptă şi adevărată şi cu o inimă. Pentr-aceaea, foarte-i de treabă şi în vreamea de acmu a şti în limbi ca să propoveduiască Evanghelia în toate limbile : întru limba lor, ca să înţeleagă. Pentr-aceasta au dăruit şi pre apostoli în zua de Rusalii, Déa(n) 2, ca să ştie în toate limbile. Carea acmu cu mare osteneală o învaţă oamenii, a şti în toate limbile şi să propoveduiască Evanghelia lui Hristos şi să

aducă oamenii la uniciunea credinţei, ce să zice la o credinţă dereaptă[425].

În aceeași ordine a priorităților spirituale, predoslovia scrisă de « Evstratie biv logofet » la Carte românească de învățătură (Iași, 1646) explică o dată în plus raportul ideal necesar cu textele sacre. Incipitul deschide prefața printr-o analogie ce așază relația cu Sfintele Scripturi sub semnul căutării (« sapă »), al aplicării, cercetării și analizei de detaliu (« meșterșugesc » – implicit cizelare, artefact), al descoperirii și punerii în valoare inteligente și, mai mult chiar, ingenioase (« **iscusit** cu mare meşterşug silesc de scot acel izvor pănă în fața pământului [s.n.] »). Raportul cu Sfintele Scripturi, așadar, este unul viu, ce presupune asumare și implicare activă pentru a avea și a oferi acces la ele :

> Cum izvorăsc şi es toate apele den mare şi împărţindu-*să* să *răşchiră* pren toate vinele pământului de adapă tot pământul, aşea într-acesta chip şi svintele scripturi izvorăsc şi es dentru înţilepciunea dumnedzăirei şi alte toate învăţăturile ceale bune ; drept aceaia iarăşi cum vedem pre toţi înţelepţii şi putearnicii lumii cu mare osârdie şi nevoinţă şi cu multă cheltuială cearcă şi sapă *pământul* şi meşterşuguesc de găsăsc de aceale vine de izvor de apă şi, daca le găsăsc, bucurându-să foarte, iscusit cu mare meşterşug silesc de scot acel izvor pănă în faţa pământului pentru binele şi răpaosul a mulţi ce lăcuesc pre acel loc ; aşea iaste şi izvorul svintelor scripturi[426].

Nu doar alegoria Sfintelor Scripturi izvorând din înțelepciunea divină precum apele adăpând pământul ce repune toată creația sub semnul însetării de Cuvântul sacru, dar și ampla perspectivă a unei întregi civilizații de « înțelepți și putearnici [ai] lumii » implicați în căutarea – « iscusit cu mare meșterșug » – a « izvorului svintelor scripturi ». Iar

---

425 *BRV II*, 1903, p. 24.

426 In *Pravila lui Vasile Lupu*, Iaşi, 1646.

predosloviile cărților vechi românești « mustesc » – ca să rămânem în același regim al acvaticului – de nume și modele de cărturari ai vremii identificându-se cu efortul lor de « scoatere din ascundere », prin descoperire, traducere și tipărire de cărți esențiale de cult sau spre « luminarea » ori « desfătarea » neamului.

Dintre nenumăratele exemple – autori sau nu de predoslovii – în care intră, pe rând, simpli tipografi, diortositori, preoți ori înalți ierarhi bisericești, boieri eruditi și până la domnitorii-mecena, alegem acum pe cel al Mitropolitului Teodosie al Ungrovlahiei așa cum se conturează el în prefața la Triod (Buzău, 1700)427, construind, în același timp, un alt magnific portret, al Domnului Constantin Brâncoveanu, în ipostaza sa de donator și de susținător al culturii românești, identificată aici prin tipărirea de carte în limba română.

Textul se remarcă, înainte de toate, prin metafora cărții – « muzicesc organ », « dar [ofrandă n.n] [...] ***nu nesimțitoriu și den neînsuflețată materie tocmit organu, ce organu de Dumnezău făcut, den dumnezăești gânduri alcătuit*** », precum « ***Organul cel muzicesc al lui David [ce] domoliia duhul cel ficten al înpăratului Saul, iară acesta toate valurile ale sufletului le potoleaște, și pre draci goneaște*** ». Dincolo de imaginea unui Dumnezeu care, văzut după concepția renascentistă și, mai târziu, dezvoltată de romantici, creează lumea după gândul său, se evidențiază nuanța cathartică, dar și orfică și apotropaică a cântecului / cuvântului / cărții. Mai mult chiar, prin construcția antonimică ce așază ivirea noii cărți în opoziție cu plângerea de la apa Vavilonului - « Vavilonul cel năsâlnic », unde evreii înrobiți « ***limba legându-și, și pază gurii puindu-și și alegând mai bine tăceria, cu suspini și scârbă multă den inimă lacrămi vărsând*** », refuză cântecul în pământ străin, noua tipăritură este prezentată, în fapt, ca un rod al libertății. Un adevărat imn al libertății creștine și de neam

[427] Toate citatele din această Predoslovie prezente în text în continuare vor trimite la BRV II, 1903, pp. 404-409.

totodată exploatează întreaga simbolistică a Psalmului 136, oferind modelul unei exemplare – și extrem de poetice – reluări a unui motiv biblic, resemantizării și a adaptării lui la realitățile românești ale epocii :

> Iară noi, carii sântem, cu darul lui Dumnezău, Noul Israil, limba cea sfântă, înpărăteasca preoţie, norodul cel cinstit, răscumpăraţi fiind pren cinstitul sânge al Domnului nostru Is. Hs., den amarul Vavilon al turburării celor simţitori şi înţelegători vrăjmaşi, de carii în toate zilele sântem bântuiţi, şi dentru cea grea robie şi înşălăciune a stăpânitoriului lumii cătră cel de sus Ierusalim acum aducându-ne la cea dentâi şi dorită moşie a noastră - nu mai spânzurăm ceale de gând organe ale sufletelor noastre de sălciile ceale nerodnice de bune fapte. Ce mai vârtos luând organul cel ales de cântarea de pă maslinul cel plin de roadă ce iaste în casa lui Dumnezău sădit şi cu frumoase roade şi cu de-a apururea înflorite odraslii înfrumuseţat [...], cu mare bucurie lovind strunele cântăm, nu în pământ strein, ce în pământ slobod şi al nostru, pre care pren înţeleapta şi mult practica chivernisirea cei prea dreapte şi milosârdioase stăpânirii Măriei tale, al nostru cu cale îl socotim, pren ale căriia stăpâniri blândeaţe nu ca pre un strein ca streinii şi nemearnicii, ca cei mai mulţi den strămoşii noştri ce au fost supt stăpânirea năsilnicilor stăpânitori, ce ca cum sântem tot dentr-o ţară pre a noastră moşie ce să chiverniseaşte cu bună dreptate şi cu pace, supt stăpânirea unui Domn blând ca Măriia ta, cu bună întemeiare lăcuim.

Am citat întregul fragment, pentru că el pune în discuție mai multe elemente esențiale pentru problematica perioadei.

Mai întâi, reprezentarea unei lumi unde Cuvântul este dublat / reflectat de cântecul de slavă, într-o mișcare în arc reflex : de la Dumnezeu vine Cuvântul, de la om se îndreaptă (se întoarce) spre Dumnezeu Cântecul ; un univers armonic, muzical (ce se naște, poate, din ideea de stabilitate, libertate, pace și recuperare identitară), întărește opoziția cu plângerea de la apa Babilonului. Un univers unde cântecul de slavă, funcționând tocmai ca intercesor, pune în mișcare lumile de sus și de jos, care, astfel, distincte și depărtate, se întâlnesc și se întrepătrund, acționând împreună prin rugăciune : « cântarea lui îngerii și sufletele credincioșilor de la ceriu la pământ pogoară spre ajutoriul celor ce cu smerenie cântă ».

Apoi, o poziție fundamentală : afirmarea libertății de țară și de neam, prin contrast cu strămoșii ; ideea de unitate de teritoriu și origini și confortul dat de sentimentul apartenenței, împreună, la același spațiu și același timp simbolice, materializate tocmai prin imaginea originilor comune. Aici se va înscrie și urmarea panegiricului închinat domnului luminat, Brâncoveanu, cu emoționanta exclamație ce afirmă bucuria mare că, de acum, având carte în « a noastră cea de moșie limbă »,

> Nu ne vom mai înprumuta dară de acum înnainte de unele ca aceastea, ca mai nainte dela alţii, ce şi noi ca ale noastre le vom avea, şi altora, cui vor trebui de aceastea, cu osârdie vom înpărţi.

Foarte frumoasă mărturisire și impresionantă prin sinceritatea entuziasmului ei, a sentimentului întemeierii unor repere culturale proprii și a posibilității dăruirii « dar din dar », cum eruditul domn valah o făcuse, oferind prin carte, « ***grai împreună şi cuvinte […] celui ce fără de glas şi fără de grai mai nainte […] era*** » și facilitând, astfel, accesul tuturor către Dumnezeu, care nu mai grăiește, precum și Biblia de la București o nota, « cu glas striin ». Pe lângă ideea anihilării diferențelor și a unei mântuiri deschise tuturor, se reține și memorabilul portret al domnitorului-mecena, donator și binefăcător susținând financiar și politic apariția cărții printr-o sporire a talantului ce-și atrage, imediat, efectul : acum domnul cântă nu numai cu o gură, « ***ce cu multe mii de limbi*** », ale cărților și ale cititorilor acestora, înmulțind înmiit darul primit.

2. ODRĂSLIREA ÎNTRU CUVINTE

În buna și originala tradiție a umanismului românesc, cel care nu are, precum Occidentul revoltat împotriva clerului medieval, reflexul respingerii modelului creștin, textele perioadei noastre vechi – majoritatea scrise, de altfel, de oameni ai bisericii - abundă de referințele duble : pe de-o parte, referința canonică esențială la textele sacre, pe de altă parte, aproape în oglindă, sau pentru a întări ideea reluată prin citarea scripturistică, referința antică, la mituri sau filosofi revizitati asiduu în epocă.

Grecia antică se și conturează, de altfel, ca model de civilizație și cultură, dar și de credință și morală. Un exemplu magistral oferă introducerea lui Dimitrie Eustatievici Brașoveanul la Gramatica rumânească, 1757, a cărui concepție despre *om* – tinzând spre ameliorare, făptura înfrumusețată cu darul minții și înțelepciunii – ne trimite la etimologia grecească a ideii de *cosmetizare,* unde etimonul *Kosmos* înseamnă deopotrivă ordonare și înfrumusețare. Mintea și înțelepciunea ca forme de împodobire și « orânduire » a omului, frumosul venită din moralitate și bine sunt, deodată, ecourile *kalokaghatiei* platonice și bizantine :

> Precum strălucirea soarelui întru puterea şi covîrşirea luminării sale arătată şi cunoscută fiind de toată făptura cea înfrumşeţată cu darul minţii şi înţelepciunii, ceea ce cu întindere au îndireptat vederea sa către acea firească a luminării covîrşire, întru acest chip cunoştinţa, arătarea, priceperea şi luarea aminte au pătruns cugetul minţii şi inimii fieştecăruia om cercători de lucrurile vederii [s.n.][428].

În consecința unei asemenea concepții, viciile devin non-valori, inamicii valorilor virtuții – « *izgonitorii învăţăturii* ». De

---

[428] Toate citatele din această *Predoslovie* trimit la Dimitrie Eustatievici Brașoveanul, 1969, pp. I-XII.

aici, configurarea unei memorabile imagini a unei societăți unde non-valorile (enumerate în detaliu), ajung la putere din cauza ignoranței : din citatul amplu, surprinzând aproape pictural, în construcții extrem de plastice și cu o vehemență temperată, aulică, contururile unei lumi căzute sub imperiul viciului, notăm doar un fragment, interesant pentru noi și pentru modelul exemplar de civilizație și cultură propus în prim plan :

> Oare pentru ce Greţia au numit pre totă lumea a fi crudă? Pentru hrănirea fiinţii omeneşti, prin cruzirea oamenilor, precum şi este, ca nevoinţă întru sine să nască spre stricarea cruzirii şi spre dobîndirea întregimii spre lumina cunoştinţii, ceea ce cu bine cinstire prin învăţătură să dăruieşte.

O lume ce trebuie să se curețe de instinctele atavice așezându-se, prin excelență umanist și în siajul Iluminismului deja, sub imperiul rațiunii, marchează, iată, ca reper central *Grecia,* spațiul modelului ce a optat pentru « lumina cunoașterii » prin excelență.

Măsură, nuanță, atentă dozare a volumului de informație : « să nu să îngreuieze cu îndelungarea cuvîntului ».

Noutatea absolută a demersului auctorial și științific : « Însă a toatei învăţături începutul este gramatica, de ceea ce pînă în ceasul de acum în rumînescul dialect lipsire au fost, neauzindu-să, nepovestindu-să, necercîndu-se pentru folosul ei ».

Tocmai de aceea, interlocutorul lui Dimitrie Eustatievici, căruia nu i se mai oferă un text religios, ci, pentru prima dată, unul de gramatică, asumat ca științific prin excelență, dar persistând, dintr-o perspectivă integrativă, deopotrivă filosofică și pedagogică, pe rolul formator al acesteia și la nivel moral, este figurat ca receptorul exemplar, acoperind virtuțile umane, dar și valențele unui cititor ideal.

El este *cercătorul de învățătură,* imagine magistrală, în același timp biblică și platonică, ori de basm popular românesc. Anticipând imaginea omului de știință actual, aduce împreună tatonările neofitului, dar și, cu o imagine mult mai modernă, prefigurând tribulațiile cercetătorului din realitatea noastră imediată, nuanțele căutărilor celui deja inițiat, însă mereu în *creație de sine* prin *creația sensului* descifrat și propus, în măsură să-l ajute la descoperirea marilor adevăruri ale existenței înseși :

> ca nu numai folosul dialectului să priceapă cercătoriul de învăţătură, ci împreună să odrăslească întru cuvintele cele de mai înltă pricepere folositoare învăţăturii, trebuincioase alegerii vieţii omeneşti, dezlegătoare cuvintelor celor prin sine tăinuitoare şi întunecoase.

Nimic mai frumos decât această *odrăslire întru cuvinte, dezlegătoare de taină și întuneric,* la îndemâna cititorului, pentru că el este, deopotrivă, la Eustatievici, în sensul etimologic al termenului, un *philosophos, iubitoriul de înţelepciune,* în măsură să răspundă la provocarea analizei comparative, de efort erudit și hermeneutic deodată : « pui legătură hotărîtoare, neplăcînd izvodirea gramaticii aceştiia, caută întru cele elineşti, întru cele sloveneşti, întru cele latineşti şi întru altele », finalitatea fiind, din nou, una de facilitare a accesului la sens, o ontologică *scoatere din ascundere,* fără spaimele și rezistențele heideggeriene, surprinsă aici, din nou magistral, în chipul *neîntunericirii* și, cu un alt ecou contemporan, parcă, al *ușurătății ființei* născute dintr-un raport *avant la lettre* cu filosofia limbajului ca formă de acces la *rânduiala de sine* :

> care s-au şi aşezat fieştecare cuvînt la locul său, toată partea toate ale sale avînd la rînduiala şi numărul său, ca uşurare, neîntunerecire, luminare, îndreptare să dobîndească cercătoriul de învăţătură.

Dedicația din final conține și o nuanță legată de acțiunea autorului ce dă el însuși, prin cartea sa, reiterând modelul Facerii originare, calea de ieșire din întuneric spre lumină :

> Priimiţ dară meşteşugul acesta şi lăudaţi pre Tatăl Savaot cel întru Sfînta Troiţă proslăvit, carele au zis întunerecului

să fie lumină şi s-au făcut lumină prin a căruia ajutori începîndu-să lucrul acesta s-au şi săvîrşit gramatica, căruia neîncetat mulţămită, laudă, mărire, şinste, întru nesăvîrşiţi veci, amin

Cuvântul la locul său ca ușurare, neîntunericire, luminare, îndreptare, ori autorul facilitând asta prin lucrarea dăruită cititorilor trimit aici, din nou, nu numai la rolul lor de intercesori, dar, de data aceasta, și la puterea de a intermedia nu doar cunoașterea lumii ori a divinului, ci și a sinelui, reamintindu-ne, parcă, de simbolistica *labirintului* la Cantemir, un alt exemplu de reactivare a motivelor antice în spațiul literar vechi românesc.

În *Divanul,* el apare în momentul cheie al concilierii dintre Înțelept și Lume, reprezentat de renunţarea bruscă a Lumii la jocul viu al contraargumentelor şi la recunoaşterea incapacităţii sale de a mai găsi adevăratul răspuns tocmai la întrebările iniţiatoare ale disputei, din debutul volumului, la care, de altfel, a răspuns deja în repetate rânduri şi cu variate argumente.

« Că nice eu, ce sunt şi cum sunt (s.n.) a mă şti nu pot, şi cu tine de când mă gâlcevesc şi desputaţii fac, mintea ca cum mi-ar fi intrat în Lavirinthul Critului »[429], declară Lumea tulburată, cerând ajutorul Înţeleptului. Exploatarea motivului *labirintului* în acest context – amintind de cunoscutul poem al lui Comenius, intitulat *Labirintul lumii şi Paradisul inimii,* unde personajele ce-l însoţesc pe tânărul neofit pornit în călătoria sa de cunoaştere (*Ştie-Tot şi Amăgire*) sunt expresive variante ale eroilor cantemirieni – insistă tocmai pe adevăratul sens al descifrării drumului criptic. Ca în discursul « străluciţilor Costini », ce-l provocau pe domnitorul Antonie Ruset la *proba labirintului,* oferindu-i şi modelul deplin al celor patru puteri ale lui Apollo, lumea este supusă şi ea la aceeaşi încercare a cărei soluţie trebuie să fie tocmai *cunoaşterea de sine.* Pentru că, întocmai cum, peste mai mult de două secole, Gide va rescrie mitul lui Tezeu, insistând pe faptul că aceia care intrau în

[429] Toate citatele din *Divanul* lui trimit la Dimitrie Cantemir, 1974.

labirint nu piereau pradă Minotaurului (imagine simbolică a unei ființe jumătate om, jumătate animal, aşadar, jumătate rațiune, jumătate instinct), ci urmare a tulburării interioare, ce-i lăsa definitiv prizonieri propriilor slăbiciuni trupeşti dezlegate de controlul rațiunii, Dimitrie Cantemir sugerează şi el că marea taină a labirintului este tocmai *autoscrutarea, cercetarea de sine* (Doina Curticăpeanu) :

> Iată acmu dară că din lavirinthul adecă din învăluirea şi din închisoarea care mintea îţi cuprinsesă, ţi-am scos, şi ce eşti şi cum eşti ţ-am arătat, declamă înţeleptul, recunoscut acum ca stăpân al lumii neputincioase. Şi adevărat aşe să te cunoşti şi să te ştii şi aşe toată zidirea să te cunoască (s.n.)

va continua el, evidenţiind valoarea împlinirii dictonului *nosce te ipsum* ca premisă *sine qua non* a definirii în faţa celorlalţi, etapă necesară acceptării alterităţii ca formă de împlinire a *păcii cu Lumea* şi apoi a mult rîvnitei *păci cu Dumnezeu*. Tocmai de aceea, demonstraţia se face, acum, nu prin exacerbarea diferenţelor, ca până aici, ci prin reconstrucţia simetrică, în oglinzi paralele, a « lumii mari, pildă şi tipos a <lumii mici> », reactualizând teoria antică (Heraclit, Empedocle, Platon, Aristotel) a corespondenţei *Macrocosm / Microcosm*.

Simbolul apare, simetric, în ultima lucrare a lui Cantemir, *Hronicul vechimii romano-moldo-vlahilor*, cu schimbarea protagonistului în căutare. Aici, cel supus la *proba labirintului* este *înțeleptul* însuși care, înaintând spre finalul vieții, resimte, socratic, relativitatea științei.

De data aceasta, un labirint al înțelepciunii lumii spirituale, unde, o dată intrat, trebuie să știi să alegi adevărul în măsură să deschidă calea spre recuperarea trecutului, originilor, învestind trăirea clipei cu semnificație. Cităm fragmentul și pentru expresivitatea imaginii înălțând și răsturnând deodată *un Babel de cărți*, mai vechi și mai noi, *splendidă metaforă a Bibliotecii* :

> Vrând ca pentru cea dinceput a dachilor stăpânire să scriem și grămezi de cărți a mai vechi și mai noi istorici întorcând

și răsturnând, nu altă, ce ca cum într-un lavirinth (căruia nici întratul, nici ieșitul nu-i poate afla), să fi intrat ni să pare (I, p.60).

Căutarea centrului echivalează cu introspecția, găsirea ieșirii cu însăși cunoașterea sinelui. La începutul vieții sau la sfârșitul ei, proba labirintului, căutarea și setea de cunoaștere, rămân, tot socratic, reperele spiritului învingător.

Se adaugă problema deontologică a istoricului, a dificultății selectării surselor credibile « pentru ca cea adevărată istorie din basne ca grâul din neghină să aliagă, tocma ca cum ar cădea în amestecarea limbilor la Turnul Vavilonului », ori « *cum într-un codru prea des și nerăzbătut a întra ne-am nevoi* » (I, p. 149), *metafora labirintului de cărți și surse* găsindu-și aici corespondent la fel de plastic în cea a Turnului Babel, pe care, de altfel, o și anticipa la nivel de proiecție simbolică a imaginii, așa cum arătam în paragraful anterior, în paginile din *Prolegomena*[430]. Într-o asemenea angoasă a conștientizării relativității și subiectivității istoriei, modelul exemplar, canonul absolut rămâne, mereu, *sfânta a Bibliilor istorie*, singurul spațiu de securitate totală, gnoseologică și deontologică deopotrivă.

3. « CĂRȚILE VIEȚII »

O dată ajunși la problematica istoriei, nu putem să nu dezvoltăm și un alt motiv antic regăsit în introducerea la *Letopisețul Țării Moldovei de la Zidirea Lumii până la 1601 și de la 1709 la 1711* al lui Nicolae Costin.

Identificând modele esențiale de istorici și de scriere a istoriei, cărturarul adaugă primelor două, regăsite și la tatăl său, cel *biblic* (Moise) și cel *homeric-mitic*, pe acela al Sibilei din Cumae – *modelul scrierii, vizionare, profetice, inspirate de Duhul Sfânt* :

[430] Vezi *supra*, paragraful vorbind despre imaginea unui *Babel de cărți*.

> Să ar fi cutedzat acela Tarcvinie, craiul al cincele a romanilor, dzece milioane de galbeni de aur, nu trei sute, a da pre cărţile Sivilii Cumea, care cărţi li-au aruncat Sivila Cumea în foc de au arsu, vădzând că pentru mare ostenială ei, au luat plată de la Tarcvinie cu preţ numai de 300 ughi. De ar fi ştiut Tarcvinie ce taine să închidea în cartea aceia a Sivilii Cumei, care mai pre urmă într-alte cărţi cunoscându-să, li-au plătit cu mare jeale a sa şi a toatei republicii a romanilor ; şi pre noi cu neîndemână ni-au făcut, căci acolo în cartea Sivilii era prorocie scrisă de păgâni, precum Fiiul lui Dumnedzău era să să întrupedză, şi scriia de căderile şi schimbările stăpâniei cei de obşte a romanilor. Sivila aceia den Duhul Sfânt prea de-amănuntul şi pre orânduială au fostu scris. Care carte pre urmă cu mare cinste era ţinută în visterile Râmului.

Cronicarul sintetizează în câteva rânduri povestea bătrânei identificate, în versiunea din *Eneida,* cu Sibila din Cumae : venind în fața regelui Tarquinius Superbus, cel de-al șaptelea și ultimul rege al Romei, profetesa îi cere acestuia 300 de filipi de aur – un preț, se pare, exorbitant în perioadă – pentru a-i da în schimb cele nouă papirusuri oraculare unde înscrisese destinul poporului roman și ceea ce trebuia făcut pentru ca acest destin să se împlinească. Găsind suma prea mare și neavând încredere în adevărul celor scrise, Tarquinius ezită și vrea să negocieze. Furioasă, bătrâna aruncă trei papirusuri în foc, apoi, la rezistența consecventă a regelui, alte trei, cerând același preț pe cele rămase. Convins acum, și temându-se să nu piardă definitiv și complet documente de mare valoare, Tarquinius le plătește pe acestea tot cu 300 de filipi. Recunoscându-se valoarea profețiilor sibilinice, sunt declarate tezaur al Imperiului și sunt păstrate, sub pază, în Templul lui Jupiter, de pe Capitoliu. Mai mult chiar, mai târziu, mutându-le în Templul lui Apollo, Împăratul Augustus numește un Colegiu format din 10 sacerdoți, înțelepții cetății, care să le aibă în pază. Asta și pentru a evita întâmplări precum cea din timpul incendiului din anul 83 î.H, când manuscrisele arseseră, iar Senatul hotărâse și reușise recuperarea lor pe baza fidelității amintirii diverșilor cititori.

Dincolo de ideea scrierii / istoriei ca valoare inestimabilă, ce merită orice preț, alegerea referinței la episodul Sibilei din Cumae este simbolic, pentru că întreaga poveste poate fi citită ca o *alegorie a istoriei și, in extenso, a scrierii și a raportării oamenilor la ea* : neînțelepții nu-i recunosc valoarea decât după ce sunt puși în situații de criză, plătind și mai scump prețul incapacității lor ; înțelepții o păstrează ca fiind cel mai de preț dar al cetății, pentru că ea prevede, prin model, viitorul, iar atunci când cărțile ce o conțin se pierd, cetatea întreagă participă, printr-un *efort colectiv de anamneză,* la recuperarea unei *paradoxale memorii a viitorului.*

Mai mult, după modelul Sibilei inspirate de Duhul Sfânt, *imaginea istoricului / i.e. scriitorului* se prefigurează, implicit, ca una de *profet al timpurilor ce vor veni* : scriind trecutul, asigură prospecția viitorului și oferă, practic, un proiect de viitor pentru cei capabili să discearnă.

Și, dacă mergem mai departe cu sugestiile legendei înțeleptei vizionare, cu siguranță cunoscută în întregime lui Nicolae Costin, cum detaliile pe care le notează o demonstrează, splendidă este, în varianta lui Vergilius, *imaginea peșterii* unde stă Sibila, « o peşteră mare cu o sută de uşi, spre care duc o sută de drumuri largi şi de unde se rostogolesc tot atâtea glasuri, răspunsurile Sibilei »[431] : ideea celor o sută de interpretări ce pot fi date *cuvântului rostit sau scris,* și, extrapolând, ideea *scrierii* (istorice sau nu) prin care se poate intra prin o sută de uși și căreia i se pot da o sută de interpretări și de sensuri. Mai mult chiar, se adaugă aici metafora frunzelor pe care își scrie Sibila profețiile, lăsate, la îndemâna celor veniți să caute adevăruri, la intrarea în peșteră. Dacă vântul încurcă frunzele, ea nu mai ajută la refacerea ordinii inițiale : nu numai ideea *scrierii-efemeridă,* dacă ea nu este receptată la timp, ori *importanța descifrării sensului ca efort personal,* « cu puterile

---

431 Publius Vergilius Maro, 1964, p. 155.

neajutate », dar și *relația dintre ordine și sens*, ori *sensul care se poate recupera și reface, la fiecare lectură, dintr-o nouă ordine, dictată de repere și contexte spațiale și de timp diferite.*

Cuvântul scris nu mai intermediază doar între om și sacru, ci și între trecutul și viitorul lui, ba, mai mult, identifică spațiul existenței cu spațiul cuvântului scris.

Istoria, notează cronicarul, oferă modele (generoasă și erudită listă : « lauda lui Iraclie, a lui Ahileu, a lui Chir, a lui Filip, a lui Alexandru, a lui Themistocles, a lui Leonid, a lui Alţibiad, a lui Epamined, a Eştipionilor, a lui Anibal, a lui Marie, a Siliei, a lui Pompeiu cel Mare, a lui Iulie Chesarului"), provocând la acte exemplare :

> au aţâţat la mari şi cinsteşte lucruri şi pe alţii mulţi, pre urma acelora nenumăraţi şi îndrăzneţi bărbaţi, carii s-au împinsu la mari hărnicii şi laude, a căror pomenire nice odănăoară vechitura vremilor nu o va stânge den cărţile vieţii.

Apare aici o imagine aproape legendară a unui timp și spațiu simbolice, întâlnite în metafora *cărților vieții* anihilând angoasa *vechiturii vremilor* și a unei *emblematice lumi cu totul noi, guvernate după legile selecției exemplare ale scrisului*, configurate în focalizarea eroilor motivându-și actele îndrăznețe tocmai din speranța că ele vor fi *eternizate prin scris* :

> Că acei bătrâni şi vechi oameni, în vredniciile sale de s-ar fi îndoit cu nepomenirea lor în vecii ceşti viitori, nu ş-ar fi lăsat viaţa sa întru atâtea primejdii şi griji şi cu cumpăna vieţii lor. Ce era încredinţaţi şi întăriţi, că după ostenele şi arătare faptelor vrednice de laudă şi bine menite ale sale, vor lua roadă dentru scrisoarea a oameni învăţaţi, cu pomenire de dânşii la vecii viitori, precum nu s-au înşălat în socotelele lor.

Ideea construiește un raport de interdependență, de act reflex, susținându-se pe aceeași credință în valoarea celor scrise, dar împingând lucrurile mult mai departe, până la anticiparea aproape neverosimilă a universului de hârtie postmodern : eroi și scriitori care își determină (reciproc) actele în funcție de forța cuvântului scris de a recupera memoria, forță care coboară din text și ajunge să guverneze însăși realitatea faptelor, pentru că nu numai că « faptele războaelor, de unde şi astădzi, nu aşea dentru biruinţăle adese a lor, cum dentru scrisori le cunoaştem » (idee ce apare și la Cantemir și, mai târziu, la Budai Deleanu), dar, dacă eroul nu mai acționează doar pentru finalitatea lucrului împlinit, ci și – mai ales – pentru eternizarea lui în scris, autorul nu mai scrie, la rândul lui, doar pentru a recupera memoria acestor protagoniști exemplari, ci și pentru a-și asigura el însuși nume veșnic. O nouă poziție a autorului, conștient de propria-i valoare și de drept la memorie *prin cuvânt*, se instaurează tot mai evident.

Ritualul dăruirii din finalul predosloviilor stă sub semnul bunăvoinței reciproce : scriitorul își închină truda « cu bună priință și voe plecată » și rugăciune către Dumnezeu ca, la rândul său, cititorul să fie dăruit cu importanta capacitate de a primi cartea în spiritul aceleiași bunăvoințe « pre lângă care, rog pre Dumnedzău, să-ţ dăruiască cuget bun, să o ceteşti cu inimă bună şi cu îndemnare ». O întâlnire încărcată cu sensurile ospitalității și modelată după cutumele acesteia : darul închinat trebuie făcut cu bună credință și umilință, iar cel ce primește trebuie să o facă, deplin, cu *filoxenie* și cu implicare (*îndemnare*), pentru că rezultatul final este, cum predosloviile despre care am vorbit au arătat-o, unul gnoseologic, de cunoaștere, prin *cuvântul așezat în cartea-intercesor,* a celuilalt și a sinelui deopotrivă, *pren oglindă,* ca și de proiectare într-un etern al memoriei salutare.

BIBLIOGRAFIE

BIANU I., HODOŞ N. ET SIMONESCU D., 1903-1944, *Bibliografia românească veche. 1508-1830,* București, Edițiunea Academiei Române (BRV.)

Biblia de la Bucureşti 1688, 2001- 2002, ediţie îngrijită de Vasile Arvinte şi Ioan Caproşu, vol. I şi II, Iaşi, Editura Universităţii « Al. I. Cuza ».

CANTEMIR D., 1974, *Divanul,* Ediţie îngrijită, studiu introductiv şi comentarii de Virgil Cândea, text grecesc de Maria Marinescu – Himu, Bucureşti, Editura Academiei RSR.

CANTEMIR D., 1998, *Hronicul vechimei a romăno-moldo-vlahilor,* I. Ediţie îngrijită, studiu introductiv, glosar şi indici de Stela Toma, Bucureşti, Minerva.

Carte românească de învățătură, 1646, 1961. Ediție critică de Andrei Rădulescu & Colectivul pentru vechiul drept românesc al Academiei R.P.R., București, Editura Academiei R.P.R.

COSTIN M., 1963, *Opere II,* ediţie critică îngrijită de P. P. Panaitescu; Bucureşti, Editura pentru literatură.

COSTIN N., 1976, *Opere, I, Letopiseţul Ţării Moldovei de la zidirea lumii până la 1601 şi de la 1709 la 1711,* Ediţie cu un studiu introductiv, note, comentarii, indice şi glosar de Const. A. Stoide şi I. Lăzărescu, cu prefaţă de G. Ivănescu, Iaşi, Junimea.

CURTICĂPEANU D., 1975, *Orizonturile vieţii în literatura veche românească (1520-1743),* Bucureşti, Minerva.

EUSTATIEVICI B. D., 1969, *Gramatica rumânească 1757 Prima gramatică a limbii române.* Ediţie, studiu introductiv şi glosar de N. A. Ursu, Bucureşti, Editura Ştiinţifică.

Monumenta Linguae Dacoromanorum, Pars I, Genesis, Iaşi, Editura Univ. « Al. I. Cuza », 1988, 554p., ed de Al. Andriescu, Vasile Arvinte, I. Caproşu, E. Lüder, P. Miron, M. Ujică, p. 163.

Noul Testament tipărit pentru prima dată în limba română la 1648 de către Simion Ştefan, Mitropolitul Transilvaniei, reeditat după 350 de ani cu binecuvântarea Înaltpreasfinţitului Andrei, Arhiepiscopul Alba Iuliei, Editura Arhiepiscopiei Ortodoxe Române a Alba Iuliei, 1998.

PUBLIUS VERGILIUS MARO, 1964, *Eneida,* traducere de Eugen Lovinescu, text revăzut, prefață, tabel cronologic și indice de Eugen Cizek, EPL.

METAFORA ȘI ROLUL SĂU DE INTERMEDIAR ÎN PROCESUL DE CUNOAȘTERE (APROFUNDATĂ) ȘI CONTEXTUALIZARE (CULTURALĂ) A LIMBILOR STRĂINE (I)

Premise teoretice

Nicoleta NEȘU
Università di Roma « La Sapienza »
nnesu@yahoo.com

Abstract

The metaphor and its role as a mediator in the process of the deep knowledge and cultural contextualization of foreign languages (I) / theoretical premises
The present paper tries to emphasize the importance of some key-concepts from the philosophy of language in the contrastive approach of the didactic process – teaching and learning of a foreign language. Having as a starting point the results of philosophy of language studies (Humboldt, Cassirer, Coseriu, Lakoff, Johnson) as necessary theoretical basements, we try to underline the main coordinates of these concepts and the role of the metaphor as a mediator, as an intermediate, in the act of comprehension of the cultural context which produces an idiom / a particular historic language.

Keywords
Language, metaphor, teaching / learning process, communication process, foreign language

Lucrarea de față reprezintă o primă parte – de natură teoretică – a unui proiect de cercetare mai amplu asupra necesității și importanței abordării de tip contrastiv și cultural a actului de predare respectiv învățare a limbilor străine. Instrumentele de lucru sunt reprezentate, în această primă fază, de anumite principii cheie ale filosofiei limbajului, așa cum apar ele la Aristotel, Humboldt și Coșeriu, principii ce se referă, în primul rând, la natura și funcțiile limbajului, la dualitatea procesului comunicativ, la relativismul lingvistic, la conceptele de formă și substanță etc. Toate acestea vor fi subliniate din perspectiva ce ne interesează în mod particular, și anume, în ce fel aceste principii ne pot orienta și ghida în procesul didactic prin utilizarea unei abordări de tip contrastiv și cultural, de punere în paralel, la nivel lingvistic si apoi cultural, a limbii materne (a celor care studiază) cu limba străină ce urmează a fi predată, respectiv, învățată. Într-o etapă ulterioară a cercetării, ce se va concretiza într-un studiu aparte, ne vom opri asupra rolului de mediator pe care expresiile idiomatice si metaforele pot sa-l aibă în cadrul unei abordări de acest gen. Atât expresiile idiomatice cât și metaforele vor fi utilizate și studiate nu din punctul de vedere al unei « retorici » a limbajului, nici ca « simplă » utilizare stilistică, ci ca elemente constitutive, structurale, care aparțin laturii creative intrinseci a limbajului uman, chei de acces spre mentalitatea și adâncurile culturale ale poporului care dă naștere respectivei limbi istorice – altfel spus, reprezintă, din punctul nostru de vedere, și vom încerca să aducem argumente în susținerea ideii noastre, instrumente necesare și complementare « clasicului » demers de natură structuralistă de prezentare / predare a unei limbi străine.

La începutul anilor 1800, filozoful german Wilhelm von Humboldt afirma :

> Nici măcar cu privire la epocile sale de început nu putem presupune că limbajul se limita la un număr neînsemnat de cuvinte, cum facem de obicei atunci când, în loc să-i căutăm originea în înclinația primară către sociabilitatea umană liberă, îl atribuim îndeosebi nevoii de ajutor reciproc

și proiectăm umanitatea într-o imaginară stare naturală inițială. Aceste două păreri se numără printre cele mai greșite idei pe care ni le putem face despre limbaj. Pe de-o parte, omul nu este chiar atât de neajutorat și, pe de altă parte, doar pentru a cere și a primi ajutor, sunetele articulate ar fi fost de ajuns[432].

Am ales acest citat ca punct de plecare al lucrării noastre pentru că am considerat că este extrem de actual și că reflectă în mod concis și combate, în același timp, una dintre direcțiile și abordările cele mai frecvent întâlnite în didactica limbilor străine : metoda care are la bază criteriul necesității practice, de supraviețuire, de comunicare (înțeleasă sub aspectul ei limitativ, de « strictă » transmitere de informație). Este metoda care se bucură de « succes » comercial, exprimat în termeni de marketing și vânzări, este metoda care se « traduce », în mod practic, în manuale de învățare a limbilor străine în 10 / 30 de zile, cu sau fără profesor, ghiduri de conversații, metode *e-learning*, jocuri interactive pe internet, pentru a le cita pe cele mai cunoscute. Dar este și metoda care, de la bun început, poate fi sursă de greșeli, de neînțelegeri și inexactități care rezultă, mai ales, dintr-o necesitate de a demonstra o regulă, expusă sumar, prin crearea unor contexte artificiale, ce se regăsesc cu greu în aspectele comunicative propriu-zise ale limbii vorbite. Într-o formă abreviată, putem să o considerăm ca fiind o metodă eficientă pentru un prim contact cu limba străină, pentru a pune bazele unui nivel « satisfăcător » de cunoștințe lingvistice, care să permită transmiterea, într-o formă elementară și simplă, a unei informații, a unui gând, a unei idei etc. Este ceea ce, credem noi, s-ar putea numi, printr-o inversare a termenilor, satisfacerea unei necesități de ordin practic de cunoaștere a unei limbi și care, ca un nivel de bază, poate fi acceptat ca punct de pornire în studiul acesteia. Însă, fără a ne opri aici. Pentru că, indiferent de rațiunile sau aspectele pur pragmatice care pot determina o persoană să se apropie de o

432 Von Humboldt (Wilhelm), 1836 / 2008, p. 95.

limbă străină și indiferent de nivelul la care dorește să ajungă în stăpânirea acesteia, cum spunea același Humboldt, realitatea lingvistică cu care ea se va confrunta pe parcursul acestui proces este de altă natură :
« limba este, într-un fel, manifestarea exterioară a spiritului popoarelor ; limba este spiritul lor, iar spiritul lor este limba lor. Oricât am vrea, nu le putem gândi niciodată îndeajuns de identice »[433], iar, din acest punct de vedere,

> învățarea unei limbi străine ar trebui să însemne dobândirea unei noi perspective în viziunea asupra lumii de până în acel moment – și, până la un punct, chiar înseamnă așa ceva, de vreme ce orice limbă conține întreaga țesătură de concepte și modul de reprezentare ale unei părți a umanității[434].

Acest lucru presupune « acceptarea » imediată și necondiționată, sub forma unui act politic, cum îl va numi mai târziu Coșeriu, a acestei noi viziuni asupra unei realități obiectuale comune, deoarece

> prin același act în virtutea căruia urzește, pornind din interiorul său, rețeaua propriei limbi, omul se implică în aceasta și orice limbă trasează în jurul poporului căruia îi aparține un cerc din care nu se poate ieși decât trecând, în aceeași secundă, în cercul altei limbi[435].

Or, este bine știut, de la Aristotel încoace, că limbajul nu reprezintă un dat, un lucru gata făcut, nu ne este dat sub forma unui produs finit – *ergon*, ci, dimpotrivă, limbajul, ca trăsătură specific umană, ce înseamnă expresie liberă și intențională a conținuturilor conștiinței noastre, adică *logos semantikos*, este activitate de producere, este totalitatea actelor de vorbire, este, cum o numea filozoful grec, *energeia*. Drept urmare, definiția sa

---

433 *Idem*, p. 80.
434 *Idem*, p.95.
435 *Idem*, p. 82.

este și trebuie să fie una de natură « genetică », în sensul că o limbă istorică reprezintă « efortul veșnic reluat al spiritului de a face sunetul articulat să exprime ideea »[436]. Limbajul trebuie văzut, astfel, ca ceea ce este în realitate : o activitate creatoare, adică o « activitate care merge dincolo de propria sa potență, depășește tehnica învățată »[437]. Acest mod de a considera limbajul ne permite să-l examinăm din trei perspective : ca fapt – activitate de creație (activitate), ca fapt – de tehnică (competență) și ca produs. Definind limbajul ca activitate umană universală, realizată în mod individual și conform unor tehnici istoric determinate prin limbi, Coșeriu [438] vede limbajul sub cele trei aspecte: **A.** ***universal*** – facultatea generală, universală de a vorbi, caracterizat prin competența elocuțională – a ști să vorbești în general –, avînd drept conținut lingvistic desemnarea și caracterizat prin coerență, aspect studiat de disciplina pe care el o numește « lingvistica vorbirii » (ce cuprinde : tehnica generală a vorbirii, posibilitățile universale ale limbajului și posibilitățile expresive non-lingvistice, principiile universale ale gîndirii, referința la faptele extralingvistice, contextele) și de o « gramatică generală », pe care o înțelege ca teorie gramaticală, cu sarcina de a defini categoriile verbale, precum și categoriile, funcțiile și procedeele gramaticale ; **B.** ***istoric*** – facultatea de a vorbi o limbă istorică, un idiom, caracterizat prin competența idiomatică – a ști să vorbești o anumită limbă –, avînd drept conținut semantic semnificarea, studiat de « gramatica descriptivă », în care categoriile universale sunt « verificate » și « inventariate », care nu definește, ci descrie modul particular în care funcționează categoria universală în limba istorică respectivă ; cu alte cuvinte, sarcina gramaticii la nivelul istoric al limbajului constă în descrierea categoriilor proprii limbii respective, identificarea categoriilor universale în limbă, precum și stabilirea schemelor lor materiale ale exprimării și ale realizării lor efective ; **C.**

---

436 *Ibidem.*

437 Coşeriu (Eugen), 2000, p. 236.

438 *Idem,* pp. 233-248.

individual – facultatea de a produce un discurs / text, adică un act lingvistic concret, realizat într-un spațiu / timp concret, caracterizat printr-o competență expresivă – a ști să produci un text apropriat situației de comunicare în care te afli – , avînd drept conținut lingvistic sensul și studiat de o disciplină precum lingvistica textului, iar o abordare gramaticală la acest nivel presupune, ca obiectiv, analiza propriu-zisă a unui text ocurență, adică identificarea funcțiilor gramaticale exprimate efectiv. Această tripartiție a nivelurilor limbajului care reprezintă nucleul de bază al concepției integraliste asupra limbajului și pe care noi, aici, din motive obiective, am prezentat-o într-o formă extrem de redusă, este deosebit de importantă atunci cînd este vorba despre actul de predare a limbilor străine. [439]

Ca urmare, înțelegerea acestei tripartiții în esența sa, precum și înțelegerea actului comunicativ în dualitatea lui intrinsecă și respectînd ordinea în care se dispun cele două aspecte ale sale, în actul concret de predare a unei limbi străine, se « traduce » prin mutarea accentului de la « predarea », respectiv « învățarea » unei limbi străine sub aspectul strict și cu finalitatea restrictivă a dezvoltării unei competențe comunicative, în absența unui cadru contextual mai larg, mai cuprinzător, al culturii și al mentalității poporului care produce limba respectivă, înspre posibilitatea stabilirii unei comunicări, în sensul de comuniune, de împărtășire a conținuturilor semantice respective și a realităților care le produc, prin grefarea, proiectarea și completarea noțiunilor gramaticale cu noțiuni de literatură, istorie, mitologie, noțiuni culturale în general. În plus, o atare deplasare a accentului scoate în

[439] Despre necesitatea și importanța rezultatelor practice ale aplicării principiilor filosofiei limbajului în actul de predare a limbilor străine, în general, și al limbii române, în particular, am conferențiat și în cadrul altor colocvii internaționale organizate pe această temă la Universitatea Babeș-Bolyai din Cluj-Napoca, septembrie 2011, Universitatea din Sorbona, Paris, mai, 2012 și Universitatea din București, decembrie 2012.

evidență și un alt aspect, și anume, conceptul-cheie de *relativism lingvistic,* înțeles ca viziune proprie asupra unei realități comune propusă de fiecare limbă în parte, contribuția specifică, subiectivă, pe care fiecare limbă istorică / idiom / dialect o aduce viziunii generale, înțelegerii realității comune, obiectuale. Acest concept noi l-am plasat în centrul abordării de tip contrastiv a metodologiei didactice, în care limba străină vine prezentată din punctul de vedere al diferențelor și al apropierilor de limba maternă, considerată ca structurantă pentru organizarea mentală a celui care învață o limbă străină.

Acceptarea ideii humboldtiene conform căreia

> producerea limbajului este o necesitate internă a umanității, nu ceva pur și simplu extern și necesar întreținerii unei comunicări comunitare ; ea este o necesitate ancorată în propria natură a umanității, ceva indispensabil dezvoltării spirituale a acesteia și dobândirii unei concepții despre lume[440].

precum și cea conform căreia

> vorbirea între două persoane nu este în niciun fel comparabilă cu simpla transmitere a unui conținut. Atât în cel care înțelege, cât și în cel care vorbește acest conținut trebuie să se dezvolte din forța interioară proprie a subiectului[441].

ne vor conduce, în actul predării unei limbi ca limbă străină, la conștientizarea faptului că este total insuficient și complet steril a ne opri, metodologic vorbind, la « formulele magice » de învațare / predare la care ne refeream la începutul intervenției noastre. Mai mult decât atât, nici măcar concepția – destul de răspândită, de altfel – conform căreia o limbă străină trebuie învățată prin aceeași metodă prin care un copil învață propria

440 Von Humboldt (Wilhelm), 1863 / 2008, p. 61.

441 *Idem*, p. 91.

limbă maternă, dacă este înțeleasă greșit, în mod restrictiv și unilateral, nu este nici ea fertilă, pentru că

> felul în care copiii își însușesc limba nu se reduce la acumularea de cuvinte, la depozitarea lor în memorie și la îngânarea lor ulterioară cu ajutorul buzelor, ci este, mai degrabă, o creștere progresivă a facultății limbajului, o dată cu vârsta și prin exercițiu[442].

Cu alte cuvinte, nu avem de-a face și nu trebuie să ne bazăm pe un procedeu de învățare mecanică a unei limbi, ci este vorba despre o dezvoltare a facultății limbajului pe baza unei limbi istorice. « Modelul » va fi, întotdeauna, cel al limbii materne, motiv pentru care am pledat, pe parcursul activității noastre, așa după cum spuneam mai sus, pentru o abordare de tip contrastiv a procesului de predare / învățare, bineînțeles, acolo unde structura lingvistică a grupului o permite. La întrebarea « de ce o astfel de abordare ? » răspunsul îl găsim tot la Humboldt :

> dacă limbajul nu s-ar afla într-o relație adevărată și specifică cu originea lui chiar fizică, atunci cum ar putea limba patriei noastre să posede, pentru omul cultivat, ca și pentru cel necultivat, o putere și o vibrație intimă atât de mari în comparație cu o limbă străină, încât, dacă ne răsună în auz după o îndelungată absență, pare să ne salute cu un fel de vrajă spontană, trezind în noi un fel de nostalgie pentru lucruri îndepărtate ? Această trăire se întemeiază evident nu pe componența spirituală a limbii, pe ideea sau pe sentimentul exprimate, ci tocmai pe ceea ce este în ea mai inexplicabil și mai individual, adică pe sonoritatea ei ; este ca și cum prin sunetul limbii materne am percepe o parte din sinele nostru. [...] Într-o limbă străină transpunem întotdeauna, într-o măsură mai mică sau mai mare, propria viziune asupra lumii, mai bine zis, viziunea asupra lumii specifică limbii noastre...[443]

---

442 *Idem,* p. 92.

443 *Idem,* pp. 94-95.

Un alt argument în favoarea abordării contrastive a limbilor și a necesității plasării aspectelor de ordin strict lingvistic în descrierea unei limbi într-un context cultural lărgit îl constituie conceptele humboldtiene de formă și substanță. Fără a insista aici în detaliu asupra acestora, mă limitez la a cita câte o definiție pentru fiecare, doar pentru a scoate în evidență faptul că și acestea « susțin » alegerea noastră :

> Acest element constant și uniform propriu activității spiritului de a aduce sunetul articulat la înălțimea expresiei gândirii – element conceput în modul cel mai complet posibil, în configurația sa, și reprezentat sistematic – constituie forma limbii[444].
> Substanța reală a limbii este pe de o parte sunetul ca atare, iar pe de altă parte, totalitatea impresiilor sensibile și a mișcărilor spontane ale spiritului, care precedă formarea comceptului prin intermediul limbii[445].

Când vine vorba, însă, despre diferențele și asemănările dintre limbi – problemă centrală în demeresul contrastiv – vorbim doar despre ***formă*** :

> identitatea limbilor, ca și înrudirea dintre limbi, trebuie să se bazeze pe identitatea și înrudirea dintre formele lor [...]. Forma decide în mod exclusiv cu ce alte limbi se înrudește o anumită limbă. [...] Diferențele dintre limbi se bazează pe forma lor – această formă se află în cea mai strânsă legătură cu dispozițiile spiritule ale națiunilor și cu forța spirituală care o pătrunde în clipa în care este produsă sau transformată[446].

Humboldt distinge, astfel, între forma fonică și întrebuințarea sa cu scopul desemnării obiectelor și îmbinării ideilor. În timp ce aceasta din urmă se întemeiază pe exigențele pe care gândirea le impune limbajului și din care izvorăsc legile

---

[444] *Idem,* pp. 83-84.

[445] *Idem,* p. 86.

[446] *Idem,* pp. 87-88.

generale ale limbajului – și deci, este aceeași pentru toți vorbitorii - forma reprezintă « adevăratul principiu constitutiv și orientativ » al diversității lingvistice, atât în sine cât și prin forța pe care ea o opune tendinței interne a limbii – cu alte cuvinte, este o « parte componentă a organismului uman », în strânsă legătură cu forța internă a spiritului și strâns legată de ansmablul înclinațiilor unei națiuni ; cu alte cuvinte, reprezintă « forma individuală a oricărei limbi »[447]. Ca urmare, « forma fonetică este în primul rând aceea care se află la baza diferenței dintre limbi », deoarece, în concepția sa,

> sunetul fizic, realizat în mod concret, este singurul care constituie cu adevărat limbajul ; sunetul admite chiar o mult mai mare varietate a diferențelor decât cele care pot fi constatate în privința formei interne a limbii, care prezintă, în mod necesar, o mai mare uniformitate[448].

De aceea, în mod coerent, descrierea unei limbi trebuie să pornească tocmai de la sistemul specific în care orice limbă se integrează pe parcursul celor trei stadii ale formării sale, stadii pe care Humboldt le numește : radicalii liberi, cuvintele derivate din aceștia și formele generale latente în natura limbii în care cestea se desăvârșesc.

> Acest sistem este, ca să spunem așa, albia prin care curge, de la o epocă la alta, șuvoiul limbii ; direcțiile ei generale sunt trasate de acest sistem, iar o analiză perseverentă este în măsură, pe aceste baze, să ne reorienteze către fenomenele cele mai individuale ale limbii.

Și, mai departe,

> Dacă ne reprezentăm limba ca pe o lume secundară pe care omul o obiectivizează procurând-o din sine pe baza impresiilor pe care le primește de la lumea reală, atunci cuvintele sunt singurele obiecte din respectiva lume

[447] *Idem*, pp. 88-89.
[448] *Idem*, p. 115.

secundară cărora trebuie să li se conserve individualitatea, inclusiv în privința formei[449].

Pornind de la aceste percepte humboldtiene și trecând în planul aplicativ concret, cel al actului propriu-zis de predare a limbilor, Coșeriu afirmă necesitatea luării în considerare a trei aspecte ale gramaticii : formele, funcțiile și relațiile gramaticale ce caracterizeză și disting limbile ; în termeni pur coșerieni, *ce, de ce* și *cum*. Din acest punct de vedere, în abordarea comparativă a două limbi, la nivelul manifestării lor istorice, în opinia sa, putem întâlni : 1. construcții diferite pentru funcții analoge (cazul articolului) ; 2. diversitate funcțională cu construcții când similare, analoage, când diferite ; 3. diversitate în relații, adică în trecerile posibile de la o paradigmă la alta[450]. Vorbitorii nativi intuiesc și cunosc aceste relații care există între diferitele paradigme ale limbii lor și trebuie, în momentul învățării unei limbi străine, să recunoască că aceste paradigme pot fi diferite de la o limbă la alta. Este, considerăm noi, rolul profesorului de a pune în evidență, de a sublinia și de a insista tocmai asupra acestor asemănări și diferențe între limba maternă a studentului și limba străină care i se predă. Așa după cum subliniam și pe parcursul unor intervenții anterioare, concepția coșeriană asupra limbajului, în special, tripartiția planurilor limbajului, ajută foarte mult la clarificarea conceptelor și a domeniilor căror acestea aparțin. De exemplu, odată stabilit faptul că nivelului universal al vorbirii îi aparțin categorii precum cea a cazului, a determinării, a timpului, etc., se poate trece la explicarea faptului că limbajul se manifestă întotdeauna ca limbă (unde aceste categorii se materializează, uneori în moduri complet diferite) – ceea ce presupune o tehnică istorică și o tradiție care vin ambalate într-o solidaritate cu alți vorbitori ai aceleiași limbi, actuali sau din trecut. Planul istoric este, astfel, planul « semnificatelor » și al « funcțiilor de limbă », iar limba istorică împletește în sine « tehnica liberă » cu

---

449 *Idem*, p. 106.

450 Coșeriu (Eugen), 2000, p. 230.

« discursul repetat », într-un balans permanent între elementele constitutive ale limbii și regulile aferente utilizării lor, pe de-o parte, precum și totalitatea a tot ceea ce se reia, din trecut, în vorbirea prezentă a unei comunități, pe de altă parte. Limba istorică este caracterizată de diferențe diatopice (în spațiul geografic), diferențe diastratice (în spațiul socio-cultural) și diferențe diafazice (între diferite tipuri de modalități de expresie – vorbit / scris). Obiectul specific, însă, al descrierii lingvistice îl constituie limba funcțională, adică o tehnică lingvistică în întregime determinată în cele trei sensuri : sintopic, sinstratic și sinfazic ce funcționează în mod efectiv și imediat în discursuri / texte, ca tehincă virtuală (tip lingvistic, sistem, normă) și tehnică realizată (vorbire)[451]. În opinia noastră, actul de predare « ideal », adică cel bazat pe întrepătrunderea abordării lingvistice de tip contrastiv cu abordarea de tip cultural, pornește doar de la conceptul de limbă funcțională pentru a ajunge, în mod gradual, la « umplerea » de conținuturi culturale pe care limba istorică le posedă. Aici intervine, considerăm noi, rolul contextelor, a expresiilor idiomatice, a operelor literare etc. în actul complet de predare a unei limbi străine ; pentru că, așa după cum Coșeriu a afirmat de nenumărate ori, a ști să vorbești o limbă înseamnă atât competență elocuțională și idiomatică, cât și competență expresivă, căci limba se « vorbește » prin texte – a ști să vorbești o limbă nu înseamnă doar cunoașterea, posesia unei competențe lingvistice la nivel « biologic », cât mai ales a unei competențe lingvistice la nivel cultural, care le cuprinde pe toate trei. Iar din acest punct de vedere, profesorul are « obligația » de a prezenta nu doar descrierea sterilă a regulilor de gramatică, a normelor și a funcționării unei limbi, cât și funcționarea acesteia în mecanismul cultural mai amplu care îi dă specificitate și individualitate.

451 Pentru conceptul de limbă funcțională, vezi și Coșeriu, 2000, pp. 249-274.

BIBLIOGRAFIE :

COȘERIU E., 2000, *Lecții de lingvistică generală*, Chișinău, Arc.

HUMBOLDT W. von, 2008, *Despre diversitatea structurală a limbilor și influența ei asupra dezvoltării spirituale a umanității*, București, Humanitas.

NEȘU N., 2012, « Premise de filosofia limbajului în didactica limbilor străine – studiu de caz », în vol. *Limba română : variație sincronică, variație diacronică*, București, Universitatea din București, Institutul de Lingvistică al Academiei Române.

NEȘU N., 2012, « Aspecte ale traducerii ca mediere lingvistico-culturală în predarea limbii române ca limbă străină », în vol. *Noi perspective în abordarea limbii române ca limbă străină /ca limbă non maternă*, E. Platon, A. Ariesan ed., Casa Cărții de Știință, Cluj Napoca, ISBN 978-606-17-0290-9.

NEȘU N., 2012, « Rolul filosofiei limbajului în predarea limbii materne ca limbă străină », în vol. *Perspective și practici inovante în predarea limbii, literaturii și civilizației românești în universitățile din străinătate*, Paris, în curs de apariție.

AUTOREFERENȚIALITATEA CA STRATEGIE ESTETIC ȘI POLITIC SUBVERSIVĂ ÎN FILMUL ROMÂNESC MODERNIST

Heide **FLAGNER**, Ph. D.
Université de Bucarest / Roumanie
Université de Leipzig / Allemagne
heidi_flagner@yahoo.com

Abstract

This paper aims to analyze the modernist self-referentiality formula of Lucian Pintilie's movie "Reenactment" in the twofold valence: both as subversive aesthetic strategy and as subversive political strategy in the context of modernist Romanian film appearance in a totalitarian regime.

Keywords
Autoreferentiality, subversivity, modernist film, Brecht epic theatre.

Dintre proprietățile fundamentale ale cinematografului modernist autoreferențialitatea este considerată ca fiind cea mai relevantă și cea mai complexă[452] și un criteriu major de apartenența la modernism[453]. Autoreferențialitatea nu este o strategie estetică 'inventată' de moderniști, ea este atestată deja de la *1001 de nopți* și *Don Quixote* (1615) sau poate chiar de dinainte. În modernism însă, funcția strategiilor

[452] *Cf.* Bálint Kovács (András), 2007, p. 225.
[453] Kirchmann (Kay), 1996, p. 67.

autoreferențiale nu se epuizează într-un trompe-l'oeil, nu mai este vorba doar de (simple) strategii prin care iluzia ficțională este expusă și se recunoaște pe sine. Autoreferențialitatea capată noi valențe și devine (și) o modalitate de exprimare a unei atitudini critice atât față de realitate cât și – în special în perioada modernismului cinematografic târziu – față de mediul în care este realizată[454].

Lucrarea de față își propune să analizeze formula modernistă a autoreferențialității cinematografice din filmul *Reconstituirea* a lui Lucian Pintilie în dubla ei valență : atât ca strategie estetic subversivă cât și ca strategie politic subversivă în contextul apariției filmului românesc modernist într-un regim totalitar.

În general cu termenul de 'cinematograf modernist' sunt asociate filmele, inovatoare din punct de vedere estetic, din anii 1960 și 1970 ale unor regizori precum Jean-Luc Godard, Alain Resnais, Francois Truffaut, Michelangelo Antonioni, Frederico Fellini, Wim Wenders, Alexander Kluge, R.W. Fassbinder. Aici este necesară însă o precizare : cinematograful modernist este constituit din două faze : cinematograful timpuriu (cel al filmului mut) din primele două decenii ale sec. 20, și cel târziu din perioada 1959-1975, care însă nu este o continuare a tipului de modernism din prima perioadă. În lucrarea de față cu termenul de 'film / cinematograf modernist' mă voi referi la filmele celei de-a doua perioade care se caracterizează printr-o serie de proprietăți tematice și estetico-stilistice. Tematic este vorba – în linii mari - despre alienarea individului, încercarea de a redefini noțiunea de 'realitate' și revelarea vidului aflat dincolo de suprafață realității, iar din punct de vedere estetico-stilistic despre trei particularități respectiv despre coexistența lor interdependentă : abstractizare, subiectivitate și autoreflexivitate[455]. Cinematograful modernist târziu se poate împărți la rândul lui în trei faze : între 1959-1961 perioada

454 *Cf.* Bálint Kovács (András), 2007, p. 225.
455 *Cf.* Bálint Kovács (András), 2007, p. 203-204.

romantică, acea fază în care modernismul era angrenat intr-o disputa cu formele clasice, între 1962-1966 modernismul matur, în care modernismul devine normă și puternic autoreferențial și faza modernismului politic între 1967-1975. Termenul de modernism politic nu se referă numai la filmele care explorează repercusiunile vieții politice asupra filmului modern, ci și la un cinematograf mai conștient de sine, mai responsabil și mai angajat ideologic, diferit față de cel emoțional și (mai) subiectiv din prima perioadă. Pe când în perioda romantică accentul se punea pe critica formelor convenționale de reprezentare și pe încercarea de a « adapta » și de a « reinventa » cinematograful ca formă de exprimare a unei experiențe personale și subiective, în a doua jumătate a anilor 1960 în centrul dezbaterilor moderniste se află încercarea de a redefini conceptul de realitate și relația dintre opera de artă și realitate[456].

Filmul lui Pintilie (apărut în 1970) se încadrează atât din punct de vedere temporal, cât și din punct de vedere estetic în perioada modernismului politic.

Reconstituirea este ecranizarea nuvelei omonime a lui Horia Pătraşcu (care este și scenaristul filmului) și se bazează pe un fapt real surprins de Pătrașcu însuși. Voi începe cu un sinopis : Doi tineri arestaţi de miliţie în urma unei încăierări într-un bar dintr-un sat de la munte sunt aduși la « locul faptei » şi puşi să reconstituie pas cu pas bătaia dintre ei în faţa unei echipe de filmare pentru a realiza un film educativ despre « consecințele nefaste ale consumului de alcool ». Filmarea reconstiturii se dovedește a fi mai dificilă decât prevazută, fiind întreruptă de diverse incidente : o fată care îl distrage pe unul dintre băieți, o bătrînă disperată de pierderea gâștelor ei, diverse insuficiențe tehnice cât și nemulțumiri ale membrilor echipei legate de autenticitatea reconstituirii. Filmul educativ este dus la bun sfârșit, băieții sunt disculpați de procuror, însă finalul este tragic : unul dintre băieți moare în urma unei lovituri accidentale la cap, iar celălalt este blamat și agresat de o masă

456 *Cf.* Kovács (András Bálint), 2007, p. 349.

de oameni care tocmai trecea pe acolo. Acțiunea se petrece într-un singur loc : un ansamblu constituit dintr-un peisaj de munte cu un pârâu și o baltă, în apropierea căruia se află un nod de cale ferată și un stadion de fotbal, off-cadru, iar personajele filmului sunt : cei doi băieți, un procuror, un milițian, un cameraman, învațătorul celor doi băieți, cârciumarul, șoferul procurorului, o fată aflată întamplător acolo, o localnică mai în vârstă, un grup de trecători și la sfârșit marea masă de oameni veniți de la un meci de fotbal (meci dealtfel prezent off-cadru de-a lungul întregului film).

Filmul *Reconstituirea* apare în 1970, de fapt a fost terminat în 1969[457] și a fost interzis, după care la presiunea oamenilor de cultură a rulat timp de câteva săptămani, fiind ulterior din nou și definitiv scos de pe piață. A reapărut după revoluție și a devenit în scurt timp film cult și « cel mai cunoscut exemplu de peliculă politic-subversivă din cinematograful românesc »[458]. Un prim indice pentru o lectură critică poate fi găsit în titlu și anume sub un dublu aspect :

1. Dincolo de faptul real văzut de Horia Pătrașcu[459], în titlul filmului (și nu numai în titlu) poate fi găsită o trimitere intertextuală la alt film cu același titlu regizat în 1959 de Virgil Calotescu, care reconstituia alt fapt real și anume jaful Băncii Naționale A României de către un grup de evrei, cărora după arestare li se promisese comutarea pedepsei dacă reconstituie fapta lor în fața unei echipe de filmare, pentru un documentar educativ.

2. Ca paratext[460] și arhitext[461] titlul semnalizează preluarea gestului stilistic și a formulei retorice a uneia din practicile cele mai uzate (și abuzate) ale propagandei oficiale : reconstituirea unui fapt real în scopul turnării unui film educativ (frecvent pe

---

[457] 1970 *Cf.* Mircea Deaca 2011.

[458] Leo Şerban (Alex), 2009, p. 343.

[459] Horia Pătrașcu http://www.filme-romanesti.ro/film-romanesc-reconstituirea-1216/.

[460] *Cf.* Genette (Gérard), 1993, pp. 11-12.

[461] *Cf.* Genette (Gérard), 1993, pp. 13-14.

modelul blamării colective a exemplului negativ), practică devenită aproape formulă estetic-stilistică a realismului socialist. Pentru a denunța ipocrizia și falsitatea ideologiei puterii Pintilie 'preia' întocmai dispozitivul ei propagandistic preferat și îl remodelează, îl pastisează într-un discurs cu tentă subversivă. Alegerea stilistică devine astfel – după cum spune și Mircea Deaca[462] « o formă de opoziție politică împotriva regimului și a tipului de discurs dominant ».

Dincolo de referința intertextuală și alegerea stilistică în maniera afirmației subversive[463] observăm la o privire mai atentă că filmul nu conține nici o referire explicită la adresa sistemului, și nici o critică criptică, Pintilie nu recurge – ca majoritatea regizorilor de filme subversive din țările blocului de est - la metafore, parabole și alegorii, iar (eventualele) simboluri și metafore rămân la un nivel negociabil și retractabil. De exemplu imaginea mortuară a procurorului cu o batistă alba pe față (imag. 1) poate fi intepretată « ca un semn prevestitor al sfârșitului tragic al reconstituirii sau ca un simbol funest (sistemul comunist și partidul sunt moartea culturii și civilizației romînesti) sau ca un simplu activist care se răcoreşte » [464]. La fel și umbra mâinii sale deasupra unei colonii de furnici ca un simbol al puterii sau ca un simplu joc (imag. 2). « Cât priveşte rezultatul reconstituirii, el nu atinge explicit și pe față sistemul. Moartea băiatului poate fi văzută ca un accident de care nu sunt neapărat responsabili 'oamenii de bine' care pregătesc acel film educativ. Sau se poate interpreta chiar ca o pedeapsă pe care o primește de la destin băiatul care moare, fiindcă nu lua educația tineretului comunist în serios. Sau fiindcă nu lua nimic în serios. Poate fi văzut, desigur, și ca un atac la sistem » afirma pe drept Mihai Iacob[465]. După cum spune

462 *Cf.* Mircea Deaca, 2011.

463 Vezi si Inke Arns, Sylvia Sasse 2006, pp. 444-445.

464 Iacob (Mihai) – comunicare personală 12. 05. 2013.

465 Iacob (Mihai) – comunicare personală 12. 05. 2013.

și personajul învațătorului în film : « Această baracă dărâmată poate fi interpretată și altfel. Poate fi interpretată politic »[466].

Imag. 1

@Cinemagia.ro

Imag. 2

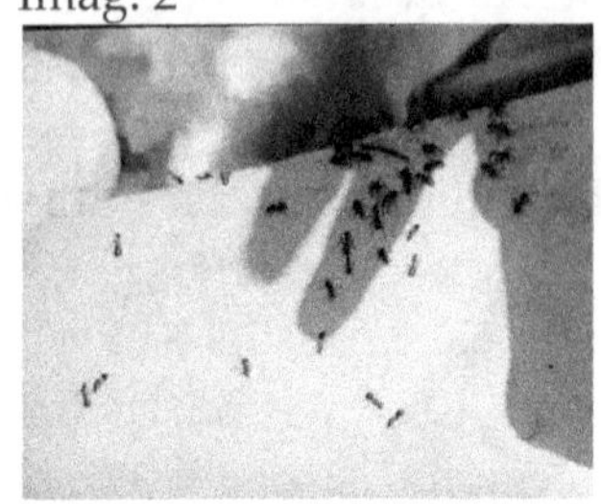

@Cinemagia.ro

Această ambiguitate a discursului regizoral ține – în opinia autoarei - atât de o estetică a modernismului cât și de o poetică a subversiunii care conferă narațiunii un caracter ambivalent, care o sustrage unei determinări categorice și general valabile. Ambiguitatea discursului cinematografic modern pune sub semnul întrebarii acea 'transparență' realistă a cinematografului tradițional sugerând spectatorului că în spatele imaginii se poate ascunde altă poveste decât cea concret prezentată (respectiv alt mesaj). Filmul clasic (sau tradiţional) construia un personaj central bine conturat (pe cât posibil şi cu o motivaţie psihologică clară) şi o poveste bine structurată şi logica care îi oferea spectatorului puncte de orientare clare. În cadrul discursului narativ tradițional semnele erau univoce, standardizate, prezentând spectatorului într-un limbaj convenționalizat și dezambiguizat o imagine coerentă a lumii, în care figurativul reprezentării vizuale și mesajul poveștii formau un întreg şi îi ofereau spectatorului o viziune coerentă asupra lumii[467]. Regizorul modern însă se adresează unui spectator emancipat pe care nu vrea să îl manipuleze și nici să îl ghideze spre lectura sa 'corectă' și unică.

---

466 *Reconstituirea* [1 : 17 : 07].

467 *Cf.* Fahle (Oliver) 2005, pp. 12-14.

Ambiguitatea poate fi – după cum spuneam înainte - un consemn pentru o lectură critică, pe de altă parte însă poate duce la nerecunoașterea discursului critic și la citirea filmului « ad litteram » sau poate chiar în spiritul ideologiei oficialității. În acest context Kovacs[468] vorbește despre paradoxul modernismului politic : ori discursul autorial este autoreflexiv, abstract și subiectiv, şi atunci mesajul este ori ambiguu (ca la Godard) ori mesajul este neechivoc și transformă filmul într-un film de acțiune, o melodramă sau un film de propagandă (prost).

Stimulii pentru o lectură în cheie subversivă a filmului *Reconstituirea* sunt – aceasta este si ipoteza lucrării de față - elementele meta – și autoreferențiale care sunt menite să producă în spectator un act de conștientizare și o atitudine critică de verificare a datelor. Pintilie introduce în filmul său o serie de elemente autoreferențiale într-o manieră similară cu cea a teatrului epic al lui Brecht, ca « efecte de distanţare » (« Verfremdungseffekte »[469]), ca puncte de trezire din contemplația pasivă a spectatorului cu scopul de a provoca o distanțare critică și de a-l transforma pe spectator dintr-un receptor pasiv într-un observator activ care să se întrebe care este realitatea din spatele poveștii și să ia o atitudine față de nedreptățile existente. Pintilie crează un discurs al dedublării, vizând atât identificarea spectatorului cu universul ficțional, implicarea lui în acțiune, cât și o distanțare care să producă în spectator o atitudine sceptică, de reflecție asupra realității de dincolo de camera de filmare și asupra propriei sale atitudini față de această realitate. Elementele autoreferențiale devin astfel și consemnele unei lecturi autocritice și un îndemn la conștientizare.

Pintilie unește în filmul său – asemenea lui Brecht în teatrul epic – dramaticul, ca artă a imitării realității, și epicul, respectiv punerea în discuție a realității imitate prin instrumentarul epic.

---

468 Kovács (András Bálint), 2007, p. 371.

469 Brecht (Bertolt), 1977, pp. 457.

Astfel *Reconstituirea* este pe de o parte un film realist, construit pe o schemă dramatică, și deține chiar « atributele formale ale unei opere clasice, aristotelice în rigoarea sa dramatică : expoziție, conflict, punct culminant, deznodământ, unitate de timp, spațiu și acțiune »[470]. (Chiar și spațiul amintește în delimitarea lui permanentă de scena unui teatru). Pintilie valorifică pe deplin specificul realist al filmului, iar « structura temporală a poveștii urmărește, mai totdeauna, coincidența timpului cinematografic cu timpul real »[471] și universul diegetic este auditiv foarte prezent, toate acestea creând spectatorului iluzia prezenței sale în universul diegetic. În viziunea lui Brecht însă, identificarea spectatorului cu personajele și catarsisul în urma căruia spectatorul se simte purificat și împăcat cu condiția sa, era nocivă deoarece ducea la resemnare și la pasivitate, la acceptarea nedreptăților sociale ca fatalități. Astfel a promovat introducerea unor elemente care « să spargă acțiunile și interpretările actorilor ca niște dușuri reci pentru suflete sensibile, blocând orice identificare »[472]. În mod similar Pintilie fisurează filonul realist al poveștii cu o mulțime de elemente meta - și autoreferențiale pe toate planurile : vizual, acustic, auditiv și intertextual[473] care să blocheze implicarea spectatorului în acțiune și identificarea cu personajele și să lase în urmă un spectaror iritat și confuz care este astfel determinat să își pună întrebări.

În cele ce urmează voi prezenta o analiză a elementelor meta – și autoreferențiale.

Filmul începe cu un making off – o clachetă de film care marchează începutul turnării unei scene și repetarea acesteia. Spectatorul asociază inițial making off-ul cu filmul *Reconstituirea* și abia ulterior începe să înteleagă că este vorba despre turnarea reconstituirii diegetice, a filmului-în-film. Această mise-en-abyme are pe de o parte funcțiunea de a

[470] Rado (Petre), 2010, pp. 17-18.

[471] Littera (G.), 2010, p. 19.

[472] Brecht (Bertolt), 1977, p. 285.

[473] Vezi mai sus funcțiunea titlului ca para – și arhitext.

potența afectiv situația dramatică prin care trec cei doi băieți, pe de altă parte însă poate fi și un semnal că și actul diegetic al reconstiturii este unul ficțional. Cert e că deja de la bun început spectatorul este pus în situația de a caută linia de delimitare dintre realitate (intradiegetică) și ficțiune.

Alt semnal autoreferențial este prezența, uneori de-a dreptul insistentă, a camerei de filmare (imag.3) (și a reflectoarelor), atât ca element autoreferențial cât și ca dispozitiv ocular : într-o secvență vedem detaliat cum este revizuită, îi vedem interiorul și urmărim traseul peliculei, la un moment dat camera chiar domină ecranul (imag. 4). Prin urmare ea devine o prezență concretă, vizibilă pentru spectator pe durata întregului film (însotiță fiind de prezența reflectoarelor).

Imag. 3

@Cinemagia.ro

Imag. 4

@Cinemagia.ro

Autoreferențialitatea este realizată și prin atenția acordată actului privirii ca formă de conștientizare : protagoniștii devin privitori. În funcție de modalitatea privirii și de obiectul privit distingem trei faze de implicare sau de distanțare :

a. o privire nemediată către realitatea înconjurătoare (imag. 5) : procurorul și cârciumarul care privesc de la o anumită distanță filmarea reconstiturii sau instructajul milităresc al celor doi băieți, trecători care privesc filmarea, Vuică privind acțiunea unei echipe de pompieri, milițianul și Vuică privind (imag. 4). Adesea personajele ne sunt aratăte chiar din spate, privind (imag. 6). Actul privirii ca formă de conştientizare, îndemnul vizual de a privi realitatea imediată este întărit adesea de imperative verbale ale protagoniştilor : « Uitaţi-vă domn procuror ! » (miliţianul), « Uite-le. Nu, nu acolo. Sus. »

Imag. 5

@Cinemagia.ro

Imag. 6

@Cinemagia.ro

b. o privire 'alterată' a realităţii imediate : şi anume o privire prin diverse dispozitive oculare ca prin nişte filtre ale realităţii (de exemplu procurul privind prin camera de filmare, imag. 7) sau prin medii întrepuse între personaje şi obiectul privit (de ex. după terminarea filmarii diegetice procurorul şi învatătorul privesc prin geamul aburit şi plouat al maşinii într-un exterior distorsionat, imag. 8, sau fata care se uită prin suprafaţa caroiată a unui gard de sârmă, imag. 9).

c. urmărirea unei acţiuni mediate, ficţionale : protagoniştii uitându-se la televizor (imag. 10, 11).

În spiritul ambiguităţii construite de Pintilie şi a exigenţelor realismului, semnificaţiile strategiilor autoreflexive nu sunt univoce mereu, acelaşi dipozitiv ocular poate fi folosit cu sensuri simbolice multiple, diferite şi chiar contradictorii. Privirea prin geamul aburit al maşinii poate sugera nu numai o percepţie deformată a realităţii (sau o realitate deformată ?), ea poate semnifica în cazul procurorului o atitudine elitistă şi autoritară într-o republică pretins 'populară', iar în cazul învăţătorului autoizolarea intelectualului de o lume ostilă. Deasemeni geamul maşinii poate sublinia clivajul dintre pasivitatea, cedarea alcoolizată a învăţătorului învins de sistem, şi activismul, entuziasmul la comandă sau servil al muncitorilor care încearcă să scoată maşina procurorului din noroi.

Imag. 7

@Cinemagia.ro

Imag. 8

@Cinemagia.ro

Imag. 9

@Cinemagia.ro

Imag. 10

@Cinemagia.ro

Imag. 11

@Cinemagia.ro

Pintilie reușește să creeze un film care se adresează puternic senzorialului și percepțiilor. O altă strategie autoreferențială constă într-un surplus, într-o o exagerare a însăși unităților de stimulare senzorială care contribuie la caracterul realist al filmului, în special la nivel auditiv : toate sunetele filmului sunt motivate diegetic, până și coloana sonoră este muzica din radiourile şi televizorul diegetice - deci prin excelență 'realiste' și conferă spectatorului iluzia prezenței sale în locul respectiv, în mijlocul acțiunii. Însă permanența, durata și volumul lor au în același timp un efect deranjant, iritant asupra spectatorului, îl trezesc aproape la propriu, îl zguduie din pasivitatea lui de spectator într-un fotoliu comod făcându-l să conştientizeze statutul său de spectator : de ex. zgomotul asurzitor al claxonului care pare să nu se mai oprească (durează 2, 43 minute), la fel și sirena mașinii de salvare, șuieratul repetat și îndelung al locomotivelor, fluieratul cameramanului, cântatul din frunză al milițianului. Deosebit de prezente sunt deasemenea și 'tradiționalele' elemente auditive autoreferențiale : sunetul televizorului, hârâitul camerei de filmare și bruiajul radioului ca elemente ale mediilor ficționalului și totodată – în contextul unui stat totalitar - ale dispozitivelor propagandistice ale puterii.

Alternanța între senzația prezenței în spațiul diegetic vs. poziția de spectator, identificare vs. Distantare / reflectare este realizată adesea și prin schimbul diferitelor unghiuri și cadre de filmare : aceași scenă este prezentată printr-un unghi subiectiv (point-of-view), după care se îndepartează camera și spectatorul devine privitorul personajului prin a cărui ochi tocmai privise scena.

Starea de confuzie este potențată de metalepse, de îmbinarea planurilor diegetice (respectiv realitatea diegetică și ficțiunea diegetică) prin trecerea nemarcată de la un plan la altul. O scenă relevantă în acest sens : apariția unei mașini de salvare este percepută inițial ca prezență real diegetică prin sunetul sirenei din off cadru, ca în momentul imediat următor mașina respectivă să apară pe ecranul televizorului din cârciumă și din nou în realitatea diegetică, de data aceasta și concret vizual. Cel târziu în acest moment spectatorul se va întreba : Ce este 'real' și 'ce e pe ecran' ? și poate chiar : 'Pe ce ecran ?'

Un alt efect de distanțare este produs de o scenă de slapstick comedy : în timp ce îl vedem pe unul dintre cei doi băieți făcând flotări la comandă, din fundal se aude o muzică tâmpă, coloana sonoră a desenelor animate care tocmai rulează pe ecranul televizorului din cârciumă. Cu alte cuvinte : o acțiune din realitatea diegetică imediată este reluată ca scenă în desenul animat pe ecranul televizorului diegetic, devenind astfel 'ficțiune.'

Efectul de dezorientare este produs și de construcția spațiului filmic : spațiul în care se petrece acțiunea este de fapt un spațiu amplu, dar senzația creată este de spațiu foarte limitat și îngrădit (poate un simbol pentru lipsa de libertate) iar atmosfera este apasătoare, aproape claustrofobică, în ciuda faptului că se petrece în natura, și este amplificată prin senzația de căldură excesivă a acelei zile de vară și prin ritmul lent al acțiunii.

Pentru a trage o primă concluzie, privind caracterul politic subversiv al strategiilor autoreflexive în film *Reconstituirea* : critica indirectă a sistemului și a metodelor sale de manipulare este menita să se infiltreze în constiința spectatorului, cu intenția de a-l mobiliza. Spectatorul trebuie să realizeze că o situație ca cea prezentată pe ecran nu este doar una fictivă, ci poate fi una reală iar în realitate e inadmisibilă și nu trebuie acceptată. Spectatorul este îndemnat să privească ce se întamplă chiar sub ochii săi și să ia o atitudine. Este « un act de conştiință » după cum spune și Mircea Dumitrescu[474]. Mergând mai departe pe acest fir este plauzibilă și o lectură în care spectatorul este acuzat de complicitatea pasivității, el fiind prin intermediul filonului realist 'prezent' în mijlocul reconstituirii si astfel unul dintre cei care observă fără a interveni. Pintilie însuși spune : « Eu nu acuzam pe nimeni..... Eu dezvăluiam o mentalitate catastrofică în care o reconstituire era o abuzare de care nici 'călăi' și nici 'victimele' nu-și dădeau seama. Dictatura poate fi un pact de conviețuirie convenabil tuturora »[475]. Și afirmația lui Horia Pătrașcu susține această interpretare : « în nuvela mea, tragedia se produce fără vina cuiva, se datorează numai destinului. Accentele lui Pintilie așază vina pe umerii tuturor, rezultând din asta o actualizare, o politizare în sensul nobil al cuvântului »[476].

Filmul se sfârșește cu imaginea mulțimii agresive venite de la meciul de fotbal, « imaginea caricaturală a corului tragic » în însăși cuvintele regizorului. « Da, este un cor batjocorit, deturnat, lipsit total de intuiția adevărului, deci de sens tragic. Este una din cele mai sumbre imagini din opera mea. Tâmpenia umană desfășurată în două acte : cele două reprize ale meciului de fotbal »[477].

Dimensiunea politică a strategiilor autoreferențiale este strâns legată de cea estetică și legitimează filmul *Reconstituirea* ca un mare film modernist. « Arta modernă » spune Andrei Gorzo « trebuie să fie conștientă de sine, trebuie să reflecteze asupra ei înșiși, în loc să-și mascheze propriile acțiuni formale în încercarea de a crea iluzia unei realități »[478]. *Reconstituirea* – respectiv reconstituirea diegetică ca mise-en-abyme al procesului de creație al unui film – ne vorbește despre imposibilitatea recreării realului : încercarea de a reconstituii

---

474 Dumitrescu (Mircea), 2005, p. 59.

475 Pintilie (Lucian), 2004.

476 Căliman (Călin), 200, p. 281.

477 Pintilie (Lucian), 2004.

478 Gorzo (Andrei), 2010, p. 34.

incidentul exact așa cum se întamplase el în realitate e sortită eșecului, în ciuda tuturor strădaniilor de a relua și cele mai mici amănunte ale incidentului real : « Să fie exact cum a fost ! Ce ai cântat ? – Un cântec. – Ce cântec ? – De ce vrei să ai gagică ? - Pe ală să îl cânți și acum ! » sună indicațiile date iar discuțiile despre 'autenticitatea' reconstituirii sunt reluate ca un laitmotiv de-a lungul întregului film. Mimarea realității însă nu este suficientă pentru a o putea surprinde și reda, iar încercările de a reconstitui realitatea sfârșesc într-o violare a ei, realitatea simulată se sfârșește tragic. « Nu există mijloc mai irelevant de a înțelege 'realitatea' decât supunerea ei la exercițiul anchetei. Ancheta este mijlocul cel mai eficace de a oculta realitatea » spune însăși Pintilie[479].

În cadrul discuției moderniste despre relaţia dintre artă şi realitate, esențială nu mai este redarea realității și nici elaborarea unui concept general valabil al realității, ci percepția individuală a acesteia și pluriperspectivismul. Prin urmare arta nu mai tinde să ofere o imagine a lumii, ci o imagine a percepției noastre individuale despre lume, singura realitate valabilă fiind cea a percepției vizuale umane individuale[480] : în căutarea comic-absurdă a unor gâşte prin pădure cameramanul se întreabă : « Unde sunt gâștele ? Că nu le văd. Poate că ele nici nu există.... ».

Filmul modern nu mai vrea să fie înteles doar prin intermediul poveștii ci și (sau mai degrabă) prin intermediul imaginii, și mai exact prin imagini suprapuse asemenea unui palimpsest vizual care trebuie descoperit strat cu strat. Imaginea nu mai serveşte exclusiv narațiunii, ci devine narațiune și începe să se reflecte pe sine. În acest palimpsest al lecturilor filmul se arată ca un loc al reflexiei în sine, ca un loc neutru. Subiectului clasic (protagonistului) i se alătura alt subiect : filmul însăși.

---

479 Pintilie (Lucian), 2004.

480 *Cf.* Kirchmann (Kay), 1996 : 84.

Reconstituirea este un film despre cinematograf, despre un cinematograf modern și despre relația dintre opera de artă și realitate, un film cu un pronunțat caracter autoreflexiv care îi permite lui Pintilie să se adreseze unui spectator emancipat şi să îi transmită în mod subversiv un mesaj politic şi un credo estetic fără a fi manipulativ, plasând astfel filmul în galeria marilor filme moderniste.

BIBLIOGRAFIE

ARNS I. ET SASSE S., 2006, « Subversive Affirmation. On Mimesis as a Strategy of Resistance », IRWIN (ed.) : *East Art Map. Contemporary Art and Eastern Europe,* pp. 444-455, Cambridge, MIT Press.

BRECHT B., 1977, *Schriften über Theater,* Berlin, Henschel Verlag Kunst und Gesellschaft.

CĂLIMAN C., 2000, *Istoria filmului românesc 1987-2000,* Bucuresti, Editura Fundaţiei Culturale Române.

DEACA M., 2011, « Alegoriile puterii în filmele lui Lucian Pintilie si Mircea Daneliuc », Arte şi media, 05. 10. 2011, http://revistacultura.ro/nou/2011/10/alegoriile-puterii-in-filmele-lui-lucian-pintilie-si-mircea-daneliuc-i/, [23. 10. 2013].

DUMITRESCU M., 2005, *O privire asupra filmului românesc,* Brașov, Arania.

FAHLE O., 2005, « Vom klassischen Film zur Zweiten Moderne », în Fahle Oliver, *Bilder der Zweiten Moderne,* pp. 10-24, Weimar, VDG.

GENETT G., 1993, *Palimpseste. Die Literatur auf zweiter Stufe,* pp. 9-18, Frankfurt am Main, Suhrkamp.

GORZO A., 2010, « *Sus realismul, jos realismul. Fragmente dintr-o analiză a Noului Cinema Românesc în contextul istoriei și al teoriei realismului cinematografic* », Film Menu, n° 6, pp. 28-34, iunie 2010.

KIRCHMANN K., 1996, « Zwischen Selbstreflexivität und Selbstreferentialität. Überlegungen zur Ästhetik des Selbstbezüglichen als filmischer Modernität », în Karpf Ernst,

Im Spiegelkabinett der Illusionen. Filme über sich selbst. pp. 67-87, Marburg, Schüren.

KOVÁCS A. B., 2007, *Screening Modernism. European Art Cinema, 1950-1980,* Chicago and London, The University of Chicago Press.

LITTERA G., 2010, « Reconstituirea », în Corciovescu Cristina, Mihăilescu Magda, 2010 (coord.) : *Cele mai bune 10 filme ale tuturor timpurilor. Stabilite prin votul a 40 de critici,* pp. 19-20, București, Polirom 2010.

PĂTRAŞCU H., http://www.cinemagia.ro/filme/reconstituirea-1216/. [30.10.2013].

PINTILIE L., 2004, « *A privi răul în față* », Revista 22 – editată de Grupul pentru dialog social, ediție scrisă 11.08. 2004 - http://www.revista22.ro/-a-privi- raul-în-fata-1072.html [30.10.2013].

RADO P., 2010, « Reconstituirea », în Corciovescu Cristina, Mihăilescu Magda, 2010 (coord.) : *Cele mai bune 10 filme ale tuturor timpurilor. Stabilite prin votul a 40 de critici,* pp. 17-18, București, Polirom.

ȘERBAN A. L., « Cele două bătăi de pleoapă ale modernității », în Serban Alex. Leo : *4 decenii, 3 ani și 2 luni cu filmul românesc,* pp. 342-361, București, Polirom.

www.ingramcontent.com/pod-product-compliance
Lightning Source LLC
LaVergne TN
LVHW020648110826
845149LV00012B/1944

* 9 7 8 2 8 0 6 6 3 6 2 8 7 *